川军抗战

将领讲述

《热血山河丛书》编辑委员会 编

中国文史出版社
CHINA CULTURAL AND HISTORICAL PRESS

图书在版编目（CIP）数据

将领讲述. 川军抗战 /《热血山河丛书》编辑委员会编. -- 北京 : 中国文史出版社, 2020.1
ISBN 978-7-5205-1433-0

Ⅰ. ①将… Ⅱ. ①热… Ⅲ. ①抗日战争－史料－四川 Ⅳ. ①K265.06

中国版本图书馆CIP数据核字（2019）第246584号

责任编辑：张春霞　牛梦岳

出版发行：中国文史出版社
社　　址：北京市海淀区西八里庄路69号院　　邮编：100142
电　　话：010-81136606　81136602　81136603（发行部）
传　　真：010-81136655
印　　装：北京温林源印刷有限公司
经　　销：全国新华书店
开　　本：787mm × 1092mm　1/16
印　　张：27
字　　数：348千字
版　　次：2020年3月第1版
印　　次：2022年5月第2次印刷
定　　价：68.00元

编辑委员会

目 录
contents

刘　湘

敌军一日不退国境，川军则一日誓不还乡，以争取抗战最后之胜利，以求达到我中华民族独立自由之目的。

● 1889年生，又名元勋，字甫澄，四川大邑县人。

● 1937年7月10日，电蒋介石，请缨抗战。同时通电全国，吁请一致抗日。

● 1937年8月，国民政府拟调出川抗日的四川陆军14个师编为第二路预备军，刘湘任第二路预备军总司令。

● 1937年10月，任第七战区司令长官兼第二十三集团军总司令。率部从川东沿江东下，经湖北开赴抗日前线，作战地境为江苏的太湖以西和浙北、皖南部分地区。

● 1937年11月22日，刘湘乘船到南京，下令所部各军、师堵击在浙江金山卫登陆、正向浙江境内侵犯的日军。

● 1937年12月30日，专任第七战区司令长官，二十三集团军总司令由唐式遵接任。

● 1938年1月20日，病逝于汉口。

刘湘出川抗战前后

乔　诚

1931 年 2 月，蒋介石任命刘湘为四川善后督办。1933 年 3 月又任命刘为四川“剿匪”总司令。刘令邓锡侯、田颂尧、李家钰、杨森、王陵基、刘存厚六路围攻川陕革命根据地。1934 年 10 月，江西中央红军长征到川黔边境时，国民党中央电召刘湘赴京会商川政，中央提出：（一）改组四川省政府，由刘湘任省主席；（二）将原四川善后督办公署改为川康绥靖主任公署，由刘湘任主任；（三）派康泽任四川省政府保安处长，中央派 10 个师的兵力入川，协助刘湘堵截红军。刘湘承诺川军堵截红军，但坚决拒绝派军入川。几经争执，最后只好接受中央派参谋团入川。

1935 年 1 月，以贺国光为主任、康泽为政训处长、叶维为副处长的参谋团率领别动队到达重庆。同年 2 月由刘湘任省主席的四川省政府在重庆成立。康泽、叶维任四川省政府保安处正副政训处长。他们在四川各专员公署设政训室，由别动队队员任政训室主任。康泽原为全国禁烟委员会缉私室主任，现将其缉私总队调来四川，在全川各水陆要道设置缉私专员，形成一整套侦察机构。6 月蒋介石来川，在川康绥靖公署召集川军将领讲话，宣布川军要裁减 1 / 5，并在成都北较场成立中央陆军军官学校成都分校，吸收川军编余军官 6000 余人入校受训。8 月至 9 月，蒋介石在峨眉主持军官训练团，调训川军各级军官和团警干部。10月，又将参谋团扩大为重庆行营，以顾祝同为主任，贺国光为参谋长，杨永泰为秘书长，并成立行营驻川财政监理处，所有国省两税悉数解存中央银行重庆分行联合金库。还要省政府迁成都，把四川门户重庆让出来。由此，国民党中央势力骎骎渗入四川。刘湘遂改变其以往拥蒋反共的政治态度。

1934年初夏，由中国共产党提出，经宋庆龄、何香凝等1700多人签名，发表了《中国人民对日作战的基本纲领》。次年，5月下旬，黄子谷回川（黄曾任邓锡侯的二十八军政治部主任、岷江大学校长，为邓部师长黄隐的胞弟），通过各种关系向川军各将领及社会人士广泛宣传宋庆龄等的抗日主张，建议刘湘等以团结抗日为重，与各方面加强合作。与此同时，中国共产党派张曙时来川，张即约其老友、川中知名人士傅春吾入川（傅是刘湘高级幕僚乔毅夫、马嗣良的老师，与刘湘亦有旧）。张商得傅的同意，以傅的名义给刘湘写了一封长信，分析了当时国际国内形势和抗日前景，劝刘团结抗日力量，反对不抗日的人，建议刘将省政府迁成都，摆脱外来干扰。刘接信后，即派甘绩镛为代表会傅，约傅面谈，对这封信所谈各点表示赞同并请傅今后多予指教。

1935年夏，刘湘派张斯可到泰山会晤冯玉祥将军，向冯请教应付当前时局的方略，要求冯派人帮助整训部队。冯乃派高兴亚、汪导予、李荫枫三人。高在北平遇到郭秉毅，邀其返川。他们来川后，刘湘极表欢迎。此后，刘又派王干青为代表去延安，征询时局意见，并将省政府迁到成都。

四川政治中心移到成都后，刘即放手开展统一军政的工作：召开各军将领会议，彻底取消防区制，地方行政官吏，由省统一任命；统一币制；减轻粮税，改一年八征为一年四征；聘请汪导予、李荫枫、郭秉毅三人为他办二十一军教导队，训练抗日骨干；办川康绥靖主任公署军官研究班，对在峨眉军训团受过训的军官进行抗日教育。以后，刘又扩大他原来的“武德学友会”，并在其中成立一个秘密组织“武德励进会”，聘高兴亚为高等顾问，汪导予、李荫枫、郭秉毅为顾问。委张龄九为武德励进会秘书处长，郭秉毅为副处长和总干事，主持日常工作，与国民党在川的各种特务组织暗中进行针锋相对的斗争。刘还支持车耀先等办《大声周刊》；又以高兴亚为国民军训会主任，张秀熟为副主任，向青年灌输抗日思想[①]。

1937年6月，国民政府军事委员会认为川康军队人数太多，应予缩编。于6月28日发表川康整军委员会人选，何应钦为主任委员，顾祝同、刘湘为副主任委员，各军师长及行营总参议夏斗寅等19人为委员。7月6日，川康整军会议在重庆举行开幕典礼。7月8日，何应钦宣布七七事变发生。与会川军将领当即表示请缨抗战，并表示愿在刘湘统率下，同心协力，共御外侮。9日，何应钦提出整军方案，与大家商定，限在一月之内各军整编完毕，即散会。

7月10日刘湘返成都即电呈中央，请缨抗战。同时通电全国，吁请团结一致，抗击敌寇。然后召集其主要幕僚绥署参谋长傅常、总参议钟体乾、顾问张斯可、高级参谋乔毅夫、省政府秘书长邓汉祥，商量整军及出兵抗战的问题。大家认为，整军应以团结抗战、减少摩擦为原则，各军原有番号不变，内部自行调整。出兵问题俟请示中央后再定。14日，刘又通电全国谓：日军侵略绝非一省一部之问题，主张全国总动员，与敌一拼。

7月25日，刘令绥署直辖各军师长，在3日内返回原防，遵令整军。

8月，中共中央派张曙时以中央特派员身份与刘湘接触；不久，又派罗世文为中央正式代表，与刘湘联系。

① 据张秀熟同志回忆：“1937年七七事变以后，为对青年加强抗日爱国教育，川康绥靖公署同省政府共同举办大中学校战时寒假训练班，由杨芳毓任主任，下设军训、政训两个处，高兴亚为政训处主任，我为副主任。”

8 月 7 日，刘湘去南京出席国防会议，成都各界有 5000 余人前往机场送行。各界抗敌后援会代表向刘呈递了“请愿书”，刘当即表示竭诚接受，并发表书面谈话略谓：“今日之局势，舍抗战外，别无他途。此次进京，当将此意，陈诸当道”；“个人愿以身许国，成败利钝早置之度外”；“各界同仁及民众救国抗敌热情，定将转达中枢，决不有负殷望”。同日，成都举行了约 10 万人的盛大集会，请求中央立即发动全民抗战，保卫国土，收复失地，肃清汉奸。

在南京的国防会议上，刘湘慷慨陈词，力主全国团结一致对外，并表示抗战局面开展后，四川的人力物力都可贡献国家。会后，朱德、周恩来、叶剑英到刘湘住地会晤，就抗战问题交换意见。随后，国民政府军事委员会决定川军为二路预备军，辖两个纵队，并发表刘湘为二路预备军司令长官，邓锡侯为副司令长官，担任平汉铁路方面的作战任务。

8 月 18 日，刘湘约集邓锡侯、孙震、李家钰、刘文辉商谈整军和出川抗战问题。经协商决定：绥署直辖的唐式遵、潘文华、王缵绪三个军各出两个师，邓锡侯、孙震部各出两个师，李家钰部出一个师。共 11 个师出川抗战。走时又增加绥署一个直辖师，两个直辖旅，李家钰军全部。赓即刘湘组成第二路预备军和司令长官部：

第二路预备军司令长官　刘　湘

副司令长官　邓锡侯

第一纵队司令　邓锡侯（兼）

副司令　孙　震

第二纵队司令　唐式遵

副司令　潘文华

第一纵队辖三个军：

第四十一军军长　孙　震（兼）

第四十五军军长　邓锡侯（兼）

第四十七军军长　李家钰

第二纵队下辖三个军：

第二十一军军长　唐式遵（兼）

第二十三军军长　潘文华（兼）

第四十四军军长　王缵绪

独立第一四四师师长　郭勋祺

独立第十三旅旅长　田钟毅

独立第十四旅旅长　周绍轩

司令长官部：

参谋长　傅　常

副参谋长　余中英

秘书长　郭春涛

参谋处长　周从化

秘书处长　喻疑光

经理处长　刘航琛

交通处长　乐述言

副官处长　陈　杰

侍从室主任　胡尚武

侍从室副主任　曾伟澜

兵站总监　魏军藩

第一纵队军事联络组长　王海平　乔　诚

第二纵队军事联络组长　李御良

9月1日，刘湘决定川军出川抗战部队第一纵队由川北道出发，第二纵队由川东道出发，限各部在10月中旬到达指定地点。

此次川军出川抗战经费460万元，国民党中央指定由四川自筹。刘湘令省财政厅长兼二路预备军经理处长刘航琛赴渝筹集，刘于9月15日如数筹足，分别拨发给各开拔部队。

刘湘在组成二路预备军司令长官部后，即派余中英为长官部驻汉口办事处参谋长，陈松云为副官处长。此时又派余中英率领观战组，到上海前线观战，吸取与日军作战的经验。

10月15日，国民政府军事委员会改任刘湘为第七战区司令长官、陈诚为副司令长官。改任邓锡侯为二十二集团军总司令、孙震为副总司令。刘湘兼二十三集团军总司令、唐式遵为副总司令。

刘湘命令东路的第一四八师陈万仞率部先行，其余各师徒步到达重庆搭轮船，随第一四八师之后，陆续开往汉口补充武器装备，再乘火车到指定地点集中。殊10月中旬第一四八师刚到汉口，即接到由武昌行营转来蒋介石手谕，将二十三集团军拨归第一战区战斗序列，由程潜司令长官指挥，部队随到随上火车，开赴新乡、卫辉一带候命。唐式遵闻讯，同参谋长刘熙鉴于10月25日赶往郑州，程命唐将总部设在郑州。一四八师开往新乡至汤阴一线阻击日军，打了一仗后，正奉命跟进，忽奉蒋的命令将该集团军调往浙江、江苏、安徽一带，参加拱卫京畿的外围战。

刘湘命令北路四十一军孙震部先行，第四十五军次之，第四十七军在后。第四十一军的一二二师王志远旅，徒步到达宝鸡，改乘火车到西安，原定在西安补充武器装备，然后向郑州集中。哪知火车刚到西安车站，忽接西安行营主任蒋鼎文转蒋介石手谕：命令原车东开。王志远当即去找先派到西安的四十一军参谋长章雨初，由章去问蒋鼎文：原定在西安换武器装备，再向郑州集中，听候第七战区司令长官刘湘指挥，怎么叫我们原车东开？蒋鼎文说，请示后再答复。军事联络组长王海平、乔诚得知，也去询问，蒋鼎文答称：委员长来电，改变指挥系统，二十二集团军划入第二战区序列，受阎锡山司令长官指挥。10月22日孙震赶到西安，部队已过黄河，孙即转飞太原。邓锡侯随后亦赶到西安，只留住一日，亦到太原去了。第四十五军由陈书农、陈离陆续带往山西。第四十七军由李家钰率领到达西安后，行营亦转达蒋介石的命令，一部分开往山西长治、长子受卫立煌指挥，一部分开往河南新乡受程潜指挥。至此，出川的两个集团军，全部脱离七战区建制。

刘湘在成都得知两个集团军都调离了建制，心急如焚，急于赶赴前方，要求归还建制，在南京筹组第七战区司令长官部，由他统一指挥，担任一个战区的作战任务。于是召集绥署参谋长傅常、总参议钟体乾、顾问张斯可、高级参谋乔毅夫、参谋处长周从化、省政府保安处长王陵基、省府秘书长邓汉祥、成都警备司令严啸虎等，商量亲自出川督师问题。因为这时刘湘确实有病，穿鞋都弯不下腰去，所以一致劝他留川养病，由参谋长傅常代行司令长官之职，到前方去代为提出归还建制的要求和主持一切。但刘湘去意坚决，他把川康绥靖公署主任交钟体乾代行，四川省政府主席交邓汉祥代行，保安司令交王陵基代行，并由傅常、钟体乾、张斯可、乔毅夫、邓汉祥等组成绥省联合办公厅，军政大事由联合办公商量解决。刘还嘱咐钟体乾、张斯可、乔毅夫，要迅速扩编部队补充已出川的空缺；催促周均时、沈芷仁等迅速将向欧洲购买的枪炮弹药器械运回；令所属四川的兵工厂、炮弹厂赶造枪弹；命袁筱如、宋襄成扩大教导总队，训练下级军官，以便补充前方。

刘湘11月9日乘飞机到汉口，将长官部驻汉口办事处高级人员带在身边，改乘轮船东下，在芜湖停留慰问勉励由此上岸东开的川军部队，12日到达南京。连日向蒋请示筹组第七战区长官部和联系指挥所属部队等问题，均无确切答复。刘又拟具一份万言书，详陈如何发展四川经济，加强军备等问题，亦无答复。刘在南京尽量设法与其部队联系。能打电话的通话，不能打电话的派人去接头。

11月20日，国民政府发表宣言，移驻重庆办公。刘湘立即发电“谨率七千万人，翘首欢迎”。同时刘向蒋介石请求，将川军两个集团调集拢来，由刘指挥负责保卫南京，仍未得到明确答复。刘在南京不仅见蒋介石难，就是见何应钦亦难。只有孔祥熙、张群等人与之应酬。11月28日，刘的吐血病复发，在医护人员照料下当即转到汉口万国医院治疗。

刘湘到汉口后，经过短期治疗，吐血病即稳定下来，精神逐渐好转。侍从人员扶着他，已能在病院小花园内散步晒太阳。每天除与代行日常工作的傅常和中将参赞黄秋侠谈话外，还能看前后方来的重要信电，接见少数亲近人员。从12月上旬起，开始会见一些民主党派的人士和社会贤达，当时董必武、张澜、沈钧儒等，都曾到医院慰问，并畅谈抗日大计。王昆仑也曾到医院同刘谈及国民党的宪兵特务与八路军后勤人员及宣传人员发生摩擦的情况。刘当面托王代笔写了一篇建议书送呈蒋介石，希望即时解决和防止这种情况发展下去，并希望加强团结，加强对抗日军队的训练和武器装备，检查总结过去一段时间内，抗战的战略战术方面的经验教训。建议加强后方建设和军备，为长期抗战奠定基础。国民政府经济部副部长黄季陆（四川人）到医院看望他，他很关心经济方面的事情，多所询问。黄对他在病中尚如此关心国家大事，既惊且佩。他对爱国青年亦相当关怀。东北流亡到汉口的学生，通过川康通讯社随行记者王少礼的介绍，会见刘湘，得到刘的支助。后来又支持组织“武汉市旅外川人抗日剧团”，宣传抗日。

在上述这段期间，由于山西战场逐步缩小，日军从津浦铁路南北两头向徐州推进。蒋令邓锡侯率第二十二集团军第四十一军和四十五军到鲁南归第五战区司令长官李宗仁指挥。第四十七军李家钰部一个师留山西长治、长子，一个师留平汉路新乡护路。12月12日，邓锡侯在去徐州之前，请假到陕西临潼华清池休息两天，事前电邀王海平、乔诚前往等候。我们三人在“西安事变”时蒋介石住过的那间屋子里交谈。邓向我们说：川军出川以后，好像没娘的孩子，被人东支西舞，弄得东一块西一块，实在不是个办法。请你们辛苦一趟，到汉口面报甫澄兄（刘湘字），请他向蒋介石委员长力争，无论如何要把川军集中起来使用，我们一定听从他的指挥。川军出了川才感到大家格外亲热，死，我们都愿意死在一起……说得非常沉痛恳切。第二天我们送走邓锡侯后，回到西安。由于部队大部东调，我们的办事处亦推进到郑州。不久，李家钰和他的参谋长魏孝宽，邓锡侯派的参谋长朱瑛先后来到郑州，再次向王海平和我说，希望你们赶快到汉口去向刘司令长官转报，务必请求将川军调还建制，统一指挥。12 月 20 日左右，王海平和我乘火车到汉口，当天我们就向傅常和黄秋侠详细报告了二十二集团军方面的情况。又一天，刘的侍从室主任胡尚武打电话，要我们速去见刘。我们把部队调动情况和邓锡侯、李家钰的参谋长的原话向刘报告后，刘头微低，眼下视，思索片刻才说："你们回去代我问候晋康（邓锡侯号）、德操（孙震号）、其相（李家钰号）。他们的情况和苦衷我很清楚，希望他们各自保重，要注意掌握好自己的部队。集中使用问题是大家的心愿，已经请求过了，还要继续请求，大家一定要相互关照，有什么事情仍由你们互通消息。"

1938 年元旦，武昌行营送来一个《日日命令》，上面有一条说："第七战区司令长官兼二十三集团军总司令刘湘，所兼二十三集团军总司令一职，毋庸再兼，着由该集团军副总司令唐式遵升充。"此事刘事前毫无所知，深感突然。

1 月 13 日上午，冯玉祥来访，谈了两个多小时，刘精神很好，大谈其团结抗日和建设四川的雄心壮志。下午 1 点后，何应钦来访，又谈了一个多小时。何走后不久，刘就吐了半痰盂血，从此昏迷过去。拖到 1938 年 1 月 20 日下午 8 时，刘湘就气绝于汉口万国医院。刘临终没有遗言。第二天清理遗物时，在两抽柜上发现一张纸条，是刘亲笔写的两句古诗："出师未捷身先死，长使英雄泪满襟。"但不知何时所写。刘湘刚一闭眼，蒋介石当晚召集孔祥熙、何应钦、张群、陈诚、康泽等在武昌开会。次日即明令撤销第七战区和七战区司令长官部，任命张群为四川省主席，在汉口各报发表治川方针。这一做法，激起留川将领特别是中层干部的强烈反对。当时，刘湘搞的“武德励进会”召开紧急会议，举王陵基代会长（原是刘湘自兼会长），并决议没有“武德励进会”的命令，所有部队不准调动[①]。1月25日由王陵基、潘文华、钟体乾、张再、乔毅夫以及郭昌明等师旅长数十人联名通电拒绝张群来川。1月29日国民政府宣布:“在新任四川省主席未到任以前,省政暂由省府秘书长邓汉祥代理,川康绥靖主任，暂由总参议钟体乾代理”，以缓和舆情。随后又陆续发表邓锡侯为川康绥靖公署主任；潘文华为副主任兼二十八集团军总司令（该部在大巴山布防）；王缵绪为二十九集团军总司令（4月又令王代理四川省主席，但该集团军留川部队得开赴鄂东北）；王陵基为三十集团军总司令，克日出川抗战，至此川事暂告一段落。

① 见田一平《我所知道的武德励进会》，载《四川党史研究资料》总四十四期。

为民族救亡抗战告四川各界人士书

刘　湘

中国民族为谋巩固自己之生存，对日本之侵略暴行，不能不积极抵抗，此盖我全国民众蕴蓄已久不可动摇之认识。今者，自卢沟桥事件发生，此一伟大之民族救亡抗战，已经开始；而日本更乘时攻我上海，长江、珠江、黄河流域各大都市，更不断遭其飞机之袭击。我前方将士，奋不顾身，与敌作殊死战，连日南北各路，纷电告捷。而后方民众，或则组织后援，或则踊跃输将，亦均有一心一德、誓复国仇之概。

默察此次战事，中日双方均为生死关头，而我国人所必须历尽艰辛，从尸山血海中以求得者，厥为最后之胜利。目前斗争形势，不过与敌人搏斗于寝门；必须尽力驱逐于大门之外，使禹域神州，无彼踪迹，不平条约，尽付摧毁，然后中国民族之自由独立可达，而总理国民革命之目的可少告完成也。惟是艰苦繁难之工作，必须集四万万人之人力财力以共赴。而四川为国人期望之复兴民族根据与战时后防重地，山川之险要，人口之众多，物产之丰富，地下无尽矿藏之足为战争资源，亦为世界所公认。故在此全国抗战已经发动时期，四川七千万人民所应担荷之责任，较其他各省尤为重大。我各军将士，应即加紧训练，厉兵秣马，奉令即开赴前方，留卫则力固后防。各界奉公人员与文化知识分子，更应集中

刘　湘

精力，分配部门，一致努力于后方民众之组织训练与战时管理建设诸工作。

我农工商各界广大民众，为组织中华民国之主要分子，尤应认清责任及民族解放与民族抗战之不可分割，敌忾同仇，毁家纾难，在国家统一指挥下，整齐步调，严整阵容，在整个民族解放战线上作最前进之先锋，在实际战事上为前方之后盾。如此军民一心，上下共济，含国家民族无（之？）意识，掷身家性命于脑外，只知抗敌是目前唯一的中心，只知抗敌解放中国唯一的坦道，排除一切歪曲的认识，克服一切事实的障碍，前仆后继，百折不挠，则最后胜利终必属我民族，而抗战始于斯时告其完成。

湘忝主军民，誓站在国家民族立场，在中央领导之下，为民族救亡抗战而效命。年来经纬万端，一切计划皆集中于抗敌。睹我七千万同胞抗敌情绪之高亢激昂与其意识之坚决，所以领导提挈之者，唯恐落后。今战幕已启，正吾人躬行实践之时，是非诚伪，正于斯时判决。我各界人士尚不及时奋然兴起，平日空言高论之谓何？务即摩顶放踵，贡献民族斗争。湘倘或不忠实于抗战，愿受民众之弃绝；抑或各界人士反暴弃退缩，湘亦执法以绳其后。须知国家民族之生命系于此时，非可再容吾人之瞻顾与假借也。至敌我长短，政府知彼知己，早经分析；连日前方战报，亦已予吾人以事实上之证明。

总之，我民族为自己生命及世界人类公理与正义而奋斗，势逼处此，虽赤手空拳，犹当与彼飞机重炮一角，何况我优势正多，前途利钝，只系于吾人今后决心与努力之程度若何。我各界人士，其共兴起；我各界人士，其共懔之哉！

邓锡侯

抗日战争是关系民族存亡之大事，决不能为了争权夺利影响抗战……望大家安心工作，实现安定后方支援前线的共同愿望。

- 1889 年生，字晋康，四川营山县人。
- 1937 年 8 月，任第二路预备军副司令长官兼第一纵队司令。9 月任第四军团军团长。
- 1937 年 10 月，任第二十二集团军总司令兼第四十五军军长，率军出川抗日，在山西对日作战。
- 1938 年初，率部参加徐州会战。
- 1938 年 3 月，任川康绥靖公署主任，负责川康军务，协调各派、稳定后方、保证前线供给。
- 1964 年 3 月 30 日，病逝于成都。

回忆邓锡侯先生事略

田德明

自幼勤奋　立志从军

我的丈夫邓锡侯字晋康，1889 年（清光绪十五年）生于四川省营山县回龙场一农家，姐弟两人，父母甚为疼爱。不幸四岁丧父，八岁丧母，锡侯即由舅母文氏抚养。他从小聪明，反应快，爱动脑子，故文氏节衣缩食，一定要让他读书。他幼时读私塾，一贯勤奋好学，尊重老师，孝顺长辈，深得私塾老师李铁樵喜欢。当时，习武气氛浓厚，恰好清廷在成都开办陆军小学堂，以培养陆军骨干，建立新军。他便在乡绅甘某的支援下，从营山走到成都报考被录取，毕业后升送南京陆军中学堂，后又升送保定陆军军官学校。他毕业后，正值辛亥革命前夕，即回川参加新军，在第十七镇六十五标当教练官和帮带。民国建立后，他在川军第四师刘存厚部任职，实现从军报国的愿望。

反袁护国　结交朱德

1915年，锡侯已在川军刘存厚部任营长，适蔡锷起兵反袁入川，刘在川南响应，与蔡率领的滇黔军一起，同袁世凯的北洋军曹锟、张敬尧等部作战。泸（州）纳（溪）战役时，他奉命守马鞍山，时年26岁，血气方刚，身先士卒，作战勇敢，击败了北洋军的进攻，受到护国军总司令蔡锷的当面嘉奖。在此期间，朱德率部随蔡军回到四川，两人一见如故，十分亲热，又都是川北人，家乡紧邻，同为青年军官，志趣相投，十分要好。

川战中逐步成为地方实力派

反袁斗争结束后，锡侯升任川军第二师舒云衢旅第五团团长，驻防成都北较场。1918年，升任独立第五旅旅长，驻防眉山、彭山、仁寿一带。这时他已有发展私有武力的意图，特在眉山开办军事教育团，自兼团长，将各团营军官调来训练，培植亲信。1920年又升任第三师师长，驻防新都、广汉一带。不久，北洋政府任命他为四川省长，后又改任四川清乡督办。1925年后，他已拥有人枪3万，其防区辖松潘、理县、茂汶、华阳、彭县、郫县、灌县、金堂、新都、广汉等地区。1927年，他易帜被任命为国民革命军第二十八军军长，这时其部队已扩充到114个团，编为5个师，17个混成旅，另有炮兵等特种部队。从此，锡侯羽毛丰满，成为四川地方实力派代表人物之一。

出川抗日　南畔村遇险

1933年，刘湘、刘文辉交战，刘文辉败退西康，四川各军由刘湘统管。1937年，抗日军兴，锡侯出于义愤，与川军将领刘湘、李家钰、杨森、孙震（德操）等先后通电，向蒋介石请求率部出川抗日，蒋任命刘湘为第二预备军总司令，邓锡侯为副总司令兼第一纵队司令，不久，他改任第二十二集团军总司令，孙震为副总司令，亲率第四十一、四十五、四十七三个军由北路出川抗日。他的部队共有两个军（四十五、九十五），四十五军由他自兼军长（后为陈书农）带领出川抗日；九十五军由黄隐（逸民）任军长，留守成都，军部设在华兴街，这个军就是后来起义的基本队伍。锡侯出川临行前对我说："我走了……放心，这回是去打日本人，不打倒它，大家都不安宁！"语气十分坚定，我说："何必你亲自去嘛？"他愤然说："我是总司令，不亲自上前线，何以对国人，对士兵，对川中父老？！"1937年11月6日，在山西前线太原附近的南畔村，由于阎锡山已撤退的消息未通知他，致使他陷入敌包围。突围时，邓乘马坠入沟内，烂泥齐胸，三个士兵跳入沟内将他救起，脚受伤不能走动，由士兵和副官背着冲出重围，后经卫队和八路军游击队掩护才脱险，一路上吃喂军马的胡豆充饥，受尽艰辛。后来在右脚小腿处还留下伤痕，所以每年11月6日这天，全家都要在西门百花潭康庄别墅的船房内举行宴会，以示纪念。

重逢老友朱德　同八路军友好相处

锡侯脱险后，奉命在山西洪洞县整顿部队，总部设在该县同心花店，恰好八路军总部也在县城东关外一个村庄，两军相距甚近。他与老友朱总久别重逢，格外亲切，想当年青春年少，如今快50岁的人啰，感慨万分。特别是他此次满腔热忱率部出川抗战，阎锡山等不给补充，川军衣物单薄，武器装备窳劣，在娘子关等地作战中死伤惨重，使他看清了国民党中央军对地方军的歧视态度。南畔村遇险，已使他认清了国民党内部的倾轧实质。而与朱总的交往中，他认识了八路军是抗日和爱护人民的军队，从而增强了对共产党的认识和抗日的决心。从此，锡侯经常与朱总司令会晤、交谈，从中接受了不少进步思想，懂得了许多道理。他还多次请朱总给二十二集团军团级以上军官讲游击战术，向官兵训话，使川军将士大受启发，增强了抗日杀敌的信心。丁玲女士还率领文工团为川军演出节目，八路军与川军还经常开展联欢活动，增强了两军的团结和友谊。事后，他奉命调往鲁南参加保卫徐州和台儿庄战役，临行时，朱总赠他战马一匹，以示永不下马，抗日到底。他曾派部属张鹏翼等到延安“抗大”学习。

奉命回川安定后方

1938年1月，第七战区司令长官刘湘在汉口病逝后，刘的某些部属就想争夺他空出的两个位子：四川省主席和川康绥靖公署主任。但蒋介石却任命锡侯为川康绥靖公署主任，而绥署文武官员都是刘湘的旧部，担心他当了主任会丢了饭碗，于是又有人掀起反邓继任。在此严重情况下，他以大局为重，表示继任后要以“公、诚、信、和”四字为准则，对待刘湘部属，并召集原绥署处长以上官员训话说：“蒋委员长调我回川续任绥署主任，是为了团结川康军民，安定后方，征兵征粮，支援前线。因为抗日战争是关系民族存亡的大事，绝不能为了争权夺利，影响抗战。原绥署处级以上官员一律不变动，照常供职，我只派一个参谋长和各处几个副职人员协助工作。望大家安心工作，实现安定后方、支援前线的共同愿望。”他说到做到，既树立了威信，也安定了人心，对巩固后方做出了贡献。1941 年，他领衔组织“四川党政军民前线川军慰问团”自兼团长，赴前线慰劳抗日将士。其次，他在调和中央与地方的关系以及地方实力派系之间的意见方面做了不少的工作，费了不少心血，这对维持抗战大后方基本安定的局面起了一些积极的作用。同时，对在当时困难的条件下，使四川的兵员、武器和粮食，不断补充前线，支援抗战也做出了贡献。

与共产党接触

锡侯除了在抗日前线与朱总司令交往外，还与别的中共领导人接触，受益不浅。1937 年他率军刚抵山西前线，连山西军用作战地图都没有，正在焦急时，周恩来将军亲自带来了平型关缴获的日本军用地图送给他，他大为感动地说：“患难见知己。”从此对周恩来十分敬重。抗战期间，周恩来有一次路过四川，他特命交际科长马某以私人客人的身份送周一程，以保安全。新中国成立后在政协开会，周总理还问及马某的近况。1938 年，中共中央代表董必武、林伯渠、陈绍禹路过成都，特先看望锡侯。他即在庆云西街公馆内接见并宴请了他们，谈话从下午直到吃晚饭，晚饭后又谈至 9 点多钟方散。第二天，还专门把他们安置在沙利文饭店（今市政协），一切食宿由他付款。1939 年，八路军副总司令彭德怀路过成都，也会见了他，彭对抗日形势的分析，增强了他的抗日信心。此外，中共南方局周恩来、董必武也曾派人来做他的思想工作，中共四川党的领导罗世文等也奉命对他做过工作。潘大逵先生也与他深有交往。

联合川康地方势力

蒋介石对川康地方势力一贯分化、瓦解，锡侯是明白的。特别是出川抗战后，又亲身经历了地方军受歧视的滋味，在与八路军接触中又体会到团结友谊、互相支持的重要。因此，他的思想逐渐开阔、明朗起来。返川后，即与刘文辉、潘文华等川康地方实力派人物联成一气，互相配合。1938 年六七月间，他与龙云、刘文辉、潘文华秘密订立了川、滇、康三省秘密协定，加强了各方团结，1948 年后，在与蒋介石心腹王陵基的斗争中，邓、刘、潘三方又更进一步与辛亥元老熊克武、但懋辛加强联系，并组织“川、康、渝民众自卫委员会”，熊老任主任，邓任副主任，团结川、康、渝各界人士与王陵基对抗。邓、刘、潘在这些斗争中，逐渐明白只有联合、团结才有力量，这与周恩来电示要刘、邓等川军将领团结起来待机行动的精神是一致的。周的电示，增强了他们的信心，为以后联名在川西起义打下了思想基础。

邓锡侯出川抗战和安定后方的点滴见闻 *

陈仕俊　傅英道　刘伯平　奉伯常　王席儒　郭开铭

请缨杀敌　率部出川

1937年七七事变后，日寇大举入侵，掠夺我国土，残杀我同胞，激起全国亿万军民无比愤慨，抗日救亡运动如火如荼地迅猛开展，强烈要求国民党迅速同共产党实现合作，领导全国各族人民抗击侵略者。川军将领刘湘、邓锡侯、李家钰等激于爱国热情，先后通电向蒋介石请求率部出川参加抗战，掀起了全川军民要求抗日杀敌的高潮。

8月18日，刘湘召集川军将领商定，准备出兵11个师：刘湘六个师，邓锡侯、孙震各两个师，李家钰一个师。继李家钰决定全军两个师都出动，驻贵州的川军杨森亦愿率全军两师开赴前线，于是出川抗战的川军实际增为14个师。蒋介石任命刘湘为第二预备军总司令，邓锡侯为第一纵队司令，唐式遵为第二纵队司令，由刘湘统一指挥。

9月5日，"四川省抗敌后援会"在成都市少城公园（今人民公园）举行"四川省各界民众欢送出川抗敌将士大会"，全体出川抗战部队官

* 本文根据邓将军旧部陈仕俊等六位同志回忆，提供三亲资料，并搜集其他有关资料，整理成文。

兵代表及各界民众代表和大、中学生约计万人参加大会。刘湘、邓锡侯、孙震、唐式遵、潘文华诸将领及尹仲锡、张澜、徐申甫、陈益廷、刘豫波等著名人士均出席。会场上悬挂着“欢送出川将士奋勇杀敌！”“欢送出川将士收复失地！”“中华民族解放万岁！”等巨幅横标，充满庄严、肃穆、悲壮、激昂的气氛。大会由抗敌后援会常委陈炳光主持。张澜先生致辞时，对日本帝国主义国内政治、经济形势作了精辟的分析，指出日寇发动侵略战争不得人心，不能持久，利于速战，我们则利于持久战，鼓励川军要有坚持长期抗战的决心，发挥冲锋陷阵、吃苦耐劳的特长，奋勇当先，杀敌致果，夺取最后胜利。刘湘讲话时略谓：军人御侮救国，为应尽天职，川军今得献身疆场，为民族存亡而战，洗掉过去私斗（内战）的耻辱，是很光荣的。邓锡侯致辞时，语气坚决，态度鲜明，爱国热情溢于言表。他开头就说：“我们四川人是具有爱国传统精神的，黄花岗烈士有四川人；辛亥革命有四川人；护国之役也有四川人。当前国家民族面临生死存亡关头，我们身为军人受四川人民20余年的供养，当然要拼命争取历史的光荣，借以酬报四川人民。”接着他慷慨激昂地说：“我们只有长期抗战，才能取得最后胜利！川军出川以后，如战而胜，当然很光荣的归来；战如不胜，决心裹尸以还！”最后他沉痛地说：“我们出川抗战，要踏着先烈们的血迹前进！更希望后方的人民，要勇敢地踏着我们的血迹而来。如此前仆后继，一定能战胜敌人！”台下群众为他的激情壮语所鼓动，响起了暴风雨般的掌声。继邓之后，唐式遵也表示，川军应当自勉，努力杀敌，发扬昔日之光荣。抱定必死决心，以报国家！要求后方人民一致总动员，为前方补给做好充分准备。最后胜利，终会属于我们。三位将领的讲话，都表现出刚毅不屈的坚强意志和视死如归的报国决心，使在场将士热血沸腾，人人振奋。后由中下级军官营连排长代表公推李召南致答谢词，他谈到国家民族危急存亡关头时，语极沉痛，表示了誓复国土，不成功便成仁，为民族解放战死沙场的决心。民众代表方面，大学生邓名芳（女）和实验小学年仅10岁的小朋友杨照明都致了热情洋溢的欢送词，尤其邓名芳表示誓和全中国两万万女同胞一起拿起枪杆，踏着出征将士的热血，把日本帝国主义驱逐出中国！这时全场群众都为他们的激烈讲话所鼓舞，增强了对日本侵略者的无比憎恨，一齐怒吼“打倒日本帝国主义！”“誓死抗战，收复失地！”的口号。大会还向抗战部队将士赠送锦旗：司令长官赠“秉钺鹰扬”旗，军长赠“为国干城”旗，师长赠“抗敌先锋”旗。四川大学向出征将士赠送毛巾2000张，妇女后援会赠手巾250打。话剧团当场演出《保卫卢沟桥》，话剧闭幕，散会。

欢送会后，唐式遵司令将东胜街沙利文饭店（现市政协会址）的房产，捐作抗战经费。陈炳光代表抗敌后援会表示钦佩和敬意，房产契约交中央银行经理杨孝慈暂时保存，俟专案报请省府核夺。唐司令的实际行动，受到军民热烈赞扬。邓锡侯司令召集四十五军驻蓉的出川抗战官兵作了动员训话，勉励所部爱国御侮，特别强调军人天职是保卫国土，出川抗战急如星火，要立即奔赴前线杀敌。众官兵聆训后，极为振奋，一致要求立即出发。

不久，蒋介石适应当时战局需要，改任刘湘为第七战区司令长官，长官部设在河南许昌。邓锡侯、孙震分别被任命为第二十二集团军正副总司令，辖四十一军一二二师（师长王铭章）、一二四师（师长税梯青代），四十五军一二五师（师长陈鼎勋）、一二七师（师长陈离），四十七军一〇四师（师长李青廷）、一七八师（师长李宗坊）共六个师。全体部队沿川陕公路经宝鸡到西安整补后，再到许昌集结待命。因各军在川驻地分散，不能集中，邓锡侯命令四十七军李家钰部，从西昌驻地出发，径赴西安，其余四十一、四十五两军由原驻地出发北上。

当时四川交通不便，车辆缺乏，出川部队只有徒步行军，到达宝鸡才能改乘火车。大部队行军，每天行程只能走60至80华里，从成都附近出发约需30天才能到达宝鸡，再转乘火车到西安，共需一个月零几天，行进相当迟缓。而这一个月中前方敌情变化极大。9月12日，平绥战事激烈，敌寇猛扑晋北。9月18日，大同就告陷落，晋北战事吃紧。所幸9月26日，适我英勇的八路军在平型关首告大捷，敌寇凶焰稍挫。但10月初，西北战场最高指挥、第二战区司令长官阎锡山军事失利，导致南口失守，敌人几度进犯娘子关，并进窥晋东各口，于是晋东晋北，连日皆发生激战，战局趋于恶化。

驰援晋东　南畔村遇险

1937年10月，二十二集团军先头部队一二七师陶凯旅及一二二师王志远旅刚抵西安，即奉蒋介石急电，以娘子关吃紧，命令该集团军立即开赴山西，改受第二战区阎锡山长官指挥。陶、王两旅鉴于军情紧急，不敢休整，星夜兼程开赴山西，增援娘子关。此时四十七军李家钰部才到宝鸡，奉蒋介石电令开赴河南，归第一战区司令长官程潜指挥，当即驰往中条山一带作战。

当时已入冬季，西北地区，气候寒冷，川军士兵尚着单衣短裤，赤足草履，因战局风云突变，来不及等待配发装备，将士一心杀敌报国，服从调动，毫无怨言，冒霜雪，越潼关，渡黄河，入山西，奔赴前线，途中无一退缩，无一逃亡，其艰苦卓绝的精神，杀敌报国的雄心，实堪钦佩。

10月22日，总司令邓锡侯、副总司令孙震偕同四十一军副军长董宋珩及周镜吾（孙震部参谋长）、王席儒（邓的副官）、欧阳××（孙的副官）一行六人，乘坐欧亚航空公司飞机直飞西安。陕西绥靖主任蒋鼎文设宴为之洗尘，下榻西京招待所。邓即与南京军令部长白崇禧通电话，请速配发装备。白崇禧答："委座调兄部火速驰援山西，装备在山西配发。”邓锡侯只好令饬后到部队，不必等配发装备，星夜赶往山西增援。邓又与阎锡山长官通了电话后，即偕同孙震、董宋珩及随员搭乘火车赶到潼关渡过黄河。

其时战局非常紧张，黄河边已成兵山一座，输送部队极为繁忙，秩序很乱。潼关警备司令樊崧甫为防止士兵逃亡，坚定军心，规定任何部队只准渡过去，不准渡回，违令者斩，他本人手提马刀，坐镇河边，监督部队过河。

邓锡侯一行过河后，阎锡山长官已派有装甲专车在站口迎候，车上配备一连武装保护，同时派有一位上校联络参谋负责接待联系工作。邓等乘坐专车沿同浦路北上，到达太原时，已是10月30日深夜了。

这时敌寇已夺回忻口，北由大同沿同浦路向南进犯，东自娘子关沿正太路向西进逼，越过盘石、岩会，乱流进犯平定，我军死守阳泉、寿阳一带。阎锡山长官坐镇太原，指挥晋北军事，副长官黄绍竑在寿阳支撑晋东危局，形势极为严重。邓锡侯、孙震偕同高参李鸿涛、副官王席儒、译电室主任郭开铭，于11月1日晨，去长官公署见阎锡山请示机宜。阎以晋东危急，决定改调四十五军一二七师陶凯旅及四十一军一二二师王志远旅支援晋东，并亲自陪同邓、孙两位司令参观太原钢铁厂，这个钢厂设在地下，地面上只能看见烟囱，看不见厂房。又参观了城防工事，构筑也异常坚固。当晚12时，邓、孙及随从人员即乘装甲专车到寿阳马首村，总司令部便设在该村，并到寿阳见副长官黄绍竑决定行动部署。当即命令陶凯和王志远两旅布置在寿阳、阳泉，由副长官黄绍竑指挥，协同友军堵击敌寇。

当时川军武器窳劣，步兵只有一支步枪和两颗手榴弹，而且步枪种类又极复杂，有成都、重庆和湖北汉阳几处兵工厂造的。口径也不一致，有七九口径的，也有八六口径的。极少数连队配备有很少的八二迫击炮和马克沁式、三十节式的机关枪，大多数连队全是步枪。如此劣势的武器与日寇机械化部队的现代武器飞机、大炮和坦克作战，怎能抵挡得住。川军健儿完全凭着满腔爱国热忱以血肉之躯，在枪林弹雨中与强敌鏖战，故伤亡特别惨重。一二二师王志远旅在阳泉与日寇激战了半天，因伤亡过重，被迫撤退。一二七师陶凯旅在寿阳担负掩护友军任务，备极艰巨，由于张鹏翼营陷入敌阵，下落不明，也只有后撤。

11 月 5 日，十八集团军总司令朱德和丁玲同志带了十几名士兵，乘马来到马首村总司令部，要会邓总司令。因朱总司令和士兵一样装束，背斗笠、穿草鞋，门卫不识，要等通报，朱才出示名片，门卫飞报。邓锡侯立派副官王席儒跑步出迎，他也急忙趋出。邓和朱在 20 余年前护国战役中就已结识，本是故人，见面特别亲切。朱总司令向邓说明，现在情况严重，太原危急，他接到电话，阎锡山已离太原，由傅作义留守，特来通知，当前的紧急任务是回援太原，嘱邓赶快准备。又说："火车不通了，装甲专车不要了，你只能骑马走。"临分别时，朱向邓说："时间紧迫，我先出发，你随后赶来。"

邓锡侯鉴于战局突变，即同孙震、陈离等会商决定，命令部队火速回援太原。邓先行，孙随后赶来。当由王文拔团送来几匹战马，并派兵一连护送，由连长陈纠桓率领，雇用向导带路前行。然后是副官王席儒、高参李鸿涛、译电室主任郭开铭、副官邓石民骑马依次行进。孙震又加派一个手枪排殿后，以策安全。中途王席儒发现路边有一纸盒盖子，上面画了一个箭头指向前方，注有外国文字，当命士兵拾起转呈邓总司令，邓看后不解而扔掉，命令部队继续前进。11 月 6 日将要到达太原南畔村时，还没有察觉该村已被日寇占领，因向导是一个汉奸，一直把他们引到村子前面，才发觉村内已用苞谷秆堆成工事，隐约见有人影晃动，正惊疑间，突然枪炮声大作。邓锡侯恐怕是友军误会，还急喊不要还枪。而对方枪炮射击更猛，陈纠桓连长急命部队散开卧倒准备还击。王席儒座马被打死，他摔下马来；李鸿涛座马也被击毙，左足负伤。邓即下令还击掩护后撤。在忙乱中，王席儒率同手枪排保护邓策马冲出敌人枪炮火力圈外，向太谷方向撤走，敌人碉堡上的迫击炮弹如泼雨般地射击。撤退途中过一壕沟，邓锡侯纵马跃过，殊马失前蹄，被掀入道左泥淖中，淖深，直陷过腹部，形势万分危急。王席儒冒死冲过火网，将邓扶出泥淖，背负背上疾走，敌炮弹纷落左右，机枪射程幸已不及。此时手枪排士兵伤亡过半，仅余数人护送邓总司令前行。

邓等一行脱险后，至一村落，时已深夜，该村败瓦残垣，空无一人，当系遭受敌机轰炸，呈现一片荒凉景象。邓及随从士兵，只有忍着饥饿在民房土炕上蹲了一夜，直到天明。不期孙震副总司令和王志远旅亦撤退到此，孙震当向邓总司令自责保护不力，邓抚慰之。以后每年11月6日，邓都以这一天作为他抗日遇险纪念日，以示永远不忘日寇侵华的仇恨。

郭开铭等是在南畔村遇险时走散的随从人员，第二天也就跟上来了。于是部队继续往太谷方向进发。殊前哨侦察回报，太谷已被日寇占领，无法前进，只得绕道转向榆次。11月9日太原发生巷战，同月10日陷落。由于战局急剧恶化，二十二集团军乃转移到洪洞县城，此时由四川陆续出发的四十一军和四十五军部队才陆续齐集洪洞附近，一面在山西韩侯岭、安泽、沁源、长治之线，构筑阵地拒敌前进，一面积极整训部队，待命反攻。

前在寿阳担任掩护友军撤退的张鹏翼营，因陷在敌人占领区内，与总部失掉联系。他们在敌占区受到八路军游击队的掩护，提供给养和医药，白天潜伏，晚上护送，辗转回到洪洞，全营官兵和枪支完好无损，归还建制。我军官兵看到张鹏翼营能在敌占区安全回来的事实，对八路军的游击战术，深为信服，增强了抗战必胜的信心。以后，邓派张鹏翼等到延安学习。

二十二集团军总部驻洪洞县同心花店，八路军总司令部驻洪洞县东关外八九里远的一个村庄。从此邓锡侯经常与朱总司令会晤，曾多次请朱给二十二集团军团级以上军官讲游击战术，聆训军官受到教育；士兵看到八路军战士与当地人民群众水乳交融，表现出军爱民、民爱军的动人景象，也深受影响。丁玲同志率领的文工团每天进城，举行文娱晚会，为二十二集团军演出不少鼓舞士气的精彩节目，愈增强了川军的抗战爱国激情。八路军和川军还经常开展联欢活动，两军官兵团结合作得比较好。

保卫徐州　转战鲁南

1937 年 12 月，山东韩复榘弃守津浦路北段，急需调部队前往防守，巩固徐州外围。蒋介石电令二十二集团军由山西洪洞开赴徐州，改受第五战区司令长官李宗仁指挥。邓锡侯受命率领四十一、四十五两军经陇海路前往徐州。1938 年元旦，邓锡侯、孙震到达徐州，受到李宗仁长官热情欢迎。第二十二集团军总部驻徐州近郊高堤湾，旋奉命指挥所部沿津浦路北上，向两下店兖州方面前进，布置防御阵地阻敌南下。

当时，李宗仁长官下达的作战任务是：二十二集团军总部应在春节前推进到临城，以四十一军防守津浦路沿线各要点，向韩庄推进，并将一二二师王铭章部和一二四师吕康旅结集滕县附近，在城内构筑坚固工事，准备固守；以四十五军沿津浦路两侧择要据守，配合四十一军作战，令一二五师由界河向泗水之敌出击，一二七师在微山湖东向太平场方向前进，牵制敌人。

当我军部队从山西出发进入山东地区时，邓总司令指示全军说，这是孔孟礼义之乡，从上到下，都要相互告诫，必须尊重当地人民风俗习惯。因为山东非常重视“男女授受不亲”的习俗，民间内室视为禁区，不容外人进出。故严禁我部官兵进入民间内室。由于军纪严明，受到当地老百姓的欢迎，密切了军民关系，以致在侦察敌情和部队后勤工作方面，都得到当地群众的积极支持和合作，为以后对敌作战创造了有利条件。

我部一二五师七十六团在一次战役中，奉命突击两下店的战略据点，在当地民众帮助下，侦知日寇两下店兵力布置情况后，该团决定组织敢死队，采取夜袭近战，遂动员民众星夜赶制马刀备用。在铸造完成，执行战斗任务时，夜间忽降大雪，派参加敢死队的第一营陈仕俊、第二营陈隆光率部先后突入敌阵，士兵全用马刀及手榴弹，与敌人拼搏。为了防止被敌人发现，命令士兵将棉衣反穿（因里布是白色，与雪相似），麻痹敌人。是役，完全是白刃血战，敌我双方伤亡奇重，敌不支后撤，我军占领砖房。战斗结束，该团两个营，只剩 200 多人，阵亡和负伤将士 500 人左右。战场上抢运伤员，都是民众主动冒雪进行，不要报酬。第一营营长陈仕俊因负伤，送到微山湖治疗。这次战斗，虽终伤亡甚重，但光荣地完成了任务，鼓舞了士气，增强了胜利信心。

最激动人心的是滕县之役，一二二师师长王铭章将军孤城喋血，全师就义，以身殉国。这些可歌可泣的英勇业绩，是我们川军的最大光荣，也是中华民族的骄傲。由于川军在鲁南浴血抗战，打击了日寇的凶焰，迟滞了日寇板垣师团的前进，为尔后台儿庄会战赢得时间，才有震惊中外“台儿庄大捷”的辉煌胜利。

这次在山东境内作战，能够取得较好战果，首先是本军学习八路军和群众打成一片的优良作风，密切了军民关系，得到合作。其次是部队由本集团军邓、孙两位总司令统一指挥，不受任何牵制，所以打得灵活，打得顽强。而在山西晋东作战时，是由副长官黄绍竑直接指挥，后续部队尚未到达，即仓促应战，到一团就用一团的兵力，因而处处陷于被动，未能发挥全集团军战斗作用。

邓锡侯曾在山东白沙河召集连长以上军官训话时说过：“我军在山西作战时，阎锡山说我们武器不好，作战不力。武器不好，虽是事实，只怪没有给我们配备新武器；作战不力，就不是事实，我集团军官兵伤亡3000多人，连我本人在南畔村也几乎死于敌人炮火之下，能说作战不力吗？这是他对川军的诬蔑。”

安定后方　支援前线

1938年1月20日，第七战区司令长官刘湘在汉口病逝后，四川军政界形成群龙无首的局面，刘湘旧部都有保持自己实力和争权夺位的企图。当蒋介石明令发表张群为四川省主席时，即遭到刘湘部属和地方政客的激烈反对，掀起轩然大波，四川政局一度出现紊乱局面。为此蒋介石于2月上旬在汉口召见邓锡侯征询安定川局的意见。邓认为川局紊乱，主要是刘湘旧部引起，若能对刘部重要人物王缵绪、王陵基、潘文华等人表示倚重，畀以重任，使其心安，并将他们留川的部队编成几个集团军交其统率指挥，既可充实前线兵力，又满足了他们的政治要求。同时建议继续保留川康绥靖公署，协助省府动员四川的人力物力，征兵征粮支援前方，并统驭留川部队，巩固四川后方。俟局面稳定之后，再由张群出主川政，是会得到各方支持的。蒋介石采纳了邓的建议，先发表邓为重庆行营副主任，3月10日又发表邓为川康绥靖主任。并决定以王缵绪为四川省主席兼任第二十九集团军总司令，王陵基为四川省保安司令兼任第三十集团军总司令，潘文华为川康绥靖副主任。邓锡侯自拟电稿命译电室主任郭开铭译发给成都留守的参谋长马毓智，嘱其同二王和潘等留川将领磋商，他们感到各有出路，复电赞同。以后蒋介石才分别正式任命，川局始告平定。邓锡侯在汉口会议后，即飞回四川，二十二集团军总司令职务，交副总司令孙震代理。

这时川康绥靖主任公署的文武官员，都是刘湘的旧部，担心邓当了主任他们会被撤换，于是又有人酝酿反邓。邓锡侯以安定川局，支持长期抗战为重，表示要以“公诚和信”四字，对待刘湘部属，决不谋求私利。建议以七战区长官部副参谋长余中英为川康绥靖公署副参谋长，以调和折中各方面的意见。并召集原绥署处长级以上的官员谈话说：“蒋委员长调我回川继任川康绥靖主任，是为了团结川康军民，安定后方，征兵征粮，支援前线。因为抗日战争，是关系民族存亡的大事，决不能为了争权夺利，影响抗战。原绥署处级以上官员一律不变动，照常供职，我只派一个参谋长（马毓智）和各处几个副职人员协助工作。望大家安心工作，实现安定后方支援前线的共同愿望。”他说到做到，表里如一，既树立了威信，也安定了人心。

对征兵工作，邓锡侯极为重视，强调既要坚决完成任务，又不准骚扰人民。如某次中江县征兵，经办人员抽签舞弊，引起民变围城。重庆行营电令川康绥署和四川省政府（主席王缵绪）派兵抚剿，安定后方，恢复秩序。省主席王缵绪邀功心切，即派保安处副处长王元晖率保安一团，从广汉直趋中江，竟命令部队先剿后抚，击溃叛民，再安善良，致使一些无辜的人民冤死于枪弹之下。邓则一反所为，派疏散区参谋长奉伯常和绥署高参吴克仇（中江人），率兵一营（周育南营）前往中江黄鹿镇，执行先抚后剿的命令，不准任意杀人。奉伯常等在执行任务时，先大力宣传，驱散多数被胁从的群众，然后才对少数顽抗到底的土匪加以剿办，按照邓的指示办事，未打一枪，未杀一人，就平息了叛乱。

邓锡侯一向以国家民族为重，从不计较个人恩怨，他的旧部李家钰早年跋扈骄横，不受节制，但是出川抗战殉国后，在成都举行隆重追悼会时，邓锡侯在会上沉痛地说：“李其相（家钰）是我旧属，也是我率领出川抗战的四十七军军长。他过去在四川做过一些对不起川人的事，但他出川抗战是积极的，对日作战是英勇的，部队所到之处军民关系极好，尤其长治巷战，保国保民，卓著功勋，早为中央嘉奖。他愿为民族战争牺牲，是下了决心的，他说过这样的豪言壮语：‘男儿欲报国恩重，战死沙场是善终。’这是何等英雄气概！他的阵亡，是四川军民的光荣，也是四川军人学习的好榜样。”

1941年邓锡侯领衔组织“四川党政军民前线川军慰问团”自兼团长，赴前线慰劳川军，激励士气，坚定长期抗战，争取最后胜利的信心。他对当时成都抗日救亡运动及进步团体的爱国行动，总是热心支持。如四川大学抗敌后援会要求绥署邓主任督饬第二十九集团军总司令王缵绪、第三十集团军总司令王陵基迅速出兵加入会战时，邓立即复电赞同。不久，二王即先后率部出川抗战。

邓锡侯在担任川康绥靖主任期间，虽未再度亲临前线，但在调和中央与地方及地方各实力派系之间的意见，使抗战大后方能够长期维持基本安定的局面，是费了不少心血的。同时在困难条件下，使四川的兵员、武器和粮秣不断补充前线，支援抗战，功绩也很显著。

李家钰

男儿欲报国恩重，战死沙场是善终。

- 1890 年生，字其相，四川省蒲江人。
- 1937 年 7 月，任陆军第四十七军军长，所部编入第二十二集团军，率部出川赴晋抗日。
- 1938 年春，率部参加长治保卫战。
- 1939 年 2 月，任第四集团军副总司令。
- 1939 年冬，升任第三十六集团军总司令兼第四十七军军长，率部转战于山西、河南等地。
- 1940—1944 年春，李家钰部担负河南陕县、渑池、灵宝、阌乡一带黄河防务。
- 1944 年 5 月 21 日，率部掩护友军后撤中，遭遇日军伏击牺牲。

李家钰将军事略 *

龙　腾　奉伯常　靳竞等供稿

李将军，讳家钰，字其相，四川省蒲江县人，汉族，1890年农历三月二十九日出生于蒲江大兴乡一富农家庭。有兄弟四人，长兄为前母所生，他与三弟注东、四弟家英三人为后母所生。李于1909年考入四川陆军小学堂第四期，1911年毕业后，适逢辛亥革命，参加了推翻帝制的斗争。1912年，升入四川陆军军官学堂第一期学习。1913年春，反对袁世凯的走狗四川都督胡景伊，与同学愤然离开学校，夏季赴南京，入陆军军官预备学校，参加孙中山发动的“二次革命”的癸丑讨袁之役，加入柏文蔚组织的将校团参加上海“龙华之役”，很为出力。1914年返川，继续插队入四川陆军军官学堂第三期，1915年毕业后，分配到川军第四师刘存厚部队。

1915年袁世凯卖国称帝，护国军兴，李家钰随刘部参加讨袁的“泸

---

* 本文根据李家钰将军部属：原川军第二十八军军官奉伯常、陆军第四十七军营长靳竞的来稿和蒲江县文化馆龙腾同志搜集徐翰香（前四十七军监察官）、李浩东（前四十七军一〇四师参谋主任）、安和璧（前三十六集团军总部搜索营营长）、杨克思（前四十七军五三二团营长）以及李家钰将军之子李克熊、李克林等同志提供的珍贵资料、文献撰写之《抗日殉国革命烈士李家钰将军》一稿，并参照李卓夫同志撰写的《四十七军抗战经过》等资料，由成都市政协文史资料办公室编辑组合并整理而成。执笔人万金裕。

纳战争”，于马鞍山之役，击溃北洋军曹锟、张敬尧等旅，战绩卓著，晋升营长。以后他在历次战役中，均以英勇善战著称，遂由川军第三师邓锡侯部的第十二团团长、第六旅旅长，屡迁至第二十八军第一师师长、四川边防军总司令等职。曾统辖三个师，四个混成旅，共有步兵22个团；划遂宁、乐至、安岳、潼南、简阳、华阳等县及蓬溪县之一部为其防区。人事经理全部独立，与邓锡侯仅保持形式上的上下级关系。

1933年，工农红军第四方面军由鄂入川，在嘉陵江左岸建立“川陕省苏维埃”革命政权，解放被压迫人民。蒋介石勾结指挥一切反动军阀大举“剿共”，1933年7月7日任命刘湘为“四川剿共总司令”，分路进攻红军。李家钰被刘湘任命为第三路总指挥，参加围攻红军的战争。1934年，中央红军开始长征，经粤、桂、湘、黔入川，1935年与红四方面军在懋功会师后，继续挥师北上抗日。此时，送走了红军的蒋介石乘机囊括四川的军政权力，大肆裁遣川军。原有20余团的“四川边防军”因与红军作战已溃不成军，被蒋介石缩编为两旅四团制的一个师，李家钰被任命为一〇四师的中将师长，指定驻防西昌及大凉山一带。蒋介石为了牵制西康的刘文辉，1936年让李家钰部恢复了军的建制，发表李为陆军第四十七军中将军长，于11月9日在成都就职。所辖第一〇四、一七八两个陆军师，仍驻西康。

李将军青年时期志切救国，历次革命战役，无不英勇以赴。自四川防区制建立后，连年卷入军阀混战与“剿赤”之役。他深感国难日殷，渴盼早日统一，共御入侵之敌。1935年，他在四川整军会议上慷慨陈词说：“……故唯整军，才能谋中国之统一，唯整军才能抵御外侮，才得复兴中华民族……”爱国思想，溢于言表。（原词见1936年成都《新新新闻》日报）

1937年七七事变后，李将军从出川抗日直至英勇殉国为止，用鲜血实践了他在洛阳会战期间的亲笔题词“男儿欲报国恩重，战死沙场是善终”的豪言壮语。（1944 年 5 月将军在新安会晤刘砻潮先生率领的慰问团时亲笔题词）他参加抗战，历时 7 年，其光辉事迹，令人永志不忘。

请缨杀敌　意志坚决

七七事变的卢沟烽火，唤起了全国各族爱国人民。李将军于 1937 年 7 月底发出了“卅电”，敦促蒋介石动员全面抗战，充分表达其高度爱国热情。电文略谓：“……窃维国难至此，已达最后存亡关头，应恳钧座立即下令全国，一致动员，挥师应战，还我河山，严惩群奸，以雪公愤。职军正事整编，士气激昂，倘蒙移调前方，誓当执芟赴难。迫切陈词，伫候训示！职李家钰叩卅卯。”（原文见成都《新新新闻》1937 年 8 月 3 日第六版）蒋介石虽准其所请，但却指令他将第一七八师留驻西康，只允率第一〇四师出川。经将军再次代表爱国将士坚请全军共赴前敌，才获电准，并编入第二十二集团军邓锡侯部的序列，开赴前线。同年 9 月，李将军即率全军由西昌出发。经成都，沿川陕公路徒步北上，行抵宝鸡以后，乘陇海铁路火车东进，甫抵西安，即奉驻陕绥靖主任蒋鼎文转达蒋介石电令：“四十七军拨归第一战区，受司令长官程潜之节制指挥。”因长官部在郑州，全军乘原车东驶。到郑州后，又奉程潜长官转蒋介石之令，开赴晋东接管长治守备任务，受第二战区阎锡山长官之指挥。乃再由郑州转乘平汉铁路火车北上，在新乡下车，再转道清铁路之火车，在博爱下车，徒步经高平到达山西长治。

第四十七军出川之际，时值农历中秋，长途跋涉 40 余日，关山四千里，行抵黄河北岸，已是初冬，一片冰雪，人马僵冻，官兵犹是单衣草履。军至博爱，始穿上棉衣。但川军武器十分窳劣，遇装备精良的日寇，全仗血肉之躯，高昂之士气，与强敌相搏斗。全军将士沿途受到人民群众夹道迎送，愈益坚定杀敌报国之决心。

防守长治　首战失利

第四十七军到达长治，防阻日寇西犯晋东。李将军派遣第一七八师李宗昉部守备长治以东之东阳关，此为由河北入晋东的门户，该师为前进部队；另以第一〇四师李青廷部及军直属部队，构筑阵地，固守长治城郊。1938 年 2 月，敌之一〇四旅团下元雄弥部队，在大量空军掩护及优势炮兵坦克配合下，沿平汉线南下，在邯郸经武安、涉县转向东阳关进犯。我一七八师奋力抵抗，因火力与敌悬殊，官兵死伤累累，营长周泽初等军官阵亡。次日敌攻陷东阳关直趋长治。我一〇四师在长治城郊迎战，阻止敌寇狂进，保卫晋东地区安全。敌初以飞机多架次猛袭长治城，继之以疯狂炮击达半日之久。郊外守军多战死，城垣多处被炸塌。敌以坦克掩护步兵冲入城内，我守军与敌展开激烈巷战 4 日，卒以我火力悬殊，又无制空权，官兵牺牲过半。是役，一〇四师营长杨岳岷、连长夏抚涛、杨显谟等多数军官阵亡。

长治城陷后，李将军以川军武器太落后，损失奇重，决心西渡黄河，入陕整补，换发武器，以利再战。但行抵荣河县渡口以木排试渡，均被波涛击沉，乃率残部东返，在晋南安邑、平陆等地袭击敌人，驱逐附近刚占领风陵渡之敌，使我对岸陇海铁路免遭其炮火袭扰，确保我军补给运输之安全。第四十七军主力转移至中条山南麓休整后，继续与这一带和入侵太行山之敌搏斗，将军命令一七八师一〇六三团团长孙介卿攻占安邑县城。两日后，日军纠集其闻喜、夏县、运城之敌千余人反攻，包围安邑县城。战斗至午，孙团伤亡过半，县城垣被陷，团长孙介卿只身逃出。将军以孙作战不力，将其枪决，以整饬战场纪律；而孙团第一营营长赵前裕、营附贾国华、连长陈绍虞，中尉副官黎迓冬，在巷战中与敌反复冲杀，最后被敌围攻而壮烈牺牲。

1938 年夏秋之间，在第一次反扫荡战斗中，我一〇四师同日寇在侯家岭及平陆县冯单村一役，战斗半日，连长李国亮等 40 余人英勇牺牲，使敌死伤百余人而溃退。

1939 年 1 月 25 日，李将军下令攻夏县城，在裴介村、大吉村及平陆县境与敌搏斗，连长胥泽宗、陶学皋等多人阵亡。

1939 年 6 月 6 日，第二次反扫荡战役，第四十七军与同蒲路沿线之敌军牛岛师团部队战斗，日寇出动飞机多架次轰炸我军阵地，并以数千人插入我一〇四、一七八两师之间，直攻南村军部。李将军率军部向东北山中撤退，两个师亦转入第二线阵地，各组织小部队乘夜出袭敌人，恢复了原阵地。

是年冬，李将军奉命调防晋城，并指挥三个游击支队，防守太行山南麓之获嘉、焦作、博爱以北地区，向道清铁路之敌警戒。1940 年春，道清铁路之敌 1000 余人，扫荡我太行山抗日根据地，以主力犯晋城，将军派部队阻击未成，遂退北洋泉河山地，命一七八师以一部侧击敌后，迫其后退，在激战中，营长龚盛卿等阵亡。

学习游击战术　与八路军建立友谊

李将军多次与日寇作战，因火力逊于敌人，伤亡较重，认识到自己非蒋嫡系军队，武器装备不可能获得圆满补充，要杀敌致果，必须学习游击战。特别是平型关战役，八路军以近似川军装备的一个师，歼灭敌板垣师团之一个旅，从这个以劣势装备战胜优势之敌的典型战例，更加坚定将军学习游击战术的决心。1939 年秋，将军特派侍从副官孟体富、营长樊德厚、副营长龙德云等 10 余人，到翼城地区，向第十八集团军（即八路军）部队学习游击战术。然后，将军亲自主持在平陆槐树庄开办军的干部班，对本军干部进行游击战术的训练，以后均在实践中收到辉煌战果。

1940年春，李将军驻晋城郝匠村时，曾派科长谭席珍赴第十八集团军总部联络。在李军退守北洋泉河时，八路军朱德总司令赴洛阳经过四十七军军部时，留宿一夜，与将军欢谈至深夜。次日将军派出一营部队，护送朱老总通过敌人封锁区，直至黄河渡口。后来，将军向参谋长魏粤奎说："我与玉阶（朱德之别号）谈到民主问题，听他说后，受到很大启发，很感兴趣。"云云。

早在1938年1月，第十八集团军刘伯承师长参加开封会议回部途中，也曾在长治城四十七军军部留住一周以上，李将军曾邀请这位有名军事学家为全军营级以上军官讲授抗日战争的重要性和战略战术。当时十八集团军也有一个连驻长治城内。山西省晋东专署行政专员薄一波亦住长治城，与将军常相往还，军政关系十分融洽。

由于以上因素，李将军的思想认识有了提高，尔后在蒋介石发动三次反共高潮中，他认为蒋分裂抗战阵营，打击进步力量，有碍团结对敌。蒋下令四十七军进攻八路军太行游击支队，并令将有关共产党的情报、密令等，另立保密专案陈报，将军十分鄙弃这些指令，只是敷衍应付而已。

1940年夏，第四十七军奉调由晋城南渡黄河时，有少数政工人员掉队，第十八集团军派员发给证明，护送至黄河渡口。这是团结对敌的友谊表现。

晋升总司令　坚守河防四年

李将军在晋南指挥作战数年，屡奏战功，1939年夏，晋升为第四集团军孙蔚如的副总司令，同年冬再晋升为第三十六集团军总司令，辖原四十七军及陕西之第十七军高桂滋部队。1940 年冬，国民政府军事委员会曾为第三十六集团军派来一位苏联军事顾问，即皮斯诺夫中校，住在总部。1941 年，三十六集团军奉命东移，总部移驻河南省新安县北的古村，当时守备洛阳的第十四军张翼鹏部队也划归此集团军序列，并指挥河北民军驻渑池的部队，担任黄河的防卫任务。在河防四年间，将军经常巡视警戒线，了解敌人动态，每月轮番派遣游击部队过黄河北岸袭击敌军，捕捉敌伪俘虏，搜索情报，以加强戒备，防御日寇越河南犯。

整顿法纪　提高士气

李将军治军，纪律严明，既密切了军民关系，也提高了官兵士气。第三十六集团军在与共军部队并肩战斗过程中，深受“三大纪律八项注意”之宣传教育和政治感染，认识到“加强纪律性，革命无不胜”是共军每战必胜所一贯遵守的信条。例如在 1938 年春节期间，将军据报查实“有一个军官奸污了当地一个民妇”，立即下令“就地枪决！”受到长治一带人民称赞。群众皆说：“川军比阎锡山晋军的纪律严明得多。”1942 年，河南发现蝗灾，李将军下令全军抽出部分人力，在新安、北治、官水磨地区，协助当地群众消灭蝗虫，保障民食，收效不小，使军民之间的团结益臻巩固。

此外，李将军在战场的法纪，更是奖惩分明，不仅对作战不力的团长孙介卿就地予以正法，而且对勇敢杀敌而受伤不退的炊事兵李发生，则专案报请中央从重奖赏，并在李的家乡仪陇县为之新建住房一所，以资表彰，还将他晋升为炊事班班长。李发生是一七八师某团第三连的炊事员，在晋南毛家山战斗中，因送饭到前线，途中偶遇敌人与我士兵正在战壕边拼刺刀，他放下饭挑，手持扁担，乘敌不备，猛力打死打伤敌人数名。接着他又被敌兵数名围攻，我全线官兵，乘势冲出战壕，打得敌人狼狈逃窜。李此时身负八伤，还夺获敌人三八式步枪3支，亲自背下战场。其英勇事迹传遍全军，受到勋章奖赏，使部队士气为之大振。

以后，全军陆续出现不少英勇献身的烈士，如1944年5月13日，云梦山之战，第一〇四师三一〇团八连连长李某（名字待查）与敌激战至最后一人，身受数伤，仍坚不退却。不幸被一敌军官使用战刀，从其背后拦腰劈为两段而壮烈殉国。5月17日，第一七八师五三二团团长彭仕复执行掩护大军转进的任务，在陕县和尚沟地方，被敌炮榴霰弹击中，炸得粉身碎骨而壮烈殉国。这些悲壮事迹，充分说明第四十七军将士，在李将军指挥下血战抗日之一斑。

主动承担后卫　壮烈殉国

1944年3月，中原会战前夕，李将军在洛阳军事紧急会议上提出“先发制人”的方针，主张使用飞机轰炸北邙山头（日寇在黄河铁桥南端北邙山占领的桥头堡阵地），并继之以佯渡以牵制之，使敌立于被动，我争取主动。这一正确主张，竟未得到战区司令长官蒋鼎文的重视和采纳。以致敌寇采取主动，出我不意，西渡黄泛区，造成洛阳会战时的一次大溃败。

同年5月17日，洛阳会战开始，敌军分由中牟、陕县两处渡黄河。第一战区司令长官蒋鼎文率先西逃，群龙无首，部队失去统一指挥，各自盲目后撤。李将军当晚在途中渑池县之翟涯，与洛阳西撤的第十四集团军副总司令刘戡、十四军军长张翼鹏、新八军军长胡伯翰、暂四军军长谢辅三等将领相遇，因各军拥挤一途，极度混乱。经会商研究，根据当时状况，必须统一指挥和派遣掩护部队，指示退却目标和退却道路，集结整补，再图反攻。一致公推李家钰将军出任统一指挥官。他主动指派自己的四十七军承担后卫掩护任务，掩护各军转进。5月20日宿营于陕县之东姚院村，为了明了敌情，将军派其总部参谋宋洪勋，赴高树勋军部联络。据回报，始知敌人千余已由陕县太阳渡渡河，进犯大营村，与友军发生战斗。李将军判断敌之行动，还不致立即到达；同时，为了忠实地执行掩护友军西撤的殿后任务，未能及时对敌情作深入侦察。5月21日上午7时，将军得知敌人距东姚院村仅十余里的紧急情况。此时，第四十七军李宗昉军长率两个师向西前进。行军序列是：第一七八师是先头部队，总司令部跟进其后；李宗昉军长则和一〇四师在总部之后跟进。因总部的人员辎重较多，行动迟缓。在行进中，停停走走，不时由张庄方向飞来炮弹。李将军考虑人员安全及加快行动，临时改变行军计划，把原来由西而南的行军路线，改为由南而西的行军路线。还未登攀秦家坡高地前，突然发现秦家坡顶上麦地边沿有着伪装部队，将军同总部人员还认为是自己的先头部队一七八师。在登坡时，坡下老百姓呼喊："上面有日本人啦，去不得！"惜未引起将军等的注意，仍然往上攀登。居高临下以逸待劳的敌军，俟我毫无战备的队伍登至近距离时，突然用机枪袭击。一时枪声、手榴弹爆炸声齐发。不到半小时，第三十六集团军总部人员全被日寇机枪的伏击歼灭。李家钰将军不幸身中数弹，额上和左肋均被洞穿而壮烈殉国，终年53岁。同时殉国的高级军官有步兵指挥官陈绍堂（曾充任三一〇旅少将旅长）、少将副官长周鼎铭、连长唐克俊等多人，幸存官兵无几。

继任的第四十七军军长李宗昉惊闻将军殉国噩耗，立即命令第一〇四师师长杨显名率三一二团跑步赶到秦家坡，对敌猛烈仰攻，战斗至夜，敌始溃退。在一麦田崖下寻着李家钰将军之遗体。全军将士闻耗，无不热泪泉涌。

重庆《新华日报》于1944年6月10日发表了《上月中原惨烈战役中，李家钰将军壮烈殉国》一则。川康绥靖主任邓锡侯等人亲到文庙前街李宅向家属慰问，蒋介石也致电吊唁。李将军以一个集团军总司令在前线牺牲，全国悲悼。忠骸运回四川，灵柩抵达成都，受到省会各界群众团体、成都行辕、四川省政府、川康绥靖主任公署、中央陆军军官学校等，联合行公祭和隆重追悼后，被安葬于成都南郊红牌楼广福桥“李上将墓园”。

李将军英勇为国捐躯后，1944年6月11日《新华日报》还曾发表《悼李家钰将军》短评，文章指出：“中原大战……我将士英勇，李家钰将军在此役中杀敌殉国，是应受到全国尊敬的。……我们哀悼李家钰将军抗战殉国，希望前线将士都抱为国牺牲的决心！……”

1944年6月13日，行政院第六四四次会议讨论通过“军事委员会以集团军总司令李家钰于此次豫中会战，亲冒锋镝，壮烈殉职，忠勇之风，尤足矜式，请转呈国民政府，追赠为陆军上将，以慰忠魂而励来兹案。”6月22日，国民党政府下令：

“故陆军中将李家钰，追赠为陆军上将。”

同年，6月19日《新华日报》又曾报道：“蒲江旅蓉同乡会，前些时旅蓉曾开会决定：为纪念李其相将军壮烈殉国，拟请政府将蒲江县改名为‘其相县’。但李将军夫人却谦辞婉谢，她说‘其相殉国本是军人天职，何劳更改梓里名称’等语，实堪令人钦佩！”

1944年7月10日，国民政府又下褒扬令：“陆军上将、第三十六集团军总司令李家钰，器识英毅，优娴韬略。早隶戎行，治军严整。由师旅长洊领军符。绥靖地方，具著勋绩。抗战军兴，奉命出川，转战晋、豫，戍守要区，挫敌筹策，忠勤弥励。此次中原会战，督部急赴前锋，喋血兼旬，竟以身殉。为国成仁，深堪矜悼。应予明令褒扬，交军事委员会从优恤，并入祀忠烈祠。生平事迹，存备宣付国史馆，用旌壮烈，而励来兹。此令！”

1984年4月25日，复经四川省人民政府批准，追认同日寇作战中牺牲的李家钰将军为革命烈士，将军夫人王明德率其三子李克林代表烈士家属，受领了中华人民共和国民政部颁发之《革命烈士证明书》。人民政府还拨款重新修整李上将之陵寝。

爱国诗人柳亚子先生曾作有《挽李其相上将》诗一首以示悼念，诗曰：

万里中原转战来，前师急报将星颓。
归元先轸如生面，化碧苌弘动地哀。
军令未闻诛马谡，思论空遣重曹丕。
灵旗风雨无穷恨，丞相祠堂锦水隈。

李家钰将军殉国记

田光明

1944年5月，我军自洛阳撤退后，李家钰由新安向西转移，至陕县秦家坡，遇日军伏击阵亡，为国捐躯。我当时是第三十六集团军总部参谋处上尉参谋，是这一战役的亲身经历者。现将其经过追忆于后，唯时间过久，漏误难免，请各方予以教正。

洛阳作战时，第三十六集团军总部驻河南新安县古村（距洛阳90里）。会战全面失败后，我集团军以孤军之势最后退出新安，向西转移。至陕县张村宿营，发现友军，当由参谋处派去联络参谋与该军联系，始知是先退驻附近的第三十九集团军高树勋部。我联络参谋进入该驻地，见到他们已进入战备状态，并向我参谋人员声称：决定住下来，占领阵地，准备抵抗。要求我军协同作战。联络参谋向李家钰回报后，李即命令部队向粮站领粮，就张村一带占领阵地，准备作战。

第二天拂晓，我总部电话再三与第三十九集团军总部联系，均无回答，感到情况有异，立即派遣原联络参谋驰赴昨日联络地点察看，始知该部已于昨夜全部转移。李考虑情况严重，决定立即全部向西出发，决定行动顺序是：前队是总司令和参副各处成员，以总部直属特务营第二连为近卫，后继第四十七军军属特务营一营，后面是第四十七军属第五三三团为护卫，匆促向陕县进发。李家钰身着黄呢军服，脚蹬长筒马靴，还坐上滑竿（用竹子做的便轿）。行进途中，很显眼地暴露出特殊的目标。李家钰及其前部刚行进到逐级升高的三级高地秦家坡第三个高地时，山上的敌人机枪响了，实际已进入日军的伏击圈。李家钰忙从滑竿上下来，指挥身边特务营第二连连长左良俊率部分官兵分两路抢占阵地还击。这时敌人居高临下，对我情况一目了然，集中三八机枪射击黄呢军装的显著目标，李家钰当即被击中阵亡。左连长慌忙分兵抢占阵地，但全连仅有一挺苏式机枪，枪弹却各在东西，无法发射，只凭步枪勉力支持；加上高地裸露，伤亡特别严重。参谋处上校参谋蒋权，后上高地，见战斗激烈，回头跑下，但他的裤脚也被打穿一个枪孔，同时还跑下来一个姓陈的排长。上至集团军总司令，下至士兵，仅生还两人。后来听说，姓陈的排长被第一七八师师长李家英以失职罪枪毙了。

正在近距离的激战中，第四十七军特务营赶到高地，姓袁的营长（湖南人）看见敌人多穿便衣，还误认为是河北民军乔明礼部先退至此，发生了误会。他用杵路棍挑起雨衣，还向敌人喊话："不要弄错了！"话音未落，一排机枪扫射，把他两脚打断，他咬紧牙关滚下高地，才向军长报告战情。军长李宗昉（仲曦）立即设指挥所于高地棱线下，督战指挥；后卫第五三三团又增援赶上，进入阵地。稍后第一〇四师师长杨显名也带队前来助战。第三高地棱线下，是一片较宽的死角地带，地形于我有利。虽然敌人集中步枪、机枪、小炮向我猛击，我们仍能固守，进而展开争夺战。不久，第一〇四师苟载华营也增援赶到。李宗昉军长即令苟营组织突击队，抢救前队总部人员。经过血战，只抢回总司令李家钰的尸首。李满身都是枪眼，但形态面貌可辨。随同总司令部的少将参谋处处长萧某、上校副官长周鼎铭等均牺牲。战斗从早晨开始，到薄暮方停止。

我部因李家钰阵亡，停火后立即作通宵转移。军长李宗昉在前，李家钰尸首用麻袋装着跟后，杨显名师长护后。

李家钰

这次战斗，我为什么能幸免呢？因我战前负伤，出发时用驮马驮着，随总部后跟进。李家钰率队到达秦家坡第三高地时，我正在第三高地棱线下，战斗发生后，就停留在那里（后来李宗昉的军指挥所也设在那里）。从战斗开始到结束，我都未离开那里。必须强调的是：这次战斗，日军多数化装为河北民军，曾谣传“李家钰是老百姓打死的”。为了澄清事实，特追记于此，以供参考。

李家钰将军殉国目击记

刘　玺

1944年5月，国民党军队在洛阳与日军会战中失败。日寇从茅津渡渡过黄河，向我军袭击，使守卫黄河其他地段的我军部队，陷于被包围的境地。第三十六集团军李家钰总司令率部自新安附近，由敌之空隙地区，越过陇海路以南，且战且走，行军两三天，到达洛宁地区，天雨泥泞，道路崎岖，部队行动迟缓。在这困难时刻，为了激励士气，李总司令召集随行官兵讲话。他说："值此生死存亡关头，凡有爱国爱家之志，誓死消灭日寇者，随我前进。如有他心，可自寻生路……"在场官兵纷纷表示：愿同生死，共患难。无一开小差者。部队继续前进，第一七八师李家英部在前面开路，总部佐属人员同直属部队居中，第四十七军李宗昉军长同一〇四师断后。当行至陕县秦家坡附近时，被日寇搜索部队发觉，遭到敌人大炮猛烈轰击，先头部队一七八师只好改道侧行，致使总部中间梯队正面突出，与敌遭遇。5月21日，当总部人员到达秦家坡山脚时，断后的一〇四师被日军跟踪追击，沿途采用打蛇退壳的方式撤退。李宗昉军长知道李总司令身边只有一个总部特务营，战斗力弱，即派军部特务营屈治洲连长率部跑步追上，以保总司令安全。屈连长在秦家坡半山腰追上总司令报告说："奉军长命令，前来随同总座行进。"

李总司令详细询问后续部队情况，命屈连稍事休息，俟总部电台机器到达，保护前进。李总司令年高体弱，行动艰难。我们用滑竿抬着他上山，因滑竿稍高，他可以用目力搜索四面。由于他有多年作战经验，察觉坡上情况有异，立即跳下滑竿，口传命令，令屈连占领阵地。命令刚传下去，日寇机枪打响了，射击猛烈。屈连亦进入阵地，以机枪还击，双方激战。日寇集中机枪、迫击炮、掷弹筒，向李总司令困守的小山头猛轰，弹如雨下。李总司令由其卫士扶着，由原路后撤。敌人机枪交叉扫射封锁退路。这时李总司令负伤了，还坐在地上，手执钢笔在日记本上写命令，继续组织战斗。日寇的枪炮愈加猛烈，李总司令又连中敌弹数发，当场阵亡，胸部中敌掷弹筒破片，脚上穿的布鞋也被敌机枪子弹打穿数洞。同时阵亡的还有少将高参陈绍堂、上校参谋肖孝泽、中校参谋上官政等人。上校副官长周鼎铭负重伤，当晚死亡。中将参谋长张仲雷等被俘，张被俘不久，就同本军五三二团炮连连长尹建业在夜间乘敌不防，越墙逃出敌占区。被俘的上校情报科长陈兆鹏、上校秘书罗寄蜀与其弟上尉书记罗宥蜀，因患痢疾严重，无药医治，均死难于日寇监狱中。

我当时任集团军总部译电员，随侍在李将军近旁，故得以亲睹李将军殉国场面。我也与张参谋长等不幸为敌所俘，后来乘间脱逃。

今仅将李将军殉国情形回忆出来，以供后人景仰。

王陵基

为了早日出川抗战，我没有向蒋介石请领开拔费，是以保警处积余项下的四十多万元开支的。

● 1883年生，字方舟，四川乐山人。

● 1938年4月，任第三十集团军总司令兼第七十二军军长，率军出川参加抗战，8月参加南浔会战。

● 1939年，参加第一次长沙会战，因功兼任第九战区副司令长官。同年11月，被授予陆军中将军衔，驻防江西省，兼任江西省政府主席。

● 1940年5月，被授予陆军上将军衔。

● 1941—1944年，率部参加上高会战、第二次长沙会战、第三次长沙会战、常德会战、长衡会战、湘粤赣边区作战等。

● 1967年3月17日，病逝于北京。

我率三十集团军出川抗战的经过

王陵基

集团军的组建情况和首战瑞昌

1938年春，刘湘在汉口病死，蒋介石电召我和王缵绪去汉口商谈川事，同时任命我为三十集团军总司令兼七十二军军长。三十集团军辖七十二、七十八两个军和一个补充团。这支部队是这样组成的：我在从汉口返回成都的途中先到万县与刘若弼商定，以他的旅为基础，另调四个保安团补充成为新十三师，刘任师长。又以驻西昌的陈良基旅为基础，另调四个保安团补充成为新十四师，陈任师长，再以范南轩旅另加四个保安团编为新十五师，范任师长。以邓国璋旅另加四个保安团编为新十六师，师长由吴守权暂代。[①] 省政府原有警卫团调为第一补充团随集团军总部先出发。为了早日出川抗战，我没有向蒋介石请领开拔费，是以保警处积余项下的40多万元开支的。因为三十集团军是临时由各保安团和军队组成，彼此缺乏了解。我令各师分头出发，先到沙市集中训练一个短时期，使各师官兵彼此认识，上下互相了解再行使用。部队

① 据刘识非回忆，每师补充的是两个保安团。

尚未集中即奉令移防岳州。正当我集团军大部尚在由川去沙市途中，只有一师到达岳州时，蒋介石电约我到汉口，当面向我说，现在日军除沿长江而上外，又有直趋江西之势，由浙赣路夺取南昌，该方面现无一兵，要我部由岳州分成两路，一路由平江经通山到武宁，一路由岳州经长沙到修水至武宁，以解浙赣路之危。我即命令第一补充团急行军赶到修水，我亲自率一个师到长沙经修水直趋武宁，后方各师全部采取轻装先到武宁集结。我部到达前线后即奉命接瑞昌县的防务。原防守瑞昌县的是李仙洲部的二十一师。我奉命后即派新十三师刘若弼部接替。瑞昌阵地是沙砾土质地带，原来没有构筑工事，我即令昼夜赶做。3 天后，刘师报告已与日军接触。因九江以下友军把正面让开退后若干里，日军得以长驱直上，当时我判断日军兵力必大，单是刘师决不能支，即派新十五师由该师参谋长指挥应援（师长范南轩尚在四川未来）。开始，新十三师作战相当努力，哪知应援的新十五师组合不久，无作战经验，以致全军溃退，瑞昌失守。

马回岭之战

瑞昌失守后，我接到薛岳长官的电令和陈诚命令，要本集团军派一个师参加马回岭的会战，我遂就地令新十三师刘若弼参加，受广东军李汉魂指挥参加战斗。日军兵力约有两个师团，在黄龙门、马回岭、德安、永修、涂家埠沿南昌九江铁路展开对我军的强大攻势，战斗持续近一月之久，新十三师最后在守一个据点时[①]，集合轻重武器实行白刃战，反复争夺数次，终被日军击败，一部横走东面又参加沙河车站的战斗，一部从西撤至柘林、白槎一带，经派人收容后，部队损失一半以上。

① 指麒麟峰争夺战。

武宁之战

马回之战后，新十五师损失一部，新十三师损失一半左右，加之我军各部从长沙市出发步行至江西，时遇气候特别炎热，一入秋季，疾病大发，病员增多，我决心把新十五师和新十四师一个旅择其精壮官兵归并与新十三和新十六师，由七十八军代军长夏首勋统率归十九集团军罗卓英指挥。我奉蒋介石命令将其余官兵1000多人带去进贤休整补充。此时南昌已沦陷，去进贤已不可能，转而去沅陵。在沅陵设战地军官训练团，派参谋长张致和主持教育，同时对伤病员进行治疗。然后重新编组三个补充团成立新十五师，3个月后我就亲率新十四、新十五师重返前线。

1939年3月，日寇正拟攻击武宁。陈诚命令湘鄂赣边区游击总指挥樊崧甫、第八军李玉堂和柳善一个军归我指挥。[①]初日寇以一个旅团进攻，即遭李玉堂部顽强抵抗，日军又加一个旅团，又遇柳善部阻止，攻打一日一夜之久毫无进展，在箬溪又受到新十六师的威胁。第二日中午日军用大批飞机轮流轰炸，集中巨型炸弹、烧夷弹把武宁城毁去一半。各军之间的电话线打断了又接，接了又断，相互无法联络，午后6时左右，日军一部利用河边接近县城，与新十四师陈良基部终夜激战。第三日日军用十五榴炮援助步兵前进，一天即发射炮弹204发。入夜我接到陈良基师长电话报告，各方日军冲击厉害，我军各部有退却之势。我即冒大风雨亲自带队守住马路，同时电各部要坚持，至午夜我军伤亡颇众，武宁终陷敌手。武宁失守后，我又将陈良基、刘若弼、吴守权等师于甫田

① 据查，长官部拨第八军李玉堂部和第七十三军彭位仁部归王指挥。柳善系彭部的一个师长。

桥布防，总部设澧溪。事后，我到武宁检查，只在横断山脉一处[①]，就有将近3000具尸骨，战斗之激烈，可想而知。我遂将这些遗骸安葬在武宁公园内，修成一个塔以作纪念。

修水之战

日军侵占武宁后，重兵渐次转移方向，长官部电令三十集团军对东面敌军只留一个军防御，重点放在北面，即湖北之阳新、大冶、通山、通城。集团军遂指定七十八军部驻澧溪，新十三师在前，新十六师在后，注意武宁方向之敌。七十二军住三都，新十四师在后，新十五师在前，注意九宫山方面之敌。樊崧甫边区部队注意通山方面之敌，集团军总部住南姑桥附近。各部部署完后，即加紧整训。有一天早晨，突接老百姓递次传报，日军已翻山，正向修水前进。我立打电话问樊崧甫，他家人接电话说他酒醉未醒。我即亲自跑到樊部驻地问樊情况，樊一概不知，连正面的防御部队都在酒后糊里糊涂地调往他处。我一听大惊，急用樊的电话令就近的七十二军工兵营长率领该营立赴马坳坚守待援。我返总部后又令手枪警卫营去马坳。据警卫营长报称，工兵营在马坳山上与敌人发生激烈战斗，但警卫营在渡河时被敌炮兵火力控制，无法活动。同时日军迫击炮已经封锁前往征村大道安口，总部被迫退入山内，修水遂失守。在仓促中我和各部失去联系，立派得力侦探四处搜查，才知七十八军夏首勋军长（武宁战后夏升军长）率刘、吴两师到征村和对岸山区。后我又令新十三师刘若弼部在三都地区与日军激战一日，迫使日军直奔九宫山向鄂南逃窜。

---

① 系指武宁城东北约六十里的棺材山。——刘识非注

九宫山之战

第一次长沙会战之后，我三十集团军七十八军军部驻澧溪，新十三师驻武宁河东，新十六师在其后，七十二军驻三都，新十四师驻三都北面，新十五师驻防九宫山构筑工事，总部驻在修水南姑桥。

1940 年 7 月，日军以一部向九宫山新十五师进攻，我新十五师英勇还击，经三日激战，阵地屹立如故。后令十五师加派一部出击，敌乃溃退。

上高之战

1941 年春，南昌方面之敌，突然对十九集团军防守的上高方向发起攻击。十九集团军是以三十七军罗奇部和七十四军王耀武部为主力，当时该集团军总司令罗卓英已离开上高，罗奇部另有任务调别处，王耀武的三个师在敌猛攻面前有不支之势，长官部临时命我派一个师前往增援。我遂派新十四师陈良基部前往受王耀武指挥。陈师去后向我报告，日军出动大量飞机，我张雅韵团（系新十五师，临时增派的）团部被炸，张团长、余副团长同时阵亡，后因二十五师刘雨卿部及时增援，日军方始溃退。

第三次长沙之战

1941 年底，日寇从长沙正面新墙河发起攻势，兵力主要用在两翼。东有攻掠平江、浏阳之势，西沿铁路线直攻长沙。三十集团军奉长官部命令，留一部守修武外，主力出平江、浏阳之间向敌攻击前进，确保战区右侧之安全，并将三十七军陈沛部拨归我指挥。我遂决定七十八军夏首勋军长率新十三师和新十四师的一部留守修武。新十四师的另一部和新十五师、新十六师全部由七十二军军长（此时我已未兼）韩全朴指挥先行出发，确保平、浏至长沙大道的交通，注意古港、永安市地区，侦察今井、高桥方向之敌情。总部指挥所暂住浏阳之北乡。当总部将到永安时，得三十七军陈沛报告，日主力在福临铺与我军战斗激烈，我即令陈军加入战斗，并令新十六师吴守权向长沙挺进。福临铺敌人被我各军围攻，据险拼命顽抗。我十六、十五两师在长沙东南地区与敌展开激烈战斗，第二日得知长沙城已被围，乃令陈沛务随敌军进退抓住不放。不料长沙警备司令张德能在长沙被围的第二天下午，知敌军大部已绕过长沙城，占领岳麓山，后方危险，于是一人渡河离开部队，军心瓦解，长沙失陷。不久日军又退出长沙返回原地。[①]

常德之战

1943 年夏，日军侵华陆军逐渐撤往其他战场，在我集团军当面武宁之敌于秋季开始撤走，而沙市日军派出一部利用原来的马路线（沙市直通常德）攻击常德，当时傅仲芳守备湘阴县，常德无兵。长官部临时从各方抽调兵力前往常德。三十集团军派新十五师师长江涛驰援。由修水到常德有将近十日的路程。新十五师到时，各友军正与日军激战。江涛知日军无增兵之可能，所以一到即放胆攻击，出敌意料之外，激战二日，敌兵不支开始撤退，我军遂收复常德。新十五师这次行动敏捷快速，长官部相当满意。战斗结束后，新十五师仍回修水九宫山防地。

① 据查，张德能弃守长沙，是在 1944 年的长衡会战中，时张德能为第四军军长兼长沙警备司令，后被蒋介石枪毙。

衡阳会战

1944年5月，日军主力分为两路，同时向长沙、衡阳方面发起进攻，来势极为猛烈，三十集团军奉长官部命令，务在浏阳、萍乡地区将敌击破而歼灭之，确实掩护战区侧背。我限令七十二军代军长傅翼（韩全朴被换掉，由傅翼充任）率新十五师江涛和军直属部队，以上栗市为目标挺进，新十三师唐郁伯在后跟进，三十四师作为总预备队（当时因夏首勋回川未来，我向中央自请裁去七十八军，十三师并与七十二军、十六师受总部直辖）。决定将集团军总部经铜鼓到宜春地区。原修水总部只留一营守卫。待我到铜鼓，知长官部移往衡阳朱亭，二十军杨森部已由浏阳前进。我到了宜春，知长官部由朱亭移到衡阳，我电台经一昼夜的呼叫仍无法与长官部取得联系。据傅翼报告上栗市无敌踪。我令他在萍乡占领阵地，迅速侦察敌在何处。我从杨森处得知薛岳已退回广东，长官部的电台呼号仍叫不应。随即发现醴陵有敌、株洲有敌，估计会向我萍乡攻击。我电令傅翼加强准备，并将三十四师拨归他指挥。果然敌来攻击萍乡，激战两日两夜之后，日军自动退回醴陵。我与杨森部取得联络，派新十三师唐郁伯采用游击方式攻击株洲车站附近之敌，派新十五师攻击醴陵附近之敌，使敌军处于被动地位。杨森部亦复采取这种方式袭击敌人，使敌人疲于奔命，因为这样打击敌人，使衡阳守兵能守衡一月之久。直到衡阳失守，我终未与长官部联络上。

王陵基

赣南之战

1945年春，日军空军的主力当时集中在汉口，而美军空军基地是芷江、邵阳、衡阳、遂川。其中又以芷江为主，遂川为辅，邵阳次之。衡阳在前线等于来往之中间站，非常重要，美空军有计划地按日出动轰炸汉口，予日军以重大打击。最初日机尚能由汉口起飞经过衡山轰炸衡阳，继而不能来衡，只有在汉口抵抗，最后汉口抵抗力逐渐削弱，日军又抽调一部兵力发起赣南之战，以破坏遂川飞机场为目标。本来赣南不属九战区战斗地境，长官部令三十集团军派部队应援。我遂令三十四师师长祝顺锟（三十四师是新十四师更名，原师长陈良基被撤换，由参谋处长祝顺锟任师长）先以泰和、遂川为目标，速取捷径前往增援。祝师赶到泰和附近，得知遂川机场已失。赣州兵力也少，上官云相早已离开，随即赣州失守。祝师请示行动，我令他们确保泰和，但他们与江西省政府未能取得联系，就在赣江河边择要扼守，日军苦于兵力不够，本无长久占据之企图，随即退回原防，祝师亦奉令返修水。

许绍宗

我廖震部守河岸士兵曾击中敌机一架，坠落河左岸，机上之敌大佐渡边广太郎等六人跳伞，夺船欲逃，被我守兵击毙。次日派队过河将坠机运回，系敌机“天皇号”。

- 1896 年生，号尧卿，河北青县人。
- 1937 年，全面抗战爆发后任第七十二军一六一师师长，留守四川。
- 1938 年春，任第二十九集团军副总司令兼六十七军军长，率部出川抗日，参加武汉会战。
- 1939 年，率部参加随枣会战。
- 1945 年，任第三十一集团军副总司令。
- 1967 年，病逝于重庆。

鄂北抗日述略*

许绍宗

1938年春，蒋介石为平息四川各方对其派张群入主川政的反对情绪，命王缵绪代行省主席职，并命王编组二十九集团军出川抗日。王乃以其基本队伍第二师扩编而成的四十四军，与由我率领先期开赴湖北的六十七军合编成二十九集团军，报请国民政府军事委员会任命我为集团军副总司令代行总司令职，在前方指挥作战，而集团军的经费、补给和人员任免的全权，则由王在川遥控。

1938年夏，二十九集团军所部两个军先后经汉口船运至兰溪登陆，进至浠水后，奉命受第二兵团总司令张发奎指挥。五天后，张兵团转调长江南岸九战区，二十九集团军改隶第四兵团总司令李品仙指挥，奉命在浠水、罗田、英山至安徽宿松一线布防。我指挥部驻张家塝。继又奉调至英山、广济一线，对安庆之敌布防。日军攻占太湖、宿松、黄梅、广济后，二十九集团军曾受命进击宿松之敌，继又奉命在蕲春附近，分兵一部向广济之敌进攻，另一部向黄梅之敌进攻。我两军经数昼夜激战，与敌据阵相峙。不久，敌乘兵舰溯江而上，欲抄我后路，我四十四军之一部，在浠水以南与之相抗，击败来敌，并俘获荒木重之助等敌军数名。

* 据许绍宗1964年撰写的《抗战中的第二十九集团军》一稿删节整理。

敌陷田家镇要塞后，二十九集团军奉命撤守浠水。在浠水、上巴河布防。其时，敌已从水路向汉口迫近。我部刚到指定位置，布防未妥，自广济前进之敌已到浠水，与我六十七军接触，进行炮战。这时，忽又接到总部自汉口发来电令，要我部速调一军兵力回援汉口。我只好令廖震率四十四军星夜赶汉口增援。四十四军刚走一天，即被先期于黄冈登陆之敌阻击，与我失去联系。我六十七军撤至上巴河（此河是干沟）阻敌时，从团风登陆之敌已抄至上巴河我后方，六十七军被敌前后夹击，不得已，命其化整为零，入夜突围，过花园铁道线，撤退至潘唐镇。这时，汉口方面未经抵抗，已撤退了三天。我二十九集团军和各路友军混杂后撤，沿途又遭敌机、敌骑、敌炮袭击，混乱不堪。我由上巴河突围，经过十数昼夜才撤到沙洋镇，迅即赶到当阳收容部队。

守备襄河期间，二十九集团军总部驻河溶镇，指挥所设后港。第五战区长官李宗仁为使该地区各部队协同拒敌，令二十九集团军接受张自忠总司令指挥。张与我协商，各派兵一旅由沙洋渡河，在汉（口）宜（昌）公路上的杨家峰一带阻敌进犯，以固襄河河防。张部在公路以左，火盒山高地地区布防，我部在骑公路线之杨家峰布防。敌约一个联队由应城沿公路前进，先攻左翼张部，将张部击退后，由正面进攻我杨家峰。我部守军与敌激战一日，至傍晚时，乃令其转向右翼下游多宝湾方向集结。在此之前，我预将沙洋正面沿河船只调集在多宝湾待命，至半夜，督令集结部队向杨家峰之敌施行猛攻。战至拂晓，敌向应城退去，才令我攻击部队撤至多宝湾，安全渡过襄河右岸布防。敌侦知我部队在多宝湾附近，即由下游挺进敌军一支到多宝湾，见我军已安然渡河，该敌就场镇宿营。至夜半，令廖震派兵一营，分别在多宝湾上下游渡河，夹击多宝湾之敌，歼灭其半，余则逃窜。经这两次歼敌，以后约半年，敌未敢来攻沙洋。

此外，我廖震部守河岸士兵曾击中敌机一架，坠落河左岸，机上之敌大佐渡边广太郎等六人跳伞，夺船欲逃，被我守兵击毙。次日派队过河将坠机运回，系敌机“天皇号”。后送至重庆，在中山公园展出。

俟后，第五战区为防阻敌上窜，令我军将沙洋河防交丁治磐师接防，我部从旧口起上溯沿河石牌至钟祥上游布防，并调一军过河东岸，在大洪山附近防阻京（山）钟（祥）公路，我令廖震四十四军沿河布防，我即率六十七军全部过河，到大洪山附近张家集一带地区，不断出击京钟公路，袭击阻扰敌之交通运输。

敌约两个师团由德安沿铁路线进攻南阳和唐河、邓县一带，抄我战区后方；钟祥之敌约一个师团，经张家集向襄樊进击。第五战区长官部自襄樊撤退老河口。到襄樊之敌不敢再前进，即分兵撤退，扫荡沿河和大洪山我军。三十三集团军总司令张自忠亲督部队，由宜城渡河截击回窜之敌，不料在南瓜店阵亡，壮烈殉国。

敌又派一个师团由茅茨畈向大洪山扫荡，我军侦知敌系混编的部队，不过 6000 余名。我调廖震部袭击张家集附近侧背之敌，亲督六十七军两师在大洪山三合店、板凳垭阻击敌人，激战两日，节节阻敌。敌以飞机每次 10 余架掩护进攻，继又用烧夷弹轰炸山林，我军乃全部后撤，脱离敌人。

1939 年冬，王缵绪来到前线。不久，国民政府军事委员会来电调我回川述职。1941 年我回川后，又调我到三十一集团军（汤恩伯部）去当副总司令，我未同意。从此，我即蛰居家中。

王铭章

受命不辱，临难不苟，负伤不退，被俘不屈。

- 1893年生，字之钟，四川新都人。
- 1937年9月，率所部第四十一军一二二师经川陕公路开赴抗日前线，转战于山西、山东、津浦北段一带。
- 1937年10月25日，在山西指挥所部参加娘子关战役等。
- 1937年11月，太原失陷后，奉命防守晋南沁源、介休一带。
- 1938年2月，升任第四十一军前线总指挥，代理军长，统一指挥第一二二师、一二四师。
- 1938年3月，率部坚守山东滕县，担负保卫徐州第一线防卫，迟滞日军南下。
- 1938年3月17日，滕县失守，不幸中弹牺牲。

无限怀念抗日殉国老师长王铭章将军

熊顺义

奋战守孤城，视死如归，是革命军人本色；

决心歼强敌，以身殉国，为中华民族争光。

这副光辉灿烂的挽联，是中国共产党中央委员会毛泽东主席和陈绍禹、吴玉章、秦邦宪、董必武等委员，于1939年5月9日，送给原国民党军第四十一军代军长及所属一二二师师长王铭章将军，在山东滕县抗日战争中以身殉国祭典的珍贵礼品。读到这篇铿锵有声的史诗，勾起我对这位老长官、老师长的无限怀念，特将我当年任第四十一军一二四师三七二旅七四三团二营营长时，同王将军一起，奋战守孤城、决心歼强敌的亲历和亲见史实，如实记述，对抗战史料作点滴补充。

顾全大局　支援友军

1938年二三月，原侵占我山东济南的日寇第十二军团长西尾寿造，又纠集矶谷第十师团和一〇六师团，配有重炮二三十门，坦克四五十辆，装甲车两列，共六七万人主力，在四五十架飞机空中支援下，从邹县之两下店、峄山之线，沿津浦路南侵；另一部敌军板垣第五师团 3 万余人，则沿潍台公路南犯，妄图一举攻下徐州，进窥武汉。

我第二十二集团军总司令部（驻临城）根据持久防御的作战方针，虽仅有两个军共四师、八旅、十六个团（每团仅有两营作战部队）的劣势兵力，决心抗御强敌，守卫国土。第四十五军之一二五师守备界河第一阵地带，一二七师守备北沙河、龙山、濮阳山第二阵地带；以第四十一军之一二二师三六四旅的七二七团守北沙河左翼，三六六旅任临沂、滕县间之联络，警戒分置于前城、平邑二地；一二四师之三七二旅守备滕县城，三七〇旅为集团军的总预备队，控置于南沙河之线，迎击敌人的挑战。

王铭章将军以一二二师师长，临危受命，担任四十一军代军长，指挥全军固守滕县城。

是年 3 月 11 日，日寇开始向我第四十五军界河主阵地带之前进阵地和警戒阵地，进行威力搜索。

12 日拂晓，日寇再向我界河主阵地带发起进攻，经我第一二五师守军英勇反击，激战一日，我下看埠、白王、黄山等前进阵地和警戒阵地放弃，敌主力受重创而退。

13 日，日寇发起总攻，除主力猛攻界河主阵地带外，并组织 3000 余人的步、炮联合支队，向我右翼之龙山、濮阳山战略要点包围攻击，激战终日，不仅正面之敌未能得逞，连右翼包围我军之敌亦被击退。

尽管与敌初战无甚不利，但我第四十五军为了左翼侧背安全，仍请求援助。王将军顾全大局，毅然命第一二四师第三七〇旅，星夜驰赴邹滕交界之深井地区，向济宁方面派驻石墙之敌警戒，支援四十五军。

14 日，敌步骑兵万余，大炮 20 多门，坦克二三十辆，在其二三十架飞机空中支援下，除继续向我第一二五、一二七师主阵地带攻击外，其石墙寇军步、炮 3000 余，也同时向我三七〇旅深井地区攻击，但均为我军击败，我界河主阵地带及其两翼的龙山、濮阳山、深井之战略要点，都巍然屹立。

第二十二集团军孙震总司令自激战开始，立即由临城乘火车来到滕县前线视察指导，并召集王将军和各部队长作指示，要求大家抱着“有敌无我，有我无敌”的决心，与日寇拼搏到底！14日午后，接到三七〇旅伤亡惨重，勉力支撑待援的报告，王将军为了巩固第四十五军主阵地带之防守，防止日寇从石墙方面向我左后迂回，立令守城之三七二旅七四三团之胡、熊两营，七四四团之黄营，星夜驰赴深井左后之池头集，支援三七〇旅。

坚守孤城 视死如归

1938年3月15日黎明，敌除以主力3万余人，继续对我四十五军主阵地带发起强大的正面攻击外，还各以3000余人，进行两翼包围，同我一二五、一二七、一二四等三个师，展开激烈战斗，妄图一举攻占我军阵地，但敌人的野心，被我粉碎。在池头集背后五个山头以及邹滕公路山口的争夺战中，我七四三团之熊顺义营、胡少瑗营与七四四团之黄伯亮营，英勇顽强，与敌反复冲杀，四进四退，最后又挥舞大刀，砍倒一些敌人，敌军才被迫退回石墙，连夜逃遁。当曾苏元旅长带领守城之卢高暄营赶到增援时，逃敌已不知去向了。午夜以后，第一二四师之两旅，转移到大邬小邬。

王将军为了防止日寇钻隙渗入滕县左侧，在15日中午敌我激战中，又令北沙河防线之七二七团抽出一营，赶到滕县城西北18里之洪町、西南20多里的高庙防守。

在前线捷报频传之际，不料敌步、骑、炮、工、辎、坦克等兵种联合之战略迂回部队1万余人，秘密绕击龙山以东，依山南下，直指滕城而来，于午后5时已窜至滕城东北10余里的冯河、龙阳店一带，企图夺取滕城，迅速瓦解我整个集团军的防御阵地。

王将军眼看战局严重，城内仅有一二二、一二四、一二七等师部和三六四旅部的直属、警卫、通信、卫生等16个连队，守城有困难，想抽调前线部队，又恐影响友军。于是急电前城、平邑尚未与敌接触之三六六旅回城，但恐中途被阻，不能全到，又急电总部求援。孙震总司令商调汤恩伯军团先头部队增援滕县，王仲廉军长坚持要待三军10万人到齐，才能北上，孙不得已，乃将总部警卫营只留一连，其他三连由营长刘止戎率领，立即乘火车驰援滕县城。

王将军仍感兵少，守城无把握，先请示总部，后协商友军，抽调北沙河七二七团张宣武团长带一个营进城，由张指挥黄昏刚到东关之七三一团严翊营和入夜后即将到来之总部警卫营等10个步兵连和一个迫击炮连为基干，加上师、旅部直属连队，七四三团从池头集回城领弹药之一连以及周同县长所属武警、保安团队四五百人，共约3000人（实际战斗部队，不足2000人），组织守城防务。

16日拂晓，敌除以主力继续猛烈攻击我四十五军界河、龙山、濮阳山主阵地带外，其迂回滕城之先头部队，亦于8时许开始向我东郊各村的警戒部队攻击，以炮10余门、飞机12架，同时向滕城东关、城里、火车站猛烈射击，轰炸扫射，军民伤亡甚众，城区群众秩序顿时大乱。

王将军以刚毅沉着从容不迫的态度，命令我军严守阵地，指示周同县长立即组织疏散老弱妇孺，维持城区秩序，并组织担架、裹伤。他自己则率主要指挥人员跑步进城，与一二七师陈离师长、一二四师税梯青代师长、三六四旅王志远旅长及城防司令张宣武、周同县长等共商大计，判断东郊之敌，在一阵威慑炮击、轰炸、扫射之后，必将大举进攻，而且后续部队将愈来愈多，城郊大战，迫在眉睫。我军应变方案有两个：一是孤城死守；二是出城机动作战。如果汤军团援军今晚赶到，守城有利；

如友军不能及时增援，则以机动作战为好。会后，王将军立即向总司令兼军长汇报请示。孙震在复电中坚决地说："委员长要我军死守滕县，等待汤恩伯军团前来解围，汤部先头部队，昨日已到临城，后续部队将陆续赶到。我当催促王仲廉军赶紧北上，你应确保滕县城，以待援军。你的师部立即移到城内，以便亲自指挥守城！如兵力不够，可把四十一军所有部队，通行调回城内，固守待援。"

王将军接到指示后，不管困难多大，决心死守待援，立即命令城防司令张宣武，传达总司令的指示，正告全体守城官兵："决心死守滕城；我们大家一道，与城共存亡！城存与存，城亡与亡。"并令张速将南北城门堵死，东西门各留一交通小道，准备随时关闭，并在四城贴布告"任何人没有师长手令，一律不准出城，违者就地正法"。旋将师部和直属部队，全移城内。陈离师长因赴北沙河指挥，准其出城，离城不远，即被敌装甲车队袭击腿负重伤。王将军再协商友军，命令一二四师之两旅回城增援。

从16日拂晓开始攻击滕县城的日寇，在炮击和轰炸整整两小时之后，间隙了半小时，于10时30分，向东关发起攻击，炮火集中猛轰东关南边土圩，十几分钟就打开一道十多米宽的缺口。随即集中几十挺机枪向缺口集中射击，掩护其步兵五六十人突击，他们刚跳入外壕，预伏于两侧的我军六七十人，即迅猛冲击，各投四枚手榴弹，打死日寇50多人，生还者不满10人。日军又组织第二次突击，虽以更加猛烈的机枪火力制压我军，但其五六十人跳入外壕时，我守军又如法炮制，迅速投掷几百枚手榴弹，结果他们又遗尸40多具而逃。接着又来第三次冲锋，仍然遭到死亡三四十人的惨败，遂不得不中止冲锋。除敌机继续在空中盘旋外，战场暂归沉寂，严翊营长迅速派第三连换下第一连，继任东关南边守备。第一连清点人员，伤亡近百。

是日下午2时、5时，日寇先后集中更多的炮火，指向东关东北角及东门猛轰，最后增加到30多门火炮猛轰后，如法以机关枪火力猛射，掩护其步兵冲锋。我守兵仍然以大批手榴弹，打退其一次又一次的攻击。不料入夜的瞬间，敌寇三四十人钻入东关大门，城防司令张宣武急调守城部队之张进如连猛烈反击，全歼寇兵，使东关失而复得。在战斗中该连牺牲排长两人，士兵70多人。营长严翊也负重伤。

是日小计，滕城东关、城关、火车站共落敌炮弹万余发，敌机投弹300多枚，东门至东关一里长的电话线炸断27次。城内到处弹痕累累，墙倒房塌。除东关守备一营伤亡300多人外，东关、城内西关、火车站等地区军民，也伤亡二三百人。晚上，敌怕我夜间袭击，通宵放射照明弹，使滕城夜空耀如白昼。

当晚9至11点，北沙河、洪町、高庙七二七团之两营及一二四师之两旅，由大郚、小郚陆续回到城中。当熊黄两营最后到达火车站时，集中几十名司号吹奏三七二旅全部到达，号音响彻云霄，城里城外，一片掌声，士气为之大振！同时得知三六六旅从平邑调回的部队，中途迂敌，已绕道回临城总部。

王将军根据今日战况和我军部队陆续回城情况，愉快地同将领、幕僚们研究后，思想乐观，神采奕奕地作出了新的守城部署，以命令下达部队：

一、日寇明日攻城，必将更加猛烈，后续部队可能继续增多。

我四十五军虽经数日浴血奋战，伤亡过半，现同滕县交通通信断绝，但大部阵地仍在手中。

二、我军决心死守滕县城，以待汤军团增援解围。

三、第一二四师三七〇旅七四〇团（欠一营）接替东关防务。

四、第一二二师七二七团仍附七三一团第一营残部，守备南城角（含）至西北城角（不含）之东北两面城防，并以一部守卫北关。

五、第一二四师三七〇旅七四〇团蔡钲营及四十一军警卫营，任西北城角（含）至东南城角（不含）之西南两面城防。三七二旅七四四团之卢高暄营守卫南关，统受三七〇旅旅长吕康统一指挥。

六、第一二四师三七二旅七四三团熊顺义营守备火车站。胡少瑗营和七四四团之黄伯亮营控制西关，作总预备队。

七、粮弹十分充足，各部抓紧补充，守城部队每人一箱手榴弹。各师、旅、团、营、部，应控制适当基数。

八、各部队必须抓紧构筑工事，准备明日大战。为了减少敌炮火杀伤，每班挖一个防空洞，在城墙下掩蔽的部队，各班必须扎一云梯，准备敌人一旦爬城，随时可登城反击。

是夜日寇也迅速集中第十师团、第一〇六师团之一旅团共三四万人，山、野、重炮 70 余门，战车四五十辆，对滕县城进行了东、北、南三面包围，妄图一举突破我 10 个营的城防。

17 日黎明，日寇开始以五六十门山野炮集中火力，猛射东关和城区，重炮十几门，猛烈射击西关和火车站。同时敌机 27 架凌空轰炸，低飞扫射，顿时满城烟火弥漫，除北关美国教堂区外，房倒墙塌，爆炸声震天动地，整整两个小时之后，城里城外已成一片焦土。

接着敌以几十门大炮集中猛击东关，轰开许多缺口，步兵在 20 多辆坦克掩护下，冲入东关。一部炮火对城内东关间进行遮断射击，阻止我军增援，同时敌机满空低飞，疯狂扫射。但我东关守备部队在王麟团长、何星荣副团长的指挥下，英勇顽强，对敌反复冲击，使敌人遗尸累累，我亦伤亡甚众，自晨至午，东关阵地，依然无恙。

日寇攻东关时，另一部敌炮集中轰击东南城角 20 分钟，打开缺口，坦克 8 辆，掩护百余步兵冲上。我七二七团守兵见此紧急情况，立即以集束手榴弹炸毁其先头两车及五六十人。因我军一连伤亡殆尽，随后四五十个敌人冲上城角，张宣武又命第一营王承裕营长指挥第一连反攻，一阵手榴弹猛投之后，挥舞大刀，猛砍、猛杀。至午，将登城之敌，全部歼灭。该连除 10 多人堵住缺口外，全部为国献身。

此时，王将军急电军部：“立到，临城，军长孙，○密。敌以炮火猛轰我城内及东南城墙，东关附近又被冲毁数段，敌兵登城。经我反击，毙敌无数，已将其击退，若友军深夜无消息，则孤城危矣。职王铭章印。”

下午两点，日机二三十架集中轰炸南关，配合其重炮 12 门，猛射南城墙下街道，守关卢高暄营死伤殆尽，所余少数人被迫退居西南城下。随后南城墙被轰平，七四○团之蔡钲营守兵，血肉与砖石横飞。敌步兵五六百人，在 10 余辆坦克掩护下猛扑南城。一二四师三七○旅旅长吕康亲自指挥反击，官兵伤亡殆尽，吕康及其副旅长汪朝廉，均重伤而下，激战一小时半，南城墙沦陷。

王将军在南城敌我激战时，给军部一电：“立到，临城，军长孙，○密。独山友军，本日仍无枪声，想系为敌所阻。目前敌用重炮、飞机从晨至午，不断猛烈轰炸。城墙缺口多处，敌兵屡次登城，屡被击退。职忆委座成仁之训，及开封面谕嘉慰之词，决心死拼，以报国家，以报知遇。职王铭章印。”

下午 3 时顷，东郊日寇以炮五六十门，集中火力猛轰东关，土圩和野战工事全部被毁，我军伤亡剧增，占领南城墙之敌，又配合东西两方敌步兵五六百人，在数十辆坦克掩护下，突入东关。我一二四师七四○团王麟团长、何星荣副团长，奋不顾身，亲自督战，团长与团政训员胡清溪重伤，抢救无效，以身殉国。

王将军在王麟团长负伤时给军部电报：“……黎明敌即以大炮向城猛攻，东南角城墙被冲破数处，王麟团长负伤，现正督师死力堵塞中。……”随后，东关全部失守。该团雷迅营长率残兵数十人沿城根返下，经火车站时，被熊顺义挽留，回任北关接合部防务。

王将军在日寇占领我南城墙与东关后，义愤填膺，亲临城中心十字街口指挥督战，眼看南城墙上之敌机关枪以炽烈火力掩护其步兵，从西南城角向我西城墙上守兵压迫，敌炮又集中猛轰西门城楼、西关、火车站，而西城墙上守兵因无背墙掩护，伤亡太大，难以持久。王将军乃命令三七二旅固守西关和火车站，并要患病之一二四师代师长税梯青退下火线，由该师参谋处长税斌、何星荣等护送出城。三七二旅曾苏元旅长奉命固守西关和火车站后，即令原控置于西关之七四三团团长余坚亲自指挥胡少瑗营，沿西门外护城河西岸守备；控制西关一些楼房制高点，压制敌人向西门城楼进攻，同时，注意西南城外卢高暄营残部的防御，令熊顺义营死守火车站，巩固西关核心，令七四四团之黄伯亮营控置铁路以西为预备队。

下午5时，西城墙和西门被敌占领后，便集中火力猛射城中心十字街口。王将军除令城内各部队与敌巷战，三七二旅死守西关待援外，亲身登上西北城墙，指挥作战。当命警卫连剩余之一排夺回西门城楼，以期挽回战局，不料城墙上毫无掩蔽，该排尚未到达城楼，即全被打倒，反而招致日寇向西北城角进攻。

这时，王将军决心缒城到西关指挥三七二旅继续与敌拼搏，哪知刚到电灯公司附近，即被西城楼敌军一阵机枪猛射。王将军及其参谋长赵渭宾、副官长罗甲辛，参谋谢大壎和一二四师参谋长邹慕陶、副官长傅哲民、参谋罗毅威、谢世文、张重以及滕县县长周同和随从10余人，同时为国献身。仅一名上士幸免于难，慌忙跑回军部报告。当时我旅毫无所知，未曾抢救死难将士，护送后方，至今犹以为歉！

王将军与我们永别了，但守城将士没有辜负他的希望，仍然继续与日寇拼搏。担任东北城指挥的张宣武团长，随同三六四旅王志远旅长，不顾敌人猛攻东门的危险，亲赴东门，指挥吴忠敏营长率部猛烈向东南城角北进之敌冲击，并全歼钻入东门之敌几十人。激战至黄昏，东门失守，残部不得已，退守东北角旧城墙，王旅长、张团长均在北城墙指挥战斗中负重伤，因而城内此时已转入人自为战中。

黄昏前，日寇虽占领了东、北、西三面城墙，但西北、东北城角两个制高点和北城墙仍在七二七团残部顽强抵抗中。晚 9 时，该部二三百人，才在侯子平副营长领导下，从北门撤出，安全转移到后方。城内剩下守军三四百人和一些零星部队继续彻夜与敌军战斗，枪声不绝，至 18 日中午还在逐屋争夺，直至英勇殉国，全部牺牲，全城才陷入敌手！

守火车站西关之三七二旅，17 日夜也是整夜战斗，在日寇照明弹光耀如昼下，守火车站之熊营，袭击鲁庄至东关道上敌军车队；西关隔护城河对峙之胡营，同城上敌人不断交火、爬城；西关东南之卢营，夜袭南关；铁路以西之黄营，接待战场下来的战友和民众，组织裹伤、担架护送等后勤工作。

18 日，日寇主力南犯，清扫战场之敌与火车站、西关我守备部队时有激战。但敌为了减少伤亡，避免与我拼搏，只是双方交火，未敢冲锋、肉搏。下午 2 点以后，曾苏元旅长鉴于各方联络中断，消息不通，决心向夏镇方向转移。以熊营为后卫，占领火车站与西关铁路线为掩护阵地，其余按雷、卢、胡、黄营次序隐蔽撤退，待至下午 7 时，各部队撤离后，我营始转移。将出西关西口，突遭敌军袭击，在我前面的二三十人，被敌机枪扫射打倒。我乃命江有厚连长等数十人，转入左街院内与敌对战，指挥后续部队从小巷西出。我同江有厚等人战至入夜再走，不远又被麦田中一个小墓地潜敌伏击，我们立刻卧倒麦丛中，组织机枪火力猛射制压，然后脱险。

19 日晨，我领着殿后之数十人赶到夏镇。曾苏元旅长早已为我们布好警戒，防敌奇袭，并请镇上同胞给我们烧好开水，做好饭菜，备好渡船。我们痛饮饱餐之后，才告别山东父老，扬帆西渡。湖中敌机来袭，有的船避入小岛湾，有的被炸，翻船落水牺牲。我们这些幸存者在黄昏始到丰县登陆，当地人民以牛车、马车、人力车来接，令人感激涕零！入村后，人困马乏，一觉睡了 24 小时。以后到九里山北拾屯休整，我营仅余 105 人。

江有厚连长中途失散，沿铁道到利国驿；武累文连长率10余人，行至薛城，被逼入湖中，与敌激战而死，热血染红了部分湖水。抗日英雄的大无畏精神，真是令人起敬！

滕县之役，第四十一军自王将军以下，一二二、一二四两个师共伤亡官兵5000余人，其中有旅长、副旅长2人，师参谋长2人、团长1人、副官长2人、参谋4人，营连长以下干部甚多。加上第四十五军，总计伤亡两位师长以下万余人。这一战役我军以巨大牺牲迟滞了日寇南侵，使鲁南庞炳勋、张自忠、于学忠三个军和二十二集团军残部以及新增之孙连仲集团军、汤恩伯集团军等部，赢得了在台儿庄与日军会战的充分准备时间，对围歼敌矶谷、板垣等师团，起到了积极作用，对保卫徐州、巩固武汉，立下了不朽功勋。

当时战区最高长官李宗仁评价滕县战役说："若无滕县之固守，焉有台儿庄之大捷！""台儿庄之战果，是滕县先烈所造成。""滕县一战，川军以寡敌众，不惜重大牺牲，阻敌南下，达成战斗任务，写出了川军抗战史上最光荣之一页。"

全国舆论，对滕县战役也作了高度的赞扬，对王将军等殉国将士同声哀悼。蒋介石得到李宗仁的电话后，在复电中也说：

"王故师长铭章力战殉国，达成任务，缅怀壮烈，悼惜殊深！准给抚恤12000元，转请国府，特予褒扬。追赠陆军上将，由军委会依上将例给恤，并将生平事迹，宣付史馆，以资矜式而慰忠魂！"

关于王将军身后荣哀及忠骨运返四川，受到隆重祭悼情况，别人已有记述，本文从略。

伟大忠烈的爱国英雄王铭章将军永垂不朽！

缅怀先父王铭章将军

王道鸿　王道义

1937年7月7日，日军无端寻衅，炮击宛平城。我中华民族同仇敌忾、团结御侮，揭开了全民抗战的帷幕。当时华北战局急转直下。除9月我八路军一一五师在平型关伏击战中，歼灭日军3000余人，大快人心外，津浦线上我军节节南撤。山东韩复榘为保全个人实力，所部十万大军，一撤再撤，许多城市相继失守，致日寇以破竹之势，长驱直入，席卷冀鲁察，全国为之震动。

北上抗日

先父自“西安事变”后，对中共“停止内战，枪口一致对外”的抗日救国主张，衷心拥护。1937年5月《答表弟谢君书》云：“接来书，欣悉吾弟有志深造，赞佩不已，后有机当为吾弟图之，西安事变和平解决，内战从此结束，今后全民全军精诚团结，枪口一致对外，洗雪国耻，此诚国家民族之幸，亦吾侪戎行殷切之宿愿，此间正按中央整军方案，进行部队编练，以期达到枕戈待战，朝令夕发共赴国难。”出师前9月12日在驻地德阳慷慨誓师，先父在军民万人大会上，以悲壮激昂的语调，向与会军民表示："寇深国土，国难当头，我一定要用热血报国的实际行动，来赎回20年来参加内战危害人民的罪愆。"接着返回新都，辞别家乡父老，处理家事，在临行前的晚上，把一家人叫在一起，他说："……现在日寇深入国土，国家危亡在旦夕，我军率先请缨出川抗日，已奉电批准。我知道，打日本帝国主义，是我弱敌强，当然要付出很大代价，何况川军的编制不足，武器装备低劣为国军之最，这次出征非三年两载，我的决心不成功则成仁。我身为军人，战死在为国为民的疆场上，也是死得其所。……"

1937年9月中旬，先父率部北上抗日，10月上旬到达西安火车站时，受到广大人民群众的欢迎并赠送大批慰问品，热情洋溢，我全体官兵受到莫大鼓舞，士气倍增。但是由于统帅部一心要借对内对外的战争，企图把收编的"杂牌"部队消灭，排除异己。所以平时扣发军饷，而战时不给补给，待该部在战争中消耗殆尽时，中央就吃掉这个番号发展"嫡系"。所以各部队长官也深知其情，因此在国难当头，愿打硬仗的也提心吊胆。为此蒋、阎、蒋（西安行营主任蒋鼎文）互相推诿，枪支、弹药装备没有得到任何补充。此时，正值雁门关失守，晋北吃紧，二十二集团军单衣草鞋奔赴了第一线。军次太原，忽闻娘子关告急，又奉令转往晋东驰援娘子关。先父率两旅向娘子关急进。在东、西回村与敌遭遇。以装备窳劣之川军，对装备精良之日寇，虽火力悬殊，但该师官兵，激于爱国义愤，均能忍受一切痛苦，发挥了与敌拼搏到底的高度爱国精神。后又奉令掩护娘子关友军撤退。娘子关一战，我军伤亡达半。后奉令在洪洞、沁阳之间韩侯岭休整布防。驱逐敌之留守骑兵部队，收复了平遥县城。

太原失守，敌以快速部队向溃军追击，川军随大军后退，遇沿途的晋军军械库，便破门而入，自行补给。被阎锡山污蔑为川军是"抗日不足，扰民有余"的土匪军。电请统帅部将川军他调。

王铭章

驰援鲁南

1938年二三月间占我济南、泰安之敌第十二军团，纠集矶谷第十师团、一〇六师团，配属空军、重炮、坦克等兵种七八万人从邹县峄山之线，沿津浦线南侵，企图与向临沂进攻之敌板垣第五师团3万余人，分两路一举直下我淮海重镇——徐州，因此徐州吃紧。

2月下旬日寇板垣师团，并附属山炮一团，骑兵一旅，攻临沂。我守军庞军团据城死守，激战数日，敌我伤亡枕藉。板垣亲自督战，我临沂守军渐感不支，连连来电告急。时我方除张自忠的五十九军外，又无兵可调。原在1931年，蒋、冯、阎中原大战时庞张都是冯系健将，彼此情同手足。不意庞氏受蒋的暗中收买而倒戈反冯。此时在共同的敌人面前，为了雪国耻、报国仇，张自忠将军毅然抛弃个人前嫌，令部队急行军于3月12日下午赶到临沂郊外。翌晨，与守城部队取得联系，约定时间内外夹攻。板垣师团不支，仓皇撤退。临沂之战告捷，是台儿庄大捷前的一次序幕战。

徐州位陇海、津浦铁路的交会点，铁路公路四通八达，据险可守，实为兵家必争之地。日寇企图打通津浦线会师徐州贯通南北战场，直接威胁我抗战中心——陪都武汉。

台儿庄是山东省峄县的一个小镇，位于津浦线、台枣支线及台潍公路的交会点，扼运河的咽喉，是徐州的门户，在军事上有着重要的地位。

津浦北段之敌，矶谷第十师团和板垣第五师团，分兵三路，向右左及津浦正面进攻。因韩复榘不抵抗，而正面之敌，沿津浦线日益向南推进。

临沂一战告捷，敌之左臂为我军砍断，粉碎了日寇第十师团、第五师团会师台儿庄的计划。而第十师团，乘韩不抵抗由津浦正面孤军深入，企图沿台枣支线突进，一举而下徐州，夺取打通津浦线的首功。值此紧要关头，四十一军代军长兼一二二师师长先父王铭章将军受命于危难之际——“固守滕县三日待援”。

血战滕县

3月上旬，敌寇在邹县、兖州大量增兵，敌以小部队及飞机向我前沿阵地进行反复侦察，势将大举进犯。

先父早怀以不成功则成仁，以死报国之志，出师前对家人“予立遗嘱”，德阳誓师壮怀激烈似易水悲歌，从而所部将士万众一心。而以仅有川造步枪、少数土造轻重机枪、迫击炮、手榴弹和大刀的4000步兵奋挡拥有飞机几十架、坦克二三十辆、山野榴弹炮几十门的日军3万余人，浴血奋战四天半，战至弹尽援绝，流尽最后一滴血。

3月14日至3月17日，自攻城战开始，日军向滕县炮击达四万发以上，敌机轮番轰炸，城墙轰塌十几处，我军民用粮袋、盐包抢堵，敌步兵在机枪火力和坦克的掩护下发起上百次冲锋，登城渗入之敌，均屡被消灭。由于我军武器装备窳劣，乃充分发挥近战武器的威力——手榴弹、大刀。我守军将战区拨来的手榴弹万箱（每箱50枚）全部耗尽后，乃用迫击炮弹抽去保险针而代之猛掷敌群。

我全体守城将士在先父的勉励下，同心同德，以有敌无我的必死决心与城共存亡。城破后一片焦土，先父以下官兵几乎全部殉城，而残余守军和未及运出的伤员，均人自为战，直至18日上午，最后洒尽热血，无一被俘。是役全军伤亡官兵达5000余人，一二二、一二四两个师部的全体将士除两三人外均壮烈殉国。战况悲壮空前，显示我中华男儿同敌人血战到底的英雄气概。

滕县一役，开创了川军以寡敌众、以弱敌强的光辉战例，大振我军士气，大灭日寇的威风。如日寇随军记者佳滕芳子报道：“一九三八年初，我军攻占济南后，组织赖谷旅团混成支队，以步兵两联队配合相当数量的炮兵、坦克、飞机继续南进，在泰安、兖州等处，均未遇到抵抗，但到滕县后，遇到四十一军之一二二师顽强抵抗三天，我军遭受很大损伤。”

在滕县攻防血战正酣，守军迫切待援的时刻，而拥有精兵10万的机械化部队的汤恩伯军团（中央军）、五十二军、八十一军于15日到达临城，孙震总司令与其恳商，而遭拒绝。孙乃将总部唯一的特务营抽调三个连增援滕县，致令滕县孤城孤军，苦战无援乃至全军覆没。

先父在滕县血战中，致孙震总司令的最后三电：

一、“立到，临城，军长孙，〇密。黎明敌即以大炮向城猛攻，东南角城墙被冲破数处，王麟团长负伤，现正督师死力堵塞中。职王铭章印”。

二、“立到，临城，军长孙，〇密。敌以炮火猛轰我城内及东南城墙，东关附近又被冲毁数段，敌兵登城。经我反击，毙敌无数，已将其击退，若友军深夜无消息，则孤城危矣。职王铭章印。”

三、“立到，临城，军长孙，〇密。独山（滕县东南十余里，汤军团预定到达点）友军，本日仍无枪声，想系为敌所阻。目前敌用重炮、飞机从晨至午，不断猛烈轰炸。城墙缺口多处，敌兵屡次登城，屡被击退。职忆委座成仁之训，及开封面谕嘉慰之词，决以死拼，以报国家，以报知遇。职王铭章印。”

从以上电文足见先父报国必死之衷，故能以装备低劣之部队，奉令即行，毫无瞻顾，转战晋东，战功卓著，远道驰援鲁南，而以数千疲惫之师（包括滕县武装警察、保安部队）抗击十倍之强敌，据城死守，重围中指挥若定，击退日军上百次冲锋。将士裹伤死战，弹尽援绝，先父最后率残部与敌巷战，身中七弹倒地，犹连呼“杀！”壮哉！主将慷慨洒热血，将士悲壮抛头颅！如此全军与城共存亡，悲壮绝伦的战役，在抗战史中实属罕见。

如果抗战一开始，我各方面军均能顺应当时士气民心，发扬卢沟桥初战军威，能像平型关那样辉煌，日寇的野心是绝不会得逞的。

王上将之钟事略

——王上将之钟专祠落成序

孙　震*

本年（民国 31 年）3 月 17 日，为王上将之钟抗日作战阵亡第四周年纪念日，吾川各界为建专祠亦于落成，并遵中央明令于是日举行公葬及铜像揭幕典礼，王夫人乞余为序，勒石祠内。追忆抗战初期，京沪失陷之后，国军创敌甚剧，而本身亦待整理补充。此时敌寇以徐州为战略要点，倾全力进攻，我方则以徐州空虚，亟待后方转运兵力，因此前线危迫，群情忧急。上将当日爱国之忠贞，受命之果决，城亡与亡之决心，以及牺牲之壮烈，实为我辈军人之模范。而战果之大，影响于二期抗战者至巨至深。四年以来，因我大本营谋略深远，贯彻国策，终致国防势力变迁，列强与我联合，共御顽寇。现在抗战军事前途之乐观已定，今胜利在望……追念良友，当年任务之艰苦，誓死以达成任务之精神，及临死前决心以身殉城之三电，佩痛俱深，谨此笔为序，以志悼念。

王上将铭章，字之钟，四川新都人，毕业于陆军小学及四川军官学

* 孙震，1938 年任国民党二十二集团军总司令，率领巴蜀健儿，驰援鲁南，抵抗日军，后去台湾。

校，曾参加辛亥、癸丑革命战事……七七抗战军兴，本军编入第二十二集团军战斗序列，余奉命兼任集团军副总司令。上将爱国情殷、忠勇奋发，亲立遗嘱付家人，誓以必死。遂率所部一二二师，并指挥一二四师首先出川入陕。间关数千里。先头抵潼关，即以晋北战况紧迫，上将奉命，不待全军部队集结，即令各旅、团陆续由潼关第二战区，向晋北推进。继又以晋东之敌已绕晋东娘子关南之侧鱼口，抄袭娘子关友军侧后，奉命转趋晋东娘子关西南地区，直接受黄副长官指挥，截阻西进之敌十四师团。上将至晋东寿阳后，督部血战于正太铁路娘子关西侧之东西回村柏井驿、平定一带，伤亡极重，卒能掩护娘子关友军安全撤至寿阳。至太原形势变化后，又奉命扼守晋南沁源一带，推进克复平遥县城。继因山东济南失陷，战况紧迫，奉调入第五战区。开封参加军事会议时，晋谒委员长，备蒙训勉，上将益为感奋。民国27年2月，本集团军奉第五战区司令长官命令，担任鲁南津浦铁路正面邹县、滕县一带攻防之责。时余奉命升任集团军总司令，即报请以上将代理四十一军军长，负责全军前线指挥。值倭寇企图一鼓攻下徐州，以大军分向滕县、临沂，声势甚锐，徐州空虚。本集团军奉委员长命令，饬上将率全军死守滕县三日，以待徐州后方之兵力转用，巩固徐淮防务。上将平日临事多审慎求全，以期达成任务，独此次接余电话转述委员长命令后，慷慨激昂，毫无瞻顾，毅然以与城共存亡自任。敌方矶谷中将指挥两师团，自邹县大举南下，于3月13日和14日两日与我第一线之四十五军及四十一军之一二四师在普（濮）阳山、界河、香城、石墙激战后，敌我伤亡均重。15日起，敌冲破界河南窜，以数万之众，挟飞机大炮，经东沙河、北沙河，迫近滕县城猛攻，上将誓众必死，挥军血战，城外堡垒尽毁，即继以守城，城破继以巷战，十荡十决，卒于17日午后3时巷战间，身负三伤，大呼中华民国万岁，饮弹殉城（孙以新闻报道为据，其实王铭章殉非如此，以亲自参加者为准）。官兵随之就义者，自一二二师参谋长赵象贤，一二四师参谋长邹绍孟及团长王麟以下凡3000余人。负伤者自旅长王志远、吕康、张宣武、汪朝濂等以下4000余人。城破以后，除有机会跳城归队者外，其余城中残留官兵，均战至最后，以手榴弹互戕，无一被俘投降者。吁！奉命之忠，死事之烈，克以保障徐淮，奠定抗战后期胜利之基；睢阳之后，一人而已！且因上将之全军殉城，血战三日，迟滞倭寇南下，陇海路转运兵力得以到达，徐州之保卫战部署得以完成，遂有震惊世界之台儿庄大捷，歼倭寇万人以上，上将死亦瞑目矣！……

饶国华

切望部属官兵努力杀敌，拼死收复，俾上报国家培植之恩，下副国人期望之切，进而驱敌出境，苏我国魂！自决与城共存亡，虽死无恨。

● 1894年生，字弼臣，号退思，四川资阳人。

● 1911年，投身刘湘川军第一师当兵，历任班长、排长、连长、营长、团长、旅长等职。

● 1937年10月，随刘湘、唐式遵北上抗日，任川军第一四五师中将师长。

● 1937年11月，率部开赴安徽广德布防，在广德、泗安与日军作战。

● 1937年11月30日，广德失陷，留下绝笔书后自杀，以身报国，后被追赠陆军上将军衔。

饶国华将军事略*

吕伟权　胡仲威　杨国材　饶毓琇等

饶国华将军，字弼臣，汉族，1894 年 12 月 7 日生于四川省资阳县宝台乡张家坝。母陈氏，勤劳持家。国华在村中私塾启蒙，13 岁奉母命入县城拜前清举人伍鍌为师，攻读史书四年，爱国爱民思想于兹萌芽。

中日甲午战后，帝国主义瓜分中国之势更为猖獗。国华时方英年，素怀大志，蒿目时艰，以班超、张骞、马援史事自勉，决心投笔从戎。

1911 年，国华 17 岁，投身新军，先当伙夫，不久升为班长、排长，1917 年升至连长，原属川军刘存厚系统，嗣改隶川军第二师（师长刘湘）任连长。他勤研《孙子兵法》，刻苦练兵，得于当年经选送该师军官传习所培训，半年毕业，名列第一。但从不以此自傲，仍保持谦虚朴实本色，同僚咸赞以能“严以律已，宽以待人，不耻下问”，尤为师长刘湘所倚重。

他性俭约，笃信佛教，布衣粗食，数十年如一日，人皆以“饶菩萨”

* 本文根据抗战时期陆军第二十一军营长吕伟权、胡仲威、军部作战科长杨国材文稿及饶国华之女饶毓琇提供资料整理而成。

称之。其立志也，恒慕陆秀夫、文天祥、史可法诸贤，以儒将自勉，以忠义自励。其治军也，以“武勇忠贞，良心血性，明义知耻，遵礼守廉”十六字为训，以身作则，坚持不渝。

他在战时以骁勇著称。据《新蜀报》于1937年12月3日载《饶师长小传》云：他在充任排、连长期间，每战必身先士卒，资州（中）之役，曾与敌人肉搏，左右手各夺执敌人刺刀，敌畏其勇，弃枪而遁。饶两手破裂，血流如注，视若无睹。未一月，升营长而团长。

1930年至1932年间，国华任副旅长，驻防重庆地区，公余博览群书史籍，常以护国、卫民、爱兵自勉。向亲友及部属曰：“当兵，应以保卫国土、爱护百姓生命财产为己任。做人，当以孝悌忠信、礼义廉耻为准绳。如果穿上军装，拿起刀枪，不为老百姓办事，反而欺负弱小、胡作非为，那就只能算土匪而不是赳赳武夫了。”

1935年10月，刘湘所部第一次整编，唐式遵升任第二十一军军长时，国华由第一师第二旅旅长调升为第一师师长，旋改为第二十三集团军第一四五师中将师长，仍坚持经常改着便装深入军营、下到连队，与士卒共甘苦、话家常，细如内务、厨、厕清洁，必亲自检查过问。对人事力主公开，唯才是用。于财用丝毫不苟，躬自稽核。尤重赏罚，尝曰：“赏所以资激劝，罚所以儆将来；赏不得其当则私，私则偏；罚不得其当则蔽，蔽则滥。”所言如是，其行副之。故官兵之于将军，亲敬如父兄，而将军之于官兵，爱护如子弟。当时川中部队众多，名额恒苦不足，竞相招募，此逃彼补，习为常事。逃风滋蔓，致许多部队不敢放假。独将军所部，则放假如常，不虞逃亡。如遇战时，官兵多归附之，一时传为美谈。其统御有方，将士归心，功非一日！

1933年至1936年间，国华在师长任内，驻防邛崃，时值九一八事变之后，共产党及其领导的工农红军，积极组织人民从事抗日救亡运动；而蒋介石却反其道而行之，坚持“攘外必先安内”方针，向中央苏区发动五次“围剿”。后红军被迫作战略转移，开始长征，北上抗日。其时，他身为国民党川军将领，曾奉命堵截红军。据《新蜀报》载：“岁癸酉……‘剿共’时，在宣汉被围，几覆全军。道路流传：国华已遭阵亡。”此次战败，促令将军深思：红军主张团结抗日，人民支持红军，如今国仇未复、大敌当前，竟使兄弟阋于墙而置民族危亡于不顾乎？故于 1935 年 2 月 22 日，在小关子与红军殿后部队一度接触后，23 日正午至宝兴，作出继续向红军追击姿态，实则是尾随红军，把红军一直送到 3 月中旬离开懋功为止。从此时起，在共产党和革命人民的影响、促进下，饶将军逐渐成为川军中的有名爱国将领之一，并为以后行动证明名副其实矣。

1937 年七七事变发生，继八一三日军进攻上海，中国共产党提出国共合作一致抗日的主张，达成国共两党共赴国难协议。饶将军以军人当以卫国为天职，立即上书请缨杀敌。待命期间，告假还乡省亲扫墓，庆祝老母 70 寿辰（旧历八月份），与家人作最后一次团聚。临别资阳时，拜托业师伍鋆老先生曰：“此行，为国抗战，不成功即成仁。学生如幸得马革裹尸还，学生之家属，尚望恩师照拂也。”（据川康社电讯）又转对其妻兰紫仙曰：“余此去，为国而战，义无反顾。自古忠孝不能两全，老母年高，望尽心奉养。”夫人慨然应诺。

《新民报》记者汪导予生前写回忆录称：“我执教于四川善后督办公署设立的抗日教育之军官研究班第五期时，饶将军任班副，当时国难愈急，华北已沦敌手……饶将军和我每次相见，一说国事，就慷慨激昂，深感于国府委曲求全，不能立即决战之苦闷。他曾说：‘只要开始抗日，我就要立在战争的最前线！’……我每一念及饶将军说这话时的壮烈神情，就不禁为之振奋，甚至拔剑而起。”“上月 18 日（指 1937 年 11 月），刘湘任第七战区司令长官驻汉口，所部二十一军军长兼二十三集团军总司令唐式遵驻安徽青阳县，饶的一四五师为唐部属，奉命赴皖，政工会驻汉口旧日租界大和街 20 号，饶将军率部过汉。这天，风雨晦暝，饶将军冒雨来访，当时正有杨亚夫、吴秋影、鲁自诚诸君在座。彼此畅论前方战事，他那豪壮、慷慨、英勇、沉毅的精神，一如畴昔。临别时，握手互道‘珍重！’他还笑着说：‘前沿见！’谁知道这是他最后的壮烈遗言，而这一分别，竟是最后的永别呢！”

饶将军摒挡家事既毕，返部加紧所部训练，准备出征。是年9月22日，第二十一军奉命出川抗日，驻防邛崃之军部及饶的第一四五师在出征开拔前，由邛崃县民众抗敌后援会组织各机关团体、学校数千人，在新公园隆重举行欢送大会，将军致答词谓：此次奉命出川抗战，誓竭股肱之力，继之以坚贞，用尽军人天职。……决心率所部效命疆场，不驱逐倭寇，誓不还乡，其誓死报国之意决于斯时矣。

1937年10月初，饶将军率部快速徒步行军2000余里，经川北、转万县乘轮东下。时至11月中旬，淞沪沦陷，苏常二州相继失守，形势已急转直下，日寇组成有力兵团，对我军采取战略包围，在海空军掩护下，从金山卫海岸登陆，以快速部队直趋长兴，主力指向安徽芜湖，威胁南京侧背。刘湘立令唐式遵及其全部五个师、两个旅约五万人，限期集中安徽广德、浙江泗安一线，以饶的一四五师担任右翼设防，固守广德，阻敌北犯，拱卫南京。广德之得失，实系首都南京之安危！

11月23日，敌军牛岛师团，由太湖窜抵宜兴、长安，出动机械化部队，兵分两路猛攻广德、泗安，并配有大批飞机轮番轰炸，致我方工事尽毁，城镇为墟。当时饶将军所部先头部队四三三旅佟毅部，甫经集中完毕，即奔赴广德前方约60华里之泗安占领阵地，于27日与敌前锋遭遇，苦战三昼夜，终因敌军依仗飞机、大炮、坦克配合的优势，多次发起猛攻，我军武器窳劣，虽拼命还击，时进时退，使敌受挫，但伤亡奇重，泗安遂告失守。同时，敌军主力沿吴嘉公路直趋广德。将军亲率四三五旅之刘儒斋团，于广德前方五里之界牌，冒着弹雨指挥战斗，将士奋勇争先，以一当十，虽死亡枕藉，仍前仆后继，不稍退却。

将军目击此状，热血沸腾，乃振臂高呼：这是我们军人报国的严峻时刻到了，一定要为国争光，流尽最后一滴血！由于四三五旅旅长孟浩然尚未到达，乃于28日晚直接命令该旅之戴传薪团，速向界牌增援，迨至次（29）日拂晓，发现该团长抗不从命，竟擅自率部向宁国方向撤退，增援中断。致使刘儒斋团陷于孤军奋战，几被全歼，阵地被占，广德亦告失守。

饶将军率残部退至距广德15里之七里店，以守土无能，部属违命自责，致通宵不寐，洒泪写下绝命书，谓：戴传薪偷生怕死，在千钧一发之际，擅自撤退，贻误戎机，以致影响全线崩溃。深感自己无颜以对国家民族，更无颜再见甫公（指刘湘——编者注）。书中还指出：该师扼守广德，掩护友军后撤集中，已完成任务，官兵为国效命，不惜牺牲，忠勇可嘉。然广德地处要冲，关系首都安危，不忍坐视陷入敌手。切望部属官兵努力杀敌，拼死收复，俾上报国家培植之恩，下副国人期望之切，进而驱敌出境，苏我国魂！自决与城共存亡，虽死无恨。书毕，焚香祝祷，即于11月30日晚，在极度悲愤中，盘膝坐于一大树下，举枪自戕，慷慨成仁。时年四十有四。[①]

饶将军以身殉国后，全师官兵无不痛哭，一致高呼："要继承饶师长遗志，驱逐敌人出境！""不惜任何代价消灭倭寇，为饶师长报仇！"据1937年12月3日，《新民报》报道广德战情称："经28、29两日之激战，于30日失陷。我军即退至距城三四公里处，仍坚守据点……饶师长身先士卒……指挥作战……卒以身殉职，同时旅、团长三人受伤，士兵亦

① 据1960年12月出版《全国文史资料选辑》第十二辑载黄应乾《广德、泗安的防御战》一文中称："因团长刘儒斋不听饶国华指挥，擅自后撤，以致全线溃败。""因刘儒斋不战自溃，广德失守。饶觉无以对国家，无以对刘湘；又因唐（注：指唐式遵）掌握大权，痛感难期长处，便决意自戕。……写就致刘湘绝命书，内有'刘儒斋不听指挥，以致军败，不惜一死，以报甫公，等语'。"很显然，黄文与本文相矛盾，可两说暂予并存，孰是孰非，留待史家深入考证。

伤亡惨重。此时，我军工事俱被炸毁，不得不自广德西移。此役战事之激烈，为我军退出淞沪以后所仅见……我饶师将士，同仇敌忾，俟机还击。此时我吉安守军，乘敌立足未定之际，北进突击，敌仓皇应战……泗安赓即收复，敌腹背受击，狼狈……向长兴溃退。于是，沦陷敌手一昼夜余之广德，于一日午完全克复。”

据 1937 年 12 月 20 日《国民公报》载：饶将军于“11 月 30 日午前 2 时殉难后，至 4 时，忠骸由其胞兄质彬（一四五师师部副官）运出战区，行路 300 余里，沿途无车马可乘。直至运抵芜湖后，始购备木匣一副，暂为装殓。因无轮船，不得已雇木船运至九江，有二宪兵为饶师长之学生，乃为照料一切，商托该县县长设法运至汉口，始交由民生公司之‘民俭轮’转运回川。过宜昌时，全市军民曾举行悲痛之公祭云”。

国民政府嘉饶将军忠烈，明令褒扬，追赠为陆军上将，发给治丧费 1 万元，在武汉举行隆重追悼会。遗骸上溯三峡，经万县，于 1937 年 12 月 19 日午后 4 时抵重庆。途经各地时，各界人士均举行隆重追悼仪式。成渝各报连日皆以各种形式大篇幅报道。略举各报标题如下：

二千余人吊国殇　各界追悼饶国华

饶国华忠骸昨抵渝，本市各界今到江干迎祭。殉国经过可歌可泣，雍容遗像，万人争睹。

江巴市民同声一哭　今日追悼饶国华

饶氏家属将在渝成服

资阳筹备举行扩大追悼会

各界人士敬献花圈、唁电、祭文、挽联，正如《新民报》所报道：“罗列夹道，触目墨花，宛如泪点，香绕烛泣，哀悼忠魂。”

蒋介石也分别为重庆、成都灵堂撰写对联：

虏骑正披猖，闻鼓鼙而思良将；上都资捍卫，冒锋镝以建奇勋。

秉节之来，捍国卫民方倚畀；存仁而达，唁生吊死倍哀思。

据《资阳县志》载：“太夫人始闻子丧，人或吊之，太夫人曰：‘子为国死，此大佳事，吾宁受贺不受吊。’君子谓：非此母不生此子云。”

将军遗骸灵柩运回资阳后，故乡父老兄弟为之举行隆重、肃穆之追悼会。于 1938 年 1 月 23 日国葬于出生地附近甘溪沟。送葬者逾千人。

第一四五师出川前，驻成邛崃有年，军民关系十分融洽，地方人士闻悉饶师长抗战殉国，同声哀悼，缅怀忠烈，举行盛大追悼会，公推邑中学者段升阶先生为之撰书墓志铭，并题写诔词。文曰：

功成身殒，涂肝脑兮。哀此国殇，泣芃兰兮。我旌厥勋，于盖棺兮。南山伐石，书之丹兮。

抗战中期，四川各界同胞为纪念为国捐躯名将，在成都中山公园（今劳动人民文化宫）内，铸造将军铜像一座，并竖立“饶上将国华纪念碑”。由国民政府主席林森题字。塑像出自著名雕塑家刘开渠教授之手。

早在 1938 年 3 月 12 日，毛泽东主席即在“延安各界纪念孙中山逝世十三周年及追悼抗敌阵亡将士大会”上发表讲话称：“现在说到追悼抗敌阵亡将士的意义。……几百万军队与无数人民都加入了火线，其中几十万人就在执行他们的神圣任务中光荣地、壮烈地牺牲了。这些人中间许多是国民党人，许多是共产党人，许多是其他党派及无党无派的人。我们真诚地追悼这些死者，表示永远纪念他们。从郝梦麟、佟麟阁、赵登禹、饶国华、刘家祺、姜玉贞、陈锦秀、李桂丹、黄梅兴、姚子香、潘占魁诸将领到每一个战士，无不给了全中国人以崇高伟大的模范。……我们要向一切抗日军人的家属尤其是死难烈士的家属致敬礼，因为他们家中出了这样为国奋斗、不怕牺牲的抗日军人……”[①]

1983 年 9 月，四川省人民政府又批准追认饶国华将军为革命烈士。

① 毛主席讲话全文可见 1938 年 4 月 1 日《解放》第三十三期、1939 年出版的《抗日民族统一战线指南》第四册、1939 年新华日报馆出版的《毛泽东救国言论选集》。

缅怀抗日殉国的饶国华烈士

罗明萱　徐梅墉

饶国华烈士字弼臣。1894 年 12 月 7 日生于资阳县城东乡（今宝台乡）张家坝一个贫苦农家。幼年丧父，靠母亲陈氏替人织麻纺纱度日。13 岁时，母亲送他过河向前清举人伍鋆学习四书五经。辛亥革命爆发这年，国华 17 岁，眼见武昌起义发生后，各省相继起义响应，形成了全国规模的革命运动，乃于是年冬月（或腊初）去成都当兵。1912 年春补进了刘湘部队待命。开始时当伙夫，后来当班长，1933 年当上陆军二十一军第一师师长。

1937 年 7 月，日本悍然发动卢沟桥事变，8 月又大举进攻上海，从此中华民族与日本帝国主义的矛盾，上升为主要矛盾。在这民族危亡迫于眉睫的紧要关头，中国共产党高举抗日救国的旗帜，通过积极的倡议和推动，正式形成了以国共两党合作为基础的抗日民族统一战线。饶国华此时任二十三集团军一四五师中将师长，对团结抗日的号召极为拥护，一再上书请求参战。11 月 12 日上海失陷后，日军兵分四路，虎视眈眈地急欲把侵略的魔爪伸向中华民国首都南京。蒋介石急令驻汉口的第七战区司令长官刘湘增派部队充实京师外线的防御力量。刘湘指派二十三集团军总司令兼二十一军军长唐式遵率部进驻安徽青阳一带，意在牵制和阻截企图由太湖流域西侵南京之敌。饶国华当时既是唐所属的一四五师中将师长，故也奉命离鄂赴皖布防。唐式遵考虑到自己的左翼广德在战略上的地位极为重要，如果失守，不但南京危在眉睫，而且敌人可凭借这一冲要之地，迅速集结重兵，进犯皖赣、两湖。因此特选派能征善战、素以骁勇著称的良将饶国华前往驻守。饶富有指挥经验，且熟谙战史，深知广德为兵家必争之地，凭险而守，南京可保无虞。史载太平天国将领黄文金屯兵广德，拱卫天京。清廷派猛将鲍超亲率"霆军"进攻其地，终年不得一逞，便是一例。故饶国华对于调遣他率部驻守广德，既深感责任艰巨，更庆幸壮志能酬。他在广德战役打响前夕，曾对侍从副官顾延兴说："我奉命出川，志在歼灭强寇，还我河山，解我同胞倒悬之苦，现在幸而优先被派到前线御敌，战机就要来临，怎能不叫我热血沸腾，怎能不叫弟兄们揎拳捋袖，跃跃欲试？"饶将军就是这样怀着国仇家恨和为捍卫民族尊严而战的大无畏精神，严密布置防务，反复晓谕将士，使官兵同仇敌忾，深深懂得"守一城，捍天下"的道理。所以部属士气旺盛，纷纷表示："誓与广德共存亡，不许倭敌逞凶狂！"然而由于国民党的正面战场已经普遍形成溃退的被动局面，进一步助长了日本侵华、灭华的凶焰。自 11 月 12 日上海失守后，仅八天时间，国民党政府即宣布迁都重庆，以避敌锋。中央机关纷纷逃奔武汉。宜兴、长兴告急，战局吃紧。11 月下旬，常熟、苏州、无锡、江阴、武进相继失守。11 月 23 日，日军第十八集团军中岛师团突然由太湖分乘百余艘汽轮、橡皮艇侵入宜兴、长兴，随即兵分两路，抢占泗安，猛扑广德。敌人由于战线太长，兵力不足，侵犯泗安、广德的仅 4000 余人。但因是机械化装备，拥有机枪、大炮等兵器上的优势，气焰十分嚣张。敌侦知饶军凭险坚城而守，采取纵深防御，步步为营，工事坚固，且士气甚旺，未可小觑，乃出动 27 架飞机轮番轰炸，倾泻成百上千吨钢铁。阵地上但见硝烟弥漫，火光熊熊，我方工事遭到严重破坏，城垣屋舍，夷为丘墟。敌步兵在重炮掩护下，发起进攻，冲锋号声不绝于耳。饶将军身先士卒，奋不顾身地出入于枪林弹雨之中，镇定指挥，全师上下，誓死抵抗。从 27 日与日军交火，激战数日，饶师虽陷于三面包围之中，官兵仍浴血固守防线，寸土不让，充分表现了中国人民不可侮的英雄本色，用血和肉谱写了一曲惊天地、泣鬼神的反侵略战歌。敌军见广德急切不能得手，不断从东洞庭山、西洞庭山增调精锐部队增援，加倍动用大炮，频繁出动飞机、坦克，无休止地疯狂进攻，饶师消耗极大，幸有广大爱国民众，愿为后盾，军民和衷共济，阵地勉能维持，致敌军的猛攻，不断受挫。但不幸的是在情况万分危急、亟须增援的时候，我方宣城至广德的铁路干线被敌机炸毁，火车停开，连补给也告中断。饶军孤军死守，艰险逾常。饶所辖的一个团长刘儒斋，系唐式遵最倚重的一个亲信，他对唐言听计从。刘自恃有唐这样的后台，非常跋扈，平时即目中无饶，常以恶语相加。此次临阵更不服调遣，贪生怕死，企图保存实力。刘在关键时刻，竟然不听饶的指挥，擅自后撤，给日军以可乘之机，以致全线溃败，让日军在 30 日占领了整个广德。但唐式遵事后并不追究刘贻误戎机的罪责（后来还擢升他为旅长），只命饶立即组织反攻，限期克复广德。饶将军本已下定"与城为殉"（史可法语）的决心，乃亲率仅有的一营官兵反攻，终因寡不敌众，被敌人重重包围于十字铺据点。敌人不敢进逼，一再劝降，饶氏威武不屈，紧握雪耻刀对左右从容讲道："我从七七事变发生之日起，就渴望能到前线杀敌，洗雪国耻，收复失地。八一三事变后，国共合作抗日。我幸能如愿以偿，奉命出川抗战，引为生平快事。诸君还记得吧，我们离川时，蜀中父老兄弟姐妹曾举行盛大仪式欢送。潘文华军长（潘是二十三军军长）代表我们川军将士致答词，表示我们一定要血战到底，收复失地，把日本侵略者赶出中国去，做到胜则生，败则死，不成功便成仁。我们要牢记当时的誓言，绝不能在敌人面前屈膝示弱，给中国人丢脸呀！”就在当天晚上，饶将军在弹尽援绝，人马伤残，困乏已极的情势下，给刘湘写了绝命书，中有“刘儒斋不听指挥，以致兵败，职唯有不惜一死，以报甫公（刘湘字甫澄）知遇暨川中父老之情”等语，写毕，倚案沉吟良久，复起身在卧室内来回踱步，到30日凌晨2时许，竟拔枪自戕，以死报国，时年仅43岁！

饶氏救亡图存的壮志未酬，即以身殉国的噩耗传出，官兵莫不感泣。时有人挥泪口赞一绝咏叹此事云：“广德军威振，义胆挫敌酋。成仁昭大节，英名自千秋！”饶将军悲壮的死，更加激发了军民同仇敌忾、血战到底的民心士气，纷纷表示要学习和发扬他的爱国思想和牺牲精神，为死难军民复仇。我吉安守军化悲愤为力量，乘敌立足未稳之际，星夜穿越浙皖边界，以迅雷不及掩耳之势，突击广德。敌人仓皇逃跑，野炮两门及装甲车多辆皆不及运走，加上泗安镇克复，使敌人腹背受到夹击，只得避开公路，绕道向长兴、太湖狼狈逃命。这样，仅仅沦陷一昼夜余的广德，于12月1日午便告克复。

对饶国华的死，当时川康通讯社曾有中肯的述评。文章指出：“饶国华勇于公战，而不幸捐躯，其死实重于泰山，虽死犹生，永垂不朽；尤以国华死而军民团结御侮，报仇雪耻之心益切，光复河山，灭此朝食之志愈坚，足见志士仁人的人格感人之深！广德之得以迅速克复，赖其精诚感召之力不小。”这样的评价，集中反映了当时的公论。国民党中央立即追认饶国华为陆军上将，以资表彰。中国人民敬爱的领袖毛泽东，于1938年3月12日在延安各界举行的纪念孙中山逝世十三周年暨追悼抗日阵亡将士的大会上，曾给饶国华以应有的评价。他指出：“从赵登禹、饶国华……诸将领到每一个战士，无不给了全中国人民以崇高伟大的典范。”

许国璋

为国捐躯，军人分也。今日当与敌决一死战，敢有临阵退却者，必手刃之!

- 1897年生，字宪廷，四川成都人。
- 1918年，投川军，后入刘湘部，历任团长、旅长等职。
- 1938年4月，任第六十七军四八三旅旅长，随川军第二十九集团军出川抗日，随后参加武汉会战。
- 1941年，升任第一五〇师副师长兼第四四八团团长。
- 1942年，晋升第一五〇师师长。
- 1943年春，率部参加鄂西会战。11月21日，在参加常德会战时身负重伤，为避免被俘受辱，举枪自戕，以身报国。
- 1944年2月，国民政府追赠中将军衔。

许国璋将军事略

邱正民　段耀章等*

许国璋将军，字宪廷，四川成都人，汉族，生于1897年。少有大志，1918年，护法军兴，弃文就武，投效川军第二师做战士，每遇战役，英勇过人，不数年积功升军官，选送该师合川军官传习所，系统学习军事知识，以勤奋努力，获得优异成绩卒业。为人忠厚正直，对己清廉自持。对军队纪律要求极严，每驻防一地，均与群众和善相处。一生笃信佛学，在驻防重庆期间，常听高僧能海法师讲经。曾谓："佛以助人成佛，普度众生脱离苦海为宗旨，做一个职业军人，更应以保国救民为本职。"他对当时川军各派连年内战，"互挖墙脚"（指交战双方互以高官厚禄引诱对方官兵投向自己，以削弱对方力量），深表反感。当许任刘湘部杨勤安团营长时，在一次军阀混战中，杨团被军阀赖心辉的第二十二军马昆山诱骗拉走，他非常气愤，多次劝杨要重气节，讲信义，设法重返原部。杨感其言，乃乘1929年川军"上川东之战"，赖军由黔反攻回江津之际，率队毅然返回第二十一军防区。刘湘军长获悉此中原委，嘉其忠贞，以后选送该军"军官研究班"深造，准备遇机拔擢。1935年川军

* 邱正民曾任第六十七军作战科长，段耀章曾任第六十七军四八三旅九七一团二营营长。本文根据两人提供资料整理而成。

整编，许被升为二十一军三师九旅第二十五团团长。

七七事变，抗日军兴，许国璋激于爱国热情，多次请缨出川抗战。1938年4月终如所愿，被调升为第六十七军一六一师四八三旅少将旅长，编入第二十九集团军序列（辖四十四、六十七两个军），拨归第五战区司令长官李宗仁节制指挥。

当时集团军总司令为王缵绪，因王代理四川省政府主席，暂时不能出川，职务由副总司令兼六十七军军长许绍宗代理。是年4月28日乘轮东下，开赴第五战区。其时，徐州已经陷落，日寇正积极沿长江两岸跃进作战，企图冲破我军重重阻力，向武汉核心进犯。第二十九集团军奉战区长官李宗仁之命，驰赴安徽宿松、太湖阻敌西窜。

黄广之役　英勇抗战

1938年7月中旬，敌寇第十三师团和一个骑兵大队由安庆沿怀宁公路线向我宿松、太湖地区进犯。当时，由第四十四军军长廖震率领一个军及两广军队阻击敌人。我军在太湖、宿松与敌竭力拼搏，经过反复争夺，终因敌空军和火炮优势，两地均为敌陷。日军乘胜向我湖北黄梅、广济急进。同时，九江之敌约为一个加强师，一路由小池口登陆进犯黄梅；另一路则由龙坪登陆进犯广济。第六十七军奉李宗仁长官之命堵击该敌，许将军率四三八旅在亭前一线沿山地向进犯之敌攻击前进，由于敌军三路合击，在其机群及火炮疯狂轰击下，黄、广两地也很快陷落。我田家镇要塞因黄梅、广济陷落，感到威胁，使我武汉统帅部大为震动。田家镇要塞扼长江中下游之咽喉，如不守则危及武汉。蒋介石始电令五战区从速收复黄梅、广济，以解除田家镇要塞之威胁。李宗仁转令两广两个军进攻黄梅，第六十七军进攻黄梅以南及大金铺之敌，分兵合击，以保卫田家镇要塞的安全。许将军率四八三旅奉令转移在大金铺以北，担任攻击梅川之敌任务。由于我军缺乏火炮及高射炮制压敌军飞机和大炮组成之弹幕，虽付出重大牺牲，各军仍屡攻不克。敌军藐视我军武器装备处于劣势，乃以精锐步骑兵联合部队向我梅川以西四八三旅防线猛犯。许将军亲临第一线，鼓舞士气，使全线坚若磐石，粉碎了敌寇进攻阴谋。双方相持达月余之久，敌军终无丝毫进展。

田家镇要塞陷落　许国璋旅一峰独秀

敌对黄梅、广济之线屡次进犯，均未获逞，乃变更作战部署，于1938年9月初，调集陆、海军约两个半师团兵力在其飞机掩护下，由龙坪沿长江西上，大举深入侵犯，采用钻穴、迂回战术，在突破我军广济防线后，猛攻田家镇要塞，屡攻不下，曾残酷施放毒气，再配以海空军疯狂轰炸与炮击。我保卫田家镇守军遭受惨重牺牲后，不得不放弃阵地，退到长江南岸的白沙铺、铜录山及大冶县一带山地，田家镇终于失陷。敌乘势分兵数路向武汉包围前进，我长江北岸守军因而陷入一场大溃退的劣势，敌乘胜骄狂，派出机群从每日7时起，分批向我各部队轮番轰炸扫射。由于我军缺乏高射武器，不能制压敌机凶焰，致第二十九集团军及友军部队均遭惨重伤亡；各军师之间又因无线电讯中断，彼此情况不明，上下左右失去联系，于是秩序大乱。代总司令许绍宗原驻上巴河，亲睹此景，未及采取应变措施，仓皇率其直属部队由山区小道沿英山、罗田向西溃逃，企图脱离敌之包围，保全自己实力。此次溃退，第二十九集团军几乎一蹶不振，非重加整训，将不利于再战。及至到达湖北当阳开始整训点阅时，整个集团军唯有许国璋将军率领的四八三旅在组织上军容上还比较严整，虽伤亡人数将近30%，但沿途收容了部分脱离原队的散兵，补充了缺额，全旅指挥联系均好，未失掌握，是许绍宗所部最完整的建制，曾受到第四十四军军长廖震的嘉奖，这是与将军平时治军严明和纪律教育良好分不开的。

固守大洪山　因功晋升师长

在当阳整训期间，第二十九集团军奉第五战区李宗仁长官电令，指定总部位置于当阳河溶镇，所属部队担负守备襄河东西两岸任务：左翼同钟祥的第三十三集团军张自忠将军部队相邻接；右翼与沙市江防司令部郭忏部队相邻接。保持重点于襄河两岸，以防堵江陵之敌进犯。许国璋的四八三旅作为预备队。次年（1939 年），敌屡次进犯襄河、石牌，均被许将军所部击退。是年秋，部队进驻钟祥，保卫大洪山。1940 年、1941 年两年，敌军曾两犯豫南，再窥鄂西，大洪山均首当其冲，几乎无月不战。许将军常亲临前敌，躬冒炮火，鼓舞士气。第二十九集团军总司令部此时已移驻张家集，部队则在大洪山地区与敌寇进行一场磨盘战术。秋季蒋介石电令各部发动反攻，虽无进展，但大洪山在四八三旅固守下，始终岿然不动。

1941 年秋，许将军因战功卓著，晋任第一五〇师副师长。次年春，又晋升为该师少将师长。

固守津澧　取得鄂西大捷

1942 年春，奉最高统帅部电令，第二十九集团军调长江南岸，归第六战区节制指挥。这次调遣，由江北转移江南，是经过长达 1500 华里以上的大迂回。该集团军原在河南内乡整训，由内乡出发经邓县、老河口，沿保兴公路到达秭归，直插长阳、源利，进入湖南常德、桃源，直至 7 月底，各部队始全部到达。奉第六战区长官陈诚电令，该集团军在长江南岸的澧县、临澧及洞庭湖以西的安乡、常德、桃源一带担任守备任务，许将军率领的第一五〇师当时驻三阳港，守备华容、石首、公安等县。1943年春，敌大举渡江南犯。沙市之敌约一个师团亦分三路进犯。另一股约3000余人，在其长江舰队重炮的支援下，向我藕池口第一五〇师四四九团阵地进犯。与此同时，敌飞机六架与敌长沙舰队炮兵也集中火力，轰炸我藕池口据点，并以燃烧弹射向市内民房。这些民房多系芦苇及竹木结构，最易着火，一时烟雾弥天，敌乘烟雾与尘土飞扬之际，一举登陆。经我守兵凭工事掩蔽，激烈射击，予敌重创。敌寇不甘失败，出动飞机向我轰炸，并对我增援部队及撤退的居民疯狂扫射。在此危难之际，许将军亲临前线，一面指挥作战，一面严令部队掩护居民撤退。并规定师部卫生队的担架，先抢救负伤居民。此时敌弹横飞，遮天蔽日，将军毫不顾个人安危，沉着安详地督饬部队占领预备阵地，阻击敌之前进。居民群众见将军如此镇定指挥，很自然地安下心来，使撤退工作比较有秩序地进行。当地居民还不胜钦佩地说："许师长都在第一线亲自指挥，弟兄们都在与日寇浴血拼战，有了这样血肉筑成的坚固长城，我们还怕啥！"不少人甚至感动地流泪，极口夸赞我军坚强的抗战意志和为国献身的精神。

第一五〇师奉令固守津市、澧县，许将军鉴于任务艰巨，慷慨激昂地对所属官兵说："为国捐躯，军人分也。今日当与敌决一死战，敢有临阵退却者，必手刃之！"其时安乡、南县、公安等处均告失陷，而津市、澧县仍屹立如故，以此作为基点，终于取得鄂西大捷，将军这种临危不惧、从容却敌的精神，是值得后世景仰的。

许国璋

常德会战　壮烈殉国

常德会战是抗日史上一次名震中外的大战役。当时我最高统帅部直接指挥第六、九两战区兵力保卫常德。敌军则在第十一军司令官横山勇指挥下纠集了六个陆军师团及一个混成旅团配属若干炮兵联队、坦克部队约 15 万人，在大量飞机掩护下，进犯常德地区，企图控制滨湖物资，并牵制我抽调大军增援缅甸战场，破坏我打通中印公路之计划，借此向即将召开的中、美、英三国“开罗会议”示威。在这次会战中，敌以一个混成旅团为第一路，向华容直趋南县、安乡，渡澧水，截断我津市部队的退路；另以一个师团为第二路，由藕池口突破我第一五〇师守备之虎渡河防线，再分三个支队渡澧水与第一路会合，包围我第一五〇师；第三路以一个师团由弥陀寺直插澧县，渡澧水直趋常德；第四路以三个师团由董市、宜都间正面渡过长江，企图击破我第七十三军、七十四军，渡过澧水直奔常德。在这种情况下，我第二十九集团军总部命令：第四十四军王泽濬率一六一师到漆家河、羊毛滩，协同第七十四军向敌侧击；许将军所属的第一五〇师立即撤往太浮山占领阵地，与太阳山之友军第一六二师相策应，袭击敌之侧背。当时许将军所属各部方由南县、安乡及虎渡河撤过澧水，立足方定。津市、安乡一带之敌，已渡过澧水。许将军立令四四九团团长谢伯鸾率部驰赴太浮山占领要点，并令四四八、四五〇两团分别由捷径向太浮山前进。他指示说：“太浮山、太阳山是打击日寇的两只铁拳，必须不顾一切先敌占领，我赓即率师直属部队跟进。”但渡过澧水之敌行动迅猛，事前已截断了我一五〇师到达太浮山的道路。随同师部行动的两个直属连之进路，亦为敌所遮断，当时处境极为困难。许将军根据情况，当机立断，决心把敌人引向南去，以减轻对各部的压力，使各部队及早占领太浮山各要点。由于敌寇紧跟不舍，只好且战且走，被迫到达陬市。将军认为陬市是常德之门户，且构筑有工事，乃将仅有的兵力就近占领外围各据点。此时已近黄昏，将军乃向师部参谋人员说："与敌战斗至入夜时，可乘机钻隙进太浮山。"追来之敌，不知守兵虚实，仅向我方威力搜索。许将军遂乘机鼓励官兵，慷慨指出："我们为国家尽力的时候到了，我们能多打一个日本兵，就给守备常德的部队减轻了一分压力，以尽我们军人的天职。"同时分析形势说："由戚家河方向前来之敌已迫近陬市，桃源县城方面火光冲天，我们已经被三面包围，背后又是深不可测的沅水，既无渡船，气候又冷，与其当俘虏被日寇侮辱、杀害，或落水淹死，毋宁在前线为国奋战，直至战死光荣得多。我们前进才是生路，我决不离开阵地一步，我的热血要洒在这里。这里是祖国的土地，我要誓死保卫它，死了也是我的光荣。"全体官兵听了将军悲壮的誓言，勇气倍增，都表示决心与敌人作一殊死战，尽其全力，保卫国土。敌此时已侦知我军守兵薄弱，向常德前进之敌愈益增多，攻势愈猛，轻重机关枪火力交叉发射更为炽烈。许将军在此紧急关头，手持步枪与敌还击，他的身体本已瘦弱多病，兼以作战兼旬，既劳顿疲乏，又身负重伤，在战场上休克多次，直属部队的连排长也相继伤亡，兵员所余无几，师部军佐人员亦多受伤，几个主要据点次第被敌占领。由于时已入夜，敌未敢进入街市。许将军因平时待人温和宽厚，深受官兵爱戴，在休克后，误认为他已阵亡，将其抬至市街草房。有渔民两人正欲驾舟离开，感于将军忠义，挺身而出，将其"遗体"运送至南岸，并愿将轻重伤员也一一运过南岸。因值夜间，他们先把将军抬往一农家的小屋内暂时停放，等候天明启渡。殊次晨4点钟左右，将军复苏转来，神志稍感清醒，发出微弱的声音，问及当时的战况。当他了解到陬市已经被敌占领，便急促地呼喊："我是军人，应该战死在沙场，你们准备把我运送对岸，这是害了我呀！"语毕，又昏厥过去。过了片刻许将军才苏醒过来，他用手触摸到身旁睡着的一卫士所佩带之手枪，乃毅然拔枪自戕，砰然一声，这位以身许国的爱国将军，用悲壮的行动实现了自己的誓言。碧血丹心，长留正气，不仅为国家民族增添了光彩，也为抗战史书写下了灿烂的篇章。噩耗上报总部后，王缵绪总司令派出参谋人员赶到陬市郊区，查实将军确系忠于职守，坚贞殉节，便将其忠勇事迹报请表彰，经国民政府追赠为陆军中将。随即派第一五〇师的副官主任王禹城护运许将军遗体回成都原籍。经四川省会各界人士在成都忠烈祠隆重追悼，由川康绥靖公署副主任潘文华主持大会，并挽将军一联以彰忠烈。文曰：

大忠大孝，以国家民族为先，频传常桃鏖兵，光复名城摧敌虏；

成功成仁，继之钟弼臣[①]而去，远昭睢阳授命，长留正气满潇湘。

① 挽联中的之钟、弼臣系王铭章、饶国华二人之号。

岳星明

据被俘的敌兵说:“中国的草鞋兵很勇敢。”这是对我川军官兵的英勇战斗的客观评价。

- 1908 年生，号启东，四川眉山人。
- 1937 年全面抗战爆发后，任二十三集团军二十一军副官处处长，随军出川抗战，先后转战于太湖、广德、芜湖、长江中下游地区，参加泗安、广德之战。
- 1939 年 11 月，参加对日“冬季攻势”作战。
- 1940 年，任第三战区司令长官部少将参谋处长。同年底被任命为二十一军副军长。
- 1942 年，率部参加浙赣会战，同所部承担长江南岸江防任务，直至抗战胜利。
- 1995 年 5 月 15 日，因病去世。

二十三集团军出川抗战概述

岳星明

第二十三集团军是由原第二路预备军第二纵队改编成立的。由刘湘兼任总司令，唐式遵、潘文华副之。下辖第二十一军（军长唐式遵兼）、第二十三军（军长潘文华兼）。1937 年 12 月，泗安广德战役后，二十三军撤销，潘文华转汉口返川。1938 年 1 月上旬，国民政府军委会免去刘湘兼二十三集团军总司令之职，由副总司令唐式遵升任，下辖两个军：

第二十一军军长陈万仞，下属第一四六师师长周绍轩、第一四七师师长章安平、第一四八师师长潘左。

第五十军军长郭勋祺，下属第一四四师师长范子英、第一四五师师长孟浩然、新编第七师师长田钟毅。

唐式遵总司令先受第七战区司令长官刘湘指挥。刘湘在汉口养病期间，由该战区副司令长官陈诚代行指挥。1938 年春，刘湘病逝，第七战区长官部撤销，第二十三集团军改由第三战区司令长官薛岳指挥，两个月后，改由顾祝同指挥。

1937 年夏，抗战军兴。唐式遵奉命率部于 9 月初，分赴抗日前线。9 月 3 日，成都各界人士在少城公园（今人民公园）集会，热烈欢送川军抗日健儿。唐式遵应邀代表全军在会上表示决心：“失地不复，决不回川。”

此时，二十一军所属各部的整补尚未完全就绪，部队武器窳劣，装备简陋，各部开拔以后，在行军途中，时令已入深秋，官兵们身着单衣，脚穿草鞋，肩背背夹，甚为艰苦。但官兵们抗日志坚，杀敌心切，满怀报国救民的热情，置困难于脑后，冒寒霜夜露，兼程东下。各部在重庆、万县乘轮经宜昌，于11月初在武汉集结，旋奉命由平汉路车运郑州，紧接着又转调新乡、汲县、博爱、蒙泽一带集中待命。

同年11月中旬，淞沪战场形势逆下，中央军全线西撤。苏州、常州等地亦告危急。唐式遵部奉军事委员会急令，调至江浙的宜兴、长兴和皖南的泗安、广德一带阻止日本侵略军。综观八年抗战，第二十三集团军抗击日军的斗争大体可分为两个阶段：

第一阶段，从1937年11月下旬至1938年1月底的太湖、泗安广德和反攻芜湖三大战役。

第二阶段，从1938年春至抗战胜利，第二十三集团军主要担任长江南岸的江防任务，并参加了浙赣路战役。

1937年11月下旬，驻淞沪一带的中央军全线西撤。日军以三个师团、十数万人之众，沿沪宁路，渡太湖，在乍浦登陆，企图抄袭包围西撤大军，第二十三集团军各部奉命阻击日军，掩护大军西撤，太湖战役由此展开。此役，第二十三集团军仓促与敌遭遇，既无预设的工事，又不甚熟悉地形，而日军挟步骑优势，配合飞机、坦克，气焰十分凶狂。但我官兵不畏强敌，奋勇抗击，作为出川抗战的第一仗，第二十三集团军在太湖战役中表现了自己的特色。

泗安、广德战役是紧接着太湖战役进行的。在上述困难条件下，第二十三集团军参战各部官兵同仇敌忾，浴血奋战，多次出现肉搏拼杀、寸土必争的激烈战斗场面。据被俘的敌兵说：“中国的草鞋兵很勇敢。”

这是对我川军官兵的英勇战斗的客观评价。

在太湖战役中，第一四四师师长郭勋祺腿部负重伤，属下的旅长黄柏光也负了重伤。在泗安、广德战役中，第一四五师师长饶国华与广德城共存亡，壮烈殉国。

太湖和广德、泗安战役，虽没有完全粉碎敌人的西进，但是敌人受到了重大的损失，在战略上取得了阻滞敌军的效果，为大军较顺利地西撤赢得了时间，并且为保卫南京京畿的准备和部署起到了极其重要的作用。

南京陷入敌手后，第七战区司令长官刘湘愤于首都弃守、敌焰猖獗，决心惩创日军，激发和坚定我军的抗战斗志。刘湘选调第二十三集团军所属一个军的兵力，反攻芜湖，欲攻占这一长江水运之咽喉要冲，以牵制自皖北豕突狼奔的日军。驻守芜湖的日军措手不及，仓皇应战，急调飞机轮番轰炸。我官兵不怕牺牲，前仆后继，勇猛杀敌，就在我军正逼近芜湖大街、大功即将告成之际，不料刘湘病逝噩耗传来，致使反攻芜湖战役功亏一篑，殊为遗憾！

1938 年春以后，第二十三集团军担负起固守长江南岸，掩护炮兵腰击敌舰、布放漂雷、阻断日军长江航运，策应保卫大武汉作战的艰巨任务。所属各部沿长江南岸，在东起铜陵、西迄湖口 700 余里长的战线上构筑据点、工事，据险守备。

不论腰击或布雷，都需步兵确实掩护。在犬牙交错之敌我战线，执行任务之艰巨程度，实非局外人所能想象。尽管如此，我执行任务的官兵，仍视困难若等闲，置生死于度外，很好地完成了使命，沉重地打击了敌人。据不完全统计，自 1938 年 8 月到 1941 年底，我击沉和击伤敌各类船舰 2000 余艘。敌人心惊胆战，一方面派出大批部队进行扫荡，一方面被迫靠长江北岸夜间航行。

在此期间，我军为了掩护炮兵，扩展据点，也曾对敌发动过多次攻击作战。从1938年上半年至1941年底，先后进行过的战斗有：贵池、青阳的战斗，东流登陆战斗，冬季攻势，阻敌流窜石门街战斗，陵阳镇、木镇战斗，攻克斗龙山战斗，贵池、东流布雷战斗，攻克马当要塞战斗，东流、至德战斗，何家潭、马路口战斗，收复九华山战斗，鄱阳湖东岸战斗等。

以上战斗，以1940年10月12日我军攻占马当要塞、阻断敌人长江航运数天之久一仗战果最为辉煌。此役的胜利，鼓舞了川军士气，坚定了必胜信心，同时对皖北、湖南战场，也起到了战略性的策应作用。国际国内舆论，对此次胜利交相赞誉，成都各界人士还举行了祝捷大会。

长达4年的长江南岸江防战斗，给予侵华日军以沉重的打击，其于战略上之重要性及抗战全局的影响，是不容低估的。

1941年1月，在国民党制造震惊中外的“皖南事变”中，二十三集团军曾派出两师一团之众，在第三战区副司令长官上官云相指挥下，参与了这一有损国共两党团结抗日、亲痛仇快的反共事件。沉痛之历史教训，思之殊感内疚。

此外，川军在抗战中值得一书的战绩，还有下面几次：

1941年，敌犯金华，第一四八师驰赴浙东，阻击了敌人西犯。

1942年5月8日，在浙赣路会战中，第二十一军一四六、一四七两师分别驰援，据守浙东寿昌、赣东鹰潭；又以游击战方式夜袭怀玉山南横峰、弋阳，迫使敌人缩短防线，与衢州之部龟缩金华。

1944年，已是强弩之末的敌人回光返照，又犯衢州，第一四五师沉着应战，保卫了衢州的安全。团长刘一战死机场，备极壮烈，英名永垂。

作为第三战区总预备队的川军八十八军所属新二十一师，在赣东、苏南，以及浙江之富春江三角地带、浙赣沿线地区的战斗中，特别是在进攻丽水、攻克温州等战役中均立下不可磨灭的功绩。

再者，川军二十六师虽不属于第二十三集团军，但在第三战区直接指挥下，曾参加反攻南昌、赣东抚河东岸战斗，奇袭绍兴，守备诸暨前线和浙赣路会战等战斗，尤其是投入抗战初期淞沪会战的大场之役，在枪林弹雨中浴血奋战，为川军争得了荣誉。

1945 年抗战胜利后，国民党以部队整编的形式，将二十三集团军总司令部及其所辖之五十军军部、第一四四师、第一四八师、新编第七师均予撤销（唐式遵调任武汉行营副主任，其余军官全部入杭州军官总队），只保留了一个军的番号，即二十一军，军长刘雨卿，副军长岳星明（1940 年底已发表为二十一军副军长），下属三个师：一四五师师长凌谏衔、一四六师师长戴传薪、一四七师师长黄柏光。

我集团军出川抗战将士，转战八年，备尝艰辛；无数英雄，血染江南，骨埋异乡，光荣事迹，可歌可泣。抗日健儿无愧于国家民族，无愧于川中父老，其英勇战绩将永远留在人民的忆念之中！

忆 1939 年的“冬季攻势”

岳星明

1939 年，国民政府军事委员会鉴于当时国际政治形势和战略上的需要，同意苏联顾问团的建议，决定在全国范围内对日军发动冬季攻势。同年 9 月起，军委会陆续调第八十六军一个军、第十八军的两个师到第三战区。加上原来守备皖南地区的第三十二集团军指挥的第二十五军，第二十三集团军指挥的第五十军、第二十一军，此时战区兵力已有 14 个师之多。调来炮兵有德造卜福式山炮的炮兵第一团、76 毫米野炮的炮兵第二团、105 毫米榴弹炮的炮兵第三团、105 榴弹炮的炮兵第十三团、150 毫米重炮的炮兵第十四团，81 毫米迫击炮的炮兵第十八团、37 毫米战车防御炮的炮兵第五团和炮兵第十六团，以及 20毫米高射炮一个连（还有一两个炮兵炮种番号，已记忆不清）。

1939 年 11 月初，军事委员会下达了冬季攻势的命令。对第三战区的指示大意是：应以主力 11 个师切断长江的交通，分由湖口、马当、东流、贵池、大通、铜陵、荻港间隙进攻，一举进入江岸，占领沿江阵地，并以轻重炮兵火力及水雷封锁长江。助攻限 11 月底，主攻限 12 月上旬实施。

奉到军事委员会指示后，第三战区司令长官部即拟定了战区冬季攻势计划。其要点如下：

1. 将战区兵力组成右、中、左三个兵团。以中央兵团为主攻兵团。

2. 第五十军郭勋祺部为右翼兵团，从荻港、大通间进攻当面之敌。重点置于左翼，先攻占程家大山，并确保之。另编有力部队分向荻港等积极机动挺进江岸，腰击布雷。

3. 第十集团军副总司令王敬久指挥第八十六军及第十八军的某师为中央兵团，进攻梅埂—煤炭山当面之敌，一举攻占，并确保之，掩护我军腰击、布雷。

4. 第二十一军陈万仞部（加派十八军第六十七师）为左翼兵团，重点置于右翼，一举攻占馒头山、贵池而确保之。对东流、香口、彭泽、湖口间，应以步兵一个团为基干，配属平射炮、工兵布雷队，挺进江岸腰击、布雷。

5. 将重、野炮兵分组编群，由战区炮兵指挥官统一部署。山炮和战防炮应适当配给各兵团。

6. 第三战区司令长官部在陵阳镇设立前进指挥所，由司令长官进驻，指挥各兵团的作战。战区副司令长官兼第二十三集团总司令仍在太平潘村总部与战区前进指挥所保持密切联系。

7. 以上部署限于 12 月上旬完成。

战区参谋处根据计划，下达了命令。此时顾祝同长官要我候命随同赴陵阳镇前进指挥所。同时，电召第二十五军参谋长吴鹤云来陵阳镇，与我共同赞襄顾祝同长官指挥此次冬季攻势。

战斗经过概要

1939 年 12 月 16 日，全线攻击开始。虽然月余以来敌人早有防范，调集了一一六清水师团全部、防守梅埂—煤炭山、贵池之线，另调两个混合联队扼守大通、正阳山、铜陵一带高地，均构筑了坚固工事，并增调了山野炮兵加强守备。我军在炮火的支援配合下，士气旺盛，斗志昂扬，冒着敌人的炮火轰击，飞机狂炸，顽强进击，战斗进行得十分激烈。第一天的攻击，各兵团均有进展。

右翼兵团一四四师进攻程家大山，克服了程家大山系的船行山、罗带形山、杨家山、朱家坝等几处高地。

中央兵团的预备第十师攻抵煤炭山山麓时，冒着日军飞机的轰炸和猛烈炮火，两度攻上该山，占领了部分山头。后因敌人援兵大增，火力加强，才被迫退到山下原阵地继续战斗。第十六师攻占了煤炭山系步山岭等高地。第一九〇师攻占了煤炭山系的团山、寒山、狮子山高地。

左翼兵团第六十七师攻占馒头山，第一线曾推进到江岸，敌飞机多架及海军炮猛炸猛轰，我军被迫退守馒头山。第一四七师攻占灰洛岭、缸窑岭，并以战防炮推进到江岸郭家口，腰击敌上驶舰艇，给敌人以极大的威胁，但终被敌人压回。第一四六师对殷家汇之敌猛攻四次，一部分曾绕攻突入殷家汇镇，镇内敌人施放毒气向我反扑，因伤亡较大，我被迫撤回。

各兵团所属各部连续三四日，继续同日军展开激战，双方伤亡均重，战况甚为惨烈。敌人 20 余架飞机整天轮番狂轰滥炸，又有舰上火炮不断轰击，我军奋力还击，英勇战斗。战场上硝烟弥漫，杀声震天，枪炮轰鸣，数里外可闻。激战至 12 月 21 日，敌大举增援，敌机整日助战，我军伤亡甚重，难获进展，分别退守原进攻出发阵地，坚持固守。23 日，敌分兵围攻青阳，连攻三日，终未得逞，退回原地。至 26 日，日军也因伤亡惨重，全线停止进攻。

12月28日，鉴于我军伤亡惨重，敌人也无力反击，战场形势发生变化，顾祝同司令长官发布命令，变更部署如下：

1. 右翼兵团：固守现阵地，抽出主力另编成步兵基干团一个，又并组三个小组，各以一个营为基干，配属炮兵和布雷队，分向荻港、大通，乘虚钻隙突进，腰击敌舰，布放水雷。

2. 中央兵团：确保青阳，编组支队和小组，加紧活动，乘机钻隙突进，腰击布雷。

3. 左翼兵团：固守现阵地，确保北面山、红草山，编组支队和小组，乘隙进出江岸，腰击布雷。

至此，冬季攻势实际上已告结束。

陵阳镇的总结检讨会议

1940年初，第三战区在安徽陵阳镇召开了师以上军官参加的“冬季攻势总结检讨会”。会议由顾祝同司令长官主持。我和吴鹤云列席了这次会议。

检讨会上，顾祝同长官对这次作战艰苦辛劳的官兵给予慰勉，深切悼念牺牲的将士。对这次未完成军事委员会命令切断长江交通的任务表示遗憾。然后，各兵团司令分别作了检讨性的发言，共同强调了以下几点：

1. 敌人有飞机支援，完全掌握了战场的制空权。而我方没有飞机前来助战，难免被动。

2. 主攻指向的煤炭山的敌工事特别坚固，山形险峻，山顶上还有天然水池，致使我军攻上山顶棱线以后，难以扩张战果、继续攻击前进。

3. 供重野炮兵进入战场待机位置的道路太少，因而放列阵地不能有利展开，难免遭受敌飞机和火炮的攻击，造成较大损失。观测条件，敌在高山，我在低处，未能发挥我炮兵火力，有效地支援步兵作战。

4. 因敌飞机连续轰炸和大炮猛烈射击，我方通信联络常常中断或受到干扰，以致各部队间的协作配合不够密切，难以掌握战场主动权。

5. 战斗激烈紧张，战场交通不便，给伤员的后送和抢救治疗增加困难，这对士气不无影响。

会议上，第三战区副司令长官兼第二十三集团军总司令唐式遵，出于长期的狭嫌，加之第五十军在此次攻势中指挥也有失误，当场指责五十军军长郭勋祺不服从统一指挥，擅自将该军一四五师置于远离战场位置，贻误该军全力进攻之战机。二人发生龃龉。唐式遵拿出以司令长官、副司令长官名义拟好的命令（当然已先取得顾祝同的默契，并已请顾署名盖章）宣布如下：

1. 右翼兵团司令郭勋祺，不服从作战统一指挥，贻误戎机，着撤去其第五十军军长职务。

2. 第一四四师团长王烈光，擅行停战半日，着撤去其团长职务，听候议处。

3. 第一四四师团长张昌德，增援迟缓，着记过两次。

4. 第一四四师师长范子英，素著功绩，着升为第五十军军长。

5. 第一四四师旅长刘儒斋，屡著战功，着升任该师师长；旅长遗缺由该旅副旅长许元伯升充。

6. 其余功罪人员，由该军自行议处。

另外，关于中央兵团和左翼兵团的得失功过，会后由各该兵团报请战区长官部审议后发表。

此次冬季攻势任务未能奏功，至今追忆，犹感遗憾。如上所述，我以为在陵阳镇总结检讨会上，各兵团强调的几点还是符合当时实际情况的。然而，各兵团指挥官及其下属各级部队，能克服不利条件，奋不顾身，冒着敌机的狂轰滥炸英勇作战，面对险峻高山进行仰攻，前仆后继，视死如归。这种为抗日救国的大无畏精神，值得敬佩。

在这次战斗中，我官兵奋勇冲杀、临危不惧的战斗精神，给敌人以巨大的威慑。连日军也不得不承认：“这次冬季攻势的规模及其战斗意志远远超过我方的预想，尤其是第三、五、九战区的反攻极为激烈。……这次冬季攻势，对于缺乏进攻作战积极性的日军来说，也是一次教训。

使之有机会重新估计敌人的战斗力量。特别从昭和十五年（1940年）积极进行的粉碎敌人战斗力为目的的各次作战的历史事实看，可以说具有很大的意义。”（日本防卫厅防卫研究所战史室《中国事变陆军作战史》第三卷第一分册）

此次冬季攻势，就军事委员会的目的来说，是为了适应当时国际形势的变化，用以显示我国军队仍然强大的一次军事行动。这对维系国际信誉、稳定民心，起了一定的作用。我第三战区参战官兵不怕牺牲、英勇杀敌的精神，显示了中国人民坚决抵御外侮、誓死保卫国土的决心，在抗战史上写下了光辉的一页。

吴鹤云

从1938年下半年至1941年上半年约三年时期，我军腰击和布雷共击沉击伤敌人大小舰船2600多艘，给敌人以沉重打击。

- 1907年生，福建莆田人，毕业于陆军大学第十一期。
- 1940年，任第二十三集团军第五十军参谋长，集团军总司令部参谋长。
- 1942年5月，参加浙赣会战等战役。
- 1943年1月，任第五十军副军长，后调任第八十八军副军长。
- 1945年2月，被授予少将军衔。
- 1991年1月1日，病逝于南京。

忆抗战中的五年零九个月

吴鹤云

抗日战争时期，我在第二十三集团军工作了五年零九个月。这五年零九个月，可分为三个阶段：第一阶段自1940年正月至12月初，任第五十军参谋长；第二阶段自1940年至1942年底任集团军总司令部参谋长，第三阶段自1943年初至抗战胜利，任第五十军副军长。在此期间，我军对日作战的许多具体情节，处于第一线的官兵，当比我知之更详。因此我仅从总的部署方面，提供一点材料，以资参考。

1939年底第二十三集团军部署概况

自1939年底，第三战区冬季攻势结束后，国民政府军事委员会将战区的八十六军、十八军的两个师调去第九战区，炮兵部队也调走大部分。为此，第二十三集团军对皖南、赣东地区的守备和长江南岸的江防作了调整。五十军的江防向左扩展至殷家汇，即担任自荻港、铜陵、大通、梅埂、贵池至殷家汇（不含）段江防，并守备繁昌、南陵、青阳一带地区。第二十一军担任自殷家汇、东流、至德、马当、彭泽至湖口段江防。同时指示，两个军都应以一个步兵团为基干编为皖南和赣东两个支队，积极掩护炮兵、布雷队，配合工兵，钻隙乘虚挺进江岸，执行腰击敌舰、布放漂雷的任务。

第五十军自参加冬季攻势后，损失较重，亟须整顿。因此，除该军第一四五师担任江防和腰击、布雷任务外，第一四四师和新七师都集结于以青阳为中心的周围地区，进行整补。军部仍住盛村。

日军在冬季攻势中遭受了损失，需要休整，所以整个战线比较平静。但我江防部队对炮击和布雷的准备，仍在积极进行。这些工作十分艰巨，如摸清敌人各据点空隙的大小道路，地形情况，进出隐蔽的条件，昼夜待机位置，水流的急缓，水津的所在，战场据点火力配备，江岸何处易于进出，如何选择可靠的响导，组织运雷、运炮的老百姓等事，都需细致而周密地做好工作。

1940 年春，全线准备就绪，即抓住时机，进出江岸，不时进行腰击、布雷。在荻港方面，新四军表现较为突出，给敌人以很大威胁。其余各部，也积极行动。当时日方材料记述："根据活动在扬子江方面的第一派遣支队的记录，仅 2 月至 4 月之间，在一一六师团的警备地区内，发现机雷 38 个，船舶被炮击二三次。"敌人一一六师团警备地区，即是我二十三集团军江防地段。由于我军腰击、布雷战果显赫，予敌以沉重打击，故日军痛恨在心，蓄意报复，于 1940 年 4 月突然发动青阳贵池战役（简称青贵战役），企图一举歼灭驻扎在青阳的我五十军主力。

青贵战役

4 月 22 日，敌人突破我第一四五师在贵池附近的江防阵地，接着分股袭击我在青阳周围整补的第一四四师、新七师。一股敌军突破九华山，窜至刘街、庙前两地，另一股曾窜至陵阳镇和石埭附近，迫使第五十军军部由盛村迁至龙门。第二十三集团军总司令部被迫由太平、潘村退至黄山山麓的汤口。战斗中，第一四四师戴传薪旅畏敌不前，不敢抵抗，并与军、师部失掉联络两日，致使新七师不明敌情，受到攻击，损失惨重。此时，集团军唐式遵总司令决心不再后退，严令五十军各师奋力反击，才将敌击退。

青贵战役是我冬季攻势结束后，日军为了防止我军腰击、布雷，解除对长江航运的威胁而作出的一次重要军事行动。敌参战的主力为一一六师团、一三〇旅团，此外还使用了十五师团进犯繁昌，包围南陵，击败了该地我守军第五十二师，以策应一一六师团的作战，妄图击溃我五十军。久据青阳及繁昌之敌，由于我军奋起反击，加上兵力不足，不得不于5月2日停止攻击，返回驻地。其欲消灭我五十军之企图终未得逞。

我军腰击布雷及日军反击情况

第二十三集团军的腰击敌舰、布放水雷的行动，从转移到皖南担任江防以来，一直在不断进行。如新四军曾在荻港附近布雷，重炮团曾在馒头山炮击敌军。冬季攻势以后，皖南、赣东两个支队，以及各师均以一个营为基干，编成三个小组，采用游动炮击和乘虚布雷的军事活动，也取得了可观的战果。

据不完全统计，从1938年下半年至1941年上半年约三年时期，我军腰击和布雷共击沉击伤敌人大小舰船2600多艘，给敌人以沉重打击。敌人被迫改昼航为夜航，由靠长江南岸行驶改为靠北岸行驶。在这期间，我每次炮击、布雷成功，都会导致敌人疯狂地进行报复，故长江南岸，战事频繁。

1940年12月初，我参加军事委员会在重庆召开的全军参谋长会议，我向大会报告了炮击、布雷的辉煌战绩，受到了军事委员会的较高评价和嘉勉。

日军对我腰击和布雷视为心腹之患，十分痛恨，发动了多次扫荡战，对我部队及当地民众进行疯狂的报复，但遭到我军沉重打击。1940 年 7 月中旬，敌一部经张溪铺、平湖坡、吏部口，窜犯青阳，被我一四七师和一四四师配合夹击于九华山、瓢山之线，溃败而回。在布雷中我军也有失误，如 1940 年第一四五师四三三曾植林团配合海军布雷第一大队进行布雷时，由于准备不周，求成心切，致使布雷失败，担任掩护的一个营和布雷第一大队几乎全军覆灭。曾植林团长引咎自戕。

攻克马当要塞 收复九华山

马当要塞在江西省北部彭泽县境，地处长江中游之咽喉，工事坚固，敌恃而无备。为打击敌军、占领这一重要据点，我二十一军经过缜密的策划、多次的侦察和充分的准备，决定派第一四七师四四一李昭团奇袭马当。1940 年 10 月 12 日夜，四四一团利用黑夜作掩护，乘敌不备，以极小的代价，一举攻占马当。据守达三天之久，敌人航运全停。我军在此期间从容布下漂雷，给敌以极大威胁。这一重大战果，轰动了国内外，各大报刊都作了报道，成都各界群众还举行了庆祝活动。这对于鼓舞军民斗志，坚定其抗日必胜的信念，起了很大的作用。

敌人对此惊恐异常，决意报复。同年 11 月下旬至 12 月上旬，敌先后出动 1 万多人、火炮 30 余门，进犯我军。我一四八师师长潘左亲赴前线督战，一四八师与一四六师相互配合，在项家山将敌击溃，歼敌 500 余名。

此后，我腰击、布雷的活动仍常获得成效。敌人深感如芒刺在背，恨之入骨。在 1941 年 5 月曾发动窜犯我第一四七师师部所在地石门街一带的报复行动。我一四七、一四八两师密切配合，激战于青山桥附近地区，终将敌人击溃。同年 7 月，敌人出动了两个联队为基干的混成支队，袭击我一四四师，进占了九华山中的肉身殿，威胁着青阳县城。第五十军命令第一四五师四三四罗心量团并指挥一个步兵营、两个迫击炮连、一连工兵兼程驰援，击退敌人，收复九华山。罗团入暮后与一四四师李志干团取得联系，罗团所部攻击敌占据的山腹地区，李团所部两侧设伏。约在 17 日拂晓，罗团进击敌人两翼薄弱环节之处，火力集中敌人正面，梯次配备，波状进攻。敌战力疲减，又无后援，经我正面攻击和侧击，歼敌一部，敌人主力放弃九华山据点，从五溪口方向仓皇逃走。

参加浙赣会战

1942 年 4 月 18 日，美军从航空母舰起飞的远程轰炸机袭击了日本本土，日本举国惶惶，日军大本营策划了浙赣会战，作垂死挣扎。日军中国派遣军第十三军在浙江方面集中了五个师团，在南昌集中了两个师团，先后于同年 5 月中旬和月底发动从浙赣路东西两段进攻我第三战区，企图一举摧毁衢州、玉山和丽水的飞机场，打通浙赣路。

第三战区对敌人这次进攻，以浙赣路东段为主战场，主力集结在衢州及其周围地域与敌进行决战。浙赣路西段为次要战场，阻敌东进掩护策应主力方面的决战。沿富春江、兰江，部署有力部队，阻敌奔向衢州方面。

为此，调第二十三集团军第二十一军的第一四六师驰赴寿昌、兰溪一带，归浙西方面第二十八军陶广指挥，协同守备兰溪的第六十二师作战并固守寿昌城。我第一四六师在兰江西岸策应兰溪方面作战，在大小长山一带与敌进行旬日的大小战斗。其所属独立工兵第八营，在代理营长黄士伟的指挥下，在兰江东岸布设了地雷地带。敌第十五师团长酒井直次中将触雷毙命。

第二十一军所属的第一四七师奉调赣东归第一〇〇军军长刘广济指

挥，守备鹰潭，转战鹰潭、贵溪浙赣路西段，一日三受命，来回阻截敌人，极为艰苦，为迟滞敌人、打通浙赣路赢得了时间。

浙赣会战末期（6 月下旬），第一四六师从浙西寿昌归还第二十一军建制后，仍活动于怀玉山的横峰和弋阳北边的山区，进行游击奇袭，对据守铁路据点敌人的有生力量打击不小。

1944 年在太平洋战争逐步扩大的情况下，敌人十分恐惧，担心衢州、玉山等国际机场恢复使用后，使本土遭受空袭，在同年 5 月，又从杭州发动进占金华，进击衢州、玉山，捣毁我方机场的龙游、衢州战役。第二十三集团军第一四五师兼程由开化驰赴衢州担当保卫重任。该师指挥有方、将士用命，不仅保卫住衢州，还追击撤退的敌人，直至迫使敌人退守金华。

我在第二十三集团军的五年零九个月的岁月里，集团军官兵上下一致认识到腰击、布雷切阻长江航运的战略意义，全体官兵殚精竭虑，英勇机智不畏艰险，出色地完成任务，并击溃了敌人多次反腰击布雷的扫荡战。此外，在第三战区浙赣会战中，集团军也立下了不可磨灭的功绩。回首往事，殊堪自慰。虽然事隔多年，时过境迁，但我至今仍深切怀念着当年曾与我一同共事的战友和那些与我们同甘共苦、付出许多血汗的老百姓。

张宣武

此时，王铭章才下了最后决心，首先对我说：“张团长！你立即传谕昭告城内全体官兵：我们决心死守滕城，我和大家一道，城存与存，城亡与亡。”

● 1907年生，原名张明霖，字崇文，河南泌阳人。

● 1922年，投冯玉祥部西北军从军，历任班长、营长、团长等职。中原大战后改投川军田颂尧部。

● 1937年8月，所部改称第一二二师三六四旅七二七团，任上校团长，率部参加忻口会战。

● 1938年3月，率部参加台儿庄会战，后升任第一二二师三六四旅少将旅长。

● 1940年7月，陆军大学毕业后，任第一二二师少将参谋长。9月，升任第一二二师师长。

● 1940—1945年，指挥第一二二师转战于湖北随县、枣阳、襄樊、老河口、大洪山一带，与日军周旋。

● 1984年10月13日，病逝于山东济南。

东回村遭遇战

张宣武

七七事变后，川军纷纷请缨杀敌。八一三掀起全面抗战后，国民政府军事委员会将川军第四十一军、第四十五军和第四十七军组成第二十二集团军，命令北上抗日。

第四十一军没有骑兵和炮兵。除步兵团各有一个迫击炮连外，全军没有一门野炮和山炮，轻重机枪和步枪都是四川土造，质量极差，数量又少。例如第三六四旅只有八挺重机枪和两挺轻机枪，步枪十之八九没有刺刀，士兵另配一把大砍刀。

第四十一军各部于 9 月上旬从成都附近开拔出川。到达西安火车站时，成千上万的群众手持彩色小旗，高呼“欢送川军抗战杀敌”口号，高唱抗战歌曲，并赠送大批食品、鞋袜、毛巾、茶缸等慰劳品。他们热情洋溢，使我们深受感动。

当时第七二七团兵员 2300 人，骡马近百匹，只拨给 20 节车皮，而且多数是敞车和闷罐车。我们在车内极其拥挤，行程五六百里，人困马乏，已到极点，所以打算下车停留两个小时，稍事休息。但是列车刚到站，就见到蒋鼎文派来的参谋人员。他手持蒋介石的命令，要我们立即原车东开潼关，北渡黄河，到太原归入第二战区战斗序列。10 月 12 日到潼头下车，14 日从风陵渡渡河。15 日，第一二二师师长王铭章在赵村车站对第三六四旅官兵讲话。他提出了四不原则：“受命不辱，临难不苟，负伤不退，被俘不屈。”16 日乘同蒲车北上，一列车只能输送一个营。19 日，第三六四旅到达太原，官兵被敌机炸死炸伤一二十人。这时，军、师首长都未到，黄绍竑就直接命令第三六四旅乘车并赴阳泉待命。我们当夜到达阳泉，刚下车，黄绍竑又电令我们立即原车东开，到程家垅底车站归第一军团军团长孙连仲指挥。走了一站，站长又转达黄绍竑的电令，叫我们在移穰车站下车，后来又改在岩会车站下车。23 日夜间，第三六四旅到达岩会车站。24 日午后，黄绍竑电令我们“即刻出发还击西进之敌”，至于敌从何来、番号是什么、兵力有多少，我旅有没有配合作战的部队，归谁指挥等，都不清楚。

第三六四旅于 10 月 24 日黄昏由岩会出发，第七二七团在前，向东搜索前进。25 日拂晓，到达平定县的东回村。正在埋锅做饭，村东忽然响起了枪声，我们的尖兵与日军的尖兵遭遇了。旅长王志远命令我团迅速占领东回村南山阵地，第七二八团以一个营占领北山阵地，以一个营占领村东高地。团部和一个营位于村内，旅部在南山上。上午 9 时许，我们部署尚未完毕，敌炮即在飞机配合下，轰击我阵地，敌机也来投弹扫射。我们没有重武器，无法还手，只能任其肆虐。10 时许，敌炮轰击我东山阵地，第七二八团第二营伤亡百余人。半小时后，敌向我东山阵地发起冲锋，每次四五十人，连续三次，均被我官兵用手榴弹击毙或击退。敌人第四次冲上来时，我们的手榴弹打光了，就用砍刀同敌人展开肉搏。这一批敌人被砍杀殆尽时，敌人又上来一批。作为预备队的第六连，急由半山坡向山顶增援。这时，敌人使用毒气弹，该连官兵几乎全部中毒，生还者不到 20 人。第七二八团第二营只剩官兵 100 多人，山头阵地遂被敌占。

当东山战斗最激烈时，第七二八团第三营曾去支援，刚到东山山麓，山头已被敌占。他们仰攻，未能奏效，在敌炽盛火力和飞机袭炸扫射下，伤亡过半。

下午 2 时许，敌一面佯攻北山阵地，一面主攻南山阵地。第七二七团采取梯次配备，以有两挺轻机枪的第一营为第一线，防守山麓；以有四挺重机枪的第二营为第二线，防守山腰；以第三营为第三线，防守制高点；团部和迫炮连位于山顶。敌人照例在步兵进攻之前，先以飞机大炮进行制压射击，第七二七团伤亡 200 余人，四挺重机枪被敌压制成了哑巴，一挺轻机枪被摧毁。半小时后，敌步兵逐渐接近，我官兵抡起大刀与敌肉搏。第七二七团第一营第二连连长邵先志被敌人的刺刀戳穿了左手掌，而他右手中的大刀却将敌人的脑袋砍了下来。敌人使用火焰喷射器，我官兵被烧死烧伤不少，在前线抢救伤员的团部军医主任田兆鱼衣服着火，头发被烧光。第一营伤亡殆尽，被迫退守第二线。敌人乘势向我第二线进攻，双方又是白刃混战，反复冲杀。到下午 5 时，南山仍在我手中。

敌人在进攻南山的同时，也向北山进攻。战至黄昏，敌接近我阵地，第七二八团第一营营长司吉甫下令用手榴弹打击敌人。敌被炸死炸伤多人，攻势顿挫，第一营乘机撤入东回村。

当敌我激战之时，旅部即以无线电向黄绍竑、孙连仲联系，但始终呼叫不到。孤军作战竟日，第七二七团伤亡 800 余人，第七二八团伤亡 1000 余人。入夜后，第三六四旅向西转移。日军不惯夜战，没有追击。我们脱离敌人七八里，就在山沟露营。

10 月 26 日拂晓，北面西回村、柏井驿一带枪炮声紧密，据探报，是第三六六旅正在与敌激战。我旅决定北上，与第三六六旅会合。进至黎坪以北约五里处的一个村子时，忽遭敌拦腰截击，我措手不及，伤亡 200 余人。我们且战且退，回到黎坪，占领阵地。27 至 28 日，即在黎坪一带山地与敌周旋。多日以来，第三六四旅与上级机关均联系不上，既无法报告，也无法请示。

这时，曾万钟的第三军自旧关撤退，娘子关一带的孙连仲部向西转移，第三六四旅也随大流向西撤退。第一天退到水冶镇，第二天退到松塔镇。正在松塔镇休息时，由昔阳西进之敌约一个联队向松塔进攻，战至日暮，我们转移到阔郊镇。10月初的一天，第三六四旅到了上龙泉，这才与师长王铭章和第三六六旅会合在一起。越过寿阳，继续西撤，目标是太原。第三六四旅退到榆次以东的长凝镇时，才同军长见面。在长凝镇曾一度同敌接触，当晚宿营北田镇。这时候才打听到，第四十一军各部竟是成团甚至成营地被黄绍竑直接割裂指挥，逐次使用到平定县的西村和阳泉、测石、赛鱼、芹泉一带作战。部队建制被分割得支离破碎，七零八落，结果分批被敌各个击破。黄绍竑的指挥方法是，军团军团长未到，他就直接指挥军长；军长未到，他就直接指挥师长，乃至直接指挥旅长、团长、营长。结果使一个军在战场上变成了大大小小若干条无头之蛇，蛇无头怎么能行？当师长王铭章到达前线时，第一二二师已经被打烂了；军长孙震到达前方时，第四十一军已经打得不成形了；集团军总司令邓锡侯到达太原时，第二十二集团军的兵力只剩下半数了。

大约是11月初，第二十二集团军奉命在太原南郊布防，保卫太原。11月5日，第一二二师由北田镇进至张庆镇。敌机不停地轰炸，敌炮不住地开火，我们又有不少伤亡。11月6日，第三六四旅由张庆镇向太原南郊的秋村前进。在途中忽见一群穿着和我军一样服装的人从北向南而来，他们大声疾呼：“不要打枪，是自己人！后面有敌人追赶，你们快顶住！”到了跟前一看，才知是集团军总司令同他的一些幕僚和随从。他们说到达南畔村时，忽遭敌人袭击。于是，第七二七团迅速摆开阵势，把敌人打退。11月8日太原失守，当夜第四十一军向南转移，到达交城，以后经文水到达孝义以南的义棠镇休整。第四十一军损失半数，每旅整编为一个团，另一个团的干部回川接领新兵。原来全军八个团，这时只有四个团了。

我们在平遥、安泽等地行军途中，曾与八路军第一一五师两次相遇，他们总是主动让路。在安泽，以丁玲为团长的西北女子战地服务团曾深入到我军连队演出。在洪洞，孙震军长曾请朱总司令讲授游击战术，两军相处十分友好。

台儿庄会战的前奏

张宣武

抗日战争初期的滕县战役，是台儿庄会战的前奏和组成部分。在这次战役中，我任第一二二师（师长王铭章）第三六四旅第七二七团团长，负城防之责。现将这次战役的战斗经过，追记如下：

敌我双方的作战兵力

进犯滕县之敌，为日军第十师团和第一〇六师团、第一〇八师团之一部，携有大炮70多门，战车四五十辆，并有配合作战的飞机四五十架，装甲火车两列，共三四万人，统由第十师团师团长矶谷廉介指挥。

我军参战部队，为第二十二集团军。总司令初为邓锡侯，继为孙震，指挥两个军：第四十一军（军长孙震兼），辖第一二二师（师长王铭章）、第一二四师（师长孙震兼，副师长税梯青代）；第四十五军（军长邓锡侯兼），辖第一二五师（师长陈鼎勋因病在郑州休养，由副师长王士俊代），第一二七师（师长陈离）。

第二十二集团军在出川前分驻成都西北地区。所辖两个军均系“乙种军”编制，即每军两个师，每师只有两个步兵旅，每旅两个步兵团，其他任何特种兵都没有。整个集团军不过四万多人，武器窳败，装备陈旧。主要武器为四川土造的七九步枪、大刀、手榴弹和为数很少的四川土造轻重机枪、迫击炮。重兵器如山炮、野炮，特种兵器如高射机枪和战车防御炮等，则完全没有。至于交通、通信、补给、卫生等各种装备器材，亦均阙如。

第二十二集团军在出川抗战之前，曾经要求蒋介石换发武器装备，蒋复电："前方紧急，时机迫切，可先出发，途经西安，准予换发。"该集团军遂于1937年9月5日开始徒步出川北上。10月上旬，先头部队刚抵西安，又严令着速东进，过潼关，渡黄河，到太原加入第二战区战斗序列。部队没有得到任何武器装备的补充，且于10月下旬至12月上旬在晋东南一带与敌周旋了40多天，损失惨重，伤亡过半，两个军四个师没有一个完整的建制。我军为了继续作战，乃于12月初在离石、赵城一带进行整编，将每旅原有的两个团合编为一个战斗团。至此，每个军名为两个师，而实际只有一个师、两个旅，全集团军实际只有80团，总兵力不过两万来人。

此时，山东韩复榘不战而退，济南、泰安、兖州相继弃守，津浦路北段危急。第二十二集团军奉大本营电令于12月底由第二战区晋东南战场调到陇海东段的商丘、砀山、单县、徐州一带，归第五战区指挥。1938年1月11日韩复榘在开封被捕，翌日，第二十二集团军奉李宗仁命令，开赴滕县南北地区填防，阻止日军南下。

战役开始前敌我两军的态势

1937年12月下旬至1938年1月5日，日军占领了济南、泰安、兖州、邹县。之后，即以邹县为据点，以两下店为前进阵地，暂时与界河东西一线的我军保持对峙状态。在邹县、两下店一带的敌军，为第一〇六师团的一部800余人，由福荣少佐指挥。2月下旬，敌第一〇六师团的一个旅团增援到邹县。3月初，敌第十师团经济南、兖州也到邹县。

我第二十二集团军于1938年1月上旬由陇海线经徐州沿津浦路北调，以第四十五军为第一线部队，由第一二七师师长陈离指挥；第四十一军为第二线部队，集团军总司令部设临城（即今薛城），第四十五军以滕县为据点，在界河东西香城、九山、王福庄、张庄、后圪、金山之线占领阵地，构筑工事，阻击敌人进犯，与敌保持接触。第一二七师师部驻滕县，以一部支援第一线阵地之第一二五师，一部游击于兖州、邹县、曲阜之间。第四十一军第一二四师的第三七二旅（旅长曾苏元，只有一个战斗团，团长刘公台）进驻滕县，负城防之责；第一二四师的三七〇旅（旅长吕康，只有一个战斗团，团长王麟）进驻滕县西北的深井，掩护第四十五军第一线阵地的左侧背，并相机游击于石墙、济宁之间，师部位于利国驿。第一二二师为集团军总预备队，其第三六四旅（旅长王志远，只有一个团，团长张宣武）位置于台儿庄亘顿庄闸一线；第三六六旅（旅长童澄，只有一个团，团长王文振）配置于顿庄闸（不含）亘韩庄一线；师部位置于台儿庄与韩庄之间的万年闸。从1月中旬以后的40多天中，第一二二师在台儿庄亘韩庄这段运河，构筑了半永久性的防御工事。

1938年1月末，川康绥靖主任刘湘病逝，邓锡侯奉调回川继任。所遗第二十二集团军总司令一职，由副总司令孙震升任；邓所兼第四十五军军长一职由第一二五师师长陈鼎勋升任；陈遗师长职，由本师副师长王士俊升补。陈离升任副军长，仍兼第一二七师师长。

3月上旬，敌在邹县、兖州大量增兵。从3月4日起，敌即不时派出小队、中队的搜索部队向我第四十五军第一二五师的第一线阵地施行威力侦察，敌机亦在频繁出动，进行空中侦察。我军侦得敌人行将大举进犯。为了阻击敌人的南进，决心固守滕县，乃于3月10日前后重新调整部署，加强守备。将在台儿庄亘韩庄一线的集团军总预备队第一二二师师部和第三六四旅旅部移驻滕县；同时，第一二四师师部亦由利国驿进驻滕县城内。孙震仍任命第一二二师师长王铭章为第四十一军前方总指挥，以统一指挥第一二二、一二四两个师；王铭章令张宣武团由滕县以南之南沙河进驻滕县以北 15 里的北沙河；部署第二道防线；王文振团由韩庄进驻滕县东北的平邑、城前，以掩护第四十五军第一线阵地的左侧背，并防止临沂方面之敌的侧击。

滕县外围战

3 月 14 日拂晓，敌步、骑兵万余，大炮 20 多门，坦克 20 多辆、飞机二三十架，向我第一二五、一二七师第一线阵地展开全线攻击。我军凭借既设阵地，奋勇迎战，激战竟日，除我下看埠、白山、黄山等前进阵地被敌占领外，我界河东西一线的正面主阵地屹然未动。

在临城的孙震总司令，得到敌人大举进攻的消息后，立即乘火车到滕县了解情况，旋即亲临前线视察。随后孙又在北沙河召集附近的一些部队长和幕僚长指示作战方略，并下令：人人要抱有敌无我，有我无敌的决心，与敌死拼。士气为之大振。适在此时，敌轰炸机六架飞临北沙河上空，反复投弹、扫射，正在构筑第二道防线的第七二七团，竟伤亡六七十人。

15 日，敌鉴于从我界河正面阵地进攻未能得手，除以主力继续猛攻外，另以 3000 余人向我第一线阵地的右后方龙山、普阳山迂回包围。但龙山、普阳山早已有我第一二七师的有力部队设防据守，敌猛攻竟日，亦未得手。

同日，另一股步、骑、炮联合之敌 3000 余人，由济宁东南的石墙出动，向我深井的第一二四师第三七〇旅进攻。该旅兵力单薄，布防不久，工事简陋，苦力支撑，死伤惨重。在滕县的王铭章总指挥，为了巩固第四十五军第一线的正面阵地，防止敌人向我右后方迂回包围，乃急调在滕县担任城防的第一二四师第三七二旅驰赴深井以南的池头集支援第三七〇旅。经过激烈战斗，第三七〇旅始得在深井稳住。

15 日中午，王铭章为了防止敌人钻隙渗入滕县左侧，命令在北沙河的第七二七团抽出一个营的兵力，到滕县西北十七八里的洪町和城西南 30 多里的高庙布防，拒阻敌军。

守城的部署

15 日下午，当面之敌愈增愈多，但我界河正面阵地仍未被突破，龙山、普阳山亦仍在我手。于是敌人复以万余人的兵力由龙山以东延翼向滕县方向右旋迂回。下午 5 时许，其先头部队已分别到达滕县城东北 10 多里的冯河、龙阳店一带。十分明显，敌之企图是在撇开我正面阵地而直攻我战略要点的滕县城，迫使我正面阵地不战自弃。

此时，滕县城关有我第一二二、一二四、一二七师的三个师部和第三六四旅旅部，每个师部和旅部只有一个特务（警卫）连、一个通信连和一个卫生队，此外没有任何战斗部队，城防处于十分危急状态。当时，我军绝大部分都在前线被敌吸引，与敌胶着，只有在平邑、城前的第一二二师第二六六旅尚未与敌接触。王铭章乃以十万火急的电报命令该旅迅速回援滕城。但该旅远在百里之外，一则缓不济急，再则，途中也难保不被敌人阻挡。王铭章向临城集团军总司令部请求援兵。据云，蒋介石已命汤恩伯的第二十军团全部（三个军约 10 万人）北来应援。其先头部队王仲廉军已于 15 日正午到达临城，但该军必俟其军团司令部到达后始能北上，因而不能指望他来救燃眉之急。

第二十二集团军总司令部在临城唯一的一支战斗部队，是第四十一军直属的特务营，这个营的编制是三个步兵连和一个手枪连。孙震为了支援滕县的守城，只留下一个手枪连担任总司令部的警卫，令营长刘止戎率三个步兵连星夜乘火车开赴滕县。但这也缓不济急，滕城已是危急万分。下午 5 时 30 分，王铭章在电话上直接向我下达如下命令：“（一）师决心固守滕县城；（二）第七二七团除在洪町、高庙的一个营仍在原地执行原任务外，另以一个营留置北沙河第二线阵地暂归第一二七师指挥，该团长即率领其余部队立即由现地出发，跑步开回滕县布置城防。”

当我从北沙河撤走时，王铭章又命我将北沙河上的铁路大桥予以炸毁破坏。

两小时后，时已黄昏，当我到达滕县北门时，王铭章已是十分焦急地在城门外迎候着。他把各方面的情况向我扼要地述说一遍，命我立即着手布置城防。这时，配置在城前镇的第三六六旅第七三一团第一营（营长严翊）也奉调回到滕县东关。王铭章又告诉我：“刘止戎营已由临城乘火车出发，再过一两个小时也可到达。所有这些部队，归你统一指挥，由你担任城防司令，统一部署守城事宜。”

滕县东关有一道土筑圩寨，相当完整坚固，可以利用作为据点阵地。敌人由东面来，我判断敌人攻滕县一定先攻东关。因此，我就命令严翊营担任东关守备任务，利用寨墙连夜构筑防御工事，并在东关附近各村庄派出警戒部队。严翊这个营，原为三个步兵连和一个机枪连，但机枪连因临时拨归团部直接指挥，尚未来到，故严翊以两个步兵连配置在东关圩寨阵地上，以一个连作为营预备队，夜 10 时左右布置就绪，部队彻夜构筑工事。

我率领的第七二七团辖三个营，此时第一营位置于滕县西北的洪町、高庙，该营第一连有轻机枪两挺；此时第二营留在北沙河，暂归第一二七师指挥，该营第八连有重机枪四挺；我带回城的是第三营，这个营是四个步兵连，没有重机枪或轻机枪。此外，团有一个直属迫击炮连，有四门土造八二迫击炮；有一个通信排，只有四部破旧电话机；有一个担架排，只有20副竹子担架。我以两个连担负城东、北面的城防，以一个连为营预备队，以另一连作为团预备队，归我直接掌握。

夜10时顷，刘止戎营由临城开滕县，我命令他们一下火车就直接开到城墙上布防；该营以两个连担任南、西两面城防；以一个连为营预备队。

担任城防的部队，都彻夜构筑工事；作为预备队的部队，则彻夜搬运弹药、粮秣。这天夜里从临城运来一火车粮和弹，特别是手榴弹很充足，它成为守城战中最得力的武器，东关和城上的守兵每人屁股底下都有一箱手榴弹（每箱50颗）。

我的团指挥所设在东门内路北的一家山货铺内，连夜和这三个营部架通了电话，师、旅部也都向我的团指挥所架通了电话。第三六四旅旅部驻在西门里路南的盐店内。第一二二师师部驻在西关电灯厂内。第一二四、一二七两个师部同驻在城内北街张镜湖的宅第内。

截至15日深夜，滕县城关的战斗部队，共为一个团部、三个营部、10个步兵连和一个迫击炮连，另有师、旅部的四个特务连，还有临时来城领运粮弹的第一二四师第三七二旅第七四三团的一个步兵连，共约2500人。此外，滕县县长周同所属的武装警察和保安团有五六百人。合计城中有武装力量3000人，但真正的战斗部队尚不满2000人。

决心与城共存亡

16日黎明，敌万余人继续向我第四十五军正面界河阵地和龙山、普阳山阵地猛烈进攻。上午7时50分，滕县东关外附近各村庄先后听见机枪、步枪声，冯河、龙阳店方面之敌已开始向我守备东关的警戒部队进攻。8时许，敌炮兵约一营（山炮12门）在东沙河附近高地放列、试射之后，接着即以排子炮的密集火力向我滕县东关、城内和西关火车站猛轰起来。同时，12 架飞机飞临城上空，疯狂地轰炸、扫射。

敌人进犯界河阵地两天来，城内外人心尚安定。此刻忽然炮弹、炸弹如狂风骤雨般从天而降，市民顿时慌乱起来，男女老幼纷纷出城向西逃去。半小时后，除了守兵之外，简直成了一座空城。

驻在西关电灯厂的王铭章师长，听到枪炮声后，先在电话上向我询问情况，随后他就进城到第一二四师师部，同陈离师长、税梯青代师长、王志远旅长和我会面。他先问我城防部署、工事构筑、弹药补充等情况，接着又问："张团长！守城有没有把握？"我说："守多久？"王说："两三天。"我说："城内现有兵力和敌情你都清楚，你看可以守多久？"王说："守一天多有没有把握？"我说："担任城防的十个步兵连，有六个连都不是我所属的建制部队，严、刘两营的战斗力如何，我无法估计，因而我不敢保证能守一天多。"王说："我们的援兵最快也得夜里才能来到，如我们不能守一天以上，那就不如在城外机动作战。"他说完，就问在场的几位师、旅长："你们大家意见如何？"几位师、旅长和几个师参谋长都同意在城外机动作战。于是王铭章师长立即打电话向临城的集团军总司令孙震报告情况，并提出到城外机动作战的意见。孙回答说："委员长来电要我们死守滕县，等待汤恩伯军团前来解围。汤部的先头部队昨日已到临城，其后续部队亦正在陆续赶到，我当催促王仲廉军赶紧北上，你应确保滕县以待援军。你的指挥部应立即移到城内，以便亲自指挥守城事宜。如兵力不够，可把城外所有的第四十一军部队通通调进城内，回守待援！"

此时，王铭章才下了最后决心，首先对我说："张团长！你立即传谕昭告城内全体官兵：我们决定死守滕城，我和大家一道，城存与存，城亡与亡。立即把南、北两城门屯闭堵死，东、西城门暂留交通道路，也随时准备封闭。可在四门张贴布告，晓谕全体官兵，没有本师长的手令，任何人不准出城，违者就地正法！”同时又命令他的师部副官长罗甲辛把师指挥所和师直属各部队全部搬进城内。

此时，第四十五军第一二七师师长陈离因所属部队都在龙山、普阳山作战，而计划中也没有调他的部队进城固守。因此，陈师长向孙震请示后，同他的指挥所一起出城去指挥他的部队作战去了。在他离城只有三四里路时，就遭到敌装甲车的袭击，右腿负了重伤。

东关保卫战

占领东沙河的敌炮兵，16 日上午 8 时开始攻击，足足打了两个小时，东关、城内和西关火车站共落炮弹 3000 余发。上午 10 时许，敌炮忽然停止射击，敌机亦同时逸去，东郊各村庄的我军警戒部队亦已撤到东关，因而枪声亦已停止，一时空气异常沉寂。过了半小时，敌炮突然集中一点向我东关南半部寨墙的突出部猛烈轰击，不到一刻钟，那段寨墙被炸开了一两米宽的缺口。此时，敌人集中了轻、重机枪数十挺，对准缺口猛烈射击，掩护其步兵攻击前进。当敌炮猛轰寨墙时，我寨上守兵猝不及防，略有伤亡，随即避开炮轰目标，伏伺缺口两侧，严阵以待。当敌停止射击时，我伏伺缺口两侧的士兵迅速堵住缺口，弥漫的烟尘刚一消失，敌步兵五六十人迫进我阵地，跳进缺口外的寨壕沟内。我守军第七三一团第一连连长（忘其姓名）亲临缺口指挥，他集中了六七十人的兵力，每人握四五枚手榴弹，当敌人全部下到寨壕时，连长一声令下，二三百枚手榴弹同时投向敌群，使敌遗尸 50 来具，逃还者不满 10 人。

敌发觉攻击没有奏功，立即以更猛烈的火力向着那缺口轰击、扫射。我守兵仍同上次一样，避开目标，躲伺两侧。敌人二次进攻仍是步兵一排，约五六十人，头戴钢盔，两手端着上着刺刀的步枪，从寨壕内向缺口冲锋。我守兵仍和上次一样，在敌人将要爬上缺口的一刹那，几百枚手榴弹像雨点似的向敌人丛中扔去，结果，敌人又遗下了尸体40多具。敌人第三次冲锋，结果又死亡三四十人，以失败告终。此时，我东关右翼守军第七三一团第一连已伤亡近百人。营长严翊将该连残部抽下，以营预备队的第三连接替守备任务。我亦将团预备队第七二七团第十二连由东城门内调赴东关，作为严营新的预备队。

战地沉寂约两个小时。我们趁机调动了兵力，调整了部署，修补了被摧毁的阵地工事，并将东关和城内几家盐店、粮行内堆放的一两千包食盐和粮食，搬来填补被敌人炮火轰开的缺口和加强寨墙工事，并补充了弹药。官兵擦了擦血汗，喝了点水，吃了点干粮。我在这时也亲临第一线巡视，对守备官兵加以慰问和鼓励。

下午2时许，敌人再次进攻，乃转向我东关的东北角，猛烈攻击。我守军第七三一团第二连，在严营长的指挥下，也和第一连的打法一样击退敌人。敌人连续五次攻城，每次都以遗下三五十具尸首而告结束。

在战斗过程中，我军伤亡也很大。王、税两师长命令第一二四师第三七二旅来城领运弹药的第七四三团第十一连（连长吴赞诚）归我指挥。王铭章师长将他的师部特务连（连长何经纬）除留一个排作为警卫外均交给我指挥。我即将吴赞诚连作为严营的预备队，以何经纬连作为团预备队。

下午5时许，敌人又发动了第六次攻势。敌炮有所增加，机枪火力也比以前猛烈，飞机每批约在10架以上。敌人转移了攻击目标，是从东关的正面城门下手，还以一部分炮火向东关、城内和西关、火车站等处施以纵深射击。敌人的步兵改用一次三个排，每排相距约百米，前后重叠形成梯形攻击法，最前的一个排，向东关门冲锋时，仍被我们的手榴弹消灭得所剩无几。可是，敌人猛烈的火力，把我东关门及其两侧附近的守兵也几乎消灭殆尽。严营长急将吴赞诚连填补上去，立足未稳，敌人的第二梯队又冲击上来，于是展开了一幕惨烈的肉搏战。结果，敌一个排全被消灭，而我吴连亦只剩下一二十名士兵，全连官长和100多名士兵都壮烈牺牲。值此危急之际，我令团预备队何经纬连（欠一个排）从东城门内奔赴东关补充，受严营长指挥。但敌之第三个梯队已经冲上来，何连已缓不济急，严营长急将守备东关南、北两头的部队都调到附近堵击敌人，但敌人仍突入关内40余人。此时，业已入暮，敌人并未增派后续部队，只有这40多个敌兵，也无力扩大战果，于是双方相距几十步形成对峙局面。何连到达东关后，严营长立即命令驱逐这些日军，结果，何连伤亡2/3，而敌人还有二三十个未被消灭。这时，天已黑透，我决心抽调守备城垣东、北面的第七二七团第三营的预备队第十一连（连长张进如）驰赴东关，归严营长指挥，还亲自对该连全体官兵作了简单的讲话，以鼓励他们的斗志，并对连长张进如说："如果不能把这几十个敌人消灭，你就不要回来见我！"该连士气极旺，锐不可当，猛扑之下，一举成功。虽然该连阵亡了两个排长，死伤了70多名士兵，但终于把这股敌人全部消灭干净，东关城门也终于失而复得。苦战竟日的严翊营长，也在最后督战中，大腿中弹负伤。

晚8时以后，停止了战斗，枪炮声歇，双方处于休憩状态，只是敌方的照明弹不时划破夜空，把城关内外照得如同白昼。

16日这一天，滕县东关、城内和西关火车站共落炮弹约万发。从东城门内我的团部至东关严营长的营部不到一里路的一段电话线，就被炸断25次之多。敌人的飞机自上午8时直到黄昏，不断地在城关上空盘旋，最多的一批有18架。其实敌机的轰炸、扫射给予我军的伤亡，并不比机枪大炮更多，但它给予我军精神上的威胁，却远在机枪、大炮之上。

16日上午，在敌进攻东关的同时，我城北45里当面之敌，愈益加强攻势向我龙山、普阳山一带阵地进犯。我第四十五军三天以来，浴血奋战，伤亡过半；同时与滕县的交通、通信全被截断，指挥发生混乱，因此，在正午前后，第四十五军正面阵地，逐步被敌突破。

石墙方面之敌，于16日早继续向我深井、池头集的吕、曾两旅猛烈进攻，经过竟日的战斗，吕、曾两旅逐次退守大坞、小坞一带。

调整部署　死守孤城

16日激战一整天，晚9时许，王铭章师长约我到他的指挥所详询战况。我一踏进他的房门，他就握着我的手说："张团长，你太辛苦了。想不到我们只这一点点子人竟能撑持一整天，你真有办法！"我说："这主要是士兵的勇敢和严营长的出力。"王说："严营长是勇敢善战，你是指挥有方，明天我将直接打电报给委员长为你们两位请奖。"接着他又说："能把今天撑持过去就不要紧了，我们在城外的部队马上都要调到城里来，他们正在行动中，大约一两个钟头之后即可来到。"王师长这时很乐观。我问："调进城来的有哪些部队？"王说："吕、曾两旅的两个团和你那个团的两个营都有把握来到，只是童旅在路上可能要麻烦。今天我们不足一个团就能撑持一天，明天我们增加两三个团，还怕什么？如果再把明天撑持过去，汤军团的援军就可来解围了。"

当晚，吕、曾两旅先后从大坞、小坞一带脱离敌人，夜10时至12时先后来到滕县。在洪町、高庙和北沙河一带我所属的第七二七团第一、二两营亦于此时来到城内。唯有在平邑的童旅（欠严营）途经城前时被敌阻挡，被迫绕道向临城方向退去。

当夜重新调整部署如下：（一）以第一二四师第三七〇旅的第七四〇团（欠一个营）接替东关第一二二师第三六六旅第七三一团第一营的防务。（二）以第一二二师第三六四旅第七二七团仍附第七三一团第一营担任东南城角（含）亘西北城角（不含）的东、北两面城防，并以一部守卫北关。（三）以第一二四师第三七〇旅第七四〇团之一营（营长蔡钲）及第四十一军特务营（欠一个连）担任西北城角（含）亘东南城角（不含）的西、南两面城防，由第三七〇旅旅长吕康指挥。（四）以第一二四师第三七二旅第七四三团为总预备队，并以一部守卫南关、西关及火车站。

城内储备的粮弹相当充足，当夜各部队都得到了充分的补充。部署调整后，各部队不顾疲劳地拼命抢修工事，挖防空洞，还绑捆云梯。这是因为滕县城墙高而且陡，城内上城的道路只是每座城门的旁边有一条，当敌机投弹、扫射和炮火轰炸时，我守城部队为避免和减少伤亡，城上只留少数瞭望哨，其余都在城墙脚下的防空洞内隐蔽和休息，待敌人冲锋爬城时，再迅速登城抵抗。若只靠城门旁边那一条道路，则容易误事。因此，规定守城部队每一个班至少都要有一架云梯，以备迅速登城之用，并打开手榴弹的箱子，揭开了手榴弹的盖子。全体官兵一直忙到 17 日天亮没有休息片刻。

最后的激战

敌人出乎意外，在界河、龙山、普阳山一带，在滕县城关等处，碰了硬钉子，伤亡惨重，猛攻竟日而不能下。于是矶谷廉介在 16 日夜间，调集了第十师团和一〇六师团的一个旅团，共 3 万多人的兵力，大炮 70 多门，战车四五十辆，向滕县城关东、南、北三面猛攻。

17 日上午 6 时许，敌人以五六十门山炮、野炮密集攻击，敌机 20 余架临空投弹、扫射，炮弹、炸弹如倾盆大雨，整个滕县城除北关一隅因系美国教堂所在地外，一时硝烟弥漫，墙倒房塌，破坏之惨，实属罕见。当敌开始射击时，我适在西门内第二六四旅旅部研究守城问题，在我乘炮轰间隙返回东门内团部的时候，竟找不到东、西大街的街道了，满街都被倒塌的建筑物堆成了一个个小山丘，石板路被炸成一个个深坑，全城一片火海，遍地都成焦土。此时，我才领会到“焦土抗战”的含义。

两个多小时的轰击后，敌步兵开始向我东关进攻。敌用前日办法轰开缺口，并以十来辆坦克掩护步兵冲锋；同时以炮火分向东关全线和城内施行遮断射击，以牵制我守军的临时调动和我军后线的增援，敌机更是如乌鸦似的满天飞，疯狂地进行低空扫射。防守东关的第一二四师第七四〇团（欠一营）顽强抵抗，反复肉搏，虽然死伤惨重，而敌人也是遗尸累累，激战至正午12时，我东关阵地依然固守无恙。

在敌进攻东关的同时，敌另一部向我东南城角攻击，先以强烈的炮火猛轰城墙。约一二十分钟，即轰开一个缺口，接着就是七八辆坦克车掩护步兵百余人冲锋。这里的守兵，是我团第二连。该连以手榴弹炸毁敌坦克两辆，炸毙敌步兵五六十名。但由于该连死伤殆尽，无力阻击，终于被敌冲上城角四五十人。第七二七团第一营营长王承裕立即命令营预备队第一连反攻突入之敌。该连在其仅有的两挺轻机枪火力掩护下向敌猛扑，一阵手榴弹投掷之后，接着就抡起大刀猛砍。一场白刃交手战后，突入之敌被我全歼无遗，而我军这一连150人，只剩下14名士兵，连长张荃馨、副连长贺吉仓以下，全部为国捐躯了。这是正午12时左右的事情。

自上午8时起，敌以飞机、大炮、坦克和步兵向我东关寨垣和东南城角猛攻；敌兵屡次深入，屡被我军歼灭击退，战至正午12时稍过，敌因攻势顿挫，于是中止进攻，整顿态势，准备新的攻势。我军亦趁此间歇时间，调整防御部署，以迎接更剧烈的战斗。

下午2时，敌突以十五生的榴弹重炮12门猛轰我南城墙的正面，同时敌机二三十架集中轰炸南关。我守备南关的第一二四师第三七二旅第七四三团的两个连，因昨天深夜始由大坞转移至此，只有简单的掩蔽工事，而无坚固的防空设施，以致在很短的时间内被炸死炸伤达半数以上，剩余部队在南关无法存身，被迫转移到西关车站附近。南城墙被重炮轰炸一个多小时，城墙被毁倒塌，几乎夷为平地，处处可以攀登。防守南城的第一二四师的第三七〇旅第七四〇团的蔡钲营，突遭重炮猛烈轰击，城墙上的守兵血肉与砖石交织在一起。敌步兵五六百，在10余辆坦克的掩护下猛扑南城，第一二四师第三七〇旅旅长吕康、副旅长汪朝廉亲临城墙根指挥督战，但死伤殆尽，下午3时30分左右，敌人占领了南城墙。吕康旅长和汪朝廉副旅长皆负重伤。

在敌军攻占南城的同时，东面敌军对我东关再次发起更猛烈的攻击，寨墙被敌炮炸得犹如锯齿，到处都是壑壑牙牙，阵地工事全部摧毁。东关守军无所凭借，以致死伤愈来愈多；同时弹药（特别是手榴弹）已告罄，因而在南城墙被敌占领之后不久，东面之敌步兵五六百在10余辆坦克车的掩护下，突入东关。守备东关的第一二四师第七四〇团团长王麟，在激烈的炮火中，奋不顾身地亲临前线督战，竟被敌炮击中头部，尚未抬出西门，即因伤重致死。该团政训员胡清溪，亦同时中弹阵亡。

敌占领南城墙和突破东关之后，王铭章师长亲临城中心的十字街口指挥督战。

这时，南城墙上之敌，以炽盛的机枪火力掩护步兵从西南城角向我西城墙上的守兵压迫。同时，敌炮兵又集中火力猛轰西城门楼，我西城墙南半部的守兵死伤太大，以致西门和西门以南的城垣在下午5时落于敌手。

敌攻入南城、西城后，即集中火力向城中心十字街口射击。王铭章师长和他的幕僚、随从无法在市街内存身，乃从西北角登上城墙，继续与敌周旋。王命令身边仅有一个排的师部特务连从西北城角向西城门楼之敌猛扑，但这个排尚未接近西城门楼，即被敌之机枪全部打倒。西城门楼之敌继续向北压迫，王师长此时没有还手之力，在这万分危急的情况下，王师长迫不得已缒城出去，准备到火车站指挥第一二四师第三七二旅继续与敌搏斗。但当他出城之后，即被西城门楼之敌发现，一阵密集的机枪，王师长和他的参谋长赵渭宾、副官长罗甲辛、少校参谋谢大壎、第一二四师参谋长邹慕陶以及随从10余人，同时为国捐躯。

只有王师长的卫士李少昆等二人幸免于死。

突入东关之敌，付出重大代价后，随即猛攻我东城门；同时占领南城墙东半部之敌，以猛烈的冲锋，夺占了东南城角，并继续向北逼进。我东城墙上南半部的守兵，被迫退守东城门楼。东城门及其附近，我配置了一个整营（第七二七团第二营，营长吴忠敏）的兵力。当东关之敌和东南城墙上之敌向我东门猛攻的时候，我和第三六四旅王志远旅长都在东门附近督战、指挥。敌人除以大炮猛轰东城门楼，并以平射炮的破甲弹猛轰东城门洞，城楼中弹起火，上面守兵无法存身，城门亦被摧破敞开，在密集的机枪火力掩护下，敌步兵三四十人突进了东门。但我们以四挺重机枪的火力和数以百计的手榴弹，犹如暴雨似的向突入东门之敌扫射、投掷，三四十个敌人全被消灭。此后，敌人以波浪式的攻击接连不断地进攻，终以敌兵源源而来，而我军则弹尽援绝，无力反击，黄昏时东门亦落入敌手。我军残部逐次退守东北城角和北面城墙。这时，我的右腿和双脚中弹负伤，王志远旅长的左臂也中敌一枪。自此以后，城内陷于无人指挥、人自为战的混战状态。

入夜之前，敌人占据了东、南、西三面城墙，而东北、西北两个城角和北面城墙仍在我军手中。在北城墙上的守军，是第一二二师第七二七团的第三营（其中有两个连已在昨天东关的战斗中伤亡殆尽）和其他零星部队，仍在顽强抵抗，与东、西两面城墙之敌对峙着。敌人不惯夜战，入夜之后，未向我北城墙方面压迫。占据城墙的敌人也未敢走下进入市内。

夜9时，我北城墙上的守军共二三百人，在副营长侯子平、连长胡绍章等指挥下，扒开了已经闭死的北城门，有组织地逐次掩护突围出城。北面围城之敌，远在北关二里以外，未曾发觉；而东、西城墙之敌，只以火力追击，未敢下城追赶，因而这支二三百人的突围部队，得以安全地撤退到后方。但在城内，人自为战，与我大部队失掉联系的零星小部队，未能突围出城，彻夜枪声未停地与敌对抗，直至 18 日午前。

敌人包围了滕县后，只有一条可与后方（临城、徐州）联系的通路。到后方去的人，出城后向南行。黄昏以前，出城的伤员和突围的部队，在途中又遭到敌人炮兵的火力拦击，被打死、打伤了很多人。有一支突围的部队和伤员共 200 多人，在 17 日的下半夜，走到夏镇附近微山湖东岸的渡口上候船，因疲劳至极，都睡着了。18 日天亮后，突遭敌骑兵和战车的追袭，大都被打死或被逼到湖里淹死。

16 日、17 日两天以来，滕县城关落下 3 万余发炮弹。第四十一军守城部队自第一二二师师长王铭章以下伤亡 5000 余人，在滕县以北界河、龙山一带作战的第四十五军，自第一二七师师长陈离以下伤亡亦达四五千人。这次战役，共毙敌 2000 余人。自 3 月 14 日早晨开始，至 18 日中午止，共四天半，计 108 个小时。

感谢人民的支援

在滕县战役中，许许多多的重伤官兵，他们是万分艰苦地爬出了战场或者是由战友们背扶下了火线。沿途各村镇的老乡们热情地把他们收容，隐蔽起来，给他们洗血裹伤，烧茶做饭。等到入夜之后敌人停止活动的时候，有车的就套起车来，没车的就用门板或小床捆成临时的担架，老乡们争先恐后地把那些伤员们运到临城或者沛县。我自己就是其中身受其惠的一个。第一二二师第三六四旅旅部少校副官鲁福庆，于 18 日上午在城内巷战时为敌所俘，日军把他和其他被俘的 20 多个官兵一齐拉到城外的沙滩上，用刺刀一一戳死。入暮之后，附近的老乡们前往收尸掩埋时，发现鲁福庆尚有一丝气息，他们悄悄地把他抬到村子里隐藏起来，如同对待自己的子弟一般千方百计地为他治疗。这个九死一生的人，竟然一天天好转起来，两个月后，伤势好转已能行动，老乡们就派青年人把他护送到后方，辗转到了汉口，回到了自己的部队。第一二七师师长陈离负伤后也是多亏当地的老乡们予以掩护，始得脱险回到后方。

襄阳失而复得真相

张宣武

1938年10月武汉沦陷后，鄂北成了抗战前线，于是襄阳就成为鄂北前线的基地。但是，襄阳在1940年夏枣（阳）宜（昌）会战中曾一度失守，只是很快失而复得，沦陷的时间只有短短的一昼夜。

从1938年夏季起，至1945年秋季日本投降的七年时间中，第二十二集团军始终战斗在鄂北地区。我原为第一二二师第三六四团团长，1940年9月初，原师长王志远因襄阳失守遭到撤职处分，由我继任师长。襄阳失陷，我虽未亲历，但曾多方调查，了解较详，现将襄阳失陷经过概述如下。

枣宜会战中双方的兵力和部署

1940年五六月间，盘踞在华中地区的日军，从武汉亘确山沿京汉铁路以东地区的南北之线，向我宛南、鄂北、鄂西各地区作广正面的窜犯，展开了日军所谓的"襄东进击战"，即我军所称的"枣宜会战"。

当时，宛南（南阳专区）、鄂北（襄阳专区）一带，为我第五战区（司令长官李宗仁，长官部在老河口）的作战地境。守备豫南和桐柏山、大别山方面的，是孙连仲的第二集团军和李品仙的第二十一集团军；守备襄樊和襄花公路以南地带的，是孙震的第二十二集团军；守备襄（阳）花（园）公路正面及其以北地带的，是汤恩伯的第三十一集团军；守备荆门、宜城和大洪山方面的是张自忠的第三十三集团军和王缵绪的第二十九集团军。

为了方便指挥和容易协调起见，第五战区把宛南、鄂北两个地区的作战部队区分为左、右两个兵团；以驻在南阳的第二集团军总司令孙连仲为左翼兵团司令官，以驻在荆门的第三十三集团军总司令张自忠为右翼兵团司令官。此外，第五战区还有总预备队周岩的第七十五军，分别控制老河口、襄阳、荆门以西地区。

上述第五战区在宛南、鄂北的作战部队，共有 50 多个师，约 30 多万人。

日军全线进攻　我军全线败退

1940 年 5 月 1 日，日军所谓的“襄东进击战”开始，敌之北方兵团分三路向西进犯：

右路之敌 5 月 2 日攻占确山、竹沟。我军孙连仲的第六十八军刘汝明部之第一一九师、第一四三师和第三十军池峰城部之独立第二十七旅被敌攻破后，向西节节败退。敌于 5 月 5 日占领泌阳县城[①]，5 月 6 日占领泌阳与唐河之间的大河屯，5 月 7 日窜抵唐河县。

中路之敌 5 月 1 日攻占明港、平昌关，5 月 3 日攻占小林店。我军池峰城的第三十军之第三十师和第三十一师被敌击破后，5 月 5 日桐柏县城被敌军攻陷。

---

① 据查，泌阳失陷是 1940 年 5 月 6 日。

左路之敌，沿襄花公路及其两侧西窜，在攻破我军汤恩伯部第十三军之第八十九师和孙震部第四十一军之第一二三师、第一二四师和第四十五军之第一二五师后，5月5日占领随县以北的高城镇、以西的安居镇和西北的澴潭镇、厉山镇，5月6日占领随县的唐县镇和大碑店，5月7日又占领浿阳镇和吴家大店，5月8日攻占枣阳县城。

日军“南方兵团”沿京（山）钟（祥）公路向北、向西进犯。自5月3日突破安陆以北我军前进阵地以后，即进入大洪山地区，与我第三十三集团军第七十七军之第三十七师、第一三二师、第一七九师，第五十九军之第三十八师、第一八〇师、骑兵第九师和王缵绪部第四十四军之第一五〇师展开激战。5月5日，日军攻下大洪山的峰顶阵地，并占领大洪山西麓的长寿店、张集、丰乐河诸要地和距襄阳90里之襄河渡河点流水沟。

5月6日，第三十三集团军的主力部队即在流水沟以北、襄河以东地带与敌鏖战，形势极为不利。此时，在襄阳以东50里双沟镇的第二十二集团军的第四十一军之第一二二师，奉命驰赴流水沟以北之田家集支援第三十三集团军之作战，合力阻击敌军北进。

当时的第一二二师，战斗力非常薄弱，不仅装备很差，而且三个团中有两个团（第三六四团和三六六团）是才从四川补充而来训练还不足三个月的新兵，其中一个团（第三六四团）还缺少一个营。5月7日，我师在田家集附近与优势之敌激战一昼夜，力不能支，败下阵来，乘夜退回双沟镇。

张自忠阵亡　日军控制襄东迫近襄田

5月中旬，我军左翼兵团孙连仲部，集中兵力在唐、白河畔与敌之北方兵团展开激战后，仍然遏止不住敌人的西窜。到5月下旬之初，日军占领了新野县城和由新野通往襄阳的公路上的新店；敌之一部越过了白河西岸，进占了距樊城只有40里的吕堰驿和红绫铺。

退到随县以北天河口一带的汤恩伯的第三十一集团军，于5月中旬之初曾向襄花路上枣阳县、唐县镇一带之敌反攻，结果被敌击溃。

控制于汉江以西地带的第五战区总预备队周岩所部的第六师、第十三师，于5月12日调过襄河东岸，迎击西犯之敌，结果也都被敌人打垮。

我右翼兵团的第三十三集团军，在5月中旬之初，退守襄河东岸、宜城对过之垭口、板桥一带，日军乘胜连续猛攻，战斗极为激烈。第三十三集团军总司令张自忠，乃于此时渡过襄河东岸，亲临前线指挥作战。由于他只随身率领了战斗力非常脆弱的曹福林第五十五军所属第七十四师的一个旅，和他的警卫部队一个手枪营，到了襄河东岸，在尚未同他的第三十三集团军主力部队第五十九军和第七十七军取得联络之际，突然遇到敌军南方兵团的主力，张自忠决心以死相拼，终以寡不敌众，弹尽援绝，张自忠将军于5月16日在襄河以东宜城境内之南瓜店附近壮烈殉国。

张自忠阵亡之后，他的部属第三十三集团军全体官兵，悲愤填膺，决心与敌死拼，于南瓜店一带数度向敌猛烈反攻，也曾取得了一些局部胜利，并将张自忠的忠骸夺回。但嗣后不久，敌之北方兵团中止对我左翼兵团方面的进攻，而以主力南下，与其南方兵团会师，合力对付我右翼兵团。同时，第三十三集团军苦战之后，终于在襄河以东站不住脚，不得不逐次退到襄河以西。

时至5月底，除汤恩伯部的第三十一集团军和其他一些因迫不得已而留于桐柏山、大别山和大洪山的残置部队以外，襄河和唐、白河以东地带，差不多已无我军踪影。于是，敌军遂即直扑宜城对岸至老营之间的襄河东岸，准备渡河西窜。

张宣武

黄琪翔指挥第二十二集团军守备襄樊和襄河

第二十二集团军总司令孙震，在枣宜会战之前因事请假回川。当会战发生时，李宗仁指派黄琪翔临时代替孙震指挥第二十二集团军。

黄琪翔原是第十一集团军总司令，总部组织倒齐全，只是所辖的两个军已经调走。他于奉命后即带着他的各处室幕僚人员和警卫、通信等直属部队，设指挥所于襄阳城内。原驻樊城之第二十二集团军总司令部，在会战开始后不久，即由参谋长陈宗进率领，从樊城移驻襄阳以西 30 里之泥嘴镇。

第二十二集团军辖有第四十一、四十五两个军。第四十一军军长由孙震兼任，辖有第一二二、一二三、一二四三个师和一个军直属独立团。第四十五军军长陈鼎勋，辖有第一二五、一二七两个师。

到 5 月底，第四十五军全部和第四十一军之第一二三师，已被隔在襄河以东，留置在大洪山区与日军打游击战。退到襄樊附近的第二十二集团军，只有残破不全，新兵参半的第四十一军之第一二二、一二四两个师和军直属的一个独立团。

当日军在 5 月初开始发动进攻时，黄琪翔曾经再三强调：敌人绝不会进入大洪山隘口，决不会越过大洪山以西。及至敌人攻占了大洪山顶，越过了大洪山西麓，黄琪翔又非常肯定地判断：敌人决不会渡过襄河右岸（即西岸、南岸）。因此，对于襄樊两城和襄河河防，未作守备计划，亦未预行构筑防御工事。5 月下旬日军的北方兵团越过了唐、白河西岸，南下与其南方兵团会师，扑到了襄河左岸（即东岸、北岸）准备渡河；到了 5 月底，黄琪翔才匆忙命令第四十一军（欠第一二三师）担任右自小河与王缵绪的第二十九集团军部队相衔接，左至襄阳城沿襄河右岸 60

里的河川防御和襄樊两城的守备任务。

由于第二十二集团军总司令孙震兼任着第四十一军军长，军部的一切事务也都由集团军总司令部兼办，另外没有成立军司令部的机构，也未设置专职副军长。在孙震请假回川时，他临时指定第一二四师师长曾苏元暂为代行第四十一军军长职务。

第四十一军奉到黄琪翔的布防命令后，曾苏元即命第一二二师担任小河亘刘集、欧家庙至襄阳城南门襄河右岸的河防，第一二四师则担任襄樊两城的城防；军直属独立团原驻襄河右岸襄阳以东 15 里之东津湾，即在原地作为前进据点，与襄樊成犄角之势。

第一二二师师长王志远受领任务后，即令副师长兼第三六五团团长胡剑门指挥第三六五、三六六两个团担任河防，第三六四团（两营新兵）摆在襄阳南关作为师预备队，师指挥所位置于襄阳南门外周公庙。

第一二四师对襄樊两城并未作出坚决的守城部署，襄樊两处，每处也只摆了一个营，而却派出一个团（第三七二团，团长卢高暄），摆在第一二二师河防部队的后边作支援河防的态势；其师部则率着其余部队搁在襄阳至南漳道上距襄阳 20 里之习家池及其附近。

日军突破襄河

日军于 5 月底直接控制襄河东岸以后，进行了三天的渡河准备，于 5 月 31 日入暮时乘夜暗（那天是阴历四月二十九日，正是月黑头）在刘集对岸集中炮火，向我河防部队第一二二师之第三六六团及其右翼（小河以南）友邻之第二十九集团军的部队猛烈轰击，并施放烟幕和催泪瓦斯，掩护强渡。

我河防部队凭借临时构筑的简单阵地工事，尽力阻击强渡之敌。但终以阵地工事被敌炮火摧毁，同时因缺乏防毒面具，对日军施放的催泪瓦斯无法抵御，致使敌人从第二十九集团军的新四旅（系由四川保安部队改编而成，才由四川开到宜城的）与第一二二师的第三六六团接合部之小河、刘集附近强渡成功，突破了襄河西岸我军防线。

日军强渡襄河时，其渡河工具中有装着动力机的船只，我河防部队过去尚未见过；加以强渡是在月黑天的夜间，又在敌人施放烟幕和催泪瓦斯的状况下，很不容易辨别清楚，只是影影绰绰地望见它在河面上沉重地爬行着，又听到它发出轰轰隆隆的巨响。担任河防的第三六六团团长陈择善，未经调查研究，就慌里慌张地向师部报告说："敌人使用大批水陆两用坦克向我强渡猛冲。"师部也未经过分析判断和复查，就糊里糊涂地转报给黄琪翔。

黄琪翔先已得到敌人施放毒瓦斯掩护强渡的报告，这时候又听到敌人使用大批水陆两用坦克冲过河来的报告，于是急忙带着指挥所的幕僚人员和警卫部队，从襄阳西门向谷城撤逃。

我军撤离襄阳　退守泥嘴、南漳之线

黄琪翔从襄阳逃向谷城途中，于5月31日夜半，经襄阳西北30里之泥嘴镇时，第二十二集团军总司令部参谋长陈宗进事先得知了消息，与该部高参章雨初在路口迎邀黄到该部休息。此时，陈宗进已经接到前线消息：日军强渡成功，突破我军河防，占领襄河西岸，小河、刘集均已落入敌手。陈宗进遂向黄琪翔报告，并请示办法。黄琪翔当即写了一个便笺手令，大意是：第四十一军着即退守泥嘴至南漳之线，扼敌西进。随又匆匆就道，继续向茨河（泥嘴西北40里）、谷城方向而去。

陈宗进根据黄琪翔手令，立刻用电话通知曾苏元率领他的第一二四师向南漳撤退。可是，这位代行第四十一军军长职务的曾苏元，竟然忘记了代行军长的职责，对于第一二二师和军直属独立团都未给予任何指示和处置。而一二二师的第三六五、三六六两个团，在敌军突破河防阵地以后，却已退到第一二四师先前派出支援河防的第三十二团的所在地了。因为他们从卢高暄团长那里得知退守泥嘴至南漳之线的消息，也没有等待命令就自动地撤过襄河西岸，一直退到泥嘴镇去了。

此时，只剩下第一二二师师部和第三六四团尚在襄阳南关。第一二二师师长王志远在5月31日夜半的时候，只知敌人已经强渡成功，突破我军河防阵地，占领襄河西岸，而并不明了我军各部队的动向和现况，虽然也得知第一二四师向西撤退和军直属独立团已经撤过河西，但尚不悉第三六五、三六六两团已随第一二四师转移；同时，自己并未接到撤离襄阳的指示，不敢自由行动。因此，第一二二师师部和第三六四团继续待在襄阳而没有撤退。由于黄琪翔的指挥所和第一二四师摆在城内的一营人先后撤走，襄阳城内已无部队，形成一座空城。王志远乃令在南关的第三六四团进入城内，布置城防，第一二二师师部亦移入城内。黄琪翔在6月1日早晨得知第一二二师和三六四团尚在襄阳城内未退，他就下了一道命令："着第一二二师守备襄阳城。"至于只有两营新兵的第三六四团和一个师部，对于一座偌大的襄阳城，能不能守得过来，他却未加考虑。

襄阳失而复得

渡过襄河西岸之敌，系北方兵团。6月1日拂晓，其主力沿襄宜公路向宜城方向南窜，其一部万余人，向北直奔襄阳。6月1日上午9时许，日军兵临城下，大炮、机枪齐向城上轰击扫射。在力量对比过分悬殊的情况下，第三六四团实在难以支持，由西门撤出，退西关外真武山、周公山一带高地；第一二二师师部则移至城西10里云万山。至此，日军随即入城，襄阳落入敌手。

第二十二集团军总司令部参谋长陈宗进，得知在襄阳附近与敌周旋之第一二二师，仅有两营新兵，乃令由东津湾撤退到泥嘴镇之第四十一军军直属独立团开到万山附近，归第一二二师师长指挥，与第三六四团合力拒止敌之西进。

日军占领襄阳城后，只顾在城关内外和四邻村落烧杀奸淫，掠夺财物，而未继续向西进攻，敌我双方只是对峙地互以枪炮时断时续射击而已。

到6月1日入夜，第一二二师师长王志远接到黄琪翔转来蒋介石的一道“死守襄阳”的电令。黄琪翔还在蒋介石的电令后边加上一句：“等因奉此，着第一二二师师长王志远立率所部即日克复襄阳为要。”

6月2日拂晓，王志远亲率郑道东的军直属独立团为前驱，反攻襄阳城。在前进途中，未见敌人动静，及至冲进西门，始知敌已由南门出城，正向南漳方向转进。郑团先头部队进至南关时，遇上日军后尾部队，随即展开战斗。日军且战且走，并在城南10里之岘山隘口摆下了后卫部队，占领掩护阵地。我郑团追击至南关外，因南关与岘山之间是一片开阔地，前进困难，伤亡了二三十人之后，即停止追击。

日军在这次发动所谓的“襄东进击战”中，只是以打击我军有生力量为目的，到处寻求我军的野战部队作战，而对于攻下的城市集镇和村庄，在其蹂躏践踏破坏之后，通通丢掉，而不据守，襄阳也不例外。所以襄阳县城就在6月2日失而复得，而日军则向南漳开去。

6月2日下午，我左翼兵团司令孙连仲亲率第三十军，从谷城方向前来救援襄阳。进抵城西10里万山村附近时，第一二二师师长王志远前往迎接，并当面报告敌人已向南漳转进和襄阳已经克复的情况。孙连仲在听报告后，即由万山折向襄阳西南30里之隆中宿营，未进入襄阳城。

黄琪翔在谷城得到襄阳方面之敌已向南漳前进的消息之后，急命第一二四师布置城防，固守南漳。6月3日，从襄阳而来之敌对南漳展开攻击，猛扑竟日而终未下。6月4日，敌未再继续进攻，竟然自动撤离，转趋荆门方向而去。

至此，第二十二集团军在这次会战中之作战任务，遂告结束。

王澂熙

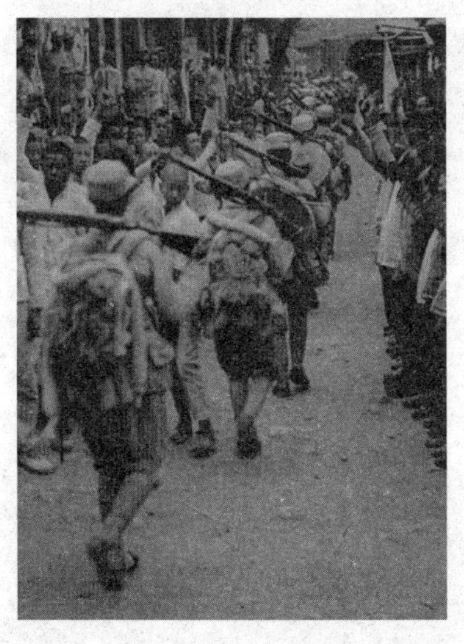

当天夜间又是日军发起猛攻老河口的时候，第一二七师以第三七九团直攻马头山和飞机场之敌，以第三八〇团抄袭光化县城和徐家台，师部率领总预备队第三八一团由张家集推进黄山陂，第一二七师两个团通过一夜的激战，终于阻止了敌人的攻势。

- 1903 年生，原名英，四川眉山人。
- 1937 年，全面抗战爆发后任第四十五军一二七师三七九旅七五八团团长，出川参加抗战。
- 1938 年，任第四十五军一二七师三八一旅副旅长兼七六一团团长。
- 1939 年，率部参加“冬季攻势”作战，后升任一二七师三七九旅旅长。
- 1940 年，任第四十五军一二七师副师长。
- 1942 年 4 月，任第四十五军一二七师师长。
- 1945 年 3 月，参加豫西鄂北会战，同年被授予少将军衔。
- 1987 年 7 月，因病逝世。

挺进敌后战顽敌

——记1939年“冬季攻势”中的游击战

王澂熙

1939年我军发动“冬季攻势”，二十二集团军担负着攻击随县城及其外围据点之敌的任务。总部把四十一军的一二二师和一二四师及四十五军的一二五师和一二七四个师，部署在南起随县城南的独崇山，北至天河口一个漫长的弧形正面上；以四十一军的一二四师为主攻部队，担任攻击滚山敌人的主要据点；四十一军的一二三师为总预备队。部署完毕后，全线即展开了连续几个昼夜的攻击。除一二二师一度攻入擂鼓墩敌人据点，夺获了野炮一门以外，各部队均无大的进展。

于是总部改变作战方针，派队挺进敌后进行游击，以灵活机动转运有限兵力的优势，使敌人分散的据点孤立起来。集团军总部派我为挺进司令并兼第一支队长，总预备队的一二三师黄伯亮团为第二支队。当时我是一二七师三八一旅副旅长兼七六一团团长，我团担负着攻击余家店敌人据点的任务。我从阵地上抽出陶德舟营同一二二师陈择善团的周易俗营组成第一支队。我首先率领第一支队乘夜从余家店、徐家店敌人两个据点之间插入敌后，以随县、应山之间的萧家店、金榜寨为据点，便于进出应山、安陆、随县之间的公路交汇点。由于我们缺乏打游击战的经验，结果我们的行动明显地被敌人注意到，处于敌人的监视中。拂晓时部队刚到金榜寨，陶德舟营就被迫应战，去打退从徐家店窜来的一股进行威力侦察的敌人。不出所料，次日就从应山、淅河、马坪出动了三股敌人对我进行扫荡。我军进入敌后，首先遇到的困难是根本没有什么前方、后方，孤立无援，遇着敌人，别无二法，只有死力地拼杀。我军当天在金榜寨同前来扫荡的三股敌人激战到黄昏时刻，我们寸土不让，敌人终于撤退。我们得到新四军第五师周志坚、陈鸿汀等同志的协助，他们组织老百姓连夜把伤员从敌人的据点间悄悄地送到随县北面的高城。

由于情况变化，使用两个支队的计划落空。我考虑到我军在敌后回旋半径有限，又缺乏灵活机动性，有必要同新四军配合共同对敌。遂立即电告集团军总部，命第二支队暂停后方待命。三五天后，周易径的一个连，把机枪排列在公路旁边的水沟里，将敌人的七辆运兵车打翻了三辆，并同敌人在公路上展开了近距离的战斗，重创敌人。敌军遗弃了约两个机枪组士兵的尸体和一些武器，狼狈而逃。进入敌后才几天的时间，就同敌人打了大小三仗。新四军陈鸿汀同志担心我们很快就会遭到敌人的沉重打击，建议我们转移到公路南边。正在准备转移，陈鸿汀同志派人匆匆忙忙地来告诉我们说："今天应山和安陆到了大批从别处抽调来的敌人，一两日内必有大的行动。这两股敌人一动，你们就首当其冲。"我们当机立断，入暮后就向公路南边转移了。这次行动对阻止敌军增援的任务虽未完成，却起到配合主力军作战的作用。

我们拂晓时转移到了公路南边，正忙于侦察地形，部署伏击阵地时，从应山、安陆出动了 2000 人以上的敌军。一路六七百人，徒步穿过我们刚离开的金榜寨向滚山的侧背方向开去；另一路是大队人马，徒步掩护上百辆汽车，经淅河、马坪向随县方向开去。我们有些手忙脚乱，立即用迫击炮向敌汽车队射击。敌人却没有向我们发起攻击，只是用一部分兵力占据山头作掩护。我陶德舟营沿公路尾追增援之敌，在公路旁误触地雷，并遭到马坪之敌的阻击，即停止追击。我们把敌军的行动电告集团军总部。二十二集团军和汤恩伯集团军都及时作好了痛击增援之敌的准备；汤恩伯集团军的吴绍周师在天河口给予增援之敌以沉重打击。

我们趁敌军正在随县和天河口一带同我军作战、敌后兵员空虚之际，在新四军地下工作同志的协助下，放心大胆地用集束手榴弹和迫击炮破坏了通往应山公路上的桥梁，并把滴水岩的山嘴炸塌，堵塞了公路。又以排为单位的小股兵力编组，随时袭击公路上往来的车队和敌兵。我们挺进敌后作战约有半个月时间，在击退由安陆窜来的一股对我侧背进行扫荡之敌后，奉命经阁（夏）家河、洛阳店撤回枣阳双沟休整。

第一二七师增援老河口作战

王澂熙

在抗日战争中，第五战区司令长官部移住老河口以后，这个地方已成为鄂北豫西南军事政治中心，它经常有一个师的兵力担负着卫戍任务。1943 年李才桂的暂编第一师从老河口调去大洪山，老河口一时呈现出空虚，战区司令长官李宗仁从大洪山地区调第一二七师到老河口填防。师部同第三八一团驻光化县附近的徐家台和飞机场附近，第三七九团驻莲花堰，第三八〇团驻张家集，集中整训了一年的时间。

1944 年秋至 1945 年春，第一二五师同第一二七师对调，第一二五师接替了老河口的卫戍任务，第一二七师开去大洪山担任防御任务。

1945 年的春夏之间，日军从南北两个方向进攻老河口。豫南日军分为两路，主力直攻老河口，南路日军由荆门、宜城、南漳向襄阳、樊城进犯，企图两面夹攻老河口。

这两路进犯老河口之敌，其总兵力合起来约三个师团，当时第五战区司令长官刘峙把司令长官部移到草店去了。第五战区当时计有三个集团军，七个军，十四个师的兵力。其中刘汝明集团的两个军驻在南阳县附近；冯治安集团军的两个军驻在南漳、宜城；孙震集团军的三个军中，第四十七军驻新野、邓县，第四十一军驻襄阳、樊城，第四十五军军长陈书农去重庆中训团受训，这个军的第一二五师守老河口，第一二七师守大洪山。

日军攻占南阳、邓县后，刘汝明集团军和第四十七军全部撤过丹江以西。敌攻占襄阳后，冯治安集团军撤退到南漳以西地区，孙震率第四十一军退过汉水到谷城附近地区。

当日军猛攻老河口的时候，孙震急调第一二七师前往解围，曰："第一二五师和第一二七师两个师是姊妹师，容易同心协力。"

当第一二七师把大洪山的任务交给暂编第一师后，日军已经把通老河口的通道襄阳、樊城占去了，迫使第一二七师绕道双沟赶到老河口作战[①]。第一二七师进入准备战斗位置的张家集时，日军已连续猛攻老河口五天五夜了[②]。当天夜间又是日军发起猛攻老河口的时候，第一二七师以第三七九团直攻马头山和飞机场之敌，以第三八〇团抄袭光化县城和徐家台，师部率领总预备队第三八一团由张家集推进黄山陂，第一二七师两个团通过一夜的激战，终于阻止了敌人的攻势。

翌日，第一二五师汪匣锋师长派人绕道杨林铺前来张家集联系，决定第一二五师坚守城池，第一二七师站稳脚跟作外围战之后，我派往仙人渡向襄樊方向警戒的工兵连已被由襄樊向老河口进犯的敌人威胁，撤退过了汉水。眼看第一二七师已成腹背受敌之势，被迫转移到光化城以西，以高山作依托，孰知，当第一二七师到了光化城西的山地立脚还未稳的时候，又发现从丹江而来向我侧背攻击之敌。在这种腹背受敌的情况下，被迫渡过汉水，一面占山扼守，一面派副师长率第三八〇团进入

---

① 据《第二十二集团军豫鄂边区会战战斗详报》，第四十五军于3月23日奉命率第一二七师开双沟，26日开始侧击进攻老河口之敌。当时襄阳、樊城尚未陷落。

② 据《第二十二集团军豫鄂边区会战战斗详报》，第一二七师于3月28日夜到达老河口东南地区，与第一二五师取得联络（此时是日军攻击老河口的第二天），29日即开始在老河口外围作战。

老河口城内，增援第一二五师的作战。我们这样布置之后，尽管日军发动过多次猛攻，老河口终于坚守了 13 天。

向廷瑞

许多士兵还说：“我们这次是打国战，就是牺牲了也值得！”

- 1898 年生，号国琛，四川遂宁人。
- 1937 年，全面抗战爆发后，任第十九集团军第二十军一三三师三九七旅副旅长，参加淞沪会战。
- 1939 年，任第二十七集团军驻长沙办事处主任，后任第二十军一三三师少将副师长。
- 1941 年 9 月，率部参加第二次长沙会战。
- 1941 年 12 月，率部参加第三次长沙会战。
- 1944 年 5—6 月，率部参加长衡会战。
- 1993 年 7 月，逝世。

洒尽热血，为国争光

向廷瑞

1937年夏，我从国民党中央军校高等教育班第五期毕业，回到重庆，接到杨森命令，要我随同他到贵州省黔西县第二十军军部，参加部队整编。整编后，我随部队参加了八一三淞沪抗战。

第二十军原有三个师，缩编成第一三三、一三四两个师，撤销第一三五师。军长杨森、副军长夏炯（原第一三四师师长），参谋长解光俊，参谋处长周希濂。第一三三师师长杨汉域，参谋长冉裔（继伯），辖第三九七旅和第三九九旅。第三九七旅旅长周翰熙，副旅长向廷瑞，下辖第七九三团，团长蔡慎猷，第七九四团，团长李介立；第三九九旅旅长刘席涵，副旅长杨鉴黎，下辖第七九七团，团长徐昭鉴，第七九八团，团长陈亲民。第一三四师师长杨汉忠（原第一三五师师长），副师长李朝信，参谋长郭大树，辖第四〇一旅和四〇二旅。第四〇一旅旅长罗润德，副旅长阎定礼（未到职），下辖第八〇一团，团长赵嘉谟，第八〇二团，团长林相侯；第四〇二旅旅长杨干才，副旅长杨汉印（未到职），第八〇三团，团长李麟昭，第八〇四团，团长向文彬[①]。

① 第二十军编制与陈亲民《为国牺牲，在所不辞》一文有不同说法，供参考。

卢沟桥事变后，杨森电陈蒋介石请缨杀敌。蒋复电嘉许，令其率部开赴上海，第二十军遂为四川军队中最早参加抗战的部队。9月初，部队分别从黔西和安顺出发，集中贵阳，参加贵阳各县在南门外操场召开的欢送大会。随即由副军长夏炯指挥，沿湘黔公路徒步行进，到湖南辰溪，乘木船至常德，再换轮船经洞庭湖抵达长沙。一路受到人民群众热烈欢送，从长沙开始，我们经过的车站、码头，都有群众为官兵送洗脸水和茶水。我们坐火车到武昌徐家棚车站，连夜渡江至汉口，再换火车，其情景还被摄入电影，这更加激发了官兵的爱国荣誉感和抗敌斗志。

部队在行进时，杨森率我和军部参谋任敬修（南京步兵学校毕业）及成都某报记者张克明等，经重庆先到南京，面见蒋介石，说明此次对有现代化装备的日军作战，与过去内战迥然不同，要求先到南北战场参观，吸取作战经验。蒋介石准予先至上海郊区，继到山东胶济路沿线了解战况，发给旅费10000元，并电知沿途驻军，以便联系。

杨森到达上海后，在安亭会见了张治中，张告以前线敌我态势。又在大场会晤了第七十一军军长王敬久，参观该处我军防御工事和掩蔽部等。只见战场及附近上空，白天全为日军飞机控制，我军调动均在黑夜进行，因此夜晚公路上很拥挤。我们又到昆山拜访陈诚。其时已有一位军人在座，陈诚指着他对杨森说："你们两位都是全国知名的将领，请互相猜一猜，对方究竟是谁？"他俩都想象不出对方为何人，于是陈诚指着那位军人说："这是叶挺。"又指着杨森说："这是杨森。"我这才认识英勇善战，中外驰名的叶挺将军。然后我们乘火车北去青岛，参观了过去德军的炮台，修理军舰的船坞、警犬表演及水族陈列馆等。回到汉口，第二十军官兵正从长沙坐车到来，杨森在汉口对他们训话，略谓："我们过去打内战，对不起国家民族，是极其耻辱的。今天的抗日战争是保土卫国，流血牺牲，这是我们军人应尽的天职。我们川军绝不能辜负人民的期望，要洒尽热血为国争光！"旋即乘招商局轮船驶往南京。

我随杨森到南京时，第三九七旅刚离开下关，我即赶上部队，同往上海。到上海后，军指挥所设在南翔车站附近一号桥后的一个院子里，受第十九集团军总司令薛岳指挥，负责桥亭宅、顿悟寺、蕴藻浜、陈家行一线防守任务，右翼与大场王敬久军，左翼与阮肇昌的第六十九军衔接。第二十军防线，原为第三十二师王修身负责。这时正值日军实行所谓“第三次增援，第四次总攻”之际，敌军数万以桥亭宅、顿悟寺至陈家行一线为攻击重点，企图中央突破。第三十二师阵地失守，几被全歼。第一三三、一三四师奉命前往增援。当时蒋介石以第二十军初到战场，不谙敌情地形，将部队分割使用，由原在战场的高一级将领指挥。王修身转达上级命令，要第四〇二旅旅长杨干才派兵一团于夜间向敌反攻，收复阵地。杨即令第八〇四团团长向文彬执行任务。本来部队在黔西整编时，因军部在编制上无直属部队，故杨森将原手枪团裁编成一个营，列入向文彬团第三营建制，实际上手枪团仍担任守卫军部勤务，向团实只步兵两个营。向文彬平时治军，不仅注意提高技术，而且关心士兵生活，所以该团士兵精神状态颇好，较其他各团更为活跃能战。向奉命后，即率团进入攻击准备位置，入夜后，向敌攻击前进。敌亦顽强抵抗，战斗十分激烈。经反复冲杀，鏖战至午夜，终将敌击溃，完全收复阵地。营长只剩彭焕文 1 人，连长非死即伤，排长仅存 4 人，士兵剩 120 余人。原来杨干才说完成任务后，由李麟昭第八〇三团接防，此时改变原令，仍由向团防守。向将残余官兵编成一个连，由彭焕文率领，连夜修复工事掩体，固守待援。向团是第二十军中最先参战部队，单独出击，上级指挥部在守候该团战报。阵地收复后，蒋介石在电话里嘉奖向文彬，升为少将，奖金 6000 元。次日又来电正式嘉奖。

向团收复桥亭宅、顿悟寺阵地后，林相侯第八〇二团进入蕴藻浜阵地，掩护侧翼。第二天，日军一部分与向团相持，另外集中兵力，在飞机大炮掩护下，向林团阵地猛攻。双方激战一天，日军数次进攻，均被击退。林相侯身先士卒，始终在第一线与敌拼搏，最后饮弹殉国。林原系杨森弁兵，后到四川陆军讲武堂学习，毕业后回部队，历任排、连、营、团长，素来作战勇猛。林相侯牺牲，全团伤亡亦大，只剩200余人，编为一营，由营长胡国屏率领。后杨森电话命令师长杨汉忠亲到前线指挥。杨汉忠迅即前往，同时急令赵嘉谟率第八〇一团增援。第三天，日军继续猛攻。赵团沉着应战，终日搏斗。敌人多次进攻，均被阻止，伤亡惨重。第四天，日军又转向桥亭宅、顿悟寺阵地进攻，旅长杨干才命李麟昭团增援。李团昼夜前往，目标显著，受敌攻击，伤亡颇大，但官兵激于民族义愤，且有向团榜样，顽强战斗，阻遏敌人攻势，阵地毫无动摇。

第五天午后，王修身师陈家行阵地被突破。薛岳命杨森派部队反攻。杨森命杨汉域率第一三三师火速前进，执行任务。其时第一三三师仅第三九七旅和第三九九旅徐昭鉴团赶到，第三九九旅旅长刘席涵率陈亲民团尚在途中，于是杨汉域以第三九七旅为第一线向敌攻击前进，徐昭鉴团为预备队。蕴藻浜左岸至陈家行，全系棉花地，旅长周翰熙和我命蔡慎猷团和李介立团分左右两翼，散开队形向敌急进。前面枪声密集，我们眼见王修身师残余士兵逃跑乱窜，但官兵拼命向前，毫无迟疑与惧色。许多士兵还说："我们这次是打国战，就是牺牲了也值得！"越过王修身师残部后，先头部队立即变为散兵队形，用机枪、步枪向追来日军猛烈射击。原来日军以为他们胜利了，正追击王师残兵，冷不防忽然出现这么多兵力，于是停止不前，双方对峙。接着，我们发起冲锋，全线冲杀，与日军展开肉搏。双方伤亡都很大，但我们是生力军，前仆后继，上去的人越来越多，日军飞机大炮不能发挥作用，经过一小时，敌遂不支，向后溃逃，阵地完全收复，并缴获一批枪支弹药。这时，王修身师的梁副旅长（在军校高教班与我同组学习）前来交防，并说，蕴藻浜右岸还有一段阵地系他防守，现敌退回原线，必须立即派队占领。我和周翰熙决定派李介立团随梁副旅长前去布置防务，蔡慎猷团防守正面陈家行阵地，旅部位于陈家行后方战头桥（即横跨蕴藻浜之桥）左侧竹林内，以利指挥。时已薄暮，日军惯于白昼作战，夜间停止进政，我军则后送负伤官兵，修补工事，补充弹药，准备次日战斗。

从这天开始，我旅与敌连续激战三日。每天拂晓后，日军升起气球观察，然后飞机轮番侦察轰炸，大炮掩护，不断进攻。我军顽强抵抗，伤亡极大。支援的后续部队一遇敌机，即潜伏棉花地里，待日机掉头，再跃进一段，匍匐前进。战场上如果白天生火烧饭，敌机看到冒烟就来轰炸，我们每天只能在夜晚烧饭，入夜和拂晓前各吃一顿。但官兵斗志仍旺，坚持战斗，阵地屹立不动。第三天上午，李介立团防守的蕴藻浜阵地形势危急，预备队徐昭麟团仅剩吴伯勋一营。陈家行阵地只剩数名士兵。杨汉域无兵可派，即动用师部手枪连。下午，杨森转达薛岳命令，由广西部队廖磊第二十一集团军接替第二十军防线。不久，该部韦云淞第四十八军派队接防我旅蕴藻浜、陈家行阵地。交接之际，日军一部向蕴藻浜阵地猛攻，接防部队刚入阵地，立足未稳，向后退缩。旅部立命李介立团继续抵抗，候阵地稳固再行撤退。介立当即指挥吴伯勋营奋勇还击，将敌击退，但伤亡更大，介立亦手部负伤。至薄暮才交防完毕，入夜随旅部撤到李家村，后送苏州医院治疗。战后军事委员会授予李介立陆海空军甲种一等勋章，升为少将。全旅士兵只剩 40 余名，伤亡之大，前所未有。

第二十军淞沪激战共七昼夜，使日军未能前进一步，然损失惨重。除前述伤亡者外，营长弋厚培、王笔春、先纠华等阵亡，营长刘龙骧、罗光荣、田阡陌、吴伯勋、何学植，副营长陈瑄等负伤，连、排长伤亡 280 余人，士兵伤亡 7000 余人。其中两名连长给我印象最为深刻，高峻参战前，把家庭地址报告上级，表示与阵地共存亡的决心，后来英勇牺牲。姚炯擅长武术，他用马刀、刺刀、手榴弹杀退敌人几次冲锋后，在电话上说，日本人怕大刀，请把直属队大刀供他使用。姚炯收到大刀，高兴地说："这下可杀死更多的敌人了！"第二天激战，他所在营营长负伤，就率全营官兵冲杀，守住阵地，后负伤流血过多，抢救无效，为国捐躯。

第二十军交防后，到纪王庙附近整编，全军编成两个旅，分由刘席涵和杨干才率领，统受杨汉域指挥。然后到苏州、常熟一线掩护军民转移。这时，日本海军深入长江，陆战队在常熟登陆，企图迂回无锡，截断京沪铁路，将上海撤退部队歼灭在太湖地区。适先头部队第三九九旅第七九八团在梅李以北地区与日军登陆部队遭遇，阻击日军一天，团长唐武城受伤。其余部队进入常熟、辛庄、巴城镇一线，日军在飞机大炮掩护下，又向第二十军猛攻，在常熟城郊战斗尤为激烈。第二十军官兵凭借国防工事，与敌激战两昼夜，伤亡200余人，完成了掩护任务，旋接朱绍良转来蒋介石电话，命杨森率部撤离阵地，到南京整补。我们经过石塘湾车站时，见敌机三架轰炸扫射车站，难民死伤10余人，我们用机枪步枪集中射击，击中一架，起火坠毁，其余两架逃窜而去，军民拍手称快。部队随即经句容到南京秣陵关，稍事休整。杨森刚到南京鼓楼街第二十军驻京办事处，蒋介石立即召见，说："你的部队这次在上海打得很好，第一批进口枪械到时，优先给你补充。"并发奖金3万元以示慰劳。随即命第二十军到安徽整补，担负防守安庆的任务。

记新墙河战斗及影珠山截击

向廷瑞　苏直方*

追击日军到新墙河

1941年9月，敌在鄂南、湘北集结10万左右部队，突破新墙河南岸欧震第四军防线后，越过汨罗江，分道南犯，发动第二次长沙会战。会战前，第二十军第一三三师已克复了通城，这时奉命由通城向西南急进，侧击南犯之敌。部队连夜赶到步仙桥以东地区，知敌主力已经南下。敌机群向该师猛烈轰炸，师部中弹，特务连在还击中伤亡惨重。敌机系希特勒援日的"容克式"飞机，较之日军在上海战场使用的飞机先进得多，不惟轰炸、扫射的命中率高，其凄厉的尖叫声亦够先声夺人。我师摆脱敌机，继续向南犯之敌衔尾急追，进到捞刀河以北地区。

敌主力经福临铺南下，击溃陈沛、萧之楚等军后，越过金井、高桥，继续南犯。其一部经平江至长寿街，杨森即率总部经大桥退驻杨坊（祖师岩山下）。这时，长官部已电调江西上高的王耀武第七十四军火速增援浏阳，阻敌南下。王耀武率领该军由上高经万载进入浏阳境内，连日

* 苏直方当时系第二十军第一三三师参谋长。

急行军，士兵已很疲劳。长官部这时发现日军骑兵先头已到黄花市。当时若令第七十四军在浏阳河构筑工事，沿河布防，尚可阻敌前进，但薛岳令王耀武第七十四军跑步向黄花市前进。该军第五十七师余程万部和第五十师廖龄奇部刚过浏阳不远，与日军骑兵联队遭遇。部队既不明敌情，也不熟习地形，部队又来不及展开，士兵尚未喘过气来，遇到日军骑兵冲击，顿时大乱。王耀武险些成了俘虏，第五十七师和第五十八师各损失一半，第五十七师步兵指挥官李翰卿阵亡。眼见日军逼近，王耀武急与长官部派去联络的中将高参沈久成潜藏在大路边树林里，日军沿树林外大道向株洲进犯。上述情况，系沈久成亲口所谈。

日军进到株洲附近，第七战区增援部队已乘粤汉路火车由粤北到达株洲，立即予以反击。日军以目的已达，仍沿前进道路向湘北回窜。杨森这时指挥第二十军、第五十八军，对日军进行阻击、侧击、尾追，使敌受到重大伤亡，并缴获大量马匹、枪支与弹药，一直追到新墙河南岸，与日军隔河对峙，恢复原来态势。薛岳以杨森这次指挥二十军和滇军尾追日军，打得很出色，而第二十军一直追击敌人到了新墙河，于是把新墙河的防守任务交给第二十军，并对杨森说："这个任务，只有第四军和第二十军才能胜任。"杨森听了很高兴，即令第二十军正式担任新墙河南岸防务，军部驻水口桥；第一三三师驻关王桥，担任洞庭湖右岸由鹿角至下高桥一线防务；第一三四师驻杨林街，担任白洋田一线防务，右翼与第五十八军衔接。总部由长寿街移驻平江甲山三圣庙，以便对第二十军就近指挥。

五十八师师长廖龄奇逃回祁阳后，准备组织民兵打游击，请当地县长给予援助，县长电耒阳省政府（长沙大火后，薛岳兼湖南省政府主席，省政府迁耒阳）请示，省府转电兼主席薛岳。这时，王耀武以师长廖龄奇失踪，正电请长官部调查其下落。薛岳当电祁阳县政府将廖龄奇逮捕（又一说廖龄奇在株洲江南乘火车回祁阳老家，在车上与九战区一高参相遇，向薛岳告发）。随即押解到南岳（蒋介石到南岳召开军事会议）。蒋介石以廖龄奇不收容部队，擅离职守，在会议上公开宣布，处以枪决。

这次战役薛岳指挥失当，实为造成王耀武军两个师溃败的主要原因。蒋介石在南岳会议上对薛岳严加批评，而对杨森在追击日军过程中战绩卓著，特别嘉奖。会后，国民党中央组织部长朱家骅到长沙，对杨森表示慰劳。

新墙河抵抗及影珠山截击

日军于1941年12月8日发动太平洋战争。裕仁天皇在御前会议宣称："东亚安危，帝国存亡，在此一战。"因之，除偷袭珍珠港外，又向南中国海各地及香港进攻，以实现其南进政策。为了牵制第九战区部队不使增援港九，于是在结束了于9月初发动的第二次长沙会战之后，1941年12月中旬，日军悍然对长沙又发动第三次进攻。第二十军奉命在汨罗江以北、新墙河以南地区（纵深约40华里）阻止敌人10日，掩护长沙布防。第一三四师向文彬团占领关王桥既设阵地，阻敌东犯；第一三三师以景嘉谟第三九九团担任鹿角至龙凤桥防务，徐昭鉴第三九八团担任龙凤桥至新墙河下高桥防务。第三九八团当以向有余第三营、王超奎第二营、彭泽生第一营沿新墙河警戒，为团预备队。但在敌发动进攻前两天，徐昭鉴忽命令王超奎："该营以排为单位，占领九个排据点，至开战时起死守3天，完成任务后，到关王桥集合。"王超奎与副营长杨羲臣研究后，以第四连何腾文守下高桥连据点，以第六连余煜星专守谢子其连据点，第五连及营直属部队守新墙河杨公岭据点。第三九九团第三连王化南部守黄沙街连据点。整个师正面只留四个连，其余部队全部撤至关王桥一线。

敌突破新墙河防线后，即以主力向南突进，目的在于拔除汨罗江以北据点，扫清它南下长沙的障碍。日军进攻时，各据点都各自为战，坚持抵抗。激战两天一夜，敌用燃烧弹摧毁据点的鹿砦障碍，士兵被燃烧弹烧伤及负伤者过半。到第三天下午，王超奎下令突围。他命副营长杨羲臣率领士兵数名到后方高地掩护，自己首先跳出外壕与敌肉搏，掩护据点内士兵撤出阵地，在拼搏中，被敌机枪子弹连中三发，壮烈殉国。杨羲臣得知情况，立即率部冲回，又牺牲排长两人，才将王超奎尸体抢回。为了迟滞敌人前进，不使迅速接近师主阵地，于是收容残部，又在长湖冲、虹桥两处阻击敌人，入夜才撤回关王桥。当撤回的士兵哭诉营长王超奎如何英勇与敌搏斗殉国时，兼师长夏炯亲解其衣覆盖在王超奎遗体上，抚尸恸哭，在场者无不为之堕泪。旋因团长徐昭鉴汇报战斗情况，催促师部撤退，师乃向山区转移；左翼第三九九团阵地邻接洞庭湖，距师部较远，为了便于联系，曾配属电台一部，该团团长景嘉谟以这次战况剧烈多变，诚恐有失，乃派步兵一排护送电台绕道黄沙街以南归还师部。敌主力在南下汨罗江向长沙进逼之际，另以一部东向关王桥，企图把我军推远一点，以保证它后方的交通运输，连续三天先后从左、右翼与正面，对向文彬团固守的关王桥阵地，不断猛攻。但向团官兵在朔风怒吼、雨雪交加、战壕内积水没胫的艰苦情况下，日夜奋战，使阵地屹立不动。日军遭到重大伤亡，毫无进展，不得不于第四日晨悄然撤退。

当敌向长沙进攻时，长官部命杨森指挥第二十军及第五十八军，在影珠山及附近古华山占领阵地，截断敌军归路。杨森以日军这次系有限进攻，牵动不大。总部仍在平江甲山不动，只率部分幕僚人员到影珠山后面紫泉岭的长江源设指挥所。以第五十八军在影珠山设防，第一三四师在左翼古华山占领阵地，与东面第三十集团军部队切取联络，并急调第一三三师到影珠山增援。第一三三师刚进到福临铺附近，师谍报队长蒲殿敏侦知日军独立第九旅团已越过汨罗江南下，接应进犯长沙北撤之敌，当晚可宿营福临铺。兼师长夏炯与师部参谋长苏直方等研究后，认为必须先对付敌后续增援部队，才能使影珠山免于腹背受敌。因之，全师部队在福临铺以南尽量隐匿，不让敌人发现。方式是采取“老鹰叼鸡”办法，打了就走。于是命第三九七团夜袭福临铺街上的敌人，只带手枪和手榴弹；第三九九团分成若干小股，只带步枪和轻机枪，夜袭住在场外村庄的敌人。到了深夜，两团夜袭部队一齐动作，第三九七团罗剑秋营首先攻入福临铺，将敌骑兵联队马匹炸死很多，敌士兵亦伤亡三四百人；住在场外村庄的敌人，亦到处遭到我机、步枪的射击，伤亡不少。敌遭到迎头痛击后，次日拂晓，即向第一三三师猛烈进攻，并用飞机在上空侦察扫射。由于我军官兵已有准备，士气旺盛，坚持抵抗，激战一日，敌我伤亡均大。但顶住了日军的多次猛攻，敌毫未得逞。

敌在第一三三师方面无进展，于是以一部夜袭第五十八军阵地。该军鲁道源新编第十师被击溃。约一中队敌人，于次日拂晓后，由第五十八军阵地渗透到影珠山后面，向山顶进攻，杨汉域的军部就在前山脚下，受到极大威胁，当时军部仅有杨汉烈的一个骑兵连（实际并无骑兵，只有步兵）可供调遣。于是严令杨汉烈率骑兵连火速上山，阻击日军。因杨汉烈尚未参加过战斗，无作战经验，乃加派手枪兵一排，命师部少校参谋赵敦善随杨汉烈前进，帮助指挥。同时命第一三四师速派一营兵力增援杨汉烈。骑兵连刚登上山顶，日军亦到达山顶，见有我军部队即退据一庙内，与骑兵连对峙。第一三四师李怀英营随即赶到，李统一指挥，发起进攻。敌其余部队经第五十八军和第一三三师合力阻击，未能上山增援。日军利用庙宇顽抗，从午前到傍晚，除逃跑一小部外，其余全部被歼灭。上述情况，是听杨汉域、李怀英讲的。

突入第五十八军阵地之敌，又以炮兵向第一三三师阵地猛轰。该师第三九八团官兵满怀为王超奎营长复仇的怒火，决心消灭敌炮兵，巩固师阵地。代团长陈嘉谟（团长徐昭鉴负伤）亲自指挥，不怕牺牲，一举冲入敌炮兵阵地。一战士手刃敌兵六名，夺得敌军山炮一门，自己亦遍体鳞伤。大家把他抬到师部时，他胸前还横挎着缴获的三挺轻机枪。混战一天，直至夜幕降临，枪声才逐渐稀疏。四处乱窜的敌人，夜间又被击毙五六十人。第三日拂晓，南下接应的敌独立第九旅团，因伤亡惨重，掉头北窜。我军在追击中，沿途收缴大量辎重、马匹和弹药。敌在机群掩护下，逃回新墙河北岸，我亦恢复了原阵地，并为影珠山阻击战的胜利创造了条件。

第一三四师向文彬团在关王桥击退敌人后，奉命增援影珠山，阻击由长沙回窜之敌，激战两日，敌未能越雷池一步。该团第二营五连阵地被敌机 11 架猛烈轰炸，向文彬立派副官率卫士一人前往第二营，监督营长赵世鸿，不准后退一步，否则就地枪毙。敌机空投弹药于敌阵地内，该团士兵冲入敌阵，抢夺弹药袋，并夺获了军马 35 匹，缴给总部后，杨森总部以这批马成立了一个骑兵排。

敌因在影珠山、古华山为第二十军、第五十八军所阻，乃向东突破第三十集团军防线，回窜新墙河北岸；向文彬团在击毙的敌佐级军官身上搜得一张五万分之一军用地图，与我军军用地图完全一样，图上用红色铅笔标出在影珠山有第二十军固守，在神鼎山有第九十九军蛰伏，由长沙方面追击的部队有第四军。可见日军在运动战中，对我军情报掌握得极其迅速与准确。

第三次长沙会战胜利结束后，军事委员会为了表彰王超奎营长的英雄业绩，将新墙乡改为超奎乡，杨公岭（王超奎殉国地方）改为王公岭。宋美龄在重庆发表广播讲话，说：“中国没有降将军，只有断头将军，如王超奎少校守新墙河就是这样。”副营长杨羲臣被授予干城甲种乙等奖章。年终又授了陆海空军乙种二等奖章。

茶陵、安仁战斗

向廷瑞　陈德邵*

第二十军在第二次长沙会战后，担任新墙河防守任务。但第二十军只有两个师六个团，兵力不敷分配，于是司令长官部拨暂编第五十四师孔荷宠部归第二十军指挥，充实防守力量。由于孔师系游击队编成，不惟武器陈旧，兵员不足，而且纪律松弛。其士兵多系平江人，平时携枪回家，仅关饷时返回部队领饷。孔荷宠本人待在该师长沙办事处，经常不在部队。因之军长杨汉域报请长官部将孔师调走，另派得力部队接替。薛岳将暂编第五十四师调长沙附近整顿，以新编第二十师（师长李子亮、副师长李以劻）列入第二十军建制，归杨汉域指挥调遣。

第三次长沙会战后，薛岳背着杨森向蒋介石电保副军长兼第一三三师师长夏炯升任第二十军军长，原军长杨汉域调升第三十集团军副总司令。事被杨森得悉，急电驻渝办事处长李寰到军政部查询。委状已经办好，尚未发出，当商请何应钦将委状搁置，不予发表。杨森于是以夏炯派工兵连长左崇高将汨罗江粤汉铁路桥梁拆除，售与桂林厂商，破坏铁路基础为由，报请蒋介石撤其职，蒋照准。夏撤职后，第一三三师师长由副

---

* 陈德邵当时系第二十军第一三三师三九九团团长。

师长周翰熙升充，副师长由第三九七团团长陈亲民升充，陈亲民遗缺，由彭泽生升充；第三九八团团长徐昭鉴调任军部辎重兵团团长，遗缺由萧传伦升充。师搜索连连长由副营长杨羲臣调充。

1944年春，军事委员会为了充实前线兵力，规定凡三个师的军须抽调一个师到后方接收新兵。后调的师只派少数士兵和干部去后方接收，而将所有兵员补充前线两个师。杨森为了团结新编第二十师，将久经战斗锻炼的第一三四师缩编为两个团，第四〇〇团（团长向文彬）编入新编第二十师为第五十八团，原第五十八团除留足接兵官兵外，其余士兵补充第五十九团及第六十团；第四〇一团（团长赵举）由军直接指挥。第一三四师师长刘席涵率师直属队及第四〇二团、第五十八团留下官兵回四川接兵。旋因战事爆发，刘席涵随军行动，第五十八团随新编第二十师行动。故作战时，第二十军仅有新编第二十师、第一三三师共七个步兵和一个辎重兵团。

第二十军整编后，立即调整防御部署，以第一三三师第三九八团担任大云山、草鞋岭至新墙镇（不含）守备任务，另派第三九九团第二营配无线电台和谍报员到临湘县敌后游击，师部和其余部队驻关王桥、王复泰地区整训；新编第二十师第五十九团、第六十团守备自新墙镇（含）起，沿新墙河南岸经荣家湾至鹿角防线，与日军隔河对峙。师部驻洪源洞，第五十八团驻关王桥西北地区，为师预备队，军部及直属队仍驻水口桥。

1944年5月中旬，在临湘敌后游击的第三九九团第二营电称：“日本侵略军在蒲圻至岳阳沿线集结兵力，赶运作战物资，洞庭湖中运输频繁，有进犯长沙模样。”当经层次转战区司令长官部。适杨汉域因公到长沙，又向薛岳面陈，薛答：“现在是雨季，湖南地形不利于敌机械化部队作战，其次是日军在中国和太平洋地区兵力分散，海空军力量薄弱，无力南侵。”由于这一错误看法，以致未及时通令各军积极备战。

长衡战役的发生与作战经过

1944年，意大利已投降，德国法西斯在欧洲战场已注定失败。日本海军在珊瑚岛海战中，遭到美国海军的歼灭性打击，完全失去了制海权。空军亦损失惨重。其在印度支那与缅甸的占领军，在不得已时，已不能从海上撤退，只有通过中国大陆，才能撤回日本本土。因之，日军于1944年5月大举南下，发动长、衡、桂、柳战役。目的在于占领长沙、衡阳，然后打通湘桂铁路经桂林、柳州一直到广西镇南关（友谊关）的通道，以便与印度支那取得联系，保证当地日军有进退自如的归路。

在这次战役中，蒋介石与薛岳在战略上有很大的分歧：蒋介石要薛岳到湘江以西，固守湘桂路与湘西，不让日军动摇西南大后方。而薛岳坚持不到湘江以西，认为必须固守湘东南，不让日军打通粤汉路与香港取得联系，并使湘、粤、赣间五岭山脉广大地区免被共产党占领。因之，他一开始，就只留第四军守长沙，第十军守衡阳，而把司令长官部移驻湘东南位于湘赣边境的桂东，并将各部队陆续转移到该地区，以贯彻其个人的主张。这就是这次战役着着失败的关键所在。

5月27日拂晓，日军开始向长沙进攻。这次进攻所采取的战术是：编组若干纵队穿插到我军后方，企图分割包围消灭我军有生力量。当其突破新墙河新编第二十师防线后，即将其主力分成几个纵队，向新墙河、汨罗江以南迅猛推进。除以一部沿粤汉路南下，直扑长沙外，并以经过特种训练的山地作战部队，穿插二十军后方。即：一路由湖北通城经天岳关袭击平江的杨森总部；一路由杨林街、大尾冲、新开岭直插谭家坊，截断第二十军退路；又分兵一部由杨林街、大屋冲、红花尖袭击第一三三师师部。当时，第一三三师奉命掩护前线部队向山区转移，以第三九七团占领斗南尖，第三九九团占领水口桥以北山地，师指挥部设于红花尖。约10时左右，日军在飞机掩护下，向第一三三师猛攻，一部潜入红花尖下，企图暗袭师指挥部。幸经搜索连长杨羲臣发现，予以痛击。排长蒋秀廷、杨日轩负伤。这时，军因退路被截断，改由步仙桥退长寿街。师即开始转移，以第三九九团作掩护队。该团先以一个营沿军退却路线分别占领要点，向敌阻击，逐步后撤，尽管敌机轮番低空扫射投弹，我军仍利用敌机间隙向军指示目标前进，在长岭以西地区宿营。次晨，向梅仙前进，适逢敌千余人在长岭附近袭击军辎重营和战防炮连，陈德邵急令该团任和清营与第三九八团屈占武营合力围歼该敌，激战至午后四时，敌伤亡惨重，向梅仙方向逃窜。在此时刻，陈德邵诱擒敌特六名，他们供称日军主力正在汨罗江沿岸渡河，另一部在南江桥梅仙间抢修公路。陈根据敌情，与向文彬团长、军干训班教育长陈亲民（一三三师副师长）等取得联系后，于第三日研究决定突围计划：由陈亲民率干训班、辎重团一个营和守库部队为左纵队；向文彬率五十八团及收容的新编第二十师部队为中央纵队；陈德邵率该团及军战防炮连为右纵队，由南江桥、梅仙间越过公路，向长寿街前进。约定于4日傍晚开始行动，突围时，周翰熙率师直属队随突围先头部队第三九九团前进，该团以庞贵能营走先头，其余两营占领梅仙以北高地，掩护突围部队通过。庞营刚到南江桥至梅仙间公路，即与敌车队遭遇，发生战斗。当烧毁敌汽车三辆，缴获大批战利品。突围部队通过南江桥公路后，敌增援部队到达，师搜索连与野战医院伤病员被切断。次日夜，搜索连又掩护后勤部队突围至天岳关，此后，师经东门市、长寿街到青梅湾集中。

日军沿粤汉路南下进犯长沙之敌，吸取了上次由东而进攻遭到岳麓山炮兵轰击的教训，除以部分兵力进攻长沙城外，另以一部由长沙下游曾口渡过湘江，迂回到岳麓山后面，向岳麓山发起猛攻。当时第四军军长张德能仅以陈侃第九十师驻守岳麓山（也未向山后布防），而以第五十九师与第一〇二师驻守长沙城。陈侃师在岳麓山忽然遭到大部日军从山后袭击，猝不及防，手忙脚乱。而炮兵阵地又在岳麓山前面，不能支援，因之，岳麓山很快被日军占领，大炮全未发生作用，破了炮栓，一齐丢掉。陈侃仅率残部向衡山撤退。岳麓山一失，长沙全在包围之中，驻守城内部队，指挥无人（因军长张德能与长官部参谋长赵子立俱在岳麓山指挥所），只得夺路逃跑，遭到日军追击，损失惨重。敌遂于6月18日占领长沙。第四军军长张德能旋解重庆，被蒋介石枪决。至此，名城长沙，终于陷落在日军手中了。

杨森在战事发生后，因敌进逼平江，即率总部及特务营先后移驻大桥、杨坊，旋越连云山、祖师岩到浏阳北的古港。当时驻浏阳的第四十四军王泽浚受杨森指挥，据称由平江南下之敌，除一股直扑浏阳外，余分东西两股已渡过浏阳河向南进犯，不能再前进。总部于是经张家坊到江西境内的铜鼓、万载、宜春、越武功山至莲花暂住。这时，不惟王泽浚第四十四军早脱离杨森指挥，即到达醴陵的第二十军，薛岳基于夏炯被撤职的仇恨，也拨归第二十七集团军副总司令欧震（因欧震与薛岳关系亲密，由薛岳保升为第二十七集团军副总司令）指挥，陷杨森于极端孤立状态。当总部在宜春东坑时，有一友军经常与总部联系。到莲花后，突然电话半天不通，派副官带军鸽两只前去搜索，下午4时军鸽飞回，得知有大部日军向莲花疾进。总部立即撤离莲花，刚出城时，特务营即与敌接触。总部至此，又移驻宁冈。

第一三三师到青梅湾后，陈团电台与军取得联系。军主力正在醴陵上栗市与敌激战。令陈亲民率干训班及守库部队配合总部守库负责人黄润民在幕阜山区游击，由陈德邵拨电台一部以资联系；令陈、向两团及军直属速去上栗市，经铜鼓、万载连续两昼夜急行军到上栗市时，适敌一部与我友军第七十二军周旋，主力向衡阳前进。欧震副总司令命第二十军经莲花向茶陵前进，掩护衡阳侧背。军即以第三九九团为前卫，迅速开茶陵。该团经数日行军到距茶陵约90里宿营之际，奉军长杨汉域转欧副总司令电令：“限陈团于次日正午到达茶陵，指挥专员和保安团守备茶陵。”陈德邵因预函专员准备好渡河船只，并由茶陵城至黄沙铺发动沿途民众备好饭菜供军食用，粮钱照付。同时令副团长苟肇修于次日拂晓率第一营及团直属队沿团行进路跟进。陈亲率通信、特务两排和二、三两营于午夜出发，在专员及民众支持下，次日正午到达茶陵。随即到黄沙铺（攸县至茶陵、安仁公路交叉点）布防，完成了上级交给的使命。次日，军主力及周翰熙所率部队，亦先后赶到茶陵地区。这时，守衡阳的方先觉第十军，已与日军展开战斗。欧震命第二十军以一部向草市前进，军转令陈德邵率该团及第三九八团向草市搜索前进。但陈团刚出发，即得知日军分数路向茶陵扑来，军急令第一三三师自茶陵城西端沿渌水南岸至黄沙铺布防；新编第二十师沿洣江布防，固守茶陵城北面及东面，并确保城南各高地。由于新编第二十师布防未完，日军即在茶陵河北岸猛烈炮轰茶陵城，掩护步兵进攻，致新编二十师后卫部队未能破坏浮桥，日军即经过浮桥攻入茶陵城北端。军长杨汉域严令各部固守茶陵城，展开激烈巷战，逐街争夺。昼夜枪炮声、手榴弹声，不绝于耳。日军将主力集结茶陵洣江北岸，入城部队被歼后，又不断增援反扑，形成20余昼夜拉锯式战斗。我军为确保兵站弹药库，向文彬团与敌反复冲杀，敌我伤亡均属惨重。向团始终守住了弹药库，保证了我军的弹药补充，对茶陵战役转败为胜，做出了巨大贡献。

敌在城内屡遭失败，另以2000余人经茶攸公路夺袭黄沙铺，妄图以西面包围我军后方。守备该地区的陈德邵第三九九团，乘敌立足未稳，居高临下，集中团迫击炮，摧毁敌炮兵阵地。又令第一、第二两营乘机出击，多次击退敌人的反扑。随即以第三营围攻敌侧背，激战两日，敌遗尸溃退，该团乘胜追击至渌水河边，在敌渡河之际，集中火力向敌急攻，打死打伤和被淹死者甚多。傍晚，杨汉域得知进袭黄沙铺日军已被击退，于是令陈德邵只留副团长苟肇修率兵一营守备黄沙铺，令陈亲率两个营当夜赶到马伏江，于次晨沿公路向茶陵城东南推进。陈团到达时，发现敌一部向友军进攻，一部构筑工事，即令迫击炮向敌猛烈射击，掩护第一营进入阵地，协同友军将敌击退。该营杨排长（隆昌人，忘记名字）奋勇出击，为国牺牲。时因电线缺乏，团长陈德邵重奖通信兵寻找电线，发现在茶厅封存大批有刺铁丝和迫击炮弹，即令输送连赶运前线。适敌又发起进攻，陈德邵又用刚运到的迫击炮向敌猛轰，并协同友军将敌击退。适守河西第四军警卫营电请增援，欧震即令该营受陈德邵指挥。陈发现该营阵地前面小山，系敌进攻的良好阵地，但该营无力扼守，只好在当地西式楼房顶构筑工事和监视所，监视日军动态。次晨，日军800余人利用小高地掩护，向该营攻击前进。陈团即令全团迫击炮照预测目标向敌迅猛射击，又令第一营向敌侧面进攻，敌伤亡枕藉，仍狼狈退回茶陵城。

因第二十军得到大量有刺铁丝，整个防御阵地，都构筑了铁丝网，阵地更加巩固。加以连战皆捷，士气高涨，坐困茶陵的日军，一筹莫展，后在其援军的掩护下，弃城南窜。至此，第二十军经过25个昼夜的拼搏奋战，终于屡挫强敌，克复茶陵，粉碎了日军从外线包围衡阳的企图，对支援衡阳守军与日军鏖战47个昼夜，起到了积极作用。

衡阳陷落与第二十军西调

日军占领长沙后，其主力即沿湘江南下，进犯衡阳。6月22日即进逼衡阳外围的泉溪市。第十军军长方先觉在敌进犯长沙时，即奉命在衡阳作防守部署。日军抵衡阳郊区，首先占领湘桂铁路衡阳车站，截断第十军退路。旋即对衡阳发起猛攻。第十军凭借工事，坚强抵抗，双方伤亡俱重，薛岳派饶少伟（四川人，原长官部高参，其部队为暂编第五十四师改编不久，并有一部守飞机场）师部驻湘江东岸，受方先觉指挥，形成互为犄角，以资声援；日军因久攻不下，伤亡累累，曾一度向北撤退，稍事整补。当时在衡阳以东受薛岳指挥的，尚有第七十二、第五十八、第四十四、第九十九、第三十七军及暂编第二军与第四军余部等。倘乘敌疲惫撤退之际，立即组织反攻，或增援衡阳，将使敌打通湘桂铁路，遇到极大困难。第十军鏖战多日，兵力锐减，只得紧缩阵地，疲兵再战，方先觉在孤军无援，固守不下之际，愤慨地向大家说："不是我们不要国家，而是国家不要我们！"遂于8月8日向日军投降。因之，位于粤汉、湘桂两铁路交叉点的战略要地衡阳，终于继长沙之后，又陷落敌手了。

第二十军由醴陵转战到茶陵，已挫败了敌之外翼包围。然而衡阳仍不免于陷落。衡阳陷落后，贯穿西南的湘黔公路与湘桂铁路的大门俱已敞开。这时军事委员会才急调王耀武军驻湘黔公路的宝庆一带，作贵州东面的屏障；命第二十七集团军副总司令李玉堂成立副总司令部，指挥两个军在湘桂铁路沿线迟滞日军前进。但在狂澜既倒之际，才试图抓沙抵水，从事挽救，已于整个战局无补了。

先是第二十军在醴陵、茶陵与敌鏖战期间，受薛岳亲信欧震副总司令指挥。大家都知道环境不佳，非拼命硬干，不足以图生存。尽管全军官兵奋勇杀敌，勋劳卓著，终于收复了茶陵，而这些情况，在薛岳压抑下，始终未向军事委员会上报。以致第二十军与杨森的行动，军事委员会毫无所知。约在8月中旬，重庆大本营从日军广播中收听到："湘北战将杨森在茶陵地区被围歼中。"蒋介石得此消息，当即电询前线战况，方知杨森身边只有一个特务营，并未指挥有部队。因令第九战区司令长官薛岳将欧震指挥的第二十军，仍交还杨森指挥。并令江西遂川飞机场空军支援作战，先派陆空联络班到总部联系。这对杨森和所属官兵是一个极大的鼓舞和支持。这时茶陵残敌与增援日军，改由攸县至安仁公路南下，企图打通粤汉铁路南段。杨森急令第二十军驰往安仁截击。军长杨汉域率令全军向安仁急进，并以第三九九团为前卫。该团到达安仁附近，侦知敌军大部在安仁城南平原地区露营，立即组织突击队，乘夜猛袭，打得酣睡日军，昏头乱窜，人仰马翻。激战至拂晓，转移至山地，继续战斗。但在夜袭战斗中，排长汤正谟与敌冲杀，壮烈牺牲。次日，新编第二十师以第五十九、第六十团由南向北在公路两侧占领阵地，协同第三九九团阻敌南下，日军在炮兵掩护下，一部向第三九九团进攻，主力猛扑新编第二十师阵地，经两昼夜激战，新编第二十师虽屡挫强敌，固守阵地，但伤亡很大。军即令第一三三师第三九八团受新编第二十师师长李子亮指挥，接守该师阵地。第三九八团采取积极防御战术，不断攻占敌突出据点，将敌压迫到平原地区，予以歼灭性打击。其中屈占云和王朝浒两营，战绩尤为卓著，受到军传令嘉奖。同时，第三九九团又由西向东侧击日军，以任和清营掩护第三九七团伍明孚营绕道夜击日军后勤部队，毙伤敌军马20余匹，焚毁一批作战物资。次晨逐步撤退，又诱敌200余人进入伏击圈，将其合力围歼，敌遗尸20余具，在炮兵掩护下向西逃窜；第四天，美军陆空联络班到达第三九九团指挥所，由总部少校参谋杨汉烈（杨森次子）担任对空联络翻译，指示空军轰炸目标，协同地面部队作战。当时秋高气爽，连续4天上午，都有美机20余架次轮番轰炸、扫射日军阵地及其补给线。第二十军前线各团，在美空军支援下频频出击，歼灭了日军大部有生力量。第三九八团激战三昼夜后，因伤亡很大，杨汉域令李子亮师长派向文彬第五十八团接替第三九八团阵地。此时，日军已成强弩之末，向文彬团与第三九九团密切配合，为使敌无喘息机会，不断对敌猛击，逐渐缩小包围圈。经过八昼夜激烈战斗，敌伤亡惨重，乃放弃其沿公路南下企图，改由羊际市小道南窜。军长杨汉域即指挥全军，并以陈德邵率该团及军搜索营为前卫，向敌尾追，多次击溃日军掩护部队，直至郴州（今郴县）以西地区。杨森这时亦率总部及特务营由宁冈经酃县到资兴。蒋介石由于安仁阻击战的胜利，迭电杨森嘉奖。旋因桂林危急，于是令杨森率第二十军增防桂林，受第四战区司令长官张发奎指挥。

胡临聪

我守军凭借工事尽力阻击，终以工事被毁，同时对催泪瓦斯无法防御，致被敌人从二十九集团军新四旅与三六六团的衔接部小河、刘家集附近强渡过河并直趋襄阳。

- 1906 年生，字剑门，四川犍为人。
- 1937 年，全面抗战爆发后任第四十一军司令部高参，随军出川参加抗战，同年参加太原会战。
- 1938 年 4 月，任第四十一军一二二师三六六旅旅长，参加徐州会战、信罗战役。
- 1939 年 6 月，任第四十一军一二二师副师长兼三六五团团长，参加随枣会战。
- 1940 年 5 月，任第二十二集团军参谋长。
- 1945 年 3 月，被授予陆军少将军衔。抗日战争胜利之际，随孙震赴河南受降。
- 1989 年 3 月 19 日，病逝于成都。

第二十二集团军出川入晋抗战

胡临聪

1937年7月7日，日本帝国主义为了实现其并吞我国的野心，悍然发动了全面侵华战争。国民政府因慑于全国人民坚决要求抗日救国的正义呼声，而令其军队参加抗战。并明令四川各军，编组为几个集团军出川抗战，第二十二集团军便是其中之一。

我自1937年8月8日在国民政府所办的陆军大学特别班第二期毕业后，即从南京回到第二十二集团军所属第四十一军任高级参谋，随军出川抗战。

北出剑门　驰赴秦晋

1937年9月，第二十二集团军遵照蒋介石的命令，以第四十一、第四十五、第四十七三个军编组而成。上将总司令邓锡侯，上将副总司令孙震，中将参谋长朱瑛。第四十一军军长孙震（兼），统辖3个师，6个旅，12个团；第四十五军军长邓锡侯（兼），下辖3个师，8个旅，16个团；第四十七军中将军长李家钰，下辖2个师，2个旅，7个团。

集团军所辖各军从9月初旬开始，遵照蒋介石的命令先后出发，开赴河南郑州集结待命。第四十一军（欠第一二三师——师部及第三六七旅留驻绵阳，第三六九旅留驻陕南西乡）由原来的驻区绵阳、广元一带出发；第四十五军（欠第一二六师——独立第十七、第十八两旅留川）由原来的驻区成都附近出发；第四十七军由原来的驻区西昌一带出发。

当时各军部队的武器装备极为低劣简陋。所有步枪十分之八为川造，十分之二为汉阳造，更因使用已久，质量太差，以致大部不堪使用。至于轻重机枪，其数极微，每师多则 10 余挺，少则数挺而已。火炮方面，每师除数门迫击炮外，山、野炮一门都没有。装备方面，单就士兵被服而言，其时虽已秋风萧瑟，但每人仅有粗布单衣两套（短裤），绑腿一双，既窄且短的单被一床，小竹席一张，雨鞋两双，斗笠一顶。而其所赴之地，则系气候多寒的黄河附近地区，真是武器不堪杀敌，衣被难以御寒，因之各军曾向蒋介石请求换发补充武器、装备与冬季被服。蒋允到西安补充。所以当先行出发的第四十一军两万左右的士兵，沿着川陕公路，赤足草履，跋山涉水，翻越秦岭走到宝鸡时，满以为在此改乘火车到达西安后，即能得到武器和装备的补充，以增强御敌的战斗力量。

殊不知，其时因晋北忻口与晋东娘子关两方面战况紧急，西安行营奉转蒋介石的命令，要第二十二集团军所属各军立即由宝鸡乘火车直开潼关渡河，隶入山西第二战区的战斗序列，驰援晋东。至于武器装备的补充，除已电告太原第二战区司令长官阎锡山拨补外，着集团军径自向太原方面洽领。我记得当集团军总司令邓锡侯、副总司令孙震在成都得到上述命令后，孙震除派我及章雨初高级参谋、第四十一军参谋处长周静吾于 10 月 15 日先行飞西安向行营接洽有关第四十一军的事务外，邓、孙两位于 10 月 20 日飞到西安，亲向西安行营主任蒋鼎文请求先在西安对部队的武器装备予以应有的补充之后再行开赴山西，亦未得到结果。所以部队仍然只得由宝鸡直开潼关北渡黄河，再由同蒲路车运榆次转经正太路东开娘子关方面。

邓锡侯、孙震两人，由于集团军改归第二战区司令长官阎锡山指挥，为了将集团军所属部队的状况和必须补充武器装备等的情形，当面向阎锡山报告和请求，所以在西安住了两三天后，即率我们少数高级幕僚赶赴太原。他们在见阎后得知：晋北方面，雁门、忻口地区的我军被日军击败后，正向南退却中；晋东方面，娘子关一带的我军亦被日军击败，正沿正太路向西退却中。值此紧急情况之际，第四十一军的部队已由负责指挥晋东方面作战的第二战区副司令长官黄绍竑，令其开赴娘子关方面增援作战去了。至于武器装备的补充问题，阎锡山则推诿说：因山西方面的一切武器弹药和军需物资，早已运过黄河储存于潼关附近，所以在太原实无办法，拒绝补充。结果仅送了山西造的轻机枪 20 挺给第四十一军作为礼物了事。不仅武器装备得不到任何补充，在今天回忆起来，犹使人感到痛心的另一件事，即当时各军师连作战地区的军用地图也没有一张，通信器材亦极缺乏，致使我们不但对敌我态势不明，就是自己所属部队的位置和行动也不明白。当时我因主管第四十一军的作战业务，深深感到第二十二集团军这个部队，好似一个又聋又瞎、残废衰弱的人，而要其去抵御一个身强力壮、手持利刃的强盗，尽管自己不惜牺牲，而其结果如何是不卜可知的。所幸当时阎的参谋处长楚溪春与我是陆大特二期的同学，以私人关系才把晋东方面的地图赠送了两份给我们使用。

邓、孙两人同我们在太原招待所住了两三天，因见武器装备的补充绝望，晋北、晋东两方面的战况又非常紧急，为了急于到晋东方面去掌握自己的部队，以免把“政治资本”被黄绍竑拿去输光了，乃向阎告辞，由太原折回榆次住了一晚，即转赴寿阳方面去见黄绍竑请示一切，并对第四十一军参加作战情况做进一步的了解，以便指挥。

胡临聪

增援晋东　败退洪洞

1937年11月1日，邓锡侯、孙震率章雨初高参和我以及第四十一军军部参、副两处的一些人员和一个警卫连（当时邓的集团军总部人员还未到来），由榆次乘了一列专车经正太路向寿阳方面开出。列车行至中途一个小站便停了下来，邓、孙带着我和第四十一军参谋处长周静吾去到离车站不远的明月村第二战区副司令长官指挥所去见黄绍竑。我们见黄以后，得知前几天因娘子关方面我军受到日军的猛攻，战况危急，需兵增援甚于星火的时候，黄绍竑即命令第四十一军部队归第二集团军总司令孙连仲指挥，并限令在阳泉下车，不拘是一团一营，随到随即驰赴娘子关南的侧鱼口一带阻击日军的迂回部队。至于第四十一军部队战斗的情况如何，由于部队是逐次零星使用的，师旅团的指挥系统已被打乱，加之电信器材极端缺乏，联络不上，以致对所属部队失去掌握。因之，黄绍竑希望邓、孙两人速到寿阳方面与孙连仲取得联系，以好掌握指挥自己的部队。此时，邓、孙两人亦很着急，尤其是孙震更急于到前方去了解第四十一军的位置和作战情形，所以我们与黄绍竑谈了两三小时之后又乘车向寿阳继续前进。

当列车行至马首村时，见到许多由娘子关方面退下来的零星部队和伤兵，麇集在此休息，情形非常狼狈，其中也有一些第四十一军的。经停车询问之后，得知正待联系的孙连仲总司令亦退到了这里。于是邓、孙便带着我们一道去会他。孙连仲从睡梦中起来，向我们介绍了他所指挥的部队在娘子关附近与日军作战被击败后决定向榆次、太原方面撤退以及第四十一军部队曾在固关以南、东西回村参加作战，现在上下龙泉附近掩护主力撤退的情况，并希望我们立即与自己部队取得联系。

我们听了孙连仲的介绍之后，一方面为知道了自己部队的情况而感到高兴；另一方面为使自己的部队既要达成掩护友军主力后退的任务，又不致再遭受重大牺牲而煞费踌躇。几经研究之后始作出如下决定：（1）所有第四十一军的部队即由第一二二师师长王铭章统一指挥；（2）于上下龙泉、松塔之线占领阵地，掩护友军主力的转进；（3）遇敌来攻，可逐次向阔郊、太谷方面引退。孙震将上述决定以命令下达给第一二二师师长王铭章及第一二四师代理师长税梯青后，即随邓和我们由此徒步向阔郊方面转进。

11月3日，我们到阔郊的途中，阎锡山的传令军官乘三轮机车给我们送来命令一件，其要旨如下：（1）第二战区决定集中兵力固守太原；（2）第二十二集团军应于5日开到太原城南的狄村集结作总预备队。邓、孙奉命后，当即转令第四十一军随同我们立即改向长凝镇、榆次，西渡汾水，向狄村前进。

邓、孙率领我们于11月5日午间到达长凝镇。适第四十五军第一二七师师长陈离率其所部陶凯的第三七九旅抵这里。当时，由于在此捕得一名身带手枪的日军便衣侦探，以及敌机的不断侦察袭扰，从而判断情况虽已趋于紧急，但马上继续前进已不能遵限赶到狄村。为了避免敌机的空袭和等待第四十一军的部队，决定在此处休息半天，待日没后再开始行动。

5日傍晚，我们开始行动，由榆次附近越铁道，渡汾河，经仁村向太原南20公里的两下店[①]前进。到6日上午八九点钟，我们进到一个小镇，只见沿街关门闭户，一个人影也没有，使人感到情况有些特异。但由于我们走了一个通夜，疲劳已极，决定在此略事休息，并找点东西吃。当我们进到一家民房不久，就有敌机一架飞到这个村镇上空盘旋侦察。

① 两下店地处山东邹城，此处疑为北营。

并在我们休息的院墙外面投下一颗小型炸弹，所幸没有爆炸。敌机去后，我们又继续向太原城南的狄村前进。殊知，当我们走到南盘村附近时，走在我们前面约一公里的邓总部警卫营（随同第一二七师到达长凝镇时才同我们一起行动）突然与日军搜索部队相遭遇而发生了战斗。我们以事出意外，而第一二七师及第四十一军的部队又在后面未到，若不立即处置，将为敌所乘而发生不幸。于是命令警卫营就地占领村庄，拒止敌人，我们即折向南行数里之后，始停下来作进一步的研究与处置。此时得知阎锡山本人及其司令部早已离开太原撤向西山方面去了。所留固守太原的傅作义部队的主力亦离开了太原，似无固守决心。因之，我们综合当时敌我情况既然发生了巨大变化，认为集团军就应当机立断，绝不能再墨守阎的命令再向狄村前进，唯一的正当行动，就是向南撤退。

但其时邓、孙两人正沉思着两个问题：（1）从哪条道路南退？（2）如此处置，万一将来蒋介石或阎锡山认为不令而行，要以军法论处，这就会影响到个人及部队的前途与生存。继经我建议，最后决定：（1）以祈县、平遥作为初步转进目标。由于大部友军均系沿太原到汾阳的公路南退的，道路拥挤，秩序混乱不堪，同时，日军的骑兵或机械化部队进行追击，亦必以公路为主要道路。所以我们的部队最好避开公路而利用从太原到汾阳公路与汾河之间地区的一般道路南退。（2）为了避免将来被蒋阎认为擅自行动，可能发生军法处分，可以第四十一军的第一二四师第三七〇旅作为后卫，暂留原地，命其与敌保持接触，逐次向南撤退。邓、孙采纳建议并部署完毕之后，即率领部队径向祈县、平遥转进。行至中途，便接到阎的命令，指定第二十二集团军到洪洞集结，收容整理。

我们于11月中旬到达洪洞后，即对第四十一军部队进行收容整理。此次在娘子关附近战斗中，伤亡和失踪官兵计3000余人。此时第二十二集团军总司令部的人员才由参谋长宋瑛率领前来。第四十五军的第一二五师则令其在所到之绛县、侯马待命。

至于集团军所属的第四十七军，于11月初旬始到西安，其时因第一战区方面需要兵力，即奉命经陇海路东运郑州转开晋东南的长治、东阳关一带，改隶第一战区指挥。

我们到洪洞不久，集团军又遵奉阎锡山的命令，将第四十一军和第一二二师推进到赵城一线，除在其以北的山地构筑防御阵地外，并派出部队向平遥附近进出。直到第二十二集团军于12月奉调鲁南为止，均保持这种状态。

第二十二集团军豫鄂抗战概述

胡临聪

信罗战役

1938年8月间，在徐、蚌方面的日军，经由皖北的寿县、正阳关、霍邱等地向豫南进犯，企图攻占武胜关，将平汉铁路截断，转而向南包围武汉。当进至河南的固始、潢川地区时，就与孙连仲的第二集团军发生了战斗。其时，我二十二集团军正在襄樊地区整补，奉第五战区司令长官李宗仁的命令，以现有可能作战的部队，抽编两个师开赴信阳集结，以策应第二集团军的作战。集团军总司令孙震其时因请假回到成都，得知上项情况后，遂电襄阳总部参谋长税梯青转令四十一、四十五军各抽编一部，统归四十五军军长陈鼎勋指挥前往。四十一军遵令由一二二、一二四两师各抽编一个旅，归一二四师师长曾苏元指挥；四十五军由一二五、一二七两师各抽编一个旅归一二五师师长王仕俊指挥。

四十五军军长陈鼎勋率领曾、王两师于8月先后出发，经枣阳、桐柏开到信阳集结。

9月初旬，日军越过固始、潢川向西急进，情势紧张。四十五军奉命向罗山挺进，归第十七军团长胡宗南指挥，其时胡的部队正开始在信阳集结。

9月中旬，潢川失陷。第二集团军的部队向光山以南地区撤退，潢川至信阳公路的正面洞开。此时四十五军在罗山以东之竹竿铺南北之线及罗山东北到息县方面布防构筑工事，准备迎击敌寇。

9月18日，约一师团之众的日军，即向四十五军阵地进行攻击。激战三昼夜，日军集中优势兵力并使用催泪瓦斯，致使四十五军伤亡甚重；更因右翼胡宗南的十七军团部队被敌击败后撤，致使四十五军侧翼空虚，日军便乘隙越过宣化店以北的龙升镇附近公路，并以一个小部队进占小罗山（在栏杆铺偏西约12华里）。四十五军在此情况突变之下，为避免被围乃决定撤至罗山以西栏杆铺附近沿狮河布防扼阻敌人。在此地又与日军作战四日，因日军集中火炮，配合飞机，将狮河防御阵地突破；同时又因胡宗南部已南撤信阳，四十五军以孤军难于继续作战，遂向湖北枣阳以北之鹿头镇撤退。继而奉命仍回到襄樊整补。

此次参加作战的四十一、四十五军部队，因系新由山东作战之后，经数百里辗转始到襄樊稍事整理即奉命抽编而成，装备又劣，加以受到日军毒气的攻击无法防御，以致伤亡近半，损失惨重。

随枣会战

1939年2月，第二十二集团军奉命以所部四十一、四十五军开赴钟祥、京山两县所属之流水沟、张家集、周家集、袁家台子及随县所属之均川一带，接替第二十一集团军（总司令廖磊）守备正面宽达200余里的任务，与原在京钟路方面之丰乐河、长寿店、洋梓、黄家集、官桥一带的日军及在淅河、马坪等处的日军相对峙。

5月上旬，在京钟路与襄花路两面之敌，对我同时发动攻势。在流水沟方面之四十一军一二四师经与敌战斗后被击退，即向襄樊退却。

一二二师在周家集、袁家台子等地与约一个旅团之敌经过一天的战斗后，因正面过宽（周家集与袁家台子之间的正面有40华里），彼此无法支援呼应，当时我所指挥的三六六旅三七一团在袁家台子方面为敌隔断，情况不明；而在周家集的三七二团虽在跑马寨、三台山等据点尽力与敌搏斗，亦以敌众我寡，又得不到援应，不能作持久战斗，结果败退到张家集。师部见战况不利，决向枣阳北退。在均川方面之四十五军，经与进攻之敌战斗后亦被击败而向枣阳撤退。

当四十一军之一二二师及四十五军的部队从东南两方面向枣阳转进之际，原以为在流水沟方面之敌于击败一二四师后，势必尾追该师直取襄樊，殊知这股日军竟直趋双沟，截断樊枣交通转而东进，与由随县方面西进之敌及由洋梓、周家集北进之敌会合于枣阳地区，企图包围二十二集团军的主力与二十一集团的部队。为了避免包围受歼，我军急从枣阳附近向北，经由唐河、南阳、邓县而退回襄樊。

此次战斗，全集团伤亡损耗的兵员3000余人。又由于对枣阳城的放弃，致其在陷落时被敌放火焚毁一部。

冬季攻势

第二十二集团军败退襄樊后，继续从事整补训练。是年秋又奉命开赴均川、厉山一带担任守备，左翼与在高城天河口、草店一带之汤恩伯所率的三十一集团军相邻接。

1939年冬，第五战区司令长官部基于军委会的命令，决定利用冬季向应（山）随（县）方面之敌寇发动一次攻势。第二十二集团军于12月下旬遵命以四十五军向浙河、马坪之敌人据点进攻，曾一度攻至马坪。以四十一军（配属野炮一营）向随县城、擂鼓墩、滚山各据点之敌进攻。一二二师三六四团在当地人民群众的有力协助下，曾于一个夜间将擂鼓墩据点攻占，并夺获三八式野炮一门和一部分武器、弹药与装备；一二四师对据守滚山之敌，曾数次利用夜暗实行仰攻，奋勇前进，一度攻进滚山据点的外砦，但因日军死守内砦的核心工事，以致始终无法攻占。自发起攻势之后，各军经过十多天的战斗，既未将敌人据点彻底攻占一个，邻接友军汤恩伯方面的战况亦无多大进展，适天下大雪，行动益为困难，更由于部队损耗日增，战斗力日减。战区长官见此情况，只得下令停止攻击。集团所属各军仍退守原阵地与敌保持对峙局面。

此次战役，集团所属两军伤亡共千余人，其中四十一军的一二三师，因新由四川开来前线，无作战经验，其团营长又多无防空常识，以致该师于一天的白昼在厉山附近的两水沟河坝集合讲话时，被敌机轰炸，伤亡营长以下官兵五六百人。

枣宜会战

会战开始前，第五战区所属之第三十三集团军（总司令张自忠）、第二十九集团军（总司令王缵绪）的部队，在京（山）钟（祥）路方面之流水沟、周家集、三里岗之线与在长寿店、洋梓、黄家集、官桥之线的日军相对峙。第二十二集团军总部则在襄樊率其所属的四十一军（欠一二三师）从事整训。

1940年5月中旬，京钟、襄花两路之敌同时发动攻势。在京钟路方面之敌，将其攻击重点置于我军右翼，首先将三十三集团军阵地突破后，即沿襄河东岸北进。此时二十二集团军奉命以四十一军之一二四师守备襄樊，以一二二师驰赴田家集支援三十三集团军之作战，合力阻止敌寇北进。该师在田家集附近与敌寇作战一昼夜，力不能支，遂乘夜向双沟撤退，随即转到襄樊与一二四师共同担任这一地区的守备，并由一二四师师长曾苏元任襄樊守备指挥官，统一指挥两师部队。一二二师被指定担任右自小河左岸起，亘刘家集、欧家庙至襄城南门之线的河防守备；一二四师则担任襄樊两城的守备。

5月中旬，襄河东岸之敌续向退守垭口、板桥店一带之三十三集团部队进攻，张自忠总司令亲自过河督战，战斗非常激烈。不久，张自忠总司令在南瓜店一带遭敌合围，力战不退，壮烈殉国。

敌人在将三十三集团军的部队再度击溃后即直扑宜城对岸至老营之间的河岸，准备渡河。

敌人于直接控制襄河东岸之后，进行了两天的渡河准备，遂于一个夜间在刘家集对岸集中火炮向我河防部队一二二师三六六团及小河右岸的二十九集团军的部队猛烈轰击，并施放烟幕和催泪瓦斯掩护其强渡。我守军凭借工事尽力阻击，终以工事被毁，同时对催泪瓦斯无法防御，致被敌人从二十九集团军新四旅（系由四川保安旅改编而成，新开到宜城训练的）与三六六团的衔接部小河、刘家集附近强渡过河并直趋襄阳。

四十一军部队于河防失守后即向南漳所属的石门、茨河及襄阳以西的泥咀一带撤退。

敌寇进占襄阳数日后，又自动放弃该城而转向南漳方面。于是我一二四师又奉命从石门驰守南漳，在该地与敌作战一日，因敌人自动向荆门方面撤去，战斗遂告结束。

在此次战役中，因四十一军部队于敌人渡河后不战而放弃襄阳城，致使敌寇于进占时放火将南门及南关一带烧毁，并以炮火轰击樊城，将该镇河街焚毁一部，人民生命财产受到很大损失。又一二四师之三七一团在守备南漳时对所部士兵约束不严致对居民进行抢劫，使人民受到相当损失。

第三次随枣会战经过概况

战役前二十二集团军所属之四十五军在均川、安居一带，四十一军在厉山、高城一带，与淅河、马坪、随县、应山一带之敌相对峙。

1941年5月，应山方面日军11个支队（约为一个加强大队）之敌，首先出动向高城附近的一二四师之三七二团阵地攻击，经过一天的战斗，敌人将该团击败后继续西进至青苔镇时即转向西南的唐王店前进。在此经一二四师三七一团予以阻击。与此同时在随县方面之敌亦发动攻势，其一股配有一个坦克中队，向厉山附近的四十一军一二四师三七〇团阵地攻击，敌人在厉山、唐王店附近将一二四师主力击败后，又继续西进到唐县镇附近。四十一军的一二二师因见一二四师在厉山、高城之线被敌击败后退，敌人亦继续西进，遂遵照军的命令在唐县镇附近占领阵地迎击敌人。所以当敌进到此地，即受到一二二师阻击，但经过战斗仍被敌击败，只得向枣阳撤退。

从随县出动之另一股敌人，则向均川、安居之四十五军进攻。当由厉山方面西进之敌在唐县镇附近与由唐王店方面而来之敌会合将四十一军击败后，除以主力追击四十一军外，并以一部南下，经河源店向澴潭前进，与由随县西进之敌会攻四十五军。该军不支亦向枣阳方面撤退。因敌人继续西进，所以四十一军即由枣阳以北经新野向老河口方面撤退，孰料在新野境内又遭到由唐河方面而来之敌骑的袭击，部队致被冲散，人马武器及通信器材损失很重。四十五军则由枣阳退到樊城以北30公里的吕堰镇。

敌人在追至樊城附近后，仍折回钟祥、京山、随县、应山一带的原阵地。

二十二集团军即在襄樊地区对四十一、四十五军进行整补。

胡临聪

大洪山战役

1941年5月随枣战役后，二十二集团军的四十五军即在襄阳欧家庙、东津湾等地整训。10月，四十五军之一二五师移驻熊家集、吴家大店附近整训。12月中旬，集团军遵照第五战区命令，指派四十五军前往接替二十九集团军大洪山地区的守备任务。并于扁担山、张家集、薛家集、客店坡一带阵地加强防御工事。

12月下旬，在京山、钟祥之日军乘我军交接之际，集结约1个旅团的兵力，首先向我左翼客店坡阵地攻击，并随着战况的发展，由东向西逐次对我薛家集、张家集、扁担山阵地进攻。一二五师凭借工事不断予以阻击，一攻一守的战斗持续了七天之久。此后敌寇便停止了攻击，并分为两路：一由周家集、跑马寨，一由客店坡、青龙山，向京山撤回。

在这一战役中日寇伤亡百余人。四十五军伤亡300余人，俘日军士兵一人，缴获步枪数支。

第四次随枣战役经过概况

四十五军于1941年12月在大洪山作战后，仍在扁担山、张家集、薛家集、客店坡之线与敌相对峙。四十一军则在襄樊进行了短期的整训之后，东开厉山一带担任守备任务，与随县附近之敌相对峙。

1942年5月，随县之敌以约一个旅团的兵力，向守备厉山之四十一军发动攻击。该军因战力薄弱，不能作坚强抵抗，乃逐次向静明铺、唐县镇、万福店、枣阳西退。敌人亦节节跟追，直至枣阳城附近始停止西进而折向东南经滚潭、安居转回随县。

四十一军由唐县镇向枣阳西退之时，第五战区司令长官李宗仁曾命令在南阳方面的三十一集团军总司令汤恩伯，派其所属之二十九军陈大庆部前来枣阳方面增援，并归二十二集团军指挥。但由于二十九军姗姗来迟，当其到达枣阳时，敌人已自动退回随县，结果该军空劳往返，仍开回南阳归制。

在此次战役中由于四十一军的节节败退，致使随枣广大地区的人民遭受敌寇的蹂躏，尤其枣阳附近人民当敌寇临近时，携儿带女赶着牛车向西仓皇逃难，在枣阳城东十余里之红花铺被敌机误为我军炮车，投弹轰炸，致使数十人惨受伤亡。

汉水流域若干战役

1945 年 3 月在襄河西岸襄（阳）沙（市）公路的荆门附近驻有敌人；襄河东岸之京钟路与随县、应山方面之敌仍在原来之线；豫西南方面自 1944 年中原战役之后，敌寇即进占方城。

我军刘汝明的第二集团军则据守南阳附近。

二十二集团军总部驻在樊城。所属四十一军及暂归指挥的六十九军（军长米文和）均在襄樊附近整训。四十五军主力一二七师及暂编第一师在大洪山地区担任守备，所属之一二五师则在老河口归战区司令长官部直接指挥，担任该地区的守备。新近由第一战区调归集团原来建制的四十七军则在邓县附近整训。

1945 年 3 月下旬，在豫西南之敌寇一一六师团发动攻势，首先向南阳之第二集团军进攻。当时该集团除留其黄樵松的一四三师据守南阳城及其附近阵地外，该集团军总司令刘汝明即率其主力由镇平、内乡、淅川地区向丹江以西地区撤退。因此，敌人除以一部向南阳黄师攻击外，主力即由潦河、邓县与老河口之间的孟楼，沿公路向当时第五战区司令长官部所在之老河口攻击前进。司令长官刘峙看情势紧急，立将其司令长官部渡过汉水撤到均县所属的草店。

向老河口进攻之敌，于3月26日与守备该地之一二五师发生战斗。该师在马头山一带的第一线阵地抗击敌寇。

此时刘峙命令二十二集团军立即派队驰援老河口。集团当即派四十一军的部队，由樊城出发向敌人侧背攻击，以协力一二五师的作战，同时又电令守备大洪山之四十五军军长陈鼎勋率其所部之一二七师及暂一师赶回襄樊加强支援。在邓县之四十七军则因1944年于中原会战中伤亡惨重，没有作战能力，令其由邓县西渡丹江撤到均县附近的青山港一带集结。

敌寇一一六师团对老河口实施攻击的同时，在襄沙路方面的敌人一个纵队，又由荆门、宜城北进直攻襄阳。守备该地的六十九军予以抗击，战斗竟日，终因阵地被敌击破，部队溃败，遂放弃襄阳。其时集团总部驻在樊城曾家湾，眼见六十九军溃败情形以及总部又被对岸敌炮不断轰击，欲在襄樊附近继续作战，已势不可能，于是决心暂向大洪山方面撤退再策后图。正待开始行动之际，即奉刘峙急令，要集团总部立即移到谷城，指挥老河口之守城战。集团根据当时情况与今后任务，立命四十一军一二二师由樊老公路间之朱家坡渡河，在茨河附近向东南方面占领阵地以阻襄阳方面之敌由泥咀、茨河向谷城前进，并掩护总部渡河。

集团总部移到谷城后，即令由襄阳撤退之六十九军残部速到茨河接替一二二师任务，同时将一二二师调集谷城附近，由总部直接控制作为机动部队。

四十一军（欠一二二师）与四十五军（欠一二五师）在驰援老河口的途中，得知有敌寇两个纵队由新野方面向西南前进，判断其企图在截击我援军，似此在我不但不能达成从侧背打击进攻老河口敌人之目的，并且自己之侧背有反被敌人攻击压迫于襄河北岸遭受歼灭之危险，加以

四十一、四十五军缺乏联系与协同作战之精神，只顾自己利害，各不相谋，因之四十一军在代理军长陈宗进的率领下，未经请示即转向双沟东退。而从大洪山调来之四十五军则从邓县与老河口之间的间隙部越过公路，所属之暂一师在师长李才桂的率领下竟脱离指挥擅自行动，西渡丹江而跑到均县所属之黄龙滩，一二七师则绕至老河口以西的山地去了。

集团总部在得知上述情况后，一面命令一二五师固守老河口，一面命令四十一军立刻由双沟附近折回，并根据情况指定其由太平店、仙人渡附近渡河到谷城集结待命。令一二七师以积极行动向攻老河口的日军右侧背予以有力的打击以协助一二五师守城作战。

从襄沙路北进之敌于攻占襄樊以后，复经泥咀、茨河向谷城前进，到茨河附近即被我六十九军予以阻击。此时集团以四十一军业已在太平店附近安全渡河，并在白虎山一带占领阵地，乃以一二三师之三六八团及一二七师之三八〇团拨归一二五师师长汪匣锋指挥以加强老河口之作战力量，同时命令六十九军于不得已时撤至茨河以西山地相机牵制敌人。

进到茨河之敌与我六十九军战斗之后，继续向谷城前进企图拊我之背，当其进至茨河与庙滩之间的白虎山一带，即被我四十一军予以有力的阻击，从而激战数日，敌以目的难达，且另有企图，遂向茨河方面撤退。

固守老河口之一二五师背水作战，在补给、交通极为困难的情况下与进攻之敌连续激战了11昼夜之后，终以敌机不断轰炸、数次以坦克冲入城中进行巷战，因之死伤甚重，加以外围的支援作战未能起到有力的牵制作用，以致本身无力再守，集团遂准该师师长汪匣锋率领残部退出该城；同时令四十一、四十五军除留一部在老河口附近从事游击活动与担任敌情的侦察外，主力均撤回从事整补。

集团军总部即由谷城移驻谷城与均县间的石花街。

在这一战役中，六十九军伤亡营长孙子厚、董志远等以下官兵3000余人（有两个营在襄阳战斗中被歼，一部士兵在溃败中泅渡襄河时溺亡），一二五师伤亡中校团附周启强以下官兵2000余人，其余各部共伤亡官兵4000余人。

至于敌人伤亡情形虽不详悉，但估计亦在千人以上。

此外在此一战役中，人民的生命财产亦受到相当损失。在老河口的攻守城作战中，我军为了扫清射界将西关民房烧毁数百间，以及为了消灭冲入城中之敌人一个中队所占的据点，曾放火烧毁民房数十间。

再就是由于进攻襄阳之敌寇一股迂回到隆中，致使在该地的襄阳中学学生在逃难中被日寇开枪击伤数人。

张志和

现在敌人攻我三天不动，他也是“一鼓作气，再而衰，三而竭”，他们精疲力竭了，我们只要坚持下去，就会胜利。

- 1894年生，原名清平，字志和，四川省邛崃县临邛镇人，中共党员。
- 1937年，全面抗战爆发后，秘密赴延安会见毛泽东等中共领导人，并被批准恢复党籍，年底回到成都，从事文化界抗日救亡活动。
- 1938年，应王陵基邀请，并经党组织同意，任第三十集团军战地军官训练团副团长，参加武汉会战。
- 1939年初，任第九战区第三十集团军总司令部参谋长，8月续任军官训练团团长，率部参加万家岭会战、鄂南战役、湖南会战等战役。
- 1941年，奉中共党组织指示，加入中国民主政团同盟。
- 1942年底，转任第九战区副司令长官部高级参谋兼战时干部训练团副教育长。
- 1975年10月，在北京因车祸逝世。

麒麟峰上战鼓急

——记三十集团军第一次反败为胜的战斗

张志和

前线情况

日军攻占上海、南京后，又于1938年春，攻占我江西省湖口要塞，九江岌岌可危，武汉震动。国民政府最高军事当局急从各方调兵前往阻击。第三十集团军就是在这一形势下奉命由四川开往湖南岳阳、长沙一带的。全军尚未完全到达指定地点，即闻九江已告吃紧。因此，又奉命开往江西武宁、修水待命。在行军途中，又接到开往江西瑞昌附近结集的命令。我们部队通过武宁时，听说九江已经失陷。

敌占九江后，一路沿南浔路向德安、南昌前进；一路沿大江南岸的公路向瑞昌、阳新、鄂城、武汉前进。此时，南浔线上的友军在德安附近防御，由陈诚直接指挥。关于我军左右友军的番号和兵力部署情况，我们一点也不明了。对于敌情，更是茫然。能知道的，只是第三十集团军的任务是增援瑞昌方面友军阻击敌人前进。

当时的三十集团军，编制虽是两个军，但因有一个师（新十六师）

远在四川西昌，还未开拔拢来，实际只有三个临时由各方面拼凑拢来没有经过集中整训的师（新十三、十四、十五师），好在官兵都打过仗，有些战斗经验。他们尽管武器装备差些，倒也满不在乎。但因从四川出发，一直开到江西，没有好好地整顿休息过，感到困乏。见到敌人陆上有战车，空中有飞机，又感自己的武器装备相形见绌，思想上受到了一些不利影响。这就是第三十集团军战斗前的基本情况。

战斗打响之后

我们部队快要到达瑞昌附近的岷山时，据派往同友军联络的人员回报："友军已无踪影，前面尽是敌人。"怎么办呢？只得向后撤退，择险扼守。即改后队为前队，前队为后卫，全部向麒麟峰一线高地占领阵地，拒止敌人。

因仓促应战，有的营、团竟乱不成军，甚至跑过麒麟峰一线我方一侧的后方很远了。总司令部看到这种情形，乃选派很多得力干部，分赴各地严肃整顿，勒令他们归还建制，开赴指定阵地，积极布防。幸好敌人与我后卫部队激战一阵后，没有追来。我们抓紧时间，收容布防，为下一步麒麟峰战斗创造有利条件。

战胜日军

两天以后，敌人开始进攻了，日夜炮声隆隆，枪声不绝，白天还有飞机轰炸，我方伤亡虽大，但官兵还能勉力支持。到了第三天上午，据前线指挥官新第十三师师长刘若弼报告，官兵伤亡太大，已有不能支持之势，请示方针。总司令王陵基，加以勖勉鼓励，要他督部坚守。不久他又好几次来请示，最后还说："预备队已经使用完了，没法负责了！"

但是，当时的情况，如我们撤退，敌人就可包围、威胁右翼友军，迫使友军全线也不得不后退。王陵基乃嘱他对前线官兵多加勉励，顽强坚守。但是没有生效。正在这紧要关头，王陵基忽然对我说："你来替我指挥吧！"我说："你当指挥官说的都不行，我怎行呢？"他说："他们平日对你宣传的'抗日必胜'的主张，是很敬佩的，对你也有信仰的，你就替我负责指挥吧。"他说完，便倒在睡椅上了。这说明他已是精疲力竭了。

我承他这样诚恳地嘱托，只得承担起替他指挥的责任来。我首先对刘师长说，他和前线官兵们三天来对敌英勇鏖战，不但为国家民族立了大功，而且为川军雪了"望风崩溃"的耻辱，恢复了川军能战的声誉。接着又对他说，现在敌人攻我三天不动，他也是"一鼓作气，再而衰，三而竭"，他们精疲力竭了，我们只要坚持下去，就会胜利。请你把总司令部这一意图转告全线官兵，共同努力，奋勇抗拒，坚守待援。

刘师长回答说，前线情况十分紧急，伤亡既大，又没有预备队了，敌人再攻，怎么办呢？我告诉他，打仗之道，杀人三千，自损八百，我们伤亡既大，敌人伤亡也不小。我们拿出拿破仑最后五分钟精神，一定可以胜利。至于预备队，总部立刻抽调一旅兵力，飞驰前来增援，并望你相机出击，反守为攻。一定可获得最后胜利。我们等候你们最后胜利的好消息到来！

这样反复分析情况，坚定他们胜利的信心之后，刘师长才答复：就这样办吧！

我们立即把后方所有的部队，加以挑选，组织了比较强健的两个团的兵力，派一旅长率领，驰赴前线增援。不久，得到刘师长的报告，说增援部队已经到达，士气已经给鼓舞起来。我们大家才放心了。

第四天拂晓，刘师长就举行反攻，一鼓作气，把敌人打垮了。还打死了敌人大队长（相当我军营长）一名，敌人连他的尸体都没来得及运走，说明敌溃退得十分狼狈。我们虏获了他的战刀和日记。

根据敌大队长日记，知道敌人是原驻华北驻屯军的三个联队（相当我军的团）新编成的一个师团（即师），由平津开来南京参加进攻武汉的。

我们把这胜利消息报到第九战区长官司令部和国民政府军事委员会，蒋介石委员长还给我们发了奖励。不久，第九战区司令长官陈诚，同军委会政治部第三厅厅长郭沫若亲来武宁前方箬溪慰劳我们，对提高全军的士气，起了很大的鼓舞作用，为第二年春天的武宁鏖战，奠定了胜利的基础。

记武宁鏖战

张志和

1938年10月，日军攻占我武汉。长沙大火后，蒋介石在衡阳南岳召集第三、第九两战区的各集团军总副司令和参谋长开会。八路军叶剑英参谋长也出席了会议。目的是整顿训练部队，说是要准备反攻。我们听了，都很兴奋。

整顿，首重训练。尤其是思想训练。大敌当前，怎样训练呢？研究结果，决定采用轮训办法，以一半留在前方继续作战，一部抽调到后方来集训。第三十集团军决定先留第七十八军在江西前线抗战，把七十二军的军官从师旅长到准尉，都抽调到湖南沅陵县属麻溪铺集中训练。名称是：第三十集团军战地军官训练团。总司令王陵基兼任团长，我兼任副团长（第三十集团军出川抗战时，王陵基聘我任总司令部的高等顾问，望我履行在北平时互相帮助抗战之约，同赴前线。出席南岳会议时，我才担任第三十集团军总司令部中将参谋长），负责主持训练事宜。

训练团的组织，是在团本部下设政治、军事训练两组。政治训练组，由第七十二军政治部主任汪导予（安徽省铜陵县人）兼任主任。军事训练组，由新第十六师副师长于渊（号邦齐，四川省射洪县人）兼任主任。学员分为三队，每队设正副队长各一人。

训练的课程，以讲授毛泽东主席的《论持久战》为主，以达到建树各级军官抗日必胜的信念为目的。

军事训练方面，则注意练就急行军、强行军、夜行军、风雨行军、翻山越岭、开路搭桥等各种硬功夫，做好打游击战、运动战的准备。至于投掷手榴弹、刺枪术、打靶等演习，亦特别加强训练。

在开始组织时，我曾去长沙八路军办事处，见到叶剑英同志，请求指派政治、军事训练工作人员来担任政治教育、军事训练工作。当时，因刚从武汉撤退下来，一时派不出人，叫我自己去找，我才找汪导予、于渊来担任政治教育、军事训练工作的。这样的训练，经过三个月之后，所有的各级军官，除极少数外，大都树立了抗日必胜的信念，绝大多数人都想重赴前线同日军见个高低。第二年（1939 年）春天，训练刚毕业，就奉令开赴江西武宁前线集中待命，听说是春季要全线反攻，大家都异常兴奋。

我们开到修水时，奉到反攻出击的命令。蒋介石还把第八军（军长李玉堂）、第六十四军（军长彭位仁。据刘识非回忆，此军番号应为七十三军——编者）、湘鄂赣游击总指挥樊崧甫所率的游击军，都拨归王陵基指挥。

我们总司令部刚到修水前方的三都附近，距离预定全线发动反攻出击的日子还有两天，就是说，我们的部队还没按照出击的部署到达指定地点之前，敌人就先期向我们开始进攻了。这对我军是极端不利的。敌人既已找上门来，也就只好将就现有态势来部署作战了。

我们的作战部署是：以第八军、第六十四军为中央队，第六十四军在左，第八军在右，在修河左岸地区，沿修武公路向敌人攻击前进。第七十二军为右翼队，在修河右岸地区，协同中央队向敌攻击前进。湘鄂赣游击军从左侧深入敌人后侧，围歼敌人。第七十八军为总预备队，位置于武陵城西附近。总司令部也进到武宁县城西门外约二里的地方。

这样，第八、第六十四军军部、师部，就不能不进到武宁城东十来里的地方。团、营、连，更加接近敌人。敌人是从箬溪附近前来进攻的。箬溪距武宁城不过 20 多里。这样短的纵深战场，摆了我、敌双方这样多的队伍，说明双方都是决心要拼个你死我活的。战斗果然十分激烈。敌人的重炮不断轰击，飞机也不停地轮番前来轰炸。尽管每次只有几架，但对我们的杀伤，仍是相当大的。我们在敌人的猛烈炮火轰炸之下，鏖战了三天三夜。

战斗结果，我们后退了十来里，把武宁城放弃了。而敌人也没有前进。我们因伤亡甚大，十分疲劳，已没有力量反攻，战事也就停止下来。

何翔迥

4月7日晨，敌人集中数十门大炮，向老河口东北门这一带城墙轰击，炮弹如雨，连续不断地落在化城门及东门一带。

- 1907年生，别名嘉惠，四川营山人。
- 1931年7月，毕业于日本陆军士官学校第二十二期山炮科，任国民革命军第二十八军司令部特务大队大队长，警卫营营长。
- 1936年12月，入陆军大学特别班学习。1938年10月毕业。
- 1941年，任第四十五军参谋长，兼任该军独立炮兵团团长。
- 1942年，任第四十五军一二七师副师长，在鄂北参加抗战。
- 1945年2月，任第一二七师代理师长，4月，指挥老河口战役。
- 2001年7月，病逝于成都。

记挺进皂市的战斗

何翔迥

1943年隆冬之际，日军大举进攻我湘南、湘北地区。第二十二集团军奉命以一部向皂市挺进，打断敌军汉（口）宜（昌）公路之交通运输联络线，阻止敌军派队增援，以策应湘北大会战。集团军总司令孙震把这个任务交给守卫在大洪山的四十五军。此时四十五军的部署情况是：一二七师和第三挺进纵队（纵队司令曾献臣）、第六挺进纵队（纵队司令曹勖）、第九挺进纵队（纵队司令李朗星，挺进纵队是由地方部队编成的），守卫在大洪山沿环潭、柳林店、洛阳店、张家集前沿之线，与当面之敌相对峙；一二五师为军预备队，集结在周家口、耿家集地区整训；军部设在周家咀。

四十五军军长陈鼎勋奉命后，即以一二五师接替一二七师上面所述的守备任务，命令一二七师率所部向皂市挺进作战。一二七师当时是三团制的师，参加这次挺进作战的只有三七九团、三八〇团和三八一团的第一营，至于该团团部及第二、三两营的干部已回四川接收新兵去了。

一二七师奉命后，当即命令前线各部队将防守大洪山东南方面的任务交予一二五师接替，然后在六房咀集结；并将所有笨重物资及伤病员留置于此，即以该地为根据点，派副官主任何国钧指挥三八〇团第一营在罗汉岭占领阵地，以防京山、应城之敌来夹击我六房咀根据点。并指挥师工兵连与师部留守的文武官佐确保此根据点之安全。

轻装的各部队，于1944年1月从六房咀出发，由师长王澂熙率领、经过三步岭、五台大湾，又一次在五台大湾整理各部戎装，并派出便衣谍报人员数组，向皂市方面侦察前进道路及皂市附近的敌情、物资、仓库等。

1月某日一二七师成立师指挥所，以副师长何翔迥负责指挥。三八〇团罗汝汉营（缺第一营）先头部队到达大洪山南麓前沿，就地搜集情况、待命前进。这时，该团即从老百姓及师谍报人员处得知：（1）汉宜公路白天有日军车辆通过，夜间无人，可以无阻碍地横过汉宜公路向皂市前进；（2）皂市敌军不多，其附近有敌军械仓库一处。师部亦得知同样情报，遂命令三八〇团以一个营附迫击炮连，多带燃烧弹，利用夜间横过公路向皂市挺进，其余各部及师主力即在大洪山南麓前沿占领阵地，以待情况的发展。三八〇团奉命后，即派副团长董玉书率领该团第二营（营长曾世庸）及团属迫击炮连，于1月某日夜12时至午夜4时用烧夷弹袭击了皂市之敌兵营及其仓库。敌兵营及仓库火光四起。任务已完成，官兵们十分兴奋，即趁夜间返回三八〇团掩护阵地处。为了避免京山、应城之敌夹击我师，师指挥所命令各团利用五台大湾以南这一带高山梁子上森林中的小路速向五台大湾撤回。

1月某日晨8点多钟，一二七师各部队从五台大湾向六房咀行进，三八〇团行至三步岭、罗汉岭梁子上时，师指挥所人员忽然发现罗汉岭山下骑龙集下面山沟里有日本兵千余人在行动，经指挥所人员迅速研究，认为这股敌兵是从应城方面来腰击我军的。如果我军不利用居高临下有利地形、出敌不意袭击敌人，敌人就会开上山梁子来向我师攻击，我师在山路行军的一字长蛇阵就首尾难顾。于是何翔迥立即下令三八〇团及三八一团第一营就地展开，在上午9时同时向沟里行进之敌发起攻击。

此刻三七九团已过了三步岭，正进行在三步岭北面的山沟里，何当即电令该团（团长唐开）返回三步岭参加战斗。敌人遭此突然攻击，在沟里还是行军姿态，无法还击，伤亡颇大。不到半小时，敌人亦迅速展开，以炽盛的机炮（大约有山炮四门）火力向我射击，并向我三步岭、罗汉岭三八〇团正面仰攻两次，均未得逞，伤亡很大。战至中午，敌人继续三次向我仰攻，均被击退，激战相持到午后 4 时左右。这个时节正是草枯叶黄的时候，三八〇团李传林团长又下令用迫击炮的燃烧弹，将对面山上的枯草烧燃，烧得遍山是火。战至 5 时左右，敌人将许多死尸在山后面运走，以一部顽抗，大部向骑龙集山背后败退。据李传林团长电话报称，到傍晚，骑龙集山顶上还有不少类似火把或手电筒的光点，向应城方面移动而去。我师为了扩大战果，连三八〇团特务排亦加入追击队，战到黄昏，追到骑龙集，我军始停止追击（如果三七九团能及时赶到，战果还将扩大）。

这次战斗，敌军伤亡很大，据估计，打死打伤敌人 200 多人，我军伤亡 30 余人。战斗结束后，师指挥官何翔迥及团长李传林、营长罗汝汉、卜玉廷均分别受到勋奖。

老河口战役亲历记

何翔迥

1945年3月，第五战区司令长官刘峙（前任司令长官李宗仁已于当年1月调任汉中行营主任[①]），率领第二、第二十二两个集团军在豫西南及鄂北（包括大洪山）与敌对峙。

第五战区司令长官部驻在老河口，其总预备队的第一二五师（属第二十二集团军第四十五军，师长为汪匣锋）集结在老河口附近的光化县徐家滩、莲花堰一带整训。第二集团军（总司令刘汝明）总部驻在南阳，所部据守在南召、南阳、邓县一带地区，与在舞阳、鲁山方面之敌对峙。第二十二集团军（总司令孙震）总部驻在樊城，所属的第四十一军（军长孙震兼[②]）和暂归指挥的第六十九军（军长米文和）集结在襄（阳）樊（城）地区整训。第二十二集团军所属的第四十五军（欠第一二五师）率所属部队和暂归指挥的暂编第一师（师长李才桂）和地方部队的第三挺进纵队（纵队司令曾宪成）、第六挺进纵队（纵队司令曹勖）、第九挺进纵队（纵队司令李朗星）据守在大洪山东南的张家集、洛阳店、环潭一带，与在应城、随县方面之敌对峙。第三十二集团军（3月23日调

① 李宗仁是1945年2月调任汉中行营主任的。

② 据《第五战区豫鄂边区战斗经过概要》，当时第四十一军军长是曾苏元。

归第五战区指挥）驻防宜城、南漳地区，与荆门、当阳、宜昌之日军对峙。

1945 年 2 月，由第一战区归回第二十二集团军建制的第四十七军这时驻在邓县、李官桥间地区整训。

2 月份第四十五军军长陈鼐勋（号书农）奉调由大洪山赴重庆陆大甲级将官班受训，其军校职务由一二七师师长王澂熙代理，第一二七师师长职务由我（时任第一二七师副师长）代理。

1945年3月，日军集中10万兵力，企图夺取我豫西南（丹江、汉水以东）一带地区，并以我第五战区所在地老河口及其附近飞机场为其主攻目标，由敌第十二军司令官内山英太郎指挥（4 月 7 日转任第十五方面军司令官兼中部军区司令官，其职由鹰森孝接任，时因攻击老河口而未交接）第一一〇师团、第一一五师团、骑兵第四旅团、战车第三师团，附以飞机百架，于 3 月 21 日，兵分两路向豫西、鄂北我第五战区全面扑来。其左翼由荆门向宜城、南漳方面发起进攻，以第二十二集团军总部所在地襄阳、樊城为目标，攻击前进；其中路和右路由舞阳、鲁山方面发起攻势，企图夺取新野、南阳、邓县后，夹击我第五战区司令长官部所在地老河口。

3 月 26 日，敌人以其主力避开南阳，向老河口扑来。

3 月 28 日，第五战区长官部撤过汉水西岸，移驻草店，当即命令第一二五师固守老河口三天，以掩护长官部人员和物资的转移[①]。

3 月 27 日，第四十五军奉命率领在大洪山东南麓张家集、洛阳店、柳林店一带与敌对峙的第一二七师，将大洪山的防务移交于暂编第一师（包括该师所指挥的第三挺进纵队曾宪成部、第六挺进纵队曹勖部、第九挺进纵队李朗星部）后，驰援老河口的第一二五师[②]。3 月 29 日，我代理第一二七师师长率领第三七九团（团长张观群）、第三八〇团（团

① 据《第五战区豫鄂边区战斗经过概要》，日军于 3 月 27 日已开始攻击老河口。

② 据《第二十二集团军豫鄂边区会战战斗详报》，3 月 23 日，第一二七师奉命开往双沟，于 26 日到达，即奉命向黑龙集方向侧击日军，27 日到达白家。

长陈筱文）、第三八一团第一营（营长卜玉廷，第三八一团回四川领兵去了，只有这个营在前方），随第四十五军从大洪山出发，取道平林店、茅茨畈、张家集、樊城，向老河口驰援第一二五师[①]。

第一二七师原奉命前进驰援路线是从大洪山出发，后准备经平林店、茅茨畈、张家集、樊城向老河口前进。由于那时我老河口飞机场飞机随时出动，对敌方及其交通要道进行轰炸，敌机来袭不多，加之要争取时间驰赴老河口增援，故我军都是白天急行军。当第一二七师到达茅茨畈时，获得情报和军部转来的通报说：襄阳、樊城已陷于敌手，军部命令第一二七师改变路线继续前进，驰援第一二五师[②]。第一二七师当即决定改由茅茨畈经双沟、龙王集向老河口前进。于是从茅茨畈起即分两个梯队前进。第一二七师师部和师直属队及第三七九团、第三八〇团为第一梯队，在先头作战备行军；军部直属各部队及第三八一团的第一营为第二梯队。两队紧密靠近前进。

两梯队兼程前进，4月1日晨，第四十五军军部到达龙王集，第一二七师师部及第三七九团、第三八〇团到达离晋公庙（一个小庙，在通龙王集的交叉路线边）四五里的地方[③]。这时老河口方面传来了稀疏的枪声。另据谍报人员及百姓报告说：昨夜老河口城墙周围火光通明，枪声稀疏。塔子山有敌人据守，晋公庙岗上无敌人。此时军部命令第一二七师速向老河口之敌攻击。第一二七师奉命后，我立即召集张观群、陈筱文两团长到设在塔子山、晋公庙之间的师指挥所研究地形敌情。根

---

① 据《第二十二集团军豫鄂边区会战战斗详报》，3月20日，该集团军总部令第四十一、第四十五军兼程前进，向围攻老河口之敌侧背攻击。当夜第一二七师到达老河口东南，与第一二五师取得联络，29日即开始攻击马窟山。

② 据《第二十二集团军豫鄂边区会战战斗详报》及《第五战区豫鄂边区战斗经过概要》，第四十五军于3月28日奉命驰援老河口，日军于29日突入襄阳、樊城。

③ 据《第二十二集团军豫鄂边区会战战斗详报》，3月30日至4月1日，第一二七师连续攻击杨程坝山、韩家堰、莲花堰之敌；于4月1日夜攻占该三处阵地。

据老河口的枪声，我们一致认为敌人仍然在围攻老河口。如果我师能攻击晋公庙、塔子山之敌，出敌不意，打击敌人侧背，敌人腹背受击，老河口第一二五师之围即可解除。我当即口头命令第三七九团团长张观群率领该团迅速在塔子山东南岗上展开，向塔子山之敌攻击，第三八〇团团长陈筱文率领该团（缺第二营）迅速在晋公庙、塔子山的岗上展开，向晋公庙、老河口方面之敌攻击；第三八〇团第二营（营长曾世庸）为师预备队。师部指挥所位于塔子山通晋公庙去龙王集的交叉路口附近。第三七九团、第三八〇团都在上午9时由岗上同时发起进攻，并令师通信连向各团架设电话线。

在晋公庙方面的第三八〇团左翼的第一营，原以为晋公庙附近无敌情，殊不知在搜索前进中，晋公庙附近的敌人迅速向该营的搜索队射击，当即打死我搜索队员一人，伤两人。该营钟营长见此情况，当即命令第一、第二两连队立即展开，集中火力猛烈向该敌射击；在第三八〇团右翼的第三营亦于同时从右向该地左翼攻击。敌不支，向晋公庙敌据点后面退去。据团长陈筱文报称，晋公庙方面之敌为数不多，不过百余人，可能是敌前哨阵地。陈团长命令迫击炮连炮击晋公庙敌据点，敌虽顽强抵抗，但战至午后1时，该敌且战且退。我第三八〇团第一线部队占领了晋公庙岗上通向老河口方面的棱线时，发现有数百敌人，从老河口方面向我第三八〇团方向扑来。团长陈筱文当即命令第一线部队即在岗上的棱线附近，利用我居高临下有利地形，构筑工事，占领阵地，停止前进，以逸待劳，将敌消灭在我阵地前。数百之敌散开在麦田里攻击前进，我军在岗上居高临下，猛烈向麦田之敌射击，只见中弹之敌有三四十人倒在麦田里。敌遭此有力的打击，被迫停止前进。战斗到午后5时，第三八〇团前线部队加强工事，准备次日拂晓攻击。这次战斗，第三八〇团阵亡排长一人，伤亡士兵20余人。

在第三八〇团向晋公庙攻击的同时，第三七九团出敌不意，以第一、第二两营攻击塔子山之敌。第二营（营长岳华杰）集中机枪和迫击炮的火力，猛烈向塔子山之敌攻击，予敌人以重创。该营士气虽然旺盛，但由于敌人据守在工事内，并以炽盛火力向我第三七九团前线部队还击，使第三七九团第一线部队攻击到距敌人 300 米左右时，前进困难。这时已是午后 5 时，只得就地停止攻击，构筑工事，准备拂晓再战，该团伤亡 20 余人。

将入暮时，军部得知第一二七师在塔子山、晋公庙作战胜利情况的同时，又得到情报说：敌人已经占领仙人渡及谷城[①]，并有向我军部所在地龙王集[②]及第一二七师背面来犯之势。军部即命令第一二七师趁黑夜向龙王集集结后，分三路纵队，用夜间行军，从敌人后方突围出去，必须在两天之内通过邓（县）老（河口）公路，向李官桥、三官殿方向前进。第一二七师奉命后，即令第三七九团、第三八〇团趁夜间迅速脱离敌人。为了不争路，以交叉路行进，第三七九团在前，第三八〇团在后，各部队都向龙王集集结。第一二七师各部队均在 4 月 1 日夜间全部到达龙王集，遵照军部规定分三路纵队，从敌后突围，通过邓老公路向李官桥、三官殿转进。第一二七师当即命令第三七九团为左翼纵队，第三八一团卜玉廷营随军部为中路纵队，师部、师直属各部队及第三八〇团为右翼纵队。白天各部队在农村宿营，傍晚开始行进，各纵队必须先派出便衣谍报人员探知当地及前进道路上有无敌情，并须探明前进道路，以便夜间不致走错路。当第三七九团在莲花堰附近敌据点侧面通过时，被敌军发现。缩在据点内的敌人，向该团先头的第二营射击。营长岳华杰当即命令第五连予以还击，掩护该团主力通过。约战斗 1 小时，在该团全部

① 在《第二十二集团军豫鄂边区会战战斗详报》中，从 3 月 21 日至 5 月 5 日，未见到日军攻占谷城的记载。

② 据《第二十二集团军豫鄂边区会战战斗详报》，第四十五军军部于 4 月 1 日晚在沙院营渡河到三官殿。第一二七师主力于 4 日由沙院营渡河到三官殿附近集结。

通过后，敌人仍然缩在据点内，营长岳华杰负伤，伤士兵3人。当右翼纵队于拂晓前在孟家楼附近要通过邓老公路时，适敌人有12辆兽力车部队，每个车上都有几个日本兵，正向邓县开去。团长陈筱文在部队的先头行进，见此情景，一面立即命令行进中的先头部队卧下作战斗准备，以防敌人发现我军后向我攻击；一面向我报告说，这时如果我军向其攻击，可能夺获车辆，但必定要战斗到天明；战斗结果，可能影响我各部通过邓老公路，为了整个部队能迅速通过邓老公路，不影响全军的行动，如敌车队不犯我，我亦不打他，才不会受敌人车队的牵制。我当即同意了陈团长的意见。待敌车队通过后，我右翼纵队还没有到，拂晓时就全部在孟家楼南方三四华里处迅速通过了邓老公路。三路纵队于4月3日拂晓前到达三官殿（汉水西岸）对岸附近的高地上，旋即征集船只，分三个渡口渡河。

渡河后第二天，即4月4日，老河口的激战又起。为了支援第一二五师和牵制老河口之敌，第一二七师命令第三八一团第一营营长卜玉廷率领该营并附第三七九团机枪一连，轻装由老河口上游的三官殿渡过汉水，沿汉水东岸河边高地，相机袭击徐家滩（光化县城东边）、老河口飞机场之敌，打击围攻老河口之敌侧背。该营渡河后，以第三连在河边高地上占领阵地，以备必要时掩护该营的进退，由卜玉廷营长率领主力，出敌不意，指向邓老公路边的徐家滩和飞机场之敌。该营在徐家滩附近战斗至午后2时，夺得徐家滩附近的村庄。战斗到4时，该营有一连要穿过邓老公路向飞机场袭击，情况骤变，敌人由老河口、光化方面开来二三百人的增援部队。卜玉廷认为牵制敌人的目的已经达到了，当即果断命令该营停止前进，以第二连断后速向第三连方面转进。敌人见该营停止向飞机场方面前进，并向占有阵地的高地转移，敌亦停止前进，该营利用黑夜渡过汉水到西岸。

在老河口的第一二五师，由于连日来与敌战斗，伤亡很大，加之敌人攻击甚猛，因而要求军部和总部派部队进入老河口城内增援。

4月6日，第四十五军军部遵照总部命令，指派我率第三八〇团（团长陈筱文）由三官殿附近出发，于当晚到达老河口城西岸，利用黑夜渡过汉水抵东岸，进入老河口城内，受第一二五师师长汪匣锋指挥。当日将入暮时，我率领第一二七师指挥所人员及第三八〇团到达老河口西岸河堤，渡船都是木船，每只船只能载一排人左右，由陈筱文团长指挥部队渡河。我先行过河到第一二五师师部（是个地下室），见到汪匣锋及其参谋长吴奇英。我同汪、吴是陆大特三期同学，他们见我来很高兴，说："第一二七师来得正是时候！"接着，汪匣锋指着老河口东北门一带敌我态势图说，敌人向我攻击的重点是化城门（即北门）附近，目前化城门第三七三团（副师长陈仕俊兼团长）方面紧急万分，必须增加部队；你们是主力军，第三八〇团就插在化城门的第三七三团与其右翼第四十一军的第三六四团（团长黄伯亮）[①]之间，加入战斗。汪并说："从化城门右边起到东门止，为第三八〇团的作战区域，现在来不及写命令，请就这样部署吧。"这时陈筱文来报告说，该团已一排一连地带到化城门去了。我同陈走出第一二五师师部后，一面走一面谈情况和部署，并迅速赶到化城门右边，看见第三八〇团第一营部队已有一部由第一二五师引路人带到城墙上面去了，其余部队正在城墙内向菜地里集结，有的部队还在从河边开来。我们两人研究决定：第一、第二营登上城墙担任守城的第一线任务，第一营在左，第二营在右，特别要注意交叉火力；第三营为机动部队[②]。并立即命令通信排对各营架设电话线，师指挥所和团部设在第一、第二两营间的城墙脚下的临时掩体内。

---

① 据《第二十二集团军豫鄂边区会战战斗详报》，进入老河口城增援的第四十一军部队是第三六八团。

② 据《第二十二集团军豫鄂边区会战战斗详报》，第三八〇团进入老河口增援的是两个营。

4月7日晨，敌人集中数十门大炮，向老河口东北门这一带城墙轰击，炮弹如雨，连续不断地落在化城门及东门一带。坦克分数路掩护其步兵向城垣前进，其中一股向第三八〇团第二营左翼的城墙缺口蜂拥而来。当敌步兵接近城垣，我守城官兵齐心协力，与第一二五师指挥的战防炮部队对准敌坦克猛烈射击，我前线部队亦用手榴弹和机枪拼力还击，有100多敌人被打死在麦田里。与此同时，攻击第三七三团方面缺口之敌，由于第一二五师副师长兼团长陈玲（陈仕俊）督率所部与敌在缺口处搏斗，敌人伤亡惨重。第三八〇团缺口当面之敌不顾一切，仍然向缺口处冲来，我及陈筱文团长指挥机动部队的第二营增援上去，向缺口之敌反击，加之两边机枪交叉火网，机枪声、手榴弹爆炸声，震耳欲聋，打得敌人抱头鼠窜退去。到上午11时，枪声渐渐稀少了，第三八〇团第三营立即用箩篓及麻袋装土将缺口填起来，城墙上各连也加强工事，以防敌人再攻。

4月8日拂晓，敌人又发起进攻，敌炮弹如雨，向化城门和东门一带城墙打来。大约轰击了一个小时，城墙被炸坍了好几个缺口，灰尘硝烟弥漫天空，在缺口附近的官兵身上都扑上了灰尘硝烟，我与陈筱文、曾世庸也不例外。河对岸第四十一军的炮兵营被敌炮火压制得不发一弹，第三八〇团方面的城墙被打垮了两个大缺口，城外麦田里的战车分两路向第三八〇团开来，掩护其步兵前进。我守城部队以机枪及手榴弹与城下之敌激战。战车不顾一切向缺口开来，第三八〇团第二营杨排长带头以集束手榴弹向敌战车投去，击毁敌一辆战车，但其步兵仍继续冲击。我第三七三团、第三六四团、第三八〇团都在各自的正面与敌冲杀。当敌人向我第三八〇团第二营缺口处攻击时，第三营也增加到第一线与敌冲杀，最后上起刺刀与敌搏斗。我和陈筱文督饬特务排也加入战斗。敌后续部队亦增加上来，特别是缺口处战斗惨烈。我曾下令，如果排长伤亡，由连长指定军士代理，连长伤亡由营长指定排长代理。连、排长伤亡后，由于有人代理，故部队仍能继续坚持战斗。第三八〇团由排长代理连长的5人，军士代理排长的达13人。第三八〇团两翼的第三七三团、第三六四团亦在鏖战中，但都没将缺口之敌赶走。在左翼的曾世庸营长报称，化城门的敌人已经进入城内。在此极为险恶的情况下，我立即以电话向汪匣锋报告，汪说逐步向南转移过河。我当即命令陈筱文团长，要他即派机动部队第三营以两个连在师指挥所附近占领两三处比较坚固的民房，并利用街巷工事，在城内与敌巷战，并准备为掩护守城部队在城内阻击敌人，逐步向城南转移渡河；并还令陈筱文准备在河对面么店子附近收容部队。渡船是第一二五师师部派人掌握分配，当我与营长曾世庸退到第一二五师师部时，该师部空无一人。出门遇到第一二五师师部的一位副官，他说汪师长已奉命率领师部人员过河去了。

老河口西面是汉水，渡船不多，部队且战且退，到下午5时各团部队才退到河边。虽然第一二五师师部有人掌握分配船只，但因船只不多，有些部队在河边等船，有些部队则沿汉水东岸河边向南方谷城方面走去。我和第三八〇团第二营营长曾世庸由城内与部队一道亦向谷城方面走去。此时敌炮不断进行延伸射击，炮弹在部队行进的河堤上爆炸，我的卫士杨斌廷在行进时被敌弹打中，当即死去。这时被敌炮弹打死打伤的有十几人，都被身强力壮的官兵们往下游运走了。我们又向前走了半里路左右，由上游划来载着第三八〇团官兵的一只船，船上的官兵才把我和曾世庸等叫上船去。这只船快到对岸时，又被敌人炮弹弹片打穿，船上的人也被打伤两人，打死一人。在船漏水将翻时，各人取船上木板，趴在木板上游向西岸。我游上西岸后，望见对岸还有不少人向谷城方向走，其中有老百姓，也有部队。第一二五师管渡船的人尽量把东岸的人渡过西岸来。

我过河后，在老河口对岸么店子附近找到了第一二五师师长汪匣锋和第三八〇团团长陈筱文，当即要求汪匣锋命令管船只的人在老河口南边再增加些渡口，多渡些人过河来，同时命令陈筱文团长在这个么店子附近设立了第三八〇团收容站，收容了第三八〇团过河来的官兵。当晚收容站就收容了第三八〇团300多人，第二天在这个么店子及其下游附近又收容了500多人，该团奉命在戴家湾附近整训。当汪匣锋、陈仕俊和我在么店子附近收容部队时，第四十五军军长陈鼎勋获准提前由重庆陆大甲级将官班赶回部队。陈这时也到达这个么店子，彼此见面，汪匣锋、陈仕俊和我分别向陈鼎勋军长报告了第一二五师和第一二七师作战经过。汪匣锋说，长官部开始只命令第一二五师在老河口守三天，以掩护长官部物资和人员的撤退；守了三天之后，又下令继续再守一星期；又守了一个星期后，长官部又下令还要再守一星期。陈鼎勋军长说，第一二五师、第一二七师在保卫老河口战役中，都是努了力的。部队牺牲太大，当即向上面要求补充。这次战役根本应该是整个第五战区来与敌人作战，南阳、邓县很快失陷，襄阳、樊城又早已失守，老河口成了一个孤城。总部派第四十一军直接支援第一二五师部队，只有黄伯亮团的两个营了，太少了。从大洪山远调第一二七师来增援，是远水难救近火，这是漏斗战术，不应该守这个孤城。不过我军将士能服从命令，这样团结奋战，使日军得到了应有的下场。这次战役第一二五师伤亡不计外，只是第一二七师就伤亡了500余人。

老河口战役后，第二十二集团军奉令固守汉水右岸。第四十五军奉命担任襄阳以上三官殿河防，第一二七师担任襄阳至谷城间一段河防任务。直到日军无条件投降为止，都保持这个状态。

李文密

次日14时天气倏变，狂风大作，阴云四合，雷鸣闪电，暴雨倾盆，平地水深丈许，我军立即征集木船几只和农民的拌桶，利用村房隐蔽接近敌碉堡，投入集束手榴弹，并用六〇炮平射把碉堡炸毁，全歼守敌……

- 1906年生，四川阆中人。
- 1936年12月，西安事变发生后，利用其西安行营侍从室后勤课课长的条件，为中共代表团传递信件、电函，提供物资钱粮，为进步青年赴延安参加抗日提供帮助。
- 1939年，任第二十三集团军第八十八军新二十一师六十二团团长。
- 1942年5月，参加浙赣会战。
- 1943年，任第三战区高级参谋，陆军新二十一师少将副师长、师长，金华兰溪守备司令。
- 1996年3月8日，病逝于四川阆中。

第八十八军出川抗战的回忆

李文密　陈章文

七七事变以后，日本帝国主义又于8月13日进攻我上海，遭到我军坚决抵抗。当战争正在激烈进行时，范绍增应第三战区长官司令顾祝同之邀，与罗君彤一道去上海战场观战。范在我前线战士浴血奋战的激励下，向顾表示愿意返川组建新军参加抗战。经顾祝同签呈举荐，国民政府军事委员会于1938年春任命范绍增为八十八军军长，罗君彤为副军长。范在组建军队过程中，曾将其在重庆的房产（包括上清寺花园）抵押出去，用该款购置了一批精良武器。

1939年春，顾祝同电令该军从速出川，到江西上饶附近集结待命。4月上旬全军到南川整训了两周，旋即开赴前线。名为一个军，实则只辖新二十一师一个师。其编组情况如下：

军长　范绍增

副军长　罗君彤

参谋长　刘展绪

参谋处长　高震寰

新二十一师师长　马昆山

副师长　吴韶金

六十一团团长　高　鹏

六十二团团长　李文密

六十三团团长　黄君殊

军直属补充团团长　徐有成

新兵大队大队长　陈章文

自南川出发前，军长范绍增、副军长罗君彤曾集合全体官兵训话指出，过去我们在四川多年都是打内战，这回是为了反抗日本侵略我国。抗日的军队，要有个好样子，要人人当英雄，不准出狗熊。要求官兵互相爱护，严守纪律，提出了约法三章：一不怕苦，不怕累；二不准掉队，逃跑者重办；三爱护老百姓，不准拿人家东西和毁坏庄稼。全军官兵95%以上虽因从未出过川，对远离家乡有依依之情，但见沿途贴满了"抗战必胜""日寇必败""欢送八十八军上前线"等大幅标语，军政治部又提出"日寇未灭，何以家为！"以鼓舞官兵，并沿途大唱抗日歌曲，士气为之大振，官兵们都想早日到达前线，报效国家。全军徒步行程4000余里，穿越湖南，到达江西弋阳，被列为第三战区总预备队。这时，在人事上又作了一些调整：新二十一师六十一团团长高鹏调任军部副官（处）长，遗缺由补充团长徐有成充任。军参谋长刘展绪、参谋处长高震寰因故被去职，任命陈章文为军参谋处长。

作为第三战区总预备队的八十八军，曾先后接受过二十三、三十二集团军的指挥，在赣东、苏南、浙江省境内担任防务，对日作战。我们二人自八十八军组建时起到抗日战争结束，均在该军任职。现就记忆所及，对该军（实则是新二十一师）在抗日战争中所经历的主要战役、战斗记述于后。

苏南防卫

1940年11月奉长官部电令：八十八军即由广德开赴苏南张渚，接防五十二师所担任的太湖沿线防务，并指挥原在该地的江苏保安旅张少华、江西独立旅黄振球两部。

军部以主力新二十一师六十三团黄君殊部担任鼎山、蜀山之线，六十二团李文密担任归径桥、徐舍之线为正面的前沿阵地，由六十二团之一部担任龙池山、善卷洞、离墨山为主阵地，另一部固守徐舍、归径桥两坚固据点，其间利用水网以联结之，对东洒、西洒水上的封锁，主要是对宜兴水面的控制。六十二团的指挥所在归径桥。以两个营配备在主阵地带上。后方阵地在戴埠、张渚以北。张、黄两旅担任游击、巡逻及侦察、谍报的任务。新二十一师师长马昆山请假免职，遗缺以副军长罗君彤兼任。军指挥所在张渚附近。

1941年1月中旬，日军利用"皖南事变"之机，掀起所谓"冬季扫荡"。敌二十二师团长土桥一次指挥所部及古货龙一师团之一个联队，从水上（东洒、西洒）以汽艇几十艘，配合炮兵空军轰炸与地面日军协同进犯。战争一开始即异常激烈。经过两日两夜的鏖战，我军伤亡甚大。鼎山（宜兴窑都）附近之黄龙山、徐舍等处更为激烈。第三天正面被突破，敌汽艇进入张渚市区，两个中队的敌骑向纵深突击。军部令总预备队据龙池山固守，掩护各部逐次撤退至流动桥、门口塘占领阵地拒止敌人。

三十二集团军总司令上官云相命令我们立即反攻。范军长立即召集军官会议，根据确实情报，敌人占领张渚后，似已无力深入，正掩护民工构筑工事，有久据模样，其不断向我突袭是假象，如果我们不迅速反攻，失掉太湖天然屏障，就会不断为敌军蚕食，对战局将带来很大不利。

军部决定反攻计划是：采用游击、运动战术，敌南进，我北进，用两翼包围迫使撤退。以新二十一师六十一、六十二两团为主攻，重点在右向川埠、汤家山之线攻击前进；保安旅张少华部向湖汉丁蜀镇方面佯攻，敌进我退牵住敌人，确实掩护军之右侧臂；其余部队为总预备队。攻击开始，军长、副军长亲临第一线，部队士气高昂，英勇进攻，前仆后继，重创敌军。我军进攻的第二天到达汤家山地区，日军飞机群低飞助战，步炮协同疯狂反扑，战况紧张到极点，我军团、营长亲冒矢石不断进攻，连续发起冲锋，与敌肉搏拼刺刀。经过三天两夜的苦战，虽然六十一、六十二两团伤亡较大，终将日军击溃。于农历除夕前，完全恢复了原来阵地。据事后捡得的日军退却命令记载，敌师团长土桥一次曾到汤家山要隘亲自督战。在这次作战过程中六十二团第三营营长丁蜀川（南充人）因负伤住在军医院，日军飞机被迫下降在附近时，他督率伤病官兵，奋不顾身冲上去将飞贼击毙，破坏了飞机，这一英雄行为传遍了苏南地区。春节期间，当地人民穿着节日盛装，扶老携幼带上过年的腌酱鸡鸭鱼肉、糖果、米花，抬着多坛绍兴花雕，沿着100多里的防线慰劳部队，每个战壕的官兵，都吃上了老百姓送来的过年货。老百姓的慰劳对官兵鼓舞很大，一再向老乡们表示，一定要狠狠打击日本侵略者，来报答父老兄弟姐妹们的盛情。战斗结束后，曾得到军事委员会和三战区长官司令部的明令嘉奖，还派来高级参谋偕同苏联顾问到战地视察、总结战斗经验。

挺进杭州附近　一度克复余杭县城

1941年7月我军奉命挺进杭州附近地区，布防于青云、南涧之线，并以一部进出于横畈一带地区。根据战区长官部指示，决定派出一部深入敌后进行袭扰活动，当即组成两个步兵加强连，由六十二团两位营级军官（第二营营长杨明、第三营营长黄长龄）各率一队分别深入敌后游击，在共产党地下组织抗日后援队的武装配合和广大人民的掩护下，在仓前、良渚、留下、三墩、梅家坞一带活动，并经常进入里西湖袭扰敌人，并曾一度占领昭庆寺，突入敌军疗养所击溃日军一个中队，缴获一批武器弹药。

1941年10月三战区长官部发动“双十”总反攻，全面出击。我军部署在富阳、余杭一线以六十二团为主攻，该团在抗敌后援队的无私配合下，开始以一部佯攻富阳，转移敌人注意力，夜间由坎堤湾开进，与事先潜入余杭城内的突击队里应外合，骤然发动突击。黄长龄身先士卒，攻下了敌碉堡群，夺取了两座炮兵阵地，一举迫近城根，于10月8日夜间收复了余杭县城，消灭了盘踞在城东的敌人一个大队。此后敌人几次反扑均未得逞，乃用飞机多架次昼夜轰炸，城内外尽成废墟。六十二团伤亡千人左右，三营营长黄长龄身负重伤。10月13日奉命撤出。这次“双十”总反攻，全战区独我军收复余杭，士气振奋，战果辉煌，影响颇大。各处慰问、贺电如雪片飞来。军事委员会转颁我军二级云麾勋章三枚，陆、海、空军一级奖章六枚，二、三级干城奖章24枚。

此后不久，战区司令长官顾祝同告诉范军长，已签呈蒋委员长扩编八十八军，很快就会批下来。范回部不久，长官部就发表了六十三师赵锡田部，拨归八十八军节制指挥。

1942年1月，八十八军移防浙江东北地区，以新二十一师六十一团担任枫桥地境（绍兴方面）防务；六十三团担任茨坞地境（萧山、富阳方面）防务。六十二团在牌头、安华、占领阵地构筑工事。这时长官部又命六十二师谭道平部拨归八十八军建制，于是八十八军便成了辖三个师的甲种军。不久升范为第十集团军副总司令，范之军长遗缺，则由何应钦之侄何绍周接替。这样一来，范绍增有苦说不出，只得回到重庆，遥领副总司令虚衔混日子。

李文密

参加浙赣战役

1942年初夏，敌人为了进攻我东南广大地区和夺占我衢州飞机场，编成东、西两个兵团，每个兵团各三四万人，各附空军一个联队，东路由绍兴、萧山、诸暨沿浙赣铁路之义乌、金华，攻击前进，另一股分由富春江水路攻掠桐庐、兰溪等地指向金华；西路则由江西抚河、临川、崇仁、弋阳、贵溪、横峰沿浙赣铁路东犯，敌有力之一股，窜扰河口，妄图直扑上饶摧毁第三战区长官部，然后与东路兵团会师衢州。当时三战区的防线，由福建沿海经浙江、江苏、皖南、江西与湖北接壤，全长数千里，兵力很不足，乃决定与敌人展开运动战和游击战。八十八军的情况是，新任军长何绍周尚未到职，拨归的六十二师、六十三师只见命令空文，不见一兵到来，副军长兼师长罗君彤命令新二十一师部署如下：六十一团徐有成部位于枫桥占领阵地，监视章镇、绍兴之敌；六十三团黄君殊部位于茨坞占领阵地，监视萧山、富阳之敌；六十二团陈章文部集结于安华附近，同诸暨各区民工，右起梅花坞亘安华、布岱岭、狮姑坪、滴水岩、同山岗、边村、九曲岭诸点构成坚固、纵深防御阵地（绍兴、萧山地区有浙江保安军萧冀勉的游击部队活动）。

5月中旬绍兴、萧山、富阳之敌开始攻击。第一天枫桥、茨坞各团就地抵抗，阻止了敌人前进。夜间六十一团转进璜山、梅花坞之线，六十三团转进到布岱岭、狮姑坪。次日午前9时许，敌强行猛攻，与我各团展开激战。六十一团璜山据点被敌攻占后，曾一度夺回，旋得旋失。继因梅花坞地形不利，即沿铁路线右翼之大陈、苏溪方面占领阵地。六十三团放弃安华，凭布岱岭既设阵地坚决抵抗。六十二团派去的远距离搜索队（一个加强连）与由诸暨西乡经五都、三都前进的日军先头部队周旋，使敌人大部队入暮时始到达同岗山麓。次晨敌炮开始轰击，敌机多架次轮番低飞扫射和轰炸，到下午5时日军多次强攻和反复冲锋，有的工事虽为敌炮或敌机投弹命中，有的机枪掩体被击毁，官兵埋于其中。但在我官兵浴血鏖战下，仍保持了主要阵地。当夜各团调整阵地，六十三团占领狮姑坪及白马庙纵深地带，六十二团占领滴水岩、九曲岭地带，此地射界良好工事坚固，依山傍村得到当地民众组织的抗日后援队配合（出面领队的是老乡长沈发藻，实际是共产党地下组织的金萧支队的一部分）与日军反复冲杀，血战竟日，我阵地仍巍然不动。又派出一部夜袭敌人，使其终夜惊惶、晕头转向。第二天夜间，新到任的军长何绍周以沿铁路线及富春江两路之敌，已到金华地区，命我师迅速脱离敌踪，隐蔽于北山、鲤鱼山、浦江、中余、马剑镇等广大地区，东不过浙赣线，西不渡富春江，实行游击作战，拖住敌人。各团乃与敌脱离接触。

6月中旬，六十二团在游击区马剑镇（属浦江，距安华站百里）奉到何军长命令，立即进入敌占区，截断安华地段铁路交通，彻底破坏水下张铁路桥，限3日内完成任务，否则军法从事。全团当夜赶到唐仁，侦察结果，安华火车站住日军一连警备，水下张铁路桥头筑有碉堡一座，兵力一排，火力除轻、重机枪外有四支掷弹筒，射界良好不易接近，铁路上不时有铁甲车巡逻。团部决定次日入暮后派兵一连附重机枪一挺阻击安华之敌；由第一营营长刘光远率该营围攻碉堡，阻绝出路；第三营附工兵一排，由营长丁蜀川指挥强行破坏铁路桥的作业。次日14时天气倏变，狂风大作，阴云四合，雷鸣闪电，暴雨倾盆，平地水深丈许，我军立即征集木船几只和农民的拌桶，利用村房隐蔽接近敌碉堡，投入集束手榴弹，并用六〇炮平射把碉堡炸毁，全歼守敌，又征得部队和老百姓中水性好的几十人，下水撬挖桥基。因为铁路桥在我军撤退前曾破坏过，现在日军修的是简易桥，加之山洪暴发，水中漂下木头，横七竖八冲撞桥基，半夜时轰然一声震天巨响，不仅桥面垮塌冲走，桥基亦随之彻底崩溃，敌人铁路运输完全截断。铁路桥破坏后，我们就隐蔽诸暨西乡一带敌后游击，活动于富阳、诸暨、浦江、金华地区，主要任务是在东面袭击敌人的铁路公路交通，西面择沿富春江岸要点，阻击水上航运，袭扰敌人交通运输。由于当地人民的真诚合作，常常送来可靠的情报，收到很大的效果。在旗鼓山燕子坪袭击敌人有两连武装押运的汽车队，敌遗弃打坏的汽车九辆，狼狈逃窜。其中一辆是小轿车，内有两个着花哨和服的日本女人，被炸得血肉模糊。在虏获的物资内有弹药、被服、医药、食品，还有一大盒日本大管钢笔，镌刻有“天皇御赐第十师团攻克宜昌纪念”，证明其为东路进犯之敌，其主力是日军第十师团。由于我们截断了铁路线，又阻击了公路运输部队，使敌受到很大损失。敌乃抽调了两个大队，配合飞机几架，由诸暨县城和安华两头出动，向我夹击。在子母石地方与之遭遇。这一带地形，我们特别熟悉，派一连人从右后方深谷绕袭，正在煮饭准备午餐的敌人遗尸两具，丢下菜饭抱头鼠窜。从此敌机每天多架次轮番侦察，敌人别动队日夜袭扰。全师乃出其不意深入富春江边之龙门山地境。这是一个地层断裂的洼谷，有里陈、外陈、里钱、外钱几个村子。这儿山明水秀，人民诚朴富裕。我们进入这一地区，对部队的纪律约束很严，与当地百姓相处很好。休整了一星期左右。有天半夜房东起来煮早饭告诉我们说，近来观音菩萨降乩，这个村子一带，今天起将发生灾难，外逃可免，他们饭后就往外跑。我们同师部研究，觉得很蹊跷，决定部队拂晓即疏散。到了次日 9 时过，突然数十架日本飞机临空投弹，附近几个村子，也就是我们住的村房，全被轰炸成一片焦土。后来始悉是一个在城内的人得到消息，借口神灵显圣透露的。

夏末秋初，日军已把浙赣路全线打通，占领衢州机场。我们在富春江三角地带受敌人夹攻，活动地区不大。军部命令新二十一师相机突过铁路线，向松阳地区转进。铁路线上金华至安华段，敌军铁甲车巡逻频繁，我部在地方的抗日后援队的协助下，邀请了 20 多名铁路工人，组成两组，分在东西两头，利用铁甲车开过的间隙，迅速把铁轨扒掉。下午 6 时狂风骤起，大雨如注，部队立即接近铁路线，入夜即开始突过，在长十数里的荷叶塘铁路线上越过铁道。两头敌人的铁甲车吼声不断，探照灯乱晃，因铁路被我破坏无法前进，又受到我阻击部队的有力袭击，敌人只能躲在乌龟壳内盲目射击。当我们全师安然突过铁路到达东阳念三里时，街房已被水围困，附近几十里一片汪洋，我们走不出去，敌人也没法来攻，后来我们又经武义、松阳，到达仙霞岭山脉的石仓原、大阴村一带休整。

9 月初奉三战区司令长官部命令，对浙赣路之敌全线反攻。八十八军新二十一师自松阳地区出发，向盘踞在缙云、武义、永康之敌攻击前进。六十一团在武义城郊与日军展开了两天一夜的攻守战，经过多次冲锋和肉搏，始将武义县城收复，推进到雅畈一线。六十三团经缙云攻击前进到达黄碧村时受到日军的有力抵抗，经两日的反复冲击，敌人乃撤守永康之仓前、溪坦一线。六十三团组成了一个加强连为基干的三个攻击波部队，不顾牺牲轮番冲锋，终将守敌击溃并跟踪追到石柱街，敌人凭借已设阵地和河川障碍阻止我军前进，六十三团乃派部队由右翼舟山村方面绕袭，敌人发觉我迂回部队，便撤到永康城郊；六十三团又经过两日的强攻遂将永康县城占领，追到上、下茭道之线。日军沿铁路线层层设防，碉堡林立，火力交叉，铁丝网多层密布并通了电流，安放了地雷，至此即成对峙状态。浙赣战役，自 5 月中旬展开，至 9 月告一段落。

金佛山、雅畈之役

1943 年春八十八军新二十一师的防线，自浙江义乌亘永康、武义至汤溪地境，右为六十二团守备，左为六十一团守备。由于日军随时率同伪军搞所谓“扫荡”，四出掳掠骚扰，老百姓深受其害。军部命令第一线各团对当面之敌，择要打击，相机占领要隘，阻止敌人侵扰。六十二团当面的金佛山，在上下茭道的右前方，是金华、武义、永康的交通要道，为一孤立的土石山，有一个大庙子金佛寺，此山高仅100多米，但耸立于平原上，展望良好，射界广阔，不易接近。日军有一个排、伪军一个连，火力很强，筑有碉堡和坚固工事。敌伪经常出来抢掠并遍搜所谓“花姑娘”，老百姓恨之入骨。有一次我军得到群众报告，即乘敌伪到村掳掠时，派出一个连潜伏村内，将敌包围。另以第二营营长石青云指挥全营附重机枪一连，迫击炮二门围攻金佛山，两处同时打响，使之彼此不能救援。进入村内之敌约30人，被伤毙10多人。金佛山之敌，虽曾顽抗，因伤亡颇大，入暮时也只得遗尸11具向金华溃逃。我军令附近群众彻底挖毁敌设阵地。据俘虏的伪军（7人）供称，日军队长吉村中尉粗暴蛮横，士兵畏之如虎，当我军进攻时，他多次强令用密集队伍冲出反扑，以致伤亡较大。我迫击炮命中两发，立毙日军五人、伤多人，吉村逼伪军抬走日军尸体，所以遗尸中无日本人。敌人失去金佛山决不会甘心。我在本道上设阻击线两道，逐次抵抗，迟滞日军前进，摆出要固守的样子。次日午前9时，敌机三架飞来侦察，发现所设假目标，投弹轰炸，金佛寺大庙多次中弹。10时许，敌伪六七百人，利用飞机炮兵的掩护向我扑来，经我两道阻击防线的逐次抵抗，使其付出了很大的伤亡代价，黄昏时才到达金佛山。敌人发现阵地已被彻底破坏，不堪设防，于当夜撤走时，又被我袭击追杀，狼狈地逃回敌巢。这次战斗，我伤排长2名、士兵15名，阵亡士兵5名，俘虏伪军7人，缴获三八式步枪13支、子弹2000发、轻机枪两挺（一挺已打坏）。浙江《东南日报》刊载是役消息的标题是：国军血战金佛山，大量歼灭敌伪军。

在武义方面，六十一团以有力之一部夜袭雅畈据点，很顺利地即将该地占领。敌人迅速纠集龙游、汤溪方面的部队分两路猛烈反攻，经一天一夜的艰苦战斗，我方撤回原阵地防守。

克复丽水　攻占温州

1944年入夏以后，日军为了扩大浙南占领区，进窥闽北，在金华、义乌等铁路沿线城镇集结了大批日军和作战物资，温州海面敌舰游弋频繁，有大举向我进攻之势。

这时八十八军已扩大编制，新二十一师已扩成甲种师，军长何绍周已调走，继任是刘嘉树（原第五军副军长）。新二十一师在松阳整训后，于5月到永康接防。李文密由陆大特别班毕业后回到新二十一师任副师长。六十二团担任从义乌亘永康至武义青溪口长100余里的防务。永康石柱街、武义青溪口为通金华公路要隘，构筑坚固阵地扼守，其余以游击部队配合民众武装巡逻警戒。由于地形熟悉，军民感情融洽，情报灵通，弥补了兵力不足的弱点。师部率六十一团在缙云括苍山地带设防。六十三团集结丽水整训。

8月，三十二集团军参谋长曹耀祖在浙江云和召开第一次作战会议，对新二十一师下达的作战任务是：第一阶段在永康、武义、缙云地区拒敌，以疲惫、消耗、迟滞日军，掩护我主力部队集中；第二阶段坚守丽水，巩固瓯江防务与敌决战。新二十一师命令六十三团立即加强丽水城防工事，六十二团仍担任第一线原有防务，师率六十一团在缙云、丽水地区策应各方。

1944年8月22日晨，日军两个联队分向永康、武义全线进攻。刘嘉树军长电话命令，第一线部队（新二十一师六十二团）必须阻敌三天，掩护后方部队推进。因日军来势甚猛，第一天傍晚即将我前哨阵地大部夺取，逼近石柱街、青溪口主阵地。为了推迟第二天敌人的进攻，六十二团命令石柱街守备部队第二营、青溪口第一营各组一支袭击队，配合地方抗日群众武装，携带手提式机枪、轻机枪、手榴弹、大刀等，利用日军骄横、警戒疏忽，入夜以后摸近敌人，骤然突袭后，从相反的方向绕回。民兵则在先头部队向敌突袭时潜入，稍后再猛烈袭击，打得敌军晕头转向，前后几个村子之敌互相自打，彻夜惊惶。第二天10时许，敌人才整理好部队向我进攻。石柱街方面之敌在优势炮火和飞机三架俯冲轰炸扫射掩护下，步兵冲到河边与我对峙。在青溪口方面之敌人虽有坦克数辆掩护步兵冲击，因山陡、林箐茂密（纵横百多里皆白夹竹林），公路隘口又挖成很深的陷坑，坦克无法前进。第三天敌人用火焰喷射器纵火，满山起火燃烧，我第一连阵亡排长一员、伤亡士兵20多人。军部直接命令六十二团必须逐次抵抗，迟滞敌人五天，以待后方部队到来，如违，军法从事。军长刘嘉树又在电话上对该团团长说，事关大局，你要勉为其难。丽水城防正在采取一切手段加强工事构筑，各部队没有命令，不准过河。我在瓯江岸上督战。该团在与右翼括苍山的六十一团联系后，即集中力量、纵深配备扼守双溪（此地为缙云、武义大道要冲），凭险拒敌五天，打退敌人以飞机配合的多次进攻。该团虽伤亡200多人，不但阵地未为敌所动，且据抓回的伪军二人供称：连日来敌伪伤亡亦很大，还有一个日军少佐被打死。第五天午夜，因丽水附近已发现敌踪，该团乃奉军部电令，渡过瓯江在南岸布防，策应丽水作战。

丽水位于瓯江中游，是浙南的交通枢纽，东去温州出海，西去龙泉以通闽赣，为三战区军事、经济要区。其地形：括苍山横亘西北，有居高临下瞰制城区之势；东近好溪，南背瓯江大河，西面是武义、松阳，此处毫无屏障和依托，为敌人进攻重点。罗君彤师长虽提出过孤城难守，但总司令部仍指定新二十一师六十三团坚守，师主力集结于瓯江南岸，并说这是有计划设下的所谓“出奇的背水阵”。六十三团依城墙旧址构筑了坚固城堡，在城根挖成深壕设防阻敌进攻，又在城内打通家屋墙壁，择要构筑据点准备巷战。敌人集中了约一个师团兵由壶镇、缙云、武义南下，势在必得丽水县城。头一天敌逼近城墙被我击退，夜间敌一小股曾突入城内，经过巷战被我赶走。第二天凌晨，敌人利用优势炮火轰击，10时左右敌机多架次飞临上空轰炸扫射，敌步兵又以云梯强爬城墙，并用喷火器掩护开路，城内工事多处被毁，我军伤亡甚重，而敌人不断增援，愈战愈多。傍晚时日军已攻进城内，敌我各据半城激烈巷战。六十三团团长彭孝儒（前团长黄君殊春天于松阳病故）新任不久，对官兵了解不深，深夜得到军部命令可以相机突围时掌握的部队已不多，形成人自为战，天明退到江边，又因是所谓“背水为战置之死地而后生”的处置，已事先把浮桥拆了，彭团长只得率部分官兵泅水渡瓯江，师主力眼睁睁无法出击增援，只有与敌隔江对射以作掩护，但渡江官兵大多牺牲在江中。

敌人占领丽水后，三十二集团军总司令部在云和召开第二次作战会议，三战区副长官、浙江省主席黄绍竑，参谋长张少杰及各军、师长、副师长，突击第一、二总队长等参加了会议，批判了丽水防御战的“出奇的背水阵”，曹耀祖承认了错误，作了检讨。集团军总司令李默庵命新二十一师副师长李文密率六十一团乘黑夜在海口渡过瓯江，到敌后游击，相机收复丽水，截断敌向温州进击；六十二团在瓯江南岸，对丽水之敌严密监视，与六十一团密切配合，相机收复丽水。副长官黄绍竑认为应派第一、第二两突击队迅速沿瓯江截击敌人，第一步占领青田，最后确保温州。新二十一师则作集团军总预备队，收容整顿，不宜用于过江打游击。但李总司令仍按原案报往三战区，顾长官未批准，要副总司令陈铁指挥第一、第二突击总队，沿丽温公路截击沿江之敌，向温州进击。以八十八军新二十一师主力（两个团）由青田南之山地，向油竹夺取温州。当时第一线的实际部署，基本上实施李总司令部方案。

新二十一师副师长李文密率六十一团，在海口以西之石帆（著名风景区，瓯江至此形成大弯回水，石岩壁立千仞）腰击敌人，击沉敌运输船12只，缴获装有弹药、器材、食品的辎重船五只，截断了敌人的交通，使丽水之敌形成孤立。瓯江河面宽，北岸城墙壁立高丈余，水枯时河心有一沙洲，城墙西脚杂草丛生。据一警察说此处有个水洞可容一人进出，原为旧书院排水洞，房子倒塌荒废了，有难民由此逃出。六十二团侦得丽水城内之敌出好溪一带抢粮，便乘机攻城。此警察愿效力带路。第一营入夜即渡河，分向东、南门城楼猛攻，夺取城关。第三营借夜幕掩护，从沙洲抢攻西门城楼，营长黄长龄甚机警，带着向导从水洞内偷袭进城。团指挥所推进到江边，集中重机枪、迫击炮制压敌人。当我军渡过瓯江攻近城根时，敌人烧火亮城，这就为我在死角上的偷袭给了便利，既爬城墙又钻水洞，与敌人在城楼反复拼杀。凌晨3时南门城楼为我第一营攻占，敌人据市中心天主堂的碉堡顽抗，正巷战间，水洞口冒出一队“土行孙”，枪击、刀砍、手榴弹炸，敌人惊慌失措，夺路出东门向壶镇方面逃跑，丽水县城为我克复。是役夺回日军步枪10多支，掷弹筒两具（一具可用），俘虏伪军30多人；日军遗弃尸体数具，有的裹了白布，有的裸体。三战区来电嘉奖，并为黄长龄记了大功。

丽水收复后，军部命令六十二团在丽水构筑工事，休整待命。新二十一师之另一部仍按以前计划，在突击总队之后跟进、由青田南面（瓯江南岸）之山地经油竹夺取温州。前方部队仍由副师长李文密指挥，部队在青田附近经两天一夜，始登上没有人烟的尖山子最高峰，然后在南田附近翻山越岭。当我师部队到达油竹、山口时，暴雨竟日，入夜山洪始退。休息一日，即向温州方面搜索前进。在前面运动之突击总队忽然失去联系，电台、侦察人员都联系不上。我部已抵达温州郊外之莲花心，此地是温州城的屏障。敌人在此筑有坚固的工事和炮台，山高坡险，峻峭难攻，我部将配属的山炮一个营（四门）协同步兵仰攻，五次攻击，两次得而复失，与日军肉搏三次，官长士兵虽伤亡1000余人，但士气不衰，仍继续苦攻。中秋之夜，一度冲入温州城内，并掩护和带出500多老百姓脱离虎口。由于莲花心尚在敌手，不得不退出温州城。此后即进入对峙炮战中。这是我第一阶段进攻温州的情况。

11 月下旬在丽水县城的六十二团直接奉到三十二集团军总司令李默庵命令：该团（即新二十一师六十二团陈章文部）驰赴温州仍受罗师长指挥，务将该城（温州）攻占，把日寇驱逐下海。部队行程五日经青田在温溪过瓯江，越山口到达瞿溪师部受领任务。我方得知温州之敌是以粟岗少将的一个联队为基干附诸兵种的混合支队，海面有兵舰三艘，带有飞机数架。温州城防，右从永强绕城南经梧梗、鲤鱼山，核心阵地为温州西面之莲花心、报国寺，山高约 600 米，长 10 余里，岩壁陡削，雄峙温州西关外，除山石裂缝处长有些杂草荆棘可以攀登外，别处就无法攀登了。我右翼瑞安方面，有浙江保安军，突击一、二总队。我师六十一团、六十三团（收容整理成两个营）攻击莲花心，已得而复失两次，伤亡一千数百人。总司令部拨来山炮一营、重迫击炮一营（四门 15 厘米）、要塞重炮两门（一门可用）。于是师部决定，以六十二团担任主攻莲花心，夺取纵深阵地报国寺（附六十一团一个营），攻击得手后即攻占温州城。六十一团、六十三团进入鲤鱼山之线担任右翼佯攻，确实掩护六十二团右侧臂之安全。六十二团攻击部队分两路，第一营在右第三营在左，各向直前目标攻击前进，第二营为预备队（六十一团拨归指挥的一个营亦为预备队）。通信连派出通信组随各营前进，架设电话到第一线。团指挥所设在胡公庙山上与莲花心遥对，中为谷地，观察阵地甚为明晰。

次日拂晓攻击一开始，敌我炮战激烈，对我军来说这次拥有的火炮是空前之多，官兵精神振奋，勇猛向前。中午第一线攻到莲花心山腹时，发现敌人最近又加强了防御设施，当我正前进时，敌炮猛烈还击，兵舰上长射程炮向我前后方猛轰，大地为之震颤，耳内一片轰轰嗡嗡分不出炮声枪声。激战到日暮，我已伤亡官兵近 100 人，但第一线仍被阻于山腰。本日在战斗过程中，曾发现敌左后报国寺洼地内冒出增援部队，询问土人，始悉左翼棱线后面，有一顺山边小径，可由出海口增援上来。

是夜乃命令第三营十一连胆大心细、年轻勇敢的连长瞿良，率该连精锐，由向导带到山涧潜伏，待我攻上敌阵地前沿，即从左后方突进报国寺纵深地带，夹击日军。

次晨细雨蒙蒙，山间云雾缭绕，敌人阵地笼罩在雨雾之中，给我翻越障碍、排除地雷接近敌阵的很好机会。9 时左右天朗日出，当即发起总攻，炮兵经过不断观测和修正，命中率大为增加，大大提高了官兵进攻的勇气，冲锋号尖脆震天，大红旗指向敌阵，冲锋组、敢死队登上棱线，在敌人工事掩盖上、阵地内猛投手榴弹，与躲在战壕内之顽敌拼刺，顽敌在长 200 米重叠侧防地带，进行顽抗。六十二团指挥所推进上棱线时，敌人纵深阵地报国寺一带，机、炮轰鸣，杀声震天，绕袭敌后的我十一连连长瞿良，率部揳入敌阵，左右冲杀，与正面进攻的我军前后夹攻，敌人一片混乱。就在这时敌人自城内冲出一个多列纵队，枪上刺刀，把退下去的日军赶回来，不顾一切地疯狂向我反扑。因我已占领报国寺庙门高地，敌系仰攻，我军火力发挥了最有效的射击，我各营官兵在报国寺和城关之间，与敌激战至傍晚，敌乃向城内溃逃。乘战胜之机，六十二团第二营蹑敌之后迅即占领温州西门城楼。于当晚 7 时（19 时）发出确实占领温州敌人已落海上船的告捷电。集团军总司令李默庵亦于当夜电令：温州攻击任务已完成，六十二团着即停止前进。新二十一师开赴碧湖整补待命。我六十二团在攻击莲花心、占领温州城的战斗中，阵亡排级军官 11 员、士兵 700 多人，又伤军官 20 多员、士兵 500 多人。其中，三营十连连长邓子惠阵亡于报国寺庙外；十一连连长瞿良率队冲进报国寺阵亡于庙门口，身体下还压着一个敌人军官的尸体，背上中了一刀两枪，胸前也被刀伤。还有第一营三连连长龙曙海，在莲花心棱线上与敌肉搏时，腹部被战刀刺伤，肠子流出，于夜间牺牲于医院。他们为反侵略战争光荣牺牲，真堪称中华民族的好儿子。

这次战役自 8 月 22 日永康、武义、缙云阻击战起，至 12 月中旬攻占温州止，八十八军新二十一师全师阵亡团长以下军官60多员、士兵2000余人，负伤官兵2000余名。

当时重庆报纸通栏大标题刊载："八十八军迭克名城：克复丽水、攻占温州。"浙江《东南日报》称为"中国东战场'斯大林格勒'之战"。

1945年1月，三十二集团军总司令部召开丽温作战总结会议，由新二十一师六十二团团长陈章文作了战斗详报。军事委员会、三战区长官部电令表扬，奖励法币三万元。温州各界邀请六十二团派出代表，去温州参加报国寺抗战烈士陵园落成典礼，并赠送锦旗多面、慰劳金法币两万元。

1945年5月，八十八军新二十一师在碧湖补充整训后（全师补充3000多新兵，六十二团补充1500人），再次接防永康、缙云、武义一带的防务，直至日本宣布投降。

李　秾

第二十九集团军同日军在大洪山展开激战，要隘全部失守，只得与敌转磨打圈；日军则死死咬住不放。几经激战，我军伤亡颇重，日军也遍处是死马遗尸。

● 1907年生，字话农，四川西充县人。

● 1938年8月，任第四十四军一四九师四四七旅八九三团二营营长，随部参加武汉会战，后因功升任八九三团团长。

● 1939年底，率部参加对日“冬季攻势”作战。

● 1940年7月，任第六十七军一六二师四八五团团长。

● 1943年5月，升任第四十四军一六二师少将副师长兼代军部参谋长。同年参加常德会战。

● 1944年6月，率部参加长衡会战。

二十九集团军出川抗战概述

李　秾

1938年春，第七战区司令长官、四川省政府主席刘湘病逝汉口，不久七战区撤销，蒋介石任命张群为四川省主席，川康将领通电反对。于是改任王缵绪为四川省主席，并令王将刘湘留川部队编成二十九集团军出川抗日，由王任总司令。这年3月，王缵绪在成都成立二十九集团军总司令部，报请任命许绍宗为副总司令，下辖四十四和六十七两个军。随即各部奉命分别在重庆、万县、荥阳等地集中，于同年5月轮运至湖北兰溪登陆，受第五战区司令长官部指挥。王缵绪以身兼四川省主席未出川，报经蒋介石批准，由许绍宗代理总司令。长官部令该集团军司令部位置于浠水县之张家塝，所属四十四军守安徽的宿松、太湖地区，六十七军守湖北的黄梅、广济地区。

参加武汉外围保卫战

1938年7月，日军第六师团沿合肥至田家镇公路南犯，我四十四军在太湖、宿松一带阻击日军。六十七军在黄梅、广济一带阻击日军。7月底至8月初，太湖、宿松、黄梅、广济先后陷落。

四十四和六十七军均退到合(肥)田(家镇)公路以西山地守备。其间，四十四军曾两度攻占宿松城。

9月中旬，长官部决定在黄梅、广济地区与日军第六师团决战，以保卫田家镇要塞。当时叫“黄广战役”。长官部命二十九集团军攻黄梅，广西廖磊部队攻广济。许绍宗受命后，以四十四军攻黄梅，六十七军攻黄梅、广济间之金中铺。两军与敌激战五日，均未攻下，与敌成对峙状态。9月底，日军在陆海空军联合猛攻下，陷我田家镇要塞。随后敌海军沿长江西犯，一部在蕲州西之黄柏城登陆，一部向浠水以南之兰溪进犯。在黄柏城登陆之敌，被四十四军四四七旅在九狼山击溃。从兰溪登陆之敌，分别向浠水、黄岗等地进犯。这时，长官部又命二十九集团军在浠水和上巴河地区掩护五战区转移。许绍宗刚接到命令，浠水已被敌占领，并向我集团军总部所在地张家塝进犯。许绍宗率总部和直属队由英山、罗田小道向西转移，四十四和六十七两军与总部失掉联系。

与此同时，黄梅、广济方面之敌，在飞机大炮掩护下，向我四十四、六十七两军进攻。两军退到上巴河西岸后，因闻浠水已陷敌手，与总部又失掉联系，四十四军军长廖震召集四个师长开会，决定以一四九师、一六二师在上巴河掩护其余部队向孝感、应城转移。会议未完，敌人已攻破上巴河，并以飞机大炮猛烈轰击我西岸各师，各师秩序大乱，向孝感、黄陂、沙市、宜昌溃退。师长王泽浚、张竭诚等，这时亦离鄂回川。接着，武汉亦告沦陷！

11月上旬，二十九集团军在浠水、上巴河溃散之各军、师先后到了当阳，奉令在当阳收容整顿。这次溃退，二十九集团军人员、武器损失过半。经过半年多才恢复元气。

防守襄河和参加大洪山诸战役

1938年11月底，奉战区长官部令，二十九集团军总司令部位置于河溶镇，所属两军右接江防司令郭忏部、左接三十三集团军张自忠部，沿襄河东西两岸守备。许绍宗令四十四军守备江陵的后港地区，六十七军为总预备队，位置于河溶、荆门地区。四十四军军长廖震令一四九师守备沙洋地区和襄河南岸之杨家泽；一五〇师守备马良地区和襄河东岸之旧口。

1939年1月底，杨家泽守军曾与沿汉宜公路西犯之敌激战三天。沙洋守军曾击落日军指挥机一架，机上之空军大佐渡边广太郎等六人被击毙。2月，京山、钟祥、旧口相继陷落，四十四军与日军隔襄河对峙。

5月初，长官部命令二十九集团军向襄河东岸之敌突击，一五〇师杨勤安部曾袭击黑牛渡之日军据点获胜。

10月，蒋介石令全国各战区开展“冬季攻势”，12月冬季攻势开始。我集团军根据长官部令到达大洪山地区，与三十三集团军张自忠部协同攻钟祥。三十三集团军先攻钟祥以北洋梓，二十九集团军先攻钟祥东北的汪家河和王家岭，经七天的苦战，二十九集团军攻占了王家岭，与敌对峙；三十三集团军屡攻洋梓不下，也与敌对峙。

1940年1月，日军增加一一六旅团向我反攻，三十三集团军败退于长寿店、丰乐河。二十九集团军败退于客店坡、三阳店。冬季攻势即告终结。

在冬季攻势开展的同时，四川的一些将领发动了反对王缵绪任省主席的“七师长反王”事件，蒋介石自兼四川省主席，王缵绪愤而请缨出川杀敌。在冬季攻势快结束时，王缵绪到了大洪山。行前，王将刘湘编到四川保安队的七个团、三个独立大队编成四个旅（李承魁、冯浩如、陈杰才、李鸣九分别任一、二、三、四旅旅长），由四十四军副军长王泽浚率领出川，随即担任宜城地区之襄河西岸守备。

1940年5月，日军兵分两路，一路沿襄河东岸北犯张家集、襄阳、双沟；一路西犯随县、枣阳。沿襄河北犯之敌，先向三十三集团军张自忠部，继向二十九集团军驻地张家集猛攻，三十三集团军向襄阳转移、二十九集团军退守大洪山西北要隘。

5月16日，三十三集团军总司令张自忠在宜城东岸南瓜店英勇殉国。李宗仁令王缵绪集中主力前往增援，王缵绪即令四十四军军长廖震率全军和六十七军一六一师执行。

6月初，日军两路兵力在双沟会师，迅即组成几个梯团南下。四十四军首当其冲，受到猛烈攻击，败退到大洪山。王缵绪令全集团军固守大洪山各要隘。日军第四十师团长天谷直次郎指挥所部四面围攻大洪山，并派飞机狂轰滥炸，我凭借山险和预筑工事与敌激战10余日，各隘口虽被敌占领，但我予敌以重大杀伤，敌师团长天谷直次郎亦被我击伤。此后，我利用山地隐蔽与敌旋磨打转，又激战10余日，敌伤亡甚重（我毙伤其将校军官达10人），疲惫不堪，不得不撤出大洪山。

与此同时，敌后继梯团，在宜城、钟祥、沙洋等处，强渡襄河，宜城守军王泽浚所部四个旅被击溃。日军直犯宜昌、沙市。蒋介石忙命陈诚为第六战区司令长官，要他抵挡日军。但陈诚部署未竣，宜昌、沙市已陷落敌手。长官部仍令王缵绪率所部守备大洪山。是役，该集团军守大洪山之部伤亡达三分之一。

在二十九集团军守备大洪山的一年又四个月（1940年9月至1941年底）中，日军对这个地区的“扫荡”和我军反扫荡的战斗曾多次进行，每次作战的规模虽不很大，但争夺还是比较激烈的。到1941年12月奉命开赴河南内乡整训，移交防务给二十二集团军时，仍保有大洪山之第一线阵地。

转战鄂湘

1942 年 3 月，二十九集团军奉命自河南调六战区，受司令长官陈诚指挥，同时升王缵绪为第六战区副司令长官。8 月，陈诚令该集团军总司令部和直属部队位置于桃源草街子，所属两军担任洞庭湖西岸的南县、华容、监利和石首、公安、沙市、松滋、枝江、宜都的长江南岸守备。

1943 年 2 月，日军从岳阳、沙市、宜昌等地，向二十九集团军所守地区进犯。滨湖战役开始。2 月 15 日拂晓，日军在枝江高山庙等地的炮兵，集中轰击六战区前线指挥部“松滋要塞”，要塞被敌击毁。同时敌步兵在飞机大炮掩护下，向六十七军一六一师四八三团所守百里洲进攻，激战两昼夜，百里洲陷落。该团退守松滋河南岸，2 月底该团反击获胜，收复了百里洲阵地。3 月上旬，日军全面向南县、华容、石首、监利、公安和沙市南岸太平口等地进犯，我集团军与日军激战到 3 月下旬，南县、华容、石首、监利、公安失而复得。敌退守洞庭湖西岸、沙市南岸的四处据点与我对峙。4 月上旬，奉陈诚令，停止攻击。滨湖战役遂告结束。这时，王缵绪根据战役情况，进行了人事上的升迁奖惩。笔者即于此时由团长升任六十七军一六一师副师长。

1943 年 10 月，日军纠集约九个师团的兵力和大批伪军，进犯常德、桃源，新任第六战区司令长官孙连仲令七十四军师长余程万率该部死守常德，令二十九集团军在南县、华容、石首、公安地区节节抵抗，以待六、九战区部队到来。此为“常桃会战”。

会战开始时，四十四军遵照命令，在南县、华容、安乡和石首、公安、津市地区，与日军鏖战 20 余日，并有所缴获。但另一路日军在飞机、大炮掩护下进犯很快，先后陷澧县、石门、慈利、临澧，并围攻常德，四十四军被隔断。敌迅即迫近二十九集团军总部所在地桃源。王缵绪忙将总司令部退到沅水以南郑家驿，令四十四军的一〇五师、一六二师在常德东北的太浮山和太阳山地区截击敌人。一五〇师与日军激战于常德附近的陬市以外，师长许国璋在作战中身负重伤后自戕殉国。

12月3日，常德陷落后，六、九两战区的增援部队陆续赶到太浮山地区，分头向敌猛攻，击败敌人。我四十四军其时也击退桃源之敌，孙连仲又令我军追击，日军退至注磁口、石首、公安、太平口、藕池口等地据守。本集团军攻藕池口月余未下，与敌对峙。随后我军奉命集结澧县待命。

在1944年2月的南岳军事会议上，王缵绪提出撤销二十九集团军总部和六十七军，将人员装备补充四十四军的意见，当即被蒋介石批准。四十四军由王泽浚任军长，于当年4月完成改编（辖一五〇师、一六一师、一六二师。一四九师亦列入四十四军建制）后，调属第九战区指挥。王缵绪调任第九战区副司令长官（王报到后即回四川，后任重庆卫戍总司令）。

1944年5月中旬，日军大举进犯长沙、衡阳，开始了“长衡会战”。九战区司令长官薛岳令四十四军军长王泽浚守备浏阳。王泽浚以一六一师为第一线，守备浏阳以北黄金台、沙市街、蕉溪岭、道吾山地区；以一五〇师为第二线，守备浏阳城；一六二师守备三姐桥地区（一四九师奉命在沅陵整补）。

6月6日，日军六十八和一一六等师团分西、中、东三路进犯浏阳，四十四军在浏阳四面受敌。一六一师在黄金台、沙市街、蕉溪岭、道吾山一线，与日军激战11昼夜，以上地区全部陷落。军长王泽浚令退守狮子山，一五〇师和直属部队在浏阳城鏖战两昼夜，浏阳失守，也退到狮子山地区。

6月18日，长沙陷落，战区长官部退至湘赣边境的桂东。日军东路军连陷醴陵、茶陵、攸县、安仁。7月下旬，长官部令四十四军向茶陵、攸县之敌攻击。我军三攻茶陵、两攻攸县，均未成功。第三次选派一五〇师四五〇团营长李芳率全营从茶陵东南门之间攀城而上，一部冲入城内，激战通宵，全部壮烈牺牲。此战结束后，四十四军奉命在茶陵、安仁地区任守备，直至日本投降。

襄河冬季攻势和枣宜会战

李　秾

1938年10月下旬武汉沦陷后，第二十九集团军的各军、师先后到了当阳，许绍宗率总司令部和直属部队最后到达。清点部队，全集团军人员损失过半。王缵绪请求蒋介石批准，兵员由他令四川顺营师管区征补，武器由第四十四军和六十七军原来存在四川的武器补充。经过大半年，才大体恢复元气。

守备襄河和冬季攻势

第二十九集团军在当阳收容整顿后，于1938年10月底奉第五战区司令长官李宗仁命令，该集团军总司令部位置于当阳的河溶镇，所属两军，右接沙市江防司令郭忏部，左接钟祥第三十三集团军张自忠部，沿襄河东西两岸守备，置重点于西岸。许绍宗当令第四十四军军部位置于荆门的后港，担任上述地区的守备；第六十七军为总预备队，位置于河溶和荆门地区。第四十四军军长廖震当令第一四九师守备沙洋地区，并以一部守备襄河东岸的杨家峰；第一五〇师守备马良地区，并以一部守备襄河东岸的旧口。

1939年1月底，日军第十三师团的一部沿汉（口）宜（昌）公路西犯，并狂炸沙洋地区。守备沙洋地区的第一四九师第四四七旅第八九三团，击落日军指挥机一架，机上的空军大佐渡边广太郎、空军中佐藤田雄藏等7人，拟驾船从襄河逃往汉口，也被该团在沙洋附近截住打死，渡边广太郎等七人的尸体及其武器、军刀、文件等，均被缴获，当时称这场战斗为“杨家峰战役”。这年2月，京山、钟祥、旧口均相继陷落，第四十四军遂与日军隔襄河对峙。

4月，李宗仁令第二十九集团军调有力部队向襄河东岸日军突击，自行选定目标；许绍宗转令第四十四军执行，第四十四军军长廖震转令第一五〇师执行。于是由第一五〇师师长杨勤安选定黑流渡为突击目标。5月初一个夜晚，该师以一个营猛攻黑流渡日军据点，以两个营埋伏于日军增援的路上。第二天拂晓，日军一个中队驰援黑流渡，当钻入我伏击区时，被我四面包围，激战1小时，打死打伤日军30余人，缴获三八式轻机枪4挺，步枪20余支。余敌逃回钟祥；该师突击部队也撤回襄河西岸。当时把这一战斗叫作“黑流渡战役”。

10月，蒋介石令全国各战区进行“冬季攻势”。李宗仁令第二十九集团军在冬季攻势前，于10月下旬，以一个加强团东渡襄河，深入敌后破坏汉（口）宜（昌）公路和京（山）钟（祥）公路的桥梁，以及日军的通信设施，并相机袭击日军，限两周完成，以便开展冬季攻势。廖震令我率全团（此时我任第四十四军第一四九师第四四七旅第八九三团团长）和第四四五旅的一个营，以及总司令部的一个机关枪连，前往执行。我率部于10月21日从钟祥以南的南兴集附近渡过襄河，深入到京山和皂市地区，炸毁了汉宜公路上的大官桥和京钟公路上的孙桥、官桥（东桥），破坏了日军在汉宜公路、京钟公路上的专用电话线，并袭击钟祥的东兴和京山的北关。11月上旬，基本上完成任务后，接军长廖震电：“上令冬季攻势，延期一月。令你在敌后继续执行原任务，待命返回。”

并说："本集团军将开进大洪山。"这个电报，为日军第十三师团窃获后，即派立花联队和川畈骑兵大队以及京山、钟祥一带的伪军，向我团进行所谓"讨伐"，企图在冬季攻势前，先歼灭我团。

日军的这个"讨伐"计划，当时我军并不知道，而是在战斗开始的第一天，由新四军的游击支队通知我的。后来在这次战斗中，从缴获日军文件里证明，此事完全属实。

我率领的四个营和一个重机枪连，在汉宜公路与荆钟公路之间，与日军的立花联队和川畈骑兵大队战斗七天后，被困于京山以西、钟祥以东的虎爪山和聊曲山。军长廖震电令突围撤回，我乘夜以一部向北突围，到达大洪山；主力向南突围，回到襄河西岸。接着随集团军开到大洪山。

12月，集团军到达大洪山后，冬季攻势开始。李宗仁令第二十九集团军和三十三集团军张自忠部攻钟祥。第三十三集团军先攻钟祥以北的洋梓，第二十九集团军先攻钟祥东北的汪家河和王家岭。许绍宗以第四十四军第一五〇师为攻击部队，第一四九师为掩护部队，第六十七军为总预备队，进行攻击，战斗七天，第二十九集团军攻占王家岭，以后即与王家河的日军成对峙状态。第三十三集团军屡攻洋梓不下，也与日军成对峙状态。直到1940年1月，日军增加第一一六师团，开始向第三十三集团军和第二十九集团军反攻。第三十三集团军败退长寿店、丰乐河地区守备；第二十九集团军败退客店坡、三阳店地区守备。第五战区以两个集团军参加这次"冬季攻势"的战斗，就此告终。

以后，蒋介石亲兼四川省主席；原四川省主席兼第二十九集团军总司令王缵绪则将四川保安团队编成四个旅，列入第二十九集团军建制，由第四十四军副军长王泽浚率领出川。王缵绪本人亦于冬季攻势快结束时，到达大洪山第二十九集团军总司令部专任总司令。新编的四个旅由王泽浚指挥，在重庆集中轮运巴东，经兴山、南漳，于1940年三四月间，到宜城孔家湾整训。随即担任了宜城地区襄河西岸的守备。

宜沙会战和集团军的改编

1940年1月底，在冬季攻势结束后，李宗仁令第二十九集团军总司令部位置于大洪山西北的张家集，所属两军，右接第三十三集团军张自忠部，守备大洪山。王缵绪当以第四十四军为守备队，右接第三十三集团军骑兵第九师所守的跑马寨，守备牯牛岭、青峰山、双峰观、王家岭、三阳店之线。军部位置于袁家台；第六十七军位置于张家集、长岗店地区，军部位置于竹林港。

5月初，日军分兵两路，一路由汉口沿公路西犯随县、枣阳和双沟；一路从钟祥沿襄河东岸北犯张家集、襄阳和双沟。

从钟祥北犯的日军，先向第三十三集团军张自忠部守备的丰乐河、长寿店、跑马寨猛攻。第三十三集团军向襄河转移后，日军继向第二十九集团军总司令部所在地张家集猛攻，集团军即退守大洪山西北要隘。6月初，日军北犯至宜城东岸地区，张自忠将军在宜城东岸南瓜店英勇牺牲。李宗仁即令王缵绪集中主力，从大洪山北上，尾击日军；王缵绪当令第四十四军全军和第六十七军的第一六一师，出板桥向日军尾击。日军的两路兵力在双沟会师后，迅速组成了几个梯团，立即沿襄河东岸南下；尾击日军的第四十四军三个师首当其冲，受到猛击后，败退到大洪山固守。日军南下的头两个梯团，由师团长长谷川指挥，四面围攻大洪山，并派机狂轰滥炸。第二十九集团军同日军在大洪山展开激战，要隘全部失守，只得与敌转磨打圈；日军则死死咬住不放。几经激战，我军伤亡颇重，日军也遍处是死马遗尸。

这时，日军从双沟沿襄河东岸南下的后续梯团，在宜城、钟祥、沙洋等处，同时抢渡襄河西岸。王泽浚指挥的守备宜城襄河西岸的新编四个旅，溃不成军，纷纷西逃。日军即直犯宜昌、沙市。蒋介石急派陈诚到宜昌指挥全局，不料陈诚部署未竣，败局已无法挽回；不久，沙市、宜昌即相继失守。

林华钧

不多时，受伤官兵被陆续送下。记得有一连长被敌人三八式枪击中头部，子弹从耳打进，面部穿出，他竟能走下火线，还能说话。

- 1914 年生，四川隆昌人，毕业于陆军大学第十一期。
- 1937 年，全面抗战爆发后任第二十三集团军一四四师参谋长，率部参加南京保卫战。
- 1938 年 3 月，任第五十军少将参谋长。
- 1939 年，任炮兵总指挥部少将高参，后任第二十军少将高参。
- 1975 年，逝世。

金村南山阻击战

林华钧

一

1937年8月，上海战场正在激战时，蒋介石要四川出兵，刘湘随即派主力部队出川。我时为第一四四师参谋长，随部乘船东下，11月13日转车到新乡。下车后不久，新乡兵站司令杜岗转来刘湘电令（此电是蒋介石命令刘湘的参谋长傅常在南京以刘湘名义缮发的）：

> 该师（第一四四师）赓即乘平汉、陇海、津浦车到浦镇。

11月14日在徐州换车，我同师长郭勋祺及师部人员在徐州住了一夜，知道该地部队是广西部队，并无川军开到，可知孙震部尚在途中。

11月15日第一四四师师部先到浦镇（距离浦口尚有五里），其部队及各师部队，随后亦陆续转到浦镇。不过，田钟毅旅系由老河口、襄阳步行到郑州，并曾到了新乡，故到浦镇较迟。当田住襄阳时，据田说，蒋介石曾派了飞机接田到南京，何成浚也曾派高参去说田，劝田服从蒋命到南京。田概婉辞拒绝，只听刘湘命令。

15日晚，郭勋祺到浦镇后，随即过江到南京城内刘湘驻京办事处，见参谋长傅常，知道刘湘还未到南京，战场的转变，是蒋命令傅常调的。郭由中央接待，住南京首都饭店。以后各师师长陆续到来，都被招待住首都饭店，蒋还一一接见了他们。

11月18日正午，第一四四师在浦镇接到刘湘长官部（实际是驻宁办事处）发来江苏、浙江、皖南的地图和命令（此令是蒋命令傅常以刘湘名义缮发的），其命令如下：

> 我军有拱卫南京之任务，该师于明（19）日由浦镇出发，过江出中华门，到溧水集中待命。

我将命令和地图看了以后，随即下达本师次日行军命令。把部队分成两个纵队行进。从浦镇出发，到浦口过江，出中华门，一队经淳化到溧水；一队经秣陵关到溧水。并做了一些过江处理（交涉船只等）。全师在20日全部到达溧水。在溧水遇见川军郭汝栋部的萧毅肃、龙鸣越等，摆谈中，知道上海部队已经撤退到了苏州的情况。他们对我们拱卫南京的任务有些担心，当然也鼓励我们为保卫首都多多出力。在溧水待了一天，21日下午3时，又接到刘湘长官部（仍为蒋令傅以刘湘名义缮发的）命令如下：

> 该师赓即开赴溧阳前方，在戴埠、新芳桥（今芳桥）一线，占领掩护阵地。

我将命令和地图看了，知道戴埠、新芳桥尚在溧阳前方二三十里。于是将命令转告各旅，并分派唐明昭旅、黄柏光旅在戴埠和新芳桥占领掩护阵地的任务。为了免受敌机威胁，通限于当晚出发。但四川部队官兵多着草鞋，从南京出发时，天下大雨，道路泥泞，且以新筑公路，概是碎石路面，草鞋穿烂，脚也走破，故到溧阳，虽想赶急，也不可能。以致22日下午4时才到溧阳，遂未再向戴埠、新芳桥前进。5时左右又接到刘湘命令（此令是刘湘亲笔所拟缮发的）如下：

（一）敌军已在浙江金山卫登陆，正在浙江境内激战中。

（二）我军有堵击该敌之任务，重点保持于广德、泗安方面。

（三）该师应在京杭国道（宁杭公路）长兴、宜兴间占领阵地，右与泗安、广德第一四五师切取联系，左与宜兴第一四七师切取联系。

（四）（略）。

我看了这道命令，略知刘湘的部署概况。刘湘部署的部队不是对付京沪线（沪宁线）上来的敌人，而是对付浙江方面来的敌人。但敌人的兵力多少，电文没有说明。电文所示“我师在长兴与宜兴间占领阵地”，从地图上看，大概就在江浙交界的山地。但电示我师应与“泗安、广德第一四五师切取联系”，量过地图，我师与第一四五师相距50—100公里，要“切取联系”是很不容易的。“与第一四七师切取联系”倒还可以，因该师正走在本师之后，同时也知道我军重点是在泗安、广德方面。

二

我师从南京出发几天来，郭勋祺师长没有同部队一路行进，全师由我负责率领。11月22日接到刘湘命令已有敌情任务了，我思想上一面盼望郭来，一面又不能不略作准备。因此找了唐明昭、黄柏光两旅长商量，当晚下达23日的战备行军命令如下：

林华钧

（一）敌情（略）。

（二）师有堵击浙江金山卫登陆敌人之任务，明（23）日晨6时以战备行军之态势，向宜兴、长兴方向前进。

（三）由黄旅派张定波团为前卫，于明晨6时出发。

（四）唐旅、黄旅（缺张团）及师直属单位和特务营（即警卫营，概是手枪）为本队，在张团出发后半小时，依次出发。

（五）（略）。

11月23日黄柏光旅长从溧阳出发不远，因干涉士兵，士兵手榴弹落地爆炸，将黄右手炸伤，立即送后方治疗。部队由副旅长许元白率领，代理黄的职务。

午后2时到达宜兴，没有进城。休息时，闻郭勋祺已乘汽车过了宜兴，向长兴驶去。他向部队说："请林参谋长来长兴。"我恐郭找我有任务，在途中找了卡车，乘到长兴，时已5时。进城见街道被炸，遍地瓦砾，目不忍睹。据说，日军飞机于本日下午三四点钟投了弹。到县政府找县长，不知去向。郭勋祺究竟在何处，打听不着。天黑出城，宿于炮二旅驮马队。次日晨，又在车站附近探询，亦未得悉。正遇敌机突来袭击，在车站投弹数枚，使我几乎殒命。这时我觉找郭很难，不如仍找部队。遂沿公路向宜兴走去，步行约五里，见背背架、着草鞋的乘马兵至，知是四川军，问他向哪里去，他说："找参谋长。师长派我来接他。"我说："我即是。"于是这兵将马给我骑上，他步行。约走四五里，即见郭正与参谋处长谭伟在路侧人家研究地图。时近中午，长兴又被轰炸。我们将地图研究完毕，正吃午饭，见由长兴前方李家巷向宜兴撤退的中央军部队，分四路纵队经过公路，其装备良好，头戴钢盔，足着军鞋，甚为整齐，总共约有两三个师，似犹未经作战即行退下。问其师、旅、团长姓名和部队番号，均不答复。实际恐是浙江部队。

时长兴前方已有机枪声传来。敌机仍在长兴上空盘旋投弹。我们看到情况紧急，郭和我决定下令：先令张定波团的前卫营，随即展开于夹浦附近和公路两侧施行警戒，掩护师主力在后方开进；令其余各团在金村南山之后停结待命。命令下达后，我同郭、谭等人跑到南山山上观看了地形，即下达师的防御命令：唐旅担任右地区方面的防务，占领朱砂岭之线，迅速构筑阵地；黄旅担任左地区方面的防务，占领南山之线，迅速构筑阵地。师以唐旅唐映华团和师特务营作为师预备队，位置于金村后面森林中，师部设在公路右侧一独立家屋内。命特务营在南山构筑掩蔽部，为师指挥所，卫生队在师后方路侧独立家屋。

当我们部队进入阵地时，友军炮二旅有两连山炮在南山。经郭和我晓以大义，强留阵地，协助作战，在 26 日这天的战斗中，给我们一次很大援助。

11 月 24 日下午，中央部队不断撤走，其后尾部队仅约一团多人，像是打过仗退下来的，非常狼狈。在当天晚上，我夹浦的警戒部队，与敌人少数部队有接触。

三

25 日晨，敌机三架，在我阵地上空投了十几枚炸弹，就朝宜兴方向飞去。我与郭、谭等同到南山指挥所叫各团加强工事，做好准备；叫炮兵务必沉着，非到最有把握、最有效力时，绝不射击，以免暴露企图，徒耗弹药。当天，敌人有小部队向我们警戒部队进行侦察射击。他们十分谨慎，并未冒失进攻。当晚四处都有枪声，我们随时同前方保持电话联系。但敌人并未实行夜间攻击。

26 日清晨，夹浦方面打得十分激烈。不多时，受伤官兵被陆续送下。记得有一连长被敌人三八式枪击中头部，子弹从耳打进，面部穿出，他竟能走下火线，还能说话。其他伤手伤腿的甚多，只觉担架太少（每团仅 10 至 20 副）。8 时左右，长兴方面敌炮兵即开始向我阵地射击，炮弹从头上飞过，我们躲在掩蔽部里。这时候，我们叫山炮仍不用还击，敌方打了 90 余发炮弹后，山上已经烟雾沉沉，我阵地前后都落有炮弹。我们占领的阵地是江浙交界的山地，山虽不高，但能倚托，且有森林，可以隐蔽；兼之又有工事，故士气旺盛，毫无顾虑。10 时左右，敌步兵七八百人向我猛攻。待敌到阵地前 1000 米以内，我们机枪才开始猛烈反击。这时，炮二旅也对准敌人的火力点——机关炮、步兵炮、装甲车和密集部队进行破坏和歼灭性炮击。果然打得好，敌人两三个大队完全被我近距离的机炮火力击溃。打到午后 2 时，双方成停止状态。以后敌人也未敢向我阵地再行攻击。一天战斗中，我们官兵沉着勇敢，战斗力强，也得力于炮兵的火力协助。但炮二旅两连山炮在战斗结束后，非撤走不可，虽经郭再三挽留，毕竟还是走了，我们只好听之。当天夹浦这营步兵，除公路两侧被敌人冲垮外，夹浦仍在其手中。不过，这营官兵伤亡很大，约百人左右。因无弹药，亦无补充，张团要求撤回。我同郭商量后，准其夜间撤回，作为该团预备队。张昌德团也有很大伤亡。据当晚师卫生队统计，负伤官兵已在 100 人以上，阵亡官兵尚未统计在内。敌人伤亡若干无确切数字，因各团只报“敌伤亡惨重”。敌军番号，主官姓名，我们也不知道。郭非常生气，当晚电话告知各团，要求“活捉日本官兵，决予重赏”。

27 日晨 7 时，敌人太湖水上飞机两架，飞来阵地扫射投弹，并在师部附近打机枪。我们怕有汉奸给敌人摆信号，乃令特务营以一排人着便衣，在师部附近巡逻。早饭后，郭上山对各团、营长说：“你们昨天打仗没有俘虏，不知敌人番号、主官姓名，是打混仗！”并说：“打仗不只是打退敌人了事，硬要俘虏敌人，夺获武器，才能算数！”郭、谭和我在阵地上走了一遍，认为我们所占阵地很好，左边是太湖，敌人大部队不会来，中间是公路，只怕敌人用战车来冲，但敌人知我们有山炮。山炮用直接瞄准，在1000米以内的威力很大，战车也未必敢闯。只是敌人不知我们的山炮已撤走了，所以大家都说，我们在唱“空城计”。不过右边地形比较复杂，敌人容易接近，我们不可不防。正谈论间，从太湖方向来的敌机正在向金村和师部附近投弹。我们跑回师部，见全村人已跑光，面前尽是弹痕破片，师部门前落下一颗炸弹，把守卫的士兵也炸死了。敌人昨天正面攻击未成，今天却从右翼来了。3时左右接张昌德团电话：“唐旅徐元勋团受敌人大部队攻击，战斗很激烈。徐团似已稳不住，已向后撤退，以致本团侧背受到威胁，不能支持，请想办法。”同时，张定波团也来电话报：“敌人已向本团进攻。”接到这两个团的电话，郭同我研究后决定：一面叫张定波团死守阵地，一面告张昌德团，立即派唐映华团增援。同时电话告知唐明昭旅长，要他坚决督促徐团不许后退。

唐映华团以右翼增加上去，打了两三个钟头，即来电话报告：“敌人大约两三百人已被本团包围在朱砂岭的夹沟中。”郭听了电话非常高兴，说：“打了几天，没有见着日本兵什么样子，我今天非去活捉几个日本兵来看看不可！”

午后6时稍过，师部炊事兵从十几里的后方把饭送来，摆在桌上，我叫郭吃过饭去，他高兴得饭也不吃，就随身带几个卫士上山去了。哪知郭刚过公路正在爬山，就遇太湖边上埋伏的敌人，用三八式枪打了两枪，就击中郭的左腿，即由几个卫士将他背回师部。

此时，中央工兵第一团奉命，要将京杭国道的桥梁全部破坏。经我了解，知道该团长是傅博仁，和我是士官同期同学。我即向他说明师长郭勋祺现已负伤，急需后送，待汽车将郭送走后再破坏桥梁。郭临走时提笔写了一条：“师长职务由参谋长林华钧代理。”

四

连日战斗以来，据各团报告，我师伤亡官兵已达二三百人，重伤不能抬下来，轻伤自己走下来，看着极为悲壮。尤以携带弹药不多，前线都喊要补充，各团给养也成了问题。因附近村庄的人都已跑光，军队拿钱也买不到粮食。这两三天来，官兵们都仅吃早晚两餐。每连派出炊事班，以营为单位，率领所派人员到四乡去购买粮食。师部虽然每天都用电报将战况、弹药、给养等情况逐一上报，但竟无一纸回电，也无弹药送来，给养也无指示。而郭已负伤，前线紧急，又闻徐团不服从唐明昭旅长指挥，要撤走，因此我也很着急。

郭走不久，我部叫野电话（即无线电报话机），将驻宜兴的第十一军团上官云相接通。我将郭师长已负伤，本师弹药缺乏，给养困难等情形向上官讲了。他说即刻派队伍来接防，第一四四师可以撤退。我请他给我撤退命令，他叫我派人去受领，于是便派了师部少校参谋曹之盘去取。我同时通知各团，要他们准备交接，并指示各团交接后向张渚撤退，向我军主力靠拢。

晚 10 时左右，上官派来的先头部队已经到达。我随即向他们做了移交。唐旅徐元勋团先就撤走了。唐映华团包围的敌人，因天黑早已逃走。我同唐明昭及师部人员在 11 时以后才离开金村，向张渚撤退。

11 月 28 日上午 9 时左右，全师均已到达张渚。拂晓前，曹之盘把上官给本师的撤退命令拿回。这里是山中，本可休息整顿，但想到应当迅速靠拢本军主力，于是与唐明昭、许元伯商量，决定午饭后向广德方向前进。4 时左右，于途中遇潘文华军长派送命令的军官。潘的命令大意是：“该师能于本月 30 日以前到达广德即到广德，否则，尔后到宁国集中。”我看了命令后，仍照原来决定的路线向广德前进。当晚夜行军，29日正午，到达距广德30里的门口塘，见广德城内大火，烟雾冲天，城内逃出来的老百姓，接连不断向我方山地跑来。我问：“广德有无部队？”答：“已是空城一座。”时敌机正在投弹。我细看潘给我师的命令上未说有作战任务，乃令全师各部向郎溪方向前进。途中，遇一四七师章安平旅长率部亦开赴郎溪。由门口塘到郎溪，是苏皖交界山区，地形复杂，且是小路，当晚又是夜行军。30日晨6时，唐明昭率唐映华团先到郎溪县城河南岸，我率领师部人员和特务营也相继到达。当时有三个团未到齐，于是留置了一些服务员等待部队，我叫部队立即向水阳镇方向前进，在距离郎溪10里的道上做早饭。我们离开郎溪仅走了五六里，敌轰炸机五架就在郎溪上空投炸弹了，城内顿起大火，我的行李夫也被炸死，部队官兵和老百姓，不知被炸死炸伤多少。

师和旅派出的留置人员也起了作用，不到中午，全师各部均走到一条道上了。此后，经水阳镇，约3日到达湾沚，遇范子英副师长自川来芜，也到了湾沚。我即将代理师长职务移交于范。范在芜湖第七战区长官部知道郭负伤情形，据范说，郭到南京，医生都已跑光，未能上药，到了芜湖才上药，耽误了三四天，伤口已经溃脓，后找船到汉口去了。范在芜湖还知川军已向太平、黄山撤退，于是命令部队经宣城、泾县、茂林去太平。在太平谭家桥会到潘文华军团长后，我将本师作战经过、郭的负伤经过、第十一军团接防经过以及接到潘命令后本师按令行动等情况，一一向潘作了汇报。潘听了很高兴，笑着说：“翼之（郭勋祺号）带伤，真是家常便饭。太勇敢！”

唐明昭到了宣城，因闻徐团已先经宣城到了宁国，唐要去找徐团（因我说过唐不能掌握军队，他很气愤，所以要去找徐团），我便派师部上尉参谋林文龙同唐一路去追。唐、林二人到了宁国，不见徐团，唐心里着急，拿着手枪拟自杀，幸经林一手抢着，未遂。而徐团却早已到了太平。

关于徐不听命令擅自撤退，他到谭家桥后无故枪毙一排长（据说，这个排长在途中谈了徐撤退的怪话）等事，我都向范子英谈过，但范未理。在郭升军长后，我又向郭谈了。郭认为徐作战既不勇敢，又这样跋扈，应当给予处分才成，即将徐的情况向唐总部报告（即唐式遵，这时已当总司令），似唐也未处分徐，仅把徐改调第二十一军仍任团长，以后且升旅长。这只是因为唐与徐的父亲有关系。

附：广泗战役概要

刘湘 11 月 22 日到了南京以后，除蒋介石先将刘部第一四四、第一四七师使用于拱卫南京外围，已调到溧水、溧阳外，其余部队都陆续到达南京。因刘把指挥权抓回，改变了部署，准备集中对付浙江金山卫登陆之敌人，故决定将第一四五、一四六、一四八师和田钟毅、周绍轩两独立旅使用于泗安、广德地区。

这时已到南京的部队有第一四五师、田旅和第一四六师，刘先令第一四五师到泗安，田旅和第一四六师跟随其后。部队乘火车到宣城下车，再步行到泗安，第一四五师出发日期为 22 日，到达日期为 24 日；田旅和一四六师 23 日出发，25 日到达。为防日机轰炸，全部是夜行军。

按照部队建制，第一四五、一四六师属于唐式遵直辖，田旅是临时配属。因田与唐不和，田不愿听其指挥，曾当面请示刘湘改变其配属。刘说："我深知，不用顾虑。"并说："我已叫仲三（潘文华的号）来前方，必要时我亲自在电话上指挥。"潘文华的直属部队原是第一四四、一四七师，因蒋已命令这两师到溧阳方面；又因潘素来指挥部队比较灵活，刘遂命令潘率领其必要人员到广德。唐式遵亦率部到前线。但唐仅到达十字铺，是在潘的后方。当第一四五师到达泗安时，正遇广东吴奇伟部队撤下。

泗安镇的地形十分平坦，只南北有浅山，在芜湖至杭州的公路上，距离长兴约四五十里，属浙江境内。该镇分为上泗安、中泗安、下泗安。

第一四五师与敌人接触的时间，同第一四四师在金村南山、夹浦与敌人接触的时间大致相同，即是在11月24日、25日。敌人最初并没有大部队向该师进攻。26日，敌人使用装甲车和坦克车，向泗安进攻。因川军官兵没有看过装甲车和坦克车，当即向公路两侧溃逃，于是整个泗安即沦入敌手。该师师长饶国华立即返回十字铺，向唐式遵报告泗安失守经过。唐即命饶去收复，否则提头来见。于是饶又到前方，但部队已经跑散，不易集中。饶以为刘汝斋团还未投入战斗，遂命刘率全团反攻，但刘竟不服从。饶无办法，又跑回十字铺，即用手枪自戕。

当第一四五师与敌人接触时，潘文华用电话告知刘湘，怕该师支持不住，刘湘即来电话命令："田冠伍（钟毅）独立旅从右翼，第一四六师刘兆藜从左翼，包围泗安敌人。"刘湘下令之后，适陈诚已到芜湖。陈一面命令吴奇伟部向徽州撤退，一面命令唐式遵、潘文华向黄山方向（太平）撤退。唐、潘二人即将陈的命令转第一四五师孟、佟两旅。当孟、佟两旅接着命令向后撤退时，正遇田旅上去包围敌人。孟浩然问田冠伍："我已奉命令撤退了，你呢？"田说："还未接到命令。"但也停止进攻了。因为送命令的人由广德到泗安是从公路去的，田旅和刘师是从两侧去的，所以送命令的人还没有找到田旅；同样，第一四六师也未接到陈诚的命令，因而该师刘兆藜师长仍按潘文华转发的刘湘的命令执行，于26日晚，出其不意给敌猛烈袭击，在27日拂晓前，将上、中、下泗安一度夺回。敌人仓皇退走。该师俘虏日军女看护两人，一日军军官来不及逃，竟剖腹自杀；日军四五辆汽车所载呢军服、呢大衣、毛毯等，均被该师夺获，汽车亦被焚毁；日军有两门野炮未及拖走，但已将零件卸去，川军不懂拆卸火炮常识，故将炮仍留该地。其他军用品亦获得不少。经过这次战斗，知道日军番号是第十八师团，师团长是牛岛真雄。据田冠伍说：第一四六师政治部主任何炳文（军校学生）大为高兴，在路上曾对田说：“大有宣传资料。”可是，部队以后因撤退关系，大家都在行动中，好的消息恐并未发出，以致武汉七战区办事处和中央，对这次战况全然不知。

唐式遵在十字铺转发了各部队撤退命令后，即到绩溪，转徽州，又到太平。田旅的撤退命令送到最迟，田曾在十字铺等了一天，敌人并未来。

唐离开十字铺时，大概周旅和第一四八师还未到，所以后来范子英在皖南会着唐时，唐说：“如果第一四四师从郎溪开来十字铺，那我还想与日寇再打一仗。可是我那时手里已无部队了……”范对我说：“幸而你没有把部队开到十字铺，不然会打垮了事。”

第一四五师和第一四六师在泗安作战以后，潘文华也就跟着从广德下来，因广德无险可守，且潘手里也无部队了。那时田旅虽尚未与敌人作战，但撤退命令已经下达，遂于 30 日将广德放弃，放弃时吴奇伟部队在广德焚毁飞机场仓库，田旅亦前往协助破坏，以后潘便从宁国到太平了。

此稿承邓汉祥、余中英、田冠伍诸先生大力协助。笔者谨此致谢。

川军第五十军在皖南抗战经过

林华钧

驻防皖南后的一般情况

1938年1月刘湘在汉口逝世后，他在皖南的部队于2月份被编入第三战区的战斗序列。战区司令长官是薛岳，长官部驻屯溪[①]。唐式遵由第二十一军军长升为第二十三集团军总司令，指挥第二十一军与第二十三军。2月下旬，郭勋祺在汉口伤愈，来到皖南南陵，到繁昌观看第一一四师的战斗部署，并询问了师的一些情况。此时他已升为军长，把我从繁昌师部调到军部，随他到南陵筹组军部。3月10日军部迁到青阳木镇，16日郭宣布就任军长职，军的番号为第五十军。下辖三个师，即：第一四四师、第一四五师、新七师，师长分别为范子英、佟毅、田钟毅。1939年2月第二十一军军长、师长的人选也发表了。即：陈鸣谦（即陈万仞）任军长，第一四六师师长周绍轩、第四十七师师长章安平、

① 据王成斌等主编《民国高级将领列传》和徐友春主编《民国人物大辞典》"薛岳""顾祝同"条，薛于1937年12月任第三战区前敌总司令，1938年5月调往第一战区，不久调第九战区；顾于1937年8月任第三战区副司令长官，12月正式担任该战区司令长官。

第一四八师师长潘左。集团军参谋长刘熙鉴、第五十军参谋长林华钧，第二十一军参谋长罗诀云。第二十三军的番号在皖南没有了。

川军两个军担任的防务：右从南陵起，经繁昌、铜陵、大通、青阳、贵池，左到东流、至德止。两军的作战边境是大通、丁家桥、青阳以东的无名桥，属于第五十军。翌年，第五十军左翼防务曾延伸到贵池以东，第二十一军左翼延伸到彭泽。

3月下旬，薛岳曾在屯溪战区长官部召集师以上参谋长会议。会中，薛首先对全国的敌情作了分析判断，他说：日军占领南京后，可能与山东的敌人共同打通津浦线，把徐州攻下；河北的敌人，可能把郑州攻下，然后分兵由水路和陆路会攻武汉。根据敌情，薛提出了三个作战方案：1. 敌人可能沿江而上，直取武汉，为其行动安全起见，可能是先夺南昌战略要点。敌人这样行动，即是威胁着本战区的后路。因此本战区应与邻接战区协同，将敌人歼灭于南浔路上。2. 敌人占领杭州后，可能打通浙赣线，我驻浙赣部队（当时第十集团军刘建绪部和浙江的第七十八、第七十九师等）应将敌人歼灭在浙赣线上。3. 敌人占领南京后，可能从芜湖沿江而上，专门“扫荡”我沿江部队，以便进攻武汉；但也可能分兵“扫荡”我皖南山区部队，因此我皖南部队一面须固守江岸，一面须歼灭敌人于皖南山区。

薛岳讲完话后，要求到会的参谋长对这三个方案发表意见。当时我感到第一和第三方案都与我们在皖南的川军作战关系密切，便大胆讲了自己的看法。我说：“敌人沿江而上，无论取南昌或武汉，我们川军都有责任。如果敌人进攻山区，‘扫荡’我们的部队，我们自可同敌人拼一拼。但敌人以兵舰、运输舰等沿长江上驶，我们川军只有步兵而无炮兵，要阻止敌舰上驶，只能是望江兴叹！”薛听了我的发言后说：“很好，很好，我可以请求上面派炮兵来。”

这次会议以后，上级果然派炮兵来了。我们第二十三集团军的任务主要是担任江防，封锁长江交通，掩护江防炮兵腰击敌人上、下行驶的舰艇。其次才是巩固陆地，保卫皖南战区。在武汉会战之前，第二十三集团军防区负有重大责任，尤以第五十军的正面更为重要。

进驻初期军的抗战业绩

关于第五十军当时作战的战绩，值得记录的约有以下数点：

（一）第一四四师在南陵的竹丝港、三埠营、湾沚附近，曾破坏日军由芜湖到宣城的铁道和桥梁数次。并俘虏敌观测排长山本（大岗山工业学校学生），经审问，知道了对面敌人是第一一六师团，师团长为清水喜重。此人1931年以前，曾任日本陆军士官学校干事长、教育长。我在该校就读时，曾听过他讲话。这次日本发动侵华战争，想不到他就在我们的当面，我一定要给予沉重打击，来回敬他一下。该师团的任务是掩护其船舶在长江航行，其部队分布于从芜湖到湖口的长江南岸一线，共有4个步兵联队（即团）和一个山炮兵联队。第一四四师前后俘虏日本兵四五名，经审问后都送到了后方。

（二）新七师在繁昌方面，曾击落日军侦察机一架，飞机当即焚烧，残骸已运缴后方。机上有两名驾驶员已烧死，但身上还有姓名符号，并有白色塑料制成的小型通信器材。该师在荻港、大通方面作战中，曾阵亡两名营长，其战斗激烈，可以想见。

（三）同年5月中旬，在贵池东面有一个馒头山（俗名煤炭山，产无烟煤，即白煤）被友军失去。当时总司令部令第五十军立即派部队收复。我打开地图，见此山既不很大，也不甚高，但在山的偏右有一个制高点，即725高地。从后面去是一条鹅颈形独路，两面有湖沼；山的右侧面地形较复杂，有水田和堤埂；山的前面有两条铁路通到江边，1000余米长。我想，要夺取这座山，必须将725高地攻下，并且只有从后面去，才比较容易成功。我的意见经军长郭勋祺同意后，即以命令下达：抽调驻木镇的第一四四师前往收复馒头山，重点指向725高地，以川军摸夜螺蛳（奇袭夜袭）的方式，一举占领之。军指挥所当即移到九华山下的半边桥。第一四四师受领任务后，以一个旅的兵力立即行动，当夜将该山全部攻下，仅伤亡二三十人。负伤官兵，军官每人发给20元，士兵每人发给10元。军部随即将占领馒头山的情形电报总部和战区长官部。

不久，战区长官部即派战区炮兵指挥官娄绍铠（湖南人，日本士官学校二十一期炮科毕业）随同中央炮兵第十三团团长黄正成（浙江人，日本士官学校二十二期炮科毕业，与我同期。因黄与蒋介石是同乡关系，后又派赴德国学炮。据娄说，黄这回率领的15厘米的重榴弹炮，是新从德国买回的）率领全团到达军指挥所当面的公路（青阳至贵池）上。娄、黄二人来到军指挥所，我把馒头山的地形与我部占领的情形，以及炮兵的进入路线和射击阵地设置等，从图上向他们作了介绍。黄很忙，不吃饭就率领全团炮兵到馒头山进入阵地。我同娄绍铠、郭勋祺几人吃过午饭后，便到驻地侧面山上察看。娄看后认为馒头山是一天然的炮兵阵地，只要敌人的舰艇在江面出现，一定逃不脱我炮兵，尤其是经不起这15厘米重榴弹炮的轰击。果然，炮兵第十三团在本军第一四四师的掩护下，腰击敌运输舰艇显示了威力。曾有若干艘运送弹药的敌舰，在江中被该团击中，爆炸多时，火光冲天，我军官兵和附近居民目睹此景，莫不鼓掌称快！我们将其射击成绩报上，后来黄调回去不久就升为炮校教育处长，以后任炮兵第二旅旅长。另外中央野炮兵在第五十军正面大通附近山地，亦击沉击伤敌人舰艇多艘。第五十军为掩护炮兵完成封锁长江任务做出了贡献。当时武汉的报刊对第五十军夺取725高地和掩护炮兵作战大为宣扬。随后馒头山交由广东军队梁华盛师接替，第一四四师回归第五十军建制。武汉失守之后，炮兵第十三团和梁师调走，馒头山阵地又被敌人占领。

第三战区司令长官原来是薛岳，武汉会战开始之后调走，其职务由曾任重庆行营主任的顾祝同接替。战区长官部即迁到上饶。当顾来第三战区就任时，川军范绍增所部编成了一个军出川抗战，亦到这个战区。从此，在顾祝同的指挥下，川军第五十军的日子很不好过。

利用间隙开展各项活动

从 1938 年 3 月郭勋祺升为军长后，我便向郭建议：我们部队在皖南除巩固阵线，对敌作战外，要加强下级干部训练，充实战斗能力；联系友军，共同对敌；组织地方群众，巩固后防；收容沦陷区青年，搞好文娱活动；注意伤病官兵，搞好救护工作，把全军彻底整顿刷新，团结一致，争取在战场上多打漂亮仗。并请他抽出时间，多做些对外联系工作；至于对内公文处理、训练干部和制定作战计划等，我愿完全负责。同在四川时一样，郭表示非常赞同。

轮训基层军官　第五十军驻防木镇时，中央还没有下达训练下级干部的指示，我们就拟订计划，由各师办了两期下级干部训练班。以后军部移防盛村，接中央每军须办干部训练班的指示，我们又办了三期干部训练班，对军官和军士分别进行训练。至此，全军的下级干部几乎训练完毕，对提高他们的指挥能力起了积极作用。

联系毗邻友军　当时在皖南的友军首先是新四军。郭任军长时，曾与新四军军长叶挺通信。因两军毗邻，希望共同对敌，彼此关照。郭负伤时，上官云相曾派部队接防，照顾第一四四师撤退，因上官又在战区长官部，故郭曾写信给上官表示感谢，并盼指示。当梁华盛师接馒头山第一四四师的防务时，郭曾写信并派联络参谋邓杰去联系观摩。另外由于军部有李卓贤（广东人，擅长英语）秘书的关系，郭曾写信给桂林的李济深主任，请李对抗战总方略随时指教。这些信都是由我盖郭的私章发出的。

1938 年 4 月，新四军第一支队陈毅司令员来到木镇，约住了十几天。陈与郭同住一起，因他们过去相熟。陈也常同我谈他留在江西坚持斗争的艰苦岁月，也讲打游击战的一些原则和方法，我对他非常敬佩！新四军的夏秘书（四川人）也经常来军部，说他们的部队每月除伙食外，干部给 3 元零用钱，战士给 1 元零用钱。我听后感到惭愧！以后新四军参谋长张云逸也来军部联系过。郭曾与张商讨今后互相协助、共同对敌的原则，当时我都在场。从那时起新四军第三支队谭震林部配属第五十军指挥。因新四军长于游击战，我们就把这支队当作骑兵使用，派在芜湖、当涂、南京附近打游击。这样既可以控制和扰敌后方，又可以掩护友军右侧背。我们的部队则固守江岸，既掩护着皖南战区，也掩护着新四军军部。双方互相帮助，两军不分彼此，做到了协同一致。以后，陈毅司令员的部队过江到北岸，是从我们军的正面过去的。我觉得他们去北岸打游击，扰乱敌人后方作用更大，非常赞成。新四军张云逸参谋长同夏秘书过江到北岸，也是由我们第五十军通知当面部队给予方便。据说，唐总部的参谋长官全斌（军校学生）对新四军处处刁难，所以夏秘书不再去找他，而直接找第五十军了。

我们第五十军驻在木镇时，凡有苏联和其他外国记者前来采访，我们便请李卓贤秘书给郭和我当翻译。以后军部移驻盛村，因闻新四军来了一位进步的美国友人史沫特莱（女），郭叫李写了封英文信去，欢迎史沫特莱访问我部。

发动组织群众　当时我们感到防守阵线太长，空隙太大，单靠部队来防止汉奸是不够的。曾召集南、繁、铜、青 4 县县长到军部木镇开会，拟订了一些防止汉奸的办法。同时关于部队的供应和伤病官兵的后送问题等，都商讨了一些具体办法。虽然当时部队设有兵站和伤兵医院，但组织不够健全，所以还需要地方行政协助才成。军部移盛村后，同样地

召集过这样类似的会议。当时罗显功（郭的爱人）很热心，组织了泾、太、青、石妇女抗敌协会，发动本军眷属和地方妇女为伤病兵缝蚊帐、做棉鞋，设伤兵招待站，以及学习救伤工作。我爱人刘玛利（青岛人）也大力协助她们工作，并担任盛村小学音乐教师，对部队负伤官兵以及地方群众，起了良好的作用。

开展文体活动　当时由沦陷区到后方的失学男女青年很多，找职业非本军能力所及，因而特将他们组织起来，成为本军的战地服务团。并聘请沦陷区随同部队来的一位农彼得（芜湖人，大学生）来教他们抗日歌曲和排演话剧。更由于这个部队过去就有爱好川戏、京戏的同事，于是也都把他们组织起来，分为话剧组、川剧组、京剧组，他们除在军部演唱外，也到各师去演唱。

军部的球类，因郭一向喜爱，早有基础。在部队一出四川到了宜昌、沙市，就与地方和学校比赛篮球，皆获胜利。到了木镇、盛村后，又逐渐恢复。郭本人喜爱网球，在前线也有他的对手。

张仲雷

一个日军翻译走过来，坐在我旁边，用东北话问我：“你是什么官？”

- 1898 年生，四川成都人。
- 1937 年，全面抗战爆发后随第四十七军出川抗日，转战于山西、河南一带。抗日战争期间曾任第四十七军司令部上校处长、第三十六集团军参谋长。
- 1941 年，参加中条山战役。
- 1944 年 5 月，参加豫中会战，被俘后逃脱。
- 1978 年，病逝于成都。

豫西撤退及李家钰的牺牲

张仲雷

1941 年冬，卫立煌去职，蒋鼎文继任第一战区司令长官[①]。我当时在第一战区所属的第三十六集团军任参谋长。蒋鼎文继任后，副长官有曾万钟、汤恩伯两人。曾万钟设副长官办公室于洛阳长官部中，汤恩伯设副长官部于叶县。长官部参谋长为董英斌。1943 年秋，蒋鼎文兼任冀察战区总司令后，董英斌还以第一战区参谋长兼任冀察战区副总司令。长官部副参谋长为郗恩绥、万建藩、刘韶仿三人。

第一战区长官部所指挥的部队情况如下：

第四集团军，总司令孙蔚如，副总司令裴昌会，参谋长陈式玉。第四集团军下辖第三十八军，军长张耀明；第九十六军，军长李兴中。总司令部驻巩县，担任孟津以东黄河河防。

第十四集团军，总司令刘茂恩，副总司令刘戡。下辖第十五军，军长武庭麟。总司令部及第十五军控制着洛阳附近地区。

第三十六集团军，总司令李家钰，副总司令陈铁、高桂滋，参谋长张震中（即张仲雷）。下辖有第十四军，军长张际鹏；第十七军，军长

① 据刘绍唐主编《民国大事日志》（台湾传记文学丛刊），1942 年 1 月 5 日，蒋介石调蒋鼎文为第一战区司令长官，卫立煌为军事委员会西安办公厅主任。

高桂滋；第四十七军，军长李宗昉。第十四军辖第八十三师，师长沈向奎；第八十五师，师长王连庆；第九十四师，师长张世光。军参谋长为谭本良。第十七军辖第八十四师，师长高建白；新编第二师，师长高增级。军参谋长为梁文铁。第四十七军辖第一〇四师，师长杨显名；第一七八师，师长李家英（李家钰胞弟）。军参谋长为张持华。总司令部驻新安县古村。第十四军控制着洛阳吕家庙及其附近地区；第十七军原驻渑池，并担任渑池以北一带河防，洛阳战事发动前数月，调往陕北。第四十七军担任孟津以西的妯娌及新安以北而迄于渑池以东一带河防。

第三十九集团军，总司令高树勋，副总司令胡伯翰，参谋长廖安邦。下辖有新编第八军，军长胡伯翰兼；以及临时拨归指挥的河北民军，司令乔明礼。军参谋长王有度。总司令部驻陕县观音堂。新编第八军接第十七军河防后，军部则驻于渑池附近。部队担任渑池以北以西一带河防，右与第四十七军联系，左与第八战区驻灵宝附近的陈瑞河军联系[①]。

豫中、豫南方面，均为汤恩伯直接指挥的军队。当时，汤恩伯除在叶县设副长官部外，还因他兼任了苏鲁豫皖四省边区总司令，又兼任了这四省边区的战地委员会主任，就设立边区总司令部及战地委员会于安徽临泉。汤恩伯直辖的有第十集团军，总司令何柱国；第十九集团军，总司令陈大庆[②]；第三十一集团军，总司令王仲廉[③]。集团军下而又有：第十三军（军长石觉）、第二十九军（军长马励武）、第八十五军（军长吴绍周）、第九十二军、第八十七军、暂编第十五军、暂编第九军、

① 据《陆军第四十军豫西会战战斗详报》，该军于1944年4月初奉命接替陕（县）灵（宝）阌（乡）河防。

② 据《第十五集团军中原会战平汉路东地区战役战斗详报》，何柱国当时任第十五集团军总司令，陈大庆任第十九集团军代总司令。

③ 据《第一战区三十三年春夏间中原会战经过概要》，当时汤恩伯所辖的还有第二十八集团军（总司令李仙洲）。

第五十一军、骑兵第二军、第九十七军等十几个军[①]。豫中方面黄泛区的防务和豫南方面右翼第五战区第二十二集团军在湖北天河口联接的这一带防务，均由汤恩伯负责指挥。

除上面听说外，长官部还直辖有：第九军，军长韩锡侯[②]；暂编第四军，军长谢辅三；第四十军，军长马法五。及炮兵旅，通信兵团、汽车兵团和游击纵队杨振邦、席祥钦等。

1944 年春，第一战区长官部已侦知敌人将要发动攻势，袭夺我中原地区。蒋鼎文即于是年 3 月中旬，召集所属军长以上将领及长官部直辖各部队长等，在洛阳开紧急会议。李家钰在洛阳会议后返部，照例集合总部及第四十七军上校以上军官，在古村开会，传达洛阳会议情况，并会商本集团军应准备事项。

李家钰说战事在不久的将来就要开始，我们要准备对付敌人进攻。在洛阳会议时，马法五已得庞赓臣（即庞炳勋）密电："敌人已计划 4 月发动攻势，望早准备。"马还将密电交给大家看过。但是，会议结果，不但没有决定如何准备对付敌人，而且对部署也没有丝毫变更或加强，只谈了将各军军官眷属及笨重行李、重要文件迅速向后方转移。他接着又说："这次战事发动后，洛阳危险得很，泛区方面更厉害。因为我们兵力虽是强大，但在配备上，不仅涉及细部，没有重点，而且一切部署，都要经过上级决定后，才敢行动。这样遥控部署，就失去了灵活性，将来也难免有胶柱之虞。""我曾在洛建议，与其准备待敌来攻，不如'先发制人'，使用飞机轰炸邙山头（敌人在黄河铁桥南端邙山头占领的桥头堡阵地），并继之以佯渡，以牵制之。使敌人被动，我为主动。但建

① 据《第一战区三十三年春夏间中原会战经过概要》等资料，汤恩伯部当时无第九十二军、第五十一军、第八十七军、第九十七军。

② 据《陆军第九军中原会战登封及卢氏战役战斗详报》，该军是第八战区部队，于 4 月 19 日奉胡宗南之命开洛阳归蒋鼎文指挥，27 日到洛阳附近。

议也未蒙采纳。”

李最后还说：“……总之，这个战事，要看汤恩伯的戏。锣鼓打响后，看他怎样唱。他部队大，办法多，也容易建功。我们不过是这个戏的配角而已！”李家钰的这一段话，是有来由的。1942年秋，陈铁任第十四军军长时，战区司令长官部命令该军编在第三十六集团军战斗序列中，并升任陈铁兼该集团军的副总司令。陈曾对李说：“要是蒋委员长的嫡系部队，如汤恩伯、胡宗南他们，要钱、要武器，不管要什么东西，都会给他们。如果是有力量的杂牌队伍，蒋委员长怕他们捣乱，也要给他们一些好处。只有我们这些人，既非嫡系，又不是有力量的杂牌队伍，所以办法就很少。”过后，李就拿陈这段话随时向部下军、师长谈，认定自己是一个杂牌队伍，只好当戏中的配角。

1944年4月18日夜12时许，我在古村总部突接洛阳司令长官部参谋长董英斌电话，他说：“今晚敌人已在中牟渡河，现在只有百余人，正同我军战斗中。希望你注意上游河防，严密警戒！如果中牟渡河的敌人还未完全驱逐，上游又发生敌情，两头都要对付，就不好办了。”接着，我就在电话上将这个情况报告李家钰，并通知了第四十七军军长李宗昉。后来，我在日军的俘虏营中听说：敌人在中牟渡河时，河防哨兵还聚集在一哨所内赌博。敌人在我岸登陆后，就将这哨所内赌博的官兵包围，这些官兵才开始觉醒过来，但已来不及抵抗，大部被敌人用刺刀戳死。

敌人称这次作战为“中原会战”③。使用的兵力共三个师团，另一“虎师团”（新由东京调来的坦克第三师团的改称）④。敌在豫中方面使用

③ 据中、日双方资料，日军称此次作战为“京汉作战”，亦称“1号作战”。“中原会战”则见于中国军队的战报中。

④ 据《河南会战》，日军投入此次作战的兵力，第十二军为第三十七、第六十二、第一一〇、第二十七师团及坦克第三师团，此外还有一个独立混成旅团、一个独立步兵旅团和一个骑兵旅团。后又增加了菊兵团。

的为两个师团及“虎师团”；而豫西方面的，是由黄河北岸运城调来的一个师团[①]。其会战主力在黄泛区方面，而作战目标，似指向潼关和卢氏[②]。

敌人在中牟渡河后，集结于黄河西岸地区。同时，敌人北邙山桥头堡阵地也随之扩大。这时，我遵李家钰之嘱，在电话中询问董英斌：敌人北邙山桥头堡阵地，我们炮兵火力既然微弱，不能将它摧毁，何不迅速调空军部队，赶快把它扫除？董答复说：“我们早已向重庆方面请求过，让迅速派飞机来轰炸敌人邙山头阵地。最高统帅部也答应通知盟军（美军）派飞机来，但盟军回信要我们供给他敌人的防空情报。关于敌人的防空情报，我们没有搜集，现在一下子也搜集不好。派飞机轰炸邙山头的事，也就搁下了。”敌人扩大了北邙山的桥头堡阵地，即与中牟渡河之敌会合，攻占了郑州。

敌人攻占郑州后，便展开大部兵力，攻击我登封及虎牢关既设阵地。配备在登封一带的是孙蔚如部[③]。战斗已至十日，敌人攻势顿挫，遂将北翼改攻为守，将主力南延。而一部之敌，竟迂回至洛阳龙门南之水寨。驻在洛阳的长官部和群众闻讯，均大为震惊。蒋鼎文乃将谢辅三所率的暂编第四军，张际鹏所率的第十四军（欠第九十四师）两个在洛阳的部队，及新编第八军之新编第六师（由渑池调来的）合编为一个兵团，以第十四集团军副总司令刘戡指挥之，称刘戡兵团，以阻止由水寨北进之

---

① 据《河南会战》，日军第十二军的大多数师团都全部或一部参加了豫西洛阳、宜阳、洛宁、卢氏等地的作战。

② 据《河南会战》，日军京汉作战的方针是“击溃敌军，尤其是第一战区的部队，将京汉铁路南部沿线要冲占领并确保之”。

③ 据《第一战区三十三年春夏间中原会战经过概要》，当时，第四集团军孙蔚如部守卫的是巩县东部的金沟、褚岭迄老饭沟阵地和牛口峪迄马义沟河防，登封由第三十一集团军王仲廉部守卫。

敌。刘戡兵团组成后，即于5月1日或5月2日向水寨方向出发[①]。到达龙门后，就利用伊水龙门之险，把敌装甲部队阻止在这新构成的阵地前。

龙门方面之敌，虽然受到阻止，但空军侦察新获情报：敌人有两装甲纵队分向洛阳、巩县前进。蒋鼎文惧怕敌人包围，遂于5月7日10点，乘洛阳开出的最后一趟列车，将长官部撤到新安县。令驻在巩县的第四集团军总司令孙蔚如及所部，撤退于洛阳北边的马屯附近。而洛阳城守，则以第十四集团军之第十五军及第十四军之第九十四师（师长张世光）担任，并重新策订固守洛阳计划：以汤恩伯及其所辖王仲廉集团等，组成为汤恩伯兵团，集结于伊阳、宜阳间地区，任南翼攻势兵团，以孙蔚如集团及第九军组成孙蔚如兵团，集结于马屯附近地区，任北翼攻势兵团[②]；刘戡兵团则由龙门转移正面为中间守势兵团，任洛阳延秋至新安磁涧防御；第三十六集团军之第四十七军则联系刘戡兵团左翼，而延至于黄河，正面对东对北（即黄河方面）。

在洛阳战事发动之际，驻在西安的第八战区副司令长官胡宗南，即允蒋鼎文要求，派两军来豫，以增强第一战区兵力。在蒋撤到新安时，胡派来的第一批部队，第二十七军之预备第八师（师长林伟宏），始由

① 据《第一战区三十三年春夏间中原会战经过概要》，5月4日，蒋鼎文令“第十四军（欠九十四师）、新六师、暂四军（欠四十七师），均归刘副总司令戡指挥（嗣后称刘戡兵团），于明（5）日俟敌接近龙门阵地，攻势顿挫时，即由龙门、伊川一带，对由白沙北窜之敌出击，一举而歼灭之”。

② 据《第一战区三十三年春夏间中原会战经过概要》，蒋鼎文先后于5月2日、5日，令第九军的两个团归第四集团军副总司令裴昌会指挥，4日又令第九军的一个团暂拨归第四集团军指挥。另据《陆军第九军中原会战登封及卢氏战役战斗详报》，该军于5月5日夜自登封突围，6日各部均遭敌截击，此后伤亡惨重，几无战斗力，9日到达嵩县以东。各资料中均无“组成孙蔚如兵团”之记载。

陕运来[①]。到达新安后，蒋即令这个师加入在刘兵团与第四十七军间，任磁涧附近陇海路防御，并掩护胡宗南所派由陕继续运来的部队。

5 月 8 日早晨，李家钰由古村驱车前往新安见蒋鼎文。回部后说，蒋鼎文驻在新安城附近一个窑洞中，这窑洞共有三间屋，蒋住一间，中间空一间，余一间为董英斌与郗恩绥合住。电话就放在蒋住的屋内，他终日守着电话，自接自叫。李会过蒋后，董、郗两人还向李说："请司令劝一劝蒋长官，他太细致了！把电话安在我们窑内，也可以帮他接一接电话。"李家钰回部的第二天，蒋鼎文决定增派席祥钦的游击纵队去马屯，拨归孙蔚如指挥，要李帮他转电话给孙蔚如。叨叨不休地搞了几个钟头，把李家钰搞得很恼火。

继高桂滋第十七军西调，担任渑池以北以西一带河防的，为高树勋的第三十九集团军之新编第八军，而以河北民军配属之。新编第八军编制为两师制，洛阳吃紧之际，所属之新编第六师即编入刘戡兵团，转战于龙门、磁涧间。河北民军部队，为抗战以来在河北募集的流亡丁壮及难童所凑合，既无正式编制，也没有一定的粮饷。5 月 9 日傍晚，与河北民军接联的第四十七军左翼的河防部队，即遥闻黄河北岸的垣曲方向，有浓密的炮声，向我南岸洋湖村、青风凹间地区打来。继后，又获悉：晚 9 时许，敌人已有一部在白浪渡口渡河，并占领了洋湖村[②]。10 日晨，在洋湖村的河北民军，即已退至岱眉山，而敌则向中关锐进。

驻在新安的蒋鼎文闻此消息，即以新编第六师归还新编第八军建制，并以预备第八师增援之。还派空军轰炸白浪等各渡口，打了一整天。结

---

① 据《第一战区三十三年春夏间中原会战经过概要》，胡宗南派来的第一批部队中，第九军于 4 月下旬已陆续到达。最先到达的第五十四师于 4 月 24 日奉命进驻登封西北府唐镇附近。

② 据《河南会战》，5 月 9 日夜，日军第六十九师团（天兵团）分别从垣曲县城（今垣曲县古城镇）正面、河堤村及平陆县以东的白浪渡口强渡黄河。占领洋湖村的是由垣曲正面渡河的日军浅川中队。

果，没有将渡河之敌驱逐。这时，在新安附近的部队，有遭敌东西夹击之虞。蒋遂于10日午夜，偕同长官部高级幕僚，由新安经石陵而达宜阳，再向洛宁撤退。准备在洛阳附近地区会战的诸兵团也随之西撤，蒋鼎文到洛宁后，又碰着敌人装甲部队在洛（阳）卢（氏）公路上活动，就撤向卢氏。

5月11日晨，在重庆的蒋介石用长途电话指示李家钰说：新安以东，部队还多，情况很难明了。铭三（蒋鼎文字）去后，总部应即移驻新安铁道以南地区，就近照料。并利用电话线，随时通话，以便转达。这时，我们方知道蒋鼎文已于夜半从新安撤走了。上午8时许，接到由新安县府专人送来的蒋鼎文的密码命令，令第三十六集团军以一部暂留河防，抽调主力打击渑池之敌。

我集团军总部综合了当时情况：一、新安西北约30公里的曹村，由渑池渡河之敌已窜到；二、磁涧方面，炮声隆隆，晨午不休；三、孙蔚如集团，犹集结于马屯地区。李家钰遂一面策划应敌，一面指挥总部转移。而此际的第三十六集团军总部，也只有第四十七军的步兵四个团（有两个团后调四川接收新兵）。除分布在河防上的一时不能抽调外，当即令第四十七军之第一〇四师吴长林团，尽先集结，开赴石寺镇、云梦山（亦称云雾山）之线，占领阵地，阻止敌人东进。总部于是日薄暮时到达新安，随即越过陇海铁路，南迁至东华沟。

翌日，情况更为紧急，远闻延秋、磁涧间的炮声益为激烈；渑池方面敌人，已东进至云梦山、金斗寨，而陇海线上英豪镇，也发现敌迹；东西对进之敌，已相距不过70华里。虽然我集团军总部已越过情势岌岌可危的新安，但孙集团主力则正由马屯向新安行进，而第四十七军大部，亦以任务关系，还留在陇海线以北地区。李家钰考虑到英豪的情况严重，遂抽调第四十七军第一七八师之彭仕复团，开赴铁门西南王马廉沟及牛心寨附近地区，占领阵地，以掩护孙集团安全通过新安。

是日入夜后情况更较昼间紧急。磁涧方面之敌，已迂回至五头镇附近，并且还尾随孙军行动。13日晨，总部经新安通第四十七军电话忽然中断，李急忙对我说："我们先走！叫总部人员分段出发，跟着来！"我说："等我通知总部特务营，叫他们掩护电台一路行动后再走。"殊不知我把这事办完后，李家钰早已上路，我赶到赵峪（在东华沟西南10余华里），在孙蔚如总部中才见到李。

我们原定由东华沟出发后，经赵峪、江屯向河上沟前进，因河上沟有我先遣的辎重、行李及非战斗人员驻在那里。在我们从赵峪出发后，即闻我在河上沟的部分行李被当地人抢劫。继到江屯（距河上沟仅五华里），又获彭仕复团长报告说，他已率部由铁门转到河上沟。一会儿，就听到河上沟方面有浓密的枪声。当时，就有士兵在旁说："听说彭团长已经在河上沟阵亡了。"因枪声刚响不久，我还认为是讹传，后来证实彭确是那天在河上沟阵亡的。鉴此情况，我们已不能再向河上沟前进，遂立派随行的第四十七军辎重兵团团长史跃龙指挥总部、军部直属部队，掩护我总部向石陵前进。是夜，我们宿于石陵。孙集团的孔从周师亦宿于此。

5月14日，李家钰等待吴长林、彭仕复、史跃龙三团的消息。午时，第十四军刘团（忘其名）到达，才知在延秋、磁涧间防御的刘戡兵团，已于5月13日夜南撤，而刘团则为其后撤的后卫部队。李家钰遂令总部及随行的部队一连，避开由新安经石陵到宜阳之公路，向西移动。是夜，宿于宜阳南郭庄。

15日晨，我总部继续西行。过尹村时，与刘戡、张际鹏等会晤，遂商定第十四军、暂编第四军及第四十七军三军联系作战，并占领五树（宜阳西北）、竹园沟、耿沟、马沟而西经会卦、寨沟、张村至杨村之对东、对北阵地，以阻止洛阳、渑池方面之敌。我们道出尹村，即遇第四十七军残部。到达于村（尹村西边）时，遂与第四十七军的军、师长会合。

总部是夜就宿在于村。第四十七军移驻在于村以北，以警戒渑池方向之敌。继于16日午，刘戡兵团因蒋鼎文之命，以阻止由宜阳沿洛卢公路西进之敌，须向韩城转进。因此，三军联系作战之策，即作罢论，并且李家钰还以第四十七军之第一七八师掩护刘兵团的转进。总部及第四十七军，则于午后3点移驻于四土地。

17日，我总部及第四十七军继续西行，预定路线是经石村集、河底村以达岳庄。孰料军队行至距河底村约三里许时，忽闻西北方有浓密的枪声，继闻一谍兵说，敌人此刻正与我新编第八军之新编第六师互战于河底村附近地区。因河底村（距渑池约为50华里）在渑池通韩城道上，敌人是企图切断我退路。因此，我遂改道城村（距河底村约30华里），向岳庄前进。过城村，会晤新编第八军军长胡伯翰时，才知道他在渑池被包围及为当地人所困事。胡当时要求我们以一部联系其左翼占领阵地，以保障他侧翼安全。李家钰遂以第四十七军之第一〇四师担任之。这时，第四十七军及孙集团（孙蔚如集团原定转移宜阳，已不能前往。刘戡兵团也不能到韩城，均相继折返，仍在这方面行进）部队、驮马、车辆，均拥挤一凹道中，被敌人炮兵发现，遂连续向我射来炮弹10余发。但仅伤及一不良于行的病兵。李家钰部署完毕，即偕总部南移。途次，因闻河底村之敌已迂回至我左后方，阻我达岳庄道路，遂改宿于翟涯，而不到岳庄了。

翟涯，为山中一小集，在城村西南，居民二三百户，属渑池县[①]。5月17日夜，先到翟涯宿营的为谢辅三及他的参谋长石彦懋。继之而至的，有李家钰、刘戡、张际鹏、胡伯翰、李宗昉等将领，及张震中、谭本良、王有度、张持华等参谋长及随行幕僚人员，共20余人。我们聚集在暂编第四军军部中，开了一个临时会议，商讨今后行动。胡伯翰首先发言

① 渑池、洛宁境内均有翟延之地名。据本文所述作者行进路线及编者于1992年所作的调查，此处当为洛宁之翟延（今名宅延）。文中之“翟涯”当为翟延之误。

说："这么大的队伍，都挤在一路，争先恐后地行走，一旦遇敌，就无法指挥。进退无方，大家都受影响。我提议请李总司令（即李家钰）统一指挥。如明日继续行动，也请先行规划，以便协力。"接着，刘戡说："我们部队确实不少，如果不加整理，彼此观望，敌人竟以小部队蹑我，我也不管，长此西行，又跑到哪里去呢？光跑不是办法！我们来商量一下，今后究竟如何行动，才能适合机宜！"李家钰说："就现在情况来说，我们是应该商讨一下今后的行动。倘若部队混乱，当然会产生很多障碍，行动必然迟缓，指挥也必然困难，如果明天仍继续西进，窃愿殿后，以免挤在一起，彼此都不好办。"

当时，各军所感不安而又最现实的是粮秣问题，遂决议各军进出于西南山地，自谋根据地。并用地图划分各军境界，以就食养士。众公推李家钰领衔，以各军粮食匮乏、豫西民情刁悍、战后各军残破三事，电陈蒋介石及蒋鼎文，要求转地整补，再谋反攻。

会议决定以后，刘戡说："我决心率领部队到卢氏，去找蒋长官，我判断他也要退到卢氏。我退到卢氏后，也才能与敌人脱离，容易整补。我愿意选在傍南一点的道路行进，并准备明夜宿头峪。"（当时划分境界的主要道路有二：一为经头峪即刘戡兵团所走的路；一为经前河、宫前、雁翎关，即李家钰率第四十七军所走的路。）接着，胡伯翰说："我要到宫前去找我们总司令（即高树勋），因为他已经有电话要我回去。别人的总司令是抬起走，我们的总司令是要我背起走（我会意他指的是他们集团军只有一个军）。如果不回去的话，我们总司令还疑心我要拖他的队伍！"胡伯翰既然这样说，大家只好一笑置之。他也就自选了一条傍北一点到宫前的道路。留下来的是介于这两路之间的路，李家钰就决定走这条路，并拟于18日夜在前河宿营。这次会议，自傍晚6点至夜9点。

是夜，大军云集翟涯，把各街、巷、衢隙地，都已塞满。还有些部队挤在翟涯集外附近田野中，露宿风餐，人嚣马嘶，闹了一个通夜。由于张际鹏的说项，我总部还幸运，能得到谢辅三让出的一间小屋。这天，气候寒冷，有似深秋。我们就在这小屋内面火达旦，坐而不眠。

5月18日晨，诸军从翟涯出发，分道扬镳，皆向西行。由翟涯西北行约八里，达旧县。闻孙蔚如昨夜由岳庄抵此，还未出发。李家钰遂偕李宗昉及我赴孙部，见到了孙蔚如还有他的副总司令裴昌会、参谋长陈式玉等。李家钰即将昨夜的翟涯会商详情，逐一地转告于孙。之后，我总部及第四十七军军部仍向前河前进，但未到达前河，而改宿于西马蹄沟。

19日晨，李家钰在西马蹄沟接刘戡一缄，缄中说：昨夜到头峪时，即向高建侯（即高树勋）联络，据他电话说，敌人一部已在陕县渡河，灵宝亦有敌踪。李家钰接缄后，决定仍循宫前、雁翎关大道西行。因临时集合第一七八师讲话，迟至午后2点才出发。是夜，宿于雁翎关。在到达雁翎关之顷，已闻西北方有断续炮声。据当地老者说，这炮声是来自陕县方向的。

20日黎明后，我总部即出发。行至约距陕县菜园10华里处，即折入南山，经张凹（疑为掌洼之误）达沟南。午餐时，听说高树勋已退驻距沟南约五华里的石原村，李家钰派参谋宋鸿持缄赴石原村晋谒高，询问他当前敌情，并征求对我军行进路线的意见。沟南是一村庄，完全是依靠山坡筑成的三四层窑洞。彼时，陕县车站的曹站长及某军医院也逃到此。曹站长和医院中的当事者，均与李家钰熟识，而当地百姓中，亦有认识李的（李家钰未赴新安接任河防前，曾驻陕县五原村，担任陕县、灵宝一带河防）。因此，总部就地征购粮食，较走过的其他村庄容易，官兵得以果腹。离开沟南后，继向赵家坡头前进。因道路崎岖，行军困难，越过西山，即接近黄昏，总部及第四十七军军部，遂改宿于东窑院。

在我总部还未到达东窑院时，派赴石原村与高树勋联络的宋鸿勋已返归。他在途中即将高树勋回信交李家钰阅，李又交给我看，信内说：

敌人已于某日由陕县渡河，初为百余人，继增至千余人，刻在大营（属陕县）西南与我激战中；第四十七军徐象渊副团长（徐即彭仕复的副团长，在河上沟同敌人战斗后，绕道至此的）率兵9个连，昨夜宿石原村。今天，已令与暂编第四军同行。李家钰一到东窑院西北坪上，就向总部及军、师到达人员说："高建侯这封信恐不确，因为敌人绝不可能如此迅速。他们这样说，是为将来好报功。"继而又指示说："这几天连日行军，官兵疲劳已极，也没有吃过一顿饱饭。我看这附近村庄很多，可以寻找粮食，就在这里休息、整顿，明日午饭后出发。就像在四川作战一样，将午饭时间提早到11点钟，连着吃两顿饱饭再走！"

5月21日，李家钰新获情报，敌人因追击高树勋，已距东窑院约10华里。遂在早餐时，令急忙收拾行李，将出发时间提早为午前10时。总部由东窑院出发，行未半里，即遇敌人由张村（距东窑院约20华里）射来的炮弹数发，阻我南行。于是，李家钰又改原来由南而西的路线为由西而南的路线，还找来李宗昉，要他派人去通知前卫部队李家英部，不要等他。之后，总部就改走赵家坡头—西坡—双庙到南寺院这条路。第四十七军（缺第一七八师）在总部后跟进。我总部刚越过赵家坡头，还未到达张家河村，一谍兵对我说："刚才陕县县府职员及眷属，均由张家河上坡，经此而南了。"我遂追上李家钰，旋走旋说："总司令，怎么不走陕县县府职员走的那条路？"他答说："没得路嘛！"我回头南望，发现山头上有一密集的完全着草黄色军装的队伍。又问李："怎么，这山头上有密集部队？"他答道："是蕴长（李家英字）的队伍。"我接着又说："蕴长在行军，为什么密集？恐怕有些不妥吧！"我向卫士唐某要来望远镜，说："总司令，我们看看再走！"他气冲冲地说："不要看，不要看！听命令！"他这样说后，即突闻后面（即东窑院方向）有步枪声。行不数武，又闻对面山头有浓密的机枪声。李家钰对我说："仲雷，刚才后面有枪声，怎么对面又打起来了？"我说："是呀，你前面还没有队伍啊！”他说：“喊一班步枪兵来，叫他们遇着敌人，不要打手枪。如果打手枪，敌人知道是高级司令部，就打得更厉害。”这样，旋说旋走就到了张家河。

在张家河休息时，还觅一老者做向导，大家就齐上了西坡。正在上坡时，北面山嘴有几个当地人对我们说：“你们是哪军的？你们来不得！上面已经有敌人啦！”当时，同行者中有人说：“这些老百姓怕我们要粮食，拿敌人来吓我们。”同时，又望见有从南山下来的十几个老百姓，他们望见我们后，口中不断地说：“我们是逃难的老百姓。”我遂派高级参谋萧孝泽下坡去询问。但没等到萧的回话，李家钰就继续上坡了。

登上山坡后，就地整顿部队（仅有总部特务营的一连），询问往南寺院的道路。做向导的老者说，山上山下都有路能去，不过山下不能走牲口。他还要求送我们到公路后，放他回去。我听说有公路，说：“既然有公路，我们应该注意。”李家钰对这一带道路像很熟悉，就向老者问道：“这条路是不是从张汴到后山联保的？”老者说：“是。”李就说：“既是通后山联保的路，就是本地人运柴火的路，是一条大车路，绝不是什么公路。”然后，李家钰就派了一排步兵任尖兵，总部在尖兵后行进，余部随总部跟进，继续南行。总部上校参谋陈兆鹏自任尖兵长，勇敢地向这一排兵说：“跟我来。”我们在山坪上南行不久，就望见距我三四百米处的一个山头，像一寨子（就是我们在张家河上面看见打机关枪的地方），有人在移动，又听着有步枪声。尖兵已过去，我对随行的谍报兵崔英说：“崔英，赶急去看看那山头上动的是些什么人，是老百姓，还是日本人？”崔英去后，我们又继续前进。还没走多远，崔英就跑回来对我们说：“报告总司令，我已经看清楚了，尽是戴钢盔的敌人，服装很整齐，伪装也很好，个个头上都插有麦子，不会说中国话，口中‘啊！啊！’乱叫，向我招手。请总司令、参谋长坐起滑竿快些走！”李家钰同我急忙回头，也没有作何处置。李走得快，我走得慢，在我身边的卫士李俊明还催促我快走，我旋走旋说："都已经看见戴钢盔的，还跑得脱么？你们走得快，就快些走！不要等我！"李家钰和我还没走多远，山头上的敌人就一冲而下。散开在麦地中的总部特务连的一部及总部一些官兵都各自逃了，李和我被这冲下来的日本兵分开。我当时急不择路，往侧面崖下跳，右手跌伤，鼻子跌破了。我正立着俯看手上伤处时，两个日本兵跑在我面前。一个端着枪，把刺刀对着我，另一个用绳子将我捆住。他俩"啊，啊，啊"地指着我的自来水笔和手表，我都一一"奉送"。

我和李家钰被冲开后，对他阵亡的消息，是完全不知道的。我在被俘后，听一个日本兵说："那天，第二十七军的李军长同我们作战，我们把他打死了！你们明白不明白？"我听完后，虽然知道敌人没有把当天情况弄清楚，误将第四十七军为第二十七军，误总司令为军长，因为彼时的第二十七军是胡宗南所属，还没有完全开出潼关，军长是周世冕，而不是姓李的。但是，那天情况，我是亲眼看见的。李家钰跑得再快，也难躲过敌人的子弹，而他又身着黄呢军服。

我被俘后，在7月2日夜从会兴镇山西会馆中逃出。7月9日夜在杜关面晤了高树勋，证实了李家钰的确是那天牺牲的。高树勋说："你们遇着的敌人，就是从石原一直追我上山的。不过，我带的有一团人，又在山顶上占领了阵地，就是你们看见在山上的密集部队。我占领阵地后，还想等敌人来时，好揍他一顿再走，你们若下坡跟着陕县县府的人走，我也遇着他们，也就掩护了你们。你们从对面西坡走，就掩护了我。当时，我听到下面有浓密的机步枪声，也不知道是怎么一回事。下午我在行军，就遇着李军长（李宗昉）率领的部队，抬着其相（李家钰别字）的遗体，才知道其相阵亡了。可惜！可惜！"

我到卢氏沙河街第四十七军军部后，对李家钰阵亡的情况，就更加明白了。据李家英说，那里是秦家坡，而不是西坡，属陕县管。又据李宗昉说："你们在山上南进后，我也上了山，跟着在走。忽然听见前面有浓密的机枪、步枪声，又看见一些人回头跑，不知道前方究竟发生了什么事。过后，问跑回来的人，才知道你们遇着敌人。当时打得凶，我们在山嘴上立不住，就退过张家河谷，占住那条山梁，抵抗敌人。跑下来的人逐渐增多，但不见李老总和你。继后，随着军部一道的第一七八师的苟营长的妻子，带伤跑下来，她说，总司令已经带伤，倒在一个山坡下。我们根据她指的方向，又悬了重赏，募来5名敢死的士兵，才在日本枪弹下的一个死角中，把老总找着。但是，总司令已经死了。血泊中还躺着电话兵，也同尸体一道抬回到部队。”我到卢氏东关子，见着这电话兵。据他说，那天遇着敌人后，他跟李家钰跑，看见李在阵地上挨了敌人从后面打来的两枪和一个破片。过后，李还跑了几步，才倒在那个山坡下。

日军战俘营脱归记

张仲雷

1944 年 5 月洛阳会战时，我任第三十六集团军参谋长，在从新安一带西撤途中被日军俘虏，不久即从日军俘虏收容所逃出。此次洛阳会战，日军俘获我不少官兵，仅集中在陕县会兴镇收容所者就有一千四五百人。日军对我被俘官兵肆意虐待，折磨致死者，到 7 月份我从收容所逃出时已有 300 多人，现将我被俘及脱归的经过写出，以泄我 20 年来的宿恨。此文是根据我脱归后不久所写的《被俘脱归记》整理出来的。

我是怎样被俘的

1944 年，日军准备向美英两国在太平洋展开海战前夕，企图先打通中国大陆南北交通线，以转移它的华北兵力于南洋，于是年 4 月发动攻势，不久即攻占洛阳，继而又占领长沙。在洛阳会战中，中国军队除豫中、豫南方面为第一战区副司令长官汤恩伯所属部队外，在豫西方面有第四集团军（总司令孙蔚如）、第十四集团军（总司令刘茂恩）、第三十六集团军（总司令李家钰）、第三十九集团军（总司令高树勋）以及临时以第十四军及暂四军组成的刘戡兵团、长官部直辖的第九军、第四十军、炮兵旅、通信兵团、汽车兵团等部队。第三十六集团军总部原驻洛阳以西的新安县古村，在第一战区司令长官蒋鼎文自洛阳弃守退到新安，再由新安撤退经宜阳、洛宁而至卢氏时，三十六集团军总部遂于5月11日自古村迁到新安铁道以南的东华沟。于13日又从东华沟随同第四集团军、刘戡兵团等部队经豫西山地向西撤退。

我们集团军总部和所属第四十七军（军长李宗昉）在豫西山地中行军，进入陕县境。5月21日上午11时半从东姚院出发后，遇着敌人自东北方（大概是张村）打来三炮，总司令李家钰遂将原来由南而西的行军路线改为由西而南；还令前卫一七八师继续沿由南而西的路线前进，不要等他。于是，总部和四十七军军部行军时，都没有了前卫部队。我们沿途已有失误，如忽视敌情（敌人已由陕县渡过黄河，我们还认为不确），行动迟缓（总部在各军后一日行动），是日又轻易变更决定，不慎重考虑行军路线，遂铸成大错。我们通过赵家坡头，越过张家河谷，就上了西坡（后来知此为秦家坡），在这西坡山坪上南行。行不数武，即遇着追击高树勋部（这是我会着高树勋后知道的）而来已经占领山头之敌。日军由山顶一冲而下，遂将李家钰和我截成前后两段。被敌冲开后，我同李家钰的消息就断绝了。后来，我在会兴镇俘虏收容所中才听到他有阵亡说。嗣后，我由收容所里逃出，7月11日夜宿杜关，听高树勋谈后，才知道李家钰那天确实阵亡了。12日到了卢氏沙河街四十七军军部会着李宗昉后，李家钰阵亡的情形就更清楚了。还得知那天除李家钰阵亡外，总部代理参谋处长肖孝泽、机要室课长黄伯绳、与总部一道的一〇四师师附陈绍堂也牺牲了。

我与李家钰分开后，既不能回头跑，就跟着一些人从侧面跳。跳下崖后，我跌伤了右手，跌破了鼻子，血滴在我灰布军衣上。我正立着俯视军衣上的血渍时，有两个头戴钢盔、身穿草绿色军装、足穿黄皮鞋的日本兵跑到我面前，一个端着上了刺刀的枪，把刺刀对着我；另一个一手提枪，一手在腰间取出绳子，将我的膀子捆住，拉我在一个土坎上坐下。坐下后，这两个敌兵就“啊，啊，啊”地指着我军衣左上兜别的派克水笔，又指我左手戴的手表，我都一一“奉送”。这时，我才惊觉过来，我就这样被敌人俘虏了吗？我想，除给日本兵拿去的东西外，我军衣右下兜里还有一个私章和参谋用的图上量距尺，如果这两件东西被敌人搜去，就会暴露我的身份。我把私章和量距尺藏在衣袖内，趁敌人不注意，抛到了崖下。一会儿，两个敌兵把我拉上坡去，交给一个下士看管。这时，又送来两个被俘的中国士兵，我认出其中一个是总部的谍报兵。坐拢以后，我安慰他们说：“不要怕，我们慢慢想法子，将来一定会逃脱的。”我问他俩认识我不认识，他俩有些惊异，我没等他们答话就说：“我是总部书记官王少杰（总部里确有一个少校参谋叫王少杰，四川成都人，不知我当时怎么想出他来）。你们不要乱说！只有不乱说，我以后才能替你们想法子。”我问了他俩的姓名，一个说是谍报兵王较臣，一个说是参谋处伙夫余云。在此一问一答中，看守的日本兵望着我们，像是听不懂中国话。

战场上的审讯

我同王较臣、余云谈话后，一个日军翻译走过来，坐在我旁边，用东北话问我：“你是什么官？”我答：“书记官。”翻译：“什么阶级？”我：“上尉。”翻译：“你叫什么名字？”我：“王少杰。”翻译：“你们是哪个部队的？”我：“三十六集团军总部。”翻译：“总司令来了吗？”我：“我不知道。我们是总部的行李队，没有战斗人员（此时正看见日本兵在拾我们抛在山坡上的行李什物）。”翻译：“总司令走哪条路？”我：“不知道。我当个小职员，他叫我们走这条路，我就跟着走，其他的不知道。”翻译：“还有部队吗？”我：“有，还有几师。”

翻译：“这几师走哪条路？”我：“不知道。对此地的道路我不熟悉。”敌翻译见问不出什么，就把王较臣引到一边去。一会儿，翻译和王回来了，王还吸着香烟，我很以为奇。翻译指着王对我说：“他说你是参谋长。”我找不出话来回答，心里很着急，但仍表现出镇静的样子。我问王较臣：“我是当参谋长的吗？你认不清楚，乱说什么！”王经我这一问，怒气冲冲地回答说：“我没说你是参谋长。我说你是参谋处的书记官，他听错了。”翻译听了我俩的对话，就走开了。

过了一会儿，那个东北口音的敌翻译又引来一个日军的下级军官，或者是高一级的翻译，来对我进行第二次审讯。这个人满嘴短须，面目凶狠。他手中拿着我数年来记事的一个红色硬面日记本和我贴相片的一个小本及我的名片（这些东西是装在手提包内，和行李一起被敌人获得的），问我：“你当什么官？”我说：“书记官。”问：“你身上装的什么东西？拿出来！”我说：“我的东西刚才已被你们两个兵搜去了。”说话中，我从左边裤兜里摸出一包“大前门”纸烟，递了过去，他把纸烟装进口袋，又说：“你不是当书记官的，你要说实话。”这时，那个东北口音的翻译忽然把我的军帽摘下，里外一翻，想看看帽子里的名字。恰巧，我这顶军帽因为是竹条编的硬衬，没法写字。刚才讯问我的那个敌人看问不出什么，气急了，右手按着刀柄，杀气腾腾地说：“你不是当书记官的，快说实话！”我睹此情景，认为事已绝望，说：“我已被俘，无话可说，听凭你们处理！”说着，我把军服解开，仰卧在麦地上，指着胸膛说：“打吧，打吧！”然后就闭上眼睛，等待他们动手。见此状，敌翻译把我扶起来说：“用不着这样，你是当参谋长的，说出实话，我们对你的待遇是不同的。”我说：“我不是参谋长，也不想什么待遇。”之后，两个敌人走了。

不久，迫击炮、机关枪响了起来，看守我们的敌人说：“睡，睡！”听枪炮声，我知道这是四十七军的队伍，暗中祝他们早些打拢，把我们救走。枪炮打了很久，敌人居高临下，不但没有看见我们的部队攻上来，而且也没有看见敌人有伤亡。

大约过了一个钟头，来了一个日本兵，把我们带到不远的一个空场上去。场上已有六七个我军的被俘官兵，我认出内中有我总部参谋处军士涂光武。敌翻译正在询问他们，旁边还有三个穿便衣的人，都是山西口音，像是汉奸。一会儿，敌翻译又问了一些关于我的身份的话，仍没有收获，就起身走了。

我们一直在空场上坐到黄昏，敌兵才把我们押走。先押到一个寨子里，后又把我们押到一个大空场中。只见黑压压的一大片人，走拢后，才看清楚都是我们三十六集团军总部的官兵，其中有参谋处上校课长陈兆鹏（四川峨眉人）。看到这么多的人被俘，我心中有说不出的凄惨。我们的周围都是持枪的日本兵，还有一门炮，炮口向着南边的山头。一会儿，我看见远处有灯火移动，像是我们川军部队夜间行军的样子；敌人也在互相耳语，暗中移动。我不觉又幻想起来，四十七军来夜袭啦？希望终成泡影。又想，今天究竟有多少人被俘？总司令该没有危险吧？想来想去，昏昏沉沉地到了天亮。

大营夜审

天亮，空场中的人都站了起来，也看得清楚了，我的卫士李俊明（四川仁寿人）也在其中。我暗中移动挨拢他，他低声说："我以为参谋长跑脱啦。"我说："昨天那光景，怎么也跑不脱，我跳崖后就被两个日本兵捉住了。昨天审问好几次，我已经改了姓名，说是总部书记官王少杰，你暗中转告一下总部里的被俘官兵，好叫他们都晓得。"我又挨近陈兆鹏，他叹息地说："参谋长也被俘啦！"我把昨天被俘的情形和审问时我改了姓名、职务等都向他说了。陈劝我："参谋长还是把姓名、职务说了好，不然恐怕你受不了这个苦。昨天周鼎铭（总部副官处处长，四川邛崃人）阵亡了，敌人搜着他的符号、领章，还说可惜呢。我已经说了我的职务。”我说：“我已经说是书记官了，吃苦也得坚持。昨夜听到你呻吟，伤在哪里？”陈说：“我跳崖时摔伤了，左边膀子的骨头已经错开，腰、腿也跌坏了。”

我正同陈兆鹏谈话，敌翻译引来了我总部参谋处上校课长孙伯涵（四川合川人），在距我十几米的地方站住。我向孙摆摆头，那翻译向我指了一下，孙伯涵望了望我。一会儿，他们都走了。后来我在俘虏收容所里曾问过孙，那天是不是叫你来认我，孙说，是的，我答复说那不是参谋长。

敌人集合了，我这才把他们的人数看清楚，大约有 200 多人，有一门一马牵引的小炮。集合后，敌人押着我们出发。这时，我又看见了总部机要室上校主任罗寄蜀（四川潼南人）。走了二三里，看见沿途抛弃的什物，才知道这就是敌人昨天来的路。

走了两三个小时，到了一个稍大的村庄，俘虏中有人说是原店。在这里休息后，继续行进，经过张汴又往西走，到了一个悬崖边，敌人叫我们面向小溪停住，有人说这里是大营后山的温塘村。此处已有一些我军被俘的官兵，有 100 多人。休息后，走没多远就望见一个四面有土围墙的大村，大营到了。

大营是一集镇，这次日军从陕县渡过黄河后，即进攻大营，由大营又进至陕县北山，以截击由洛阳撤退的中国军队。我们进村后，还看见一些空场上插着很多树枝，还有刺铁丝和拒马等。村内看不见一个老百姓，大概都逃走了。我们被押进在平地下面有五六个窑洞的一个院子里。我同罗寄蜀、李俊明睡在一个炕上。刚睡下，李俊明把我摇醒，一个手拿蜡烛的人对我说：“你跟我来，有话问你。”我跳下炕，跟着来人出窑洞，上阶梯，到了街上一个屋子里。屋里燃着蜡烛，一个日军中尉坐在矮凳上，正在审问我军的几个被俘军官，有两个翻译在记录。进屋后，引我的那人就问我："你当什么官？"我说："书记官。"他又问：多少岁？是哪里人？叫什么名字？在哪里被俘的？等等，我一一作了回答。由于被俘后的两日劳顿，我回答敌人时声音很细微，上气不接下气。听着我说话，日军中尉说："有病，有病！"引我来的那个人就让我走了。

被押到会兴镇

我们在大营窑洞中关了两夜一天，5 月 24 日上午，日军把我们押往会兴镇。押我们的敌人有五六十人，还有一个翻译。

我们从大营出来后，就沿着陇海铁路旁的汽车道往东走，路上遇着不少西开的日军。还看见距陕县不远的铁路桥梁被破坏了，但公路通过涧河的桥依然存在。我们过了桥，来到陕县南关，街上家家户户都关着门，冷冷清清的。老百姓家的门上被迫贴了欢迎日军的标语，有的还插了"太阳旗"。出了南关，在一处凹道里休息。这时，一队飞机掠空而过，日本兵让我们不要乱动，看起来是我们的飞机。飞机过后，又休息了一会儿，敌人才押我们走。也不多远，就望见了黄河，还望见河北岸有一个大镇市，俘虏中有人说是平陆县城。河这边不远是会兴镇。会兴镇距陕县县城只八里，不一会儿就到了。

会兴镇是个不小的集镇，可走到街上一看，同陕县南关一样，家家户户的门都紧闭着。在一个巷口贴有一张白纸，上面写着"陕县会兴镇维持会"。我们就在维持会对面的屋檐下休息，维持会的人担了几桶水让我们喝，俘虏里有到过会兴镇的说："这水很好，是井水，平时是要卖钱的。"好像是在劝人多喝水，以后不容易喝到似的。后来，敌人把我们集中住下，果然喝水很艰难。休息之后，维持会一个 60 多岁的老头在前面领路，敌人把我们押到会兴镇第三中心小学，点交给驻在那里的日军。

张仲雷

会兴镇俘虏收容所

进入学校后，看见两所房子内已拘押了不少我军的官兵，我惊异地暗叹，这是哪里来的这么多俘虏呀？这里的日军把我们这批人接收后，分编成两个班，指定一个姓罗的和一个姓李的当班长。我们一道来的有90多人，内中也有不是第三十六集团军总部和四十七军的。姓李的临时班长是第八师（属胡宗南部）的，第一夜他与我住在一起，对我说，他姓林，湖南人，是团长，现在改成姓李，说是团附。他既然向我说出真话，我也把我改变姓名、职务的情况向他说了。他说："改得对。使敌人不注意，才好想办法逃走。"这位林团长可真行，第二天出去做工就乘隙逃走了，后来我脱归到了西安，会着第八师师长吴俊（湖南人），问过林君的下落，吴说他早就回长安了。编完班，日军让我和罗寄蜀、林团长等住在一个小房里，还用粉笔在门框上写了"将校室"。

25日早起，日军集合了100多个被俘的士兵出去做工，昼出晚归，大多数是到黄河渡口搬运粮食、弹药，也有到黄河北岸去修公路的。以后每天出去的人数不等，被俘的军官不去做工。我一天到晚躺在床上休息，养我的伤。这学校里的日军不多，但每天巡查不断。日军在小黑板上用汉文写了三项教令：一、肃静；二、早6时起床，晚9时以后外游不可；三、违犯以上二项，扣发给养。

我们在这学校里住了三天，27日下午，日军让俘虏们带上铺盖和餐具集合，像是要搬动的样子。除在外做工的人，集合起来的不过20余人。集合以后，敌人就把我们引出校门，往北走。街道上的铺店仍然是紧闭着门，有一两处铺门上还有布招牌。沿途只看见三四个老百姓，都是老人。会兴镇本是一个很热闹的地方，房屋也多，山西运城所产的盐，向由茅津渡渡河，经会兴镇运销河南全省，如今却是一片凄凉。

这次移动走得不远，日军把我们引到一个山西会馆里。进会馆后，叫我们坐在戏台当面的空场上，敌兵持枪立在我们周围。一会儿，我们被指定在外边有牌坊的三间厢房内住。住定后，才渐渐知道这会馆之大，绝非那中心小学能比。除戏台外，前后还有四个大场子，两座大殿，两殿外两旁有厢房，厢房后都有一个院落，仓房、磨房样样俱有，共有六七十间房；会馆四面皆有土围墙，由当面三道大门的东边一个门出入。

洛阳会战后，日军把在豫西新安、渑池、陕县、灵宝等地俘虏的我官兵陆续送到会兴镇山西会馆，把会馆称为“俘虏收容所”，派一个中尉当所长，还有一个翻译。这个所长住在会馆外，身材不高，满口短须，一脸横肉，其面貌狰狞常使人不敢正视。会馆内大概有 20 多个日本兵。

这里的俘虏，起初有 300 多人，后来陆续增加，到我临逃走时，听说有一千四五百人，被俘的官兵，大概洛阳附近的各军都有，我当时知道有一战区长官部的，有三十八军的，有新八军的，有第九军的，有河北民军的，有第八师的，还有洛阳附近某军医院的。四十七军的，除 5 月 21 日在秦家坡同我一起被俘的外，另有一七八师五三二团于 5 月 13 日在新安西南的河上沟被俘的。

因集中在这里的俘虏日渐增多，6 月初进行了一次改编，把俘虏编为三个大队和一个临时大队，各大队人数不等。大队以下有的编有中队，有的没编。这些大队的编法，据我所闻，第一大队是以新八军被俘的官兵为主，大队长姓金，原是新八军军部的副官。

新八军军部驻在渑池附近，日军在白狼渡河后，他们就结队投降了，姓金的常说，他带有轻机枪好多杆、步枪好多支、人员 300 多，是甘心投降的，不是被俘的。姓金的常足穿木屐，得意扬扬地学日本人走路，还组织人学日语。我脱归以后，听说姓金的被日本兵用刺刀戳死了。第二大队是以在河上沟作战被俘的五三二团的官兵为主编成，大队长是五三二团团附邓通元（四川人）。二大队下面编有两个中队，一个中队长是五三二团的指导员王益平，一个中队长是五三二团的迫击炮连连长尹建业（四川乐至人）。第三大队是从中心小学内迁移来的，大多数是在秦家坡和大营被俘的官兵，后来把在草庙反攻时被敌俘虏的杨振邦游击队的20多个官兵也编入三大队。李家钰阵亡的消息，最早就是听杨振邦游击队的人说的。第三大队的大队长是三十六集团军总部的参谋罗常（四川成都人）。该大队里还编有20多个官长，都是我们总部和四十七军的，我就编在这个大队内。第三大队编好后，大队部就迁到最后一个大殿里。临时大队是由河北民军被俘的官兵编成，有100多人，大队长姓什么，已经忘记了。河北民军被俘的士兵，都是在河北沦陷区抢救出来的十五六岁的孩子。被俘以后，饥不得饱，渴不得饮，一个个面黄肌瘦，满脸病容。

日军的这次改编，最可怜的是三个被俘的妇人：一个是我们总部译电课课长李克荣的妻子，一个是总部绘图员祝沐的妻子，另一个是洛阳附近某军医院主任郑某的妻子。郑是湖北人，他夫妇俩及两个十三四岁的孩子，一家四口全被俘了。改编后，敌人硬把这三个女人同两个孩子送到离收容所不远的老百姓家。我后来从收容所逃走一月以后，李克荣和祝沐两对夫妇也逃了出来，郑主任被敌人押到黄河北边去了，他的妻子同两个孩子留在会兴镇。

日军对我们的虐待

我在俘虏收容所内共住了30多天，在这些天内，所见日军虐待俘虏的事是不胜枚举的。现就我能回忆起的写在下面。

先说日军所发粮食的情况。我们在秦家坡被俘后，在大营住了两天，这三天中，敌人只发给每人两小包饼干。后来由大营迁移到会兴镇小学，才给了一袋小米，分交两个班长，叫人去煮来吃。虽然一人只分得一小碗，但这几天总算是有点食物入腹了。移到山西会馆后，每天发两次小米。正常的时候，每日两餐，官长每人每顿三小碗米饭，士兵两小碗。士兵们出去做工时，就找些生麦子、洋槐树叶和野菜等带回来煮煮吃。

再说日军所给的饮水。山西会馆里原来有一口井，这井水在黄河附近一带，算是很好的饮用水。但此井极深，据说有 20 多丈，人多了，每天汲起的水就不够用。敌人规定被俘的官长喝井水，士兵到外边去抬塘水吃。我们三大队的被俘官长 20 多人，每天只给四洋油桶水，天热了就不够喝。在外边抬的塘水是当地人洗衣服、洗澡、喂牲口的不能流动的污水，水里看得见沙虫，闻得出秽气。

接着说日军对俘虏伤病者的医疗情况。我们从秦家坡到大营途中，因受枪伤、跌伤的人走得很吃力，敌人才叫在大营温塘附近休息，叫医务兵给患者上过一次药。到了大营以后，直到会兴镇山西会馆，五六天的时间，伤患者一再哀求换药，都被拒绝了。到山西会馆后，敌人看俘虏中患病者日有增加，就把俘虏中的医务人员集中起来，成立了一个医院，把伤病者集中到医院里。这医院有名无实，一点药也没有，进去的病号就用砖石作枕，躺在地上呻吟，或生或死，都听命运。同我一起被俘的、编在第三大队的 20 多个人，在我走的时候，已死了参谋宋鸿勋、连长李克伦、书记陈某等。我脱归以后，听说罗寄蜀和陈兆鹏也因病没有药医，死在收容所里。在我要逃走的前夕，曾向郑军医主任问过收容所里已死了多少人，他说有 300 多。不过一个月的时间，就死了这么多人，真是骇人听闻！

最后说一下收容所里的翻译。移住到山西会馆后，我前后见过三个翻译。第一个年纪大些，大概是东北人，他还有点良心，不乱打骂人，照料过俘虏的饮食，放过一些被俘的士兵。第二个是年轻翻译，山西临汾人，他说他是日本士官学校毕业的，应该当军官，来当翻译是不愿意的。他随时拿着一根木棍，腰间插着手枪，被俘的士兵稍有点不如他的意，他就用木棍乱打。他很爱钱，有一天，他把几个俘房大队的队长找去说："你们在这里久住是很苦的，我正设法早点送你们过黄河。但过河的时候身上是不能有法币的，你们赶快把法币交过来，以免过河时让日本兵搜出来挨打。"过后他又催促这些大队长交法币，光第三大队就交了 5000 多元。这个翻译把钱弄到手后，就请假回了太原，临走时留下一张名片，没有再回来。第三个翻译满嘴金色短须，有人说他是蒙古人。他没来几天，我就从收容所里逃走了。

奇怪的道士

刚到山西会馆那天，我就看见一个身材魁梧的道士和几个青年人在戏台东边一张小桌旁安闲地喝茶，心里就有疑问，这是些什么人？后来有人告诉我："那个道士是汉奸，来会兴镇已四年了。那几个青年是他手下的人。"戏台场子东边有一排房子，道士和那几个青年就住在那里。有一天，我无意走到这排房前，见一房门上贴有一张纸条，上写"此处住者……二二五六部队直辖情报人员……队长"（省略号是笔者加的，表示日文，因已记不清楚了）。道士住的房门口还贴有一张"禁止中国官兵入内"的纸条。

在我们住定后，那几个青年中一个姓赵的同我们谈过一次话。他是河南登封人，1943 年从军医学校毕业后，分配在某师管区当军医。他说："我到此一个多月了，因为我叔父有病，要我来看他。"他所说的叔父，就是那个道士。实际上他们是假扮的叔侄。后来，这些人在俘虏收容所内卖点葱蒜，售点料子（吗啡之类）和阿司匹林，有时去街上帮我们购买中药，好像在替俘虏们办事，其实是在骗我们的钱。

日军西进的伤亡

我们到会兴镇中心学校的第二天夜里，听到街上有炮车行走的声音，大概是敌人在茅津渡渡河后，夜间向西开去。同时日军还把被俘的士兵押到陕县去修飞机场，或到黄河岸边搬运汽油。我根据这些迹象，知道敌人在准备西进。隔了几天，在山西会馆里面就能听到隆隆的炮声和浓密的枪声。出去做工的人回来说，“外面打得很厉害，像是我们的部队在反攻。”此时，我们的飞机不断飞临会兴镇上空。过了两三天，枪声不大听得到了，我们的飞机也来得少了。

日军这次西进，到了灵宝及虢略镇附近，遭到我军阻击。日军被阻后，就改攻为守，伤亡相当大，光尸体就在会兴镇焚烧了六七夜。出去做工的人回来说：“我们这几天的工作改变了，天天搬运敌人的伤兵。从会兴镇搬到黄河边上船，一连搬了几天。会兴镇这几天家家门口都睡满了伤兵。”根据这些情况，我估计日军死伤总在5000人以上。我还听到道士向人说，日军中原会战（日军称洛阳会战为中原会战）的伤亡有一万多人。

日军改攻为守后，一面把会兴镇到交口段的铁路拆卸的铁轨、枕木和黄河北边运来的水泥等搬运到陕县修筑工事，一面更换部队。做工回来的俘虏说，有一夜，他们在黄河边上等到天亮，等敌人过队伍，开到河北岸去。当时听说八路军以及阎锡山的部队都和日军打起来了。

日军的宣传和厌战情绪

日军西进虽然受到打击，但在收容所内却说，阌乡县已被他们占领，潼关也被他们占领了。说占领潼关用了20架飞机轰炸。还有一个日军医务人员说得更离奇，他问一个被俘的人："有个西安你知道不知道？"那人说："我知道。"日军医说："西安我们都到了。"那人听了这话，就跟我说，我说："西安距这里多少里，只说走路，不说打仗，这么几天也走不到。这是敌人的宣传，不要信。"

大概是6月下旬，收容所里来了一个敌人的宣传班，带有一部小型播音器。到了会馆，他们先把播音器安装好，播放了两三张歌舞唱片，把被俘的人引去听后，就开始宣传了，讲的是"大东亚和平"之类的话。以后，又把被俘的官长集合在会馆大门外的场子中，叫一个汉奸讲"东亚共荣圈"。这个汉奸讲完后，又换了一个翻译讲。

在收容所内，日军还叫那个临汾的翻译集合我们做过一次"测验"，出了两个题：一个是"重庆政府与南京政府的比较"，让被俘的中级军官作答；一个是"如何调整保安队"，让被俘的下级军官作答。我得到题目后，就托罗寄蜀代答。随后，日军又叫我们填写履历，造册子，像要把我们送走的样子。

在收容所内，我还见到一件事，可以说明日军士兵的厌战情绪。有一天，我因跌伤躺在床上休息，来了一个巡查的敌兵，他见我躺着不动，就问我："你有病？"我点点头，并指着右臂示意。他就坐在我的床边，从怀中取出三张相片交给我看，一张是他父亲的，照片背面还题有"给某某长男"，下面署的是某某步兵大尉于河内；一张是他姐姐的，是从南洋某地日军空军某联队寄来的；另一张是他妻子在日本东京靖国神社内照的。他拿着他妻子的相片问我："你媳妇呢？你媳妇呢？"我回答："在四川，在四川。"就这个士兵来看，其思念家人之情，是不言而喻的。

由于他因战争而远离骨肉，割去亲情，隐忧深痛，无处诉说，所以竟忘了我是被俘之人，要我看他珍藏的照片。

准备逃走

被俘后，我一直想，只要敌人不发现我的真实身份，我慢慢把伤养好，总是有机会可以跑出去的。敌人把我们押到会兴镇中心小学，我知道那个第八师的林团长逃跑后，还暗中赞扬他。继后，搬到山西会馆，我天天见几个湖南兵，但不久都不见了，一打听，才知道都跑了。这时，我也想跑，但怕出去后道路不熟，走不出敌人的警戒圈。因此，我每天暗暗打算，怎样才能找个熟悉路的人一道逃走呢？

被俘的士兵出去做工，回来清查人数，天天都不够。有时早晨也听说，昨夜又跑了几个。我曾问过没跑的人，这些人是怎么跑脱的？他们说，出去做工换上老百姓衣服就跑了；也有把老百姓衣服带回来，夜里换上逃走的。敌人渐渐地知道了这些，叫翻译到各大队查问。我们总部有个译电员王以德，被俘后编在第三大队部当副官，很会讲话，对来查问的翻译说："跑的都是老百姓，是部队打仗时拉来的夫子。他们是关不住的，天天都想跑。当兵的受过训练，不会跑的。现在收容所里还有很多老百姓，恐怕还要跑，不如把他们都清出来，叫他们出去。"翻译听他说完，没过多久，果然把穿便衣的俘虏清了出来，有四五十人，都放走了。被放走的人里，有我们总部一个谍报兵，叫赵斌，临走时，我给了他100元法币，叫他出去找着部队后向总司令（即李家钰，那时还未听到他阵亡的确实消息）或李军长（即李宗昉）报告一下，说我因伤被敌俘虏，等伤好后，即设法脱归；让他把其他被俘的官长也向总司令报告一下，请总司令把他们住在西安、宝鸡的眷属早点送回四川。赵答应着走了。我看着这些穿便衣的人就这样出去了，心中为他们庆幸，也更为自己焦虑，我什么时候才能出去呀？

三十六集团军总部有个附员叫葛成俊，河南广武人，同我一起被俘的。我曾利用他是河南人的关系，叫他去运动那个假扮道士侄子的赵某，答应跑出去找到部队后，酬谢赵几万元法币，葛去后回来说："他不答复，只说'你要跑是跑得脱的，穿上老百姓衣服，等到日本人换街兵时就可以跑出去。'让他护送出去他不干。"我说："他不干算啦，不要再找他了。"葛又说："参谋长要跑，咱们一路走，我去找便衣。"过了两三天，葛成俊病了，逃跑的事就不再提了。

有天下午，同我一起被俘的总部卫士唐振尧（四川遂宁人）对我说："参谋长，你的脸色不大好，心要放宽些，等精神复原后，再想法子跑，跑得脱的。"我说："我右手的伤现在已经不太痛了，但左膀忽然痛得厉害，等左膀稍好点，我是要跑的。会兴镇附近的道路你熟吗？将来我们一起跑！"唐说："这附近的道路我熟。跑的时候还想约总部军需谭青云一路，他剩的有钱。"我说："我早就想跑了，哪个愿意在这里受罪！跑不了被捉住，就当是被俘那天被打死了。不冒点险，怎么能脱险呢？"唐说："那么我们今夜就跑。"我同意了，让他去约谭青云，我去告诉李俊明。快到黄昏时，我把陈兆鹏找来，安慰他说："我准备今夜跑，你安心把伤养好后再跑。"然后，我到大殿后面去查看要逃走的路，遇见一个敌兵在巡查，我立即去找李俊明，将刚才遇着的情况告诉他，叫他去向唐振尧说，要他们仔细一点，如果今夜没有机会，我们另找机会跑。我回到床上躺着，等他们的消息。睡到天亮，醒后就听说昨夜唐振尧、谭青云、晏子云和段少书四人跑了。我叫李俊明来问，他说："他们走的时候来问过我，因为参谋长叫他们仔细点，我就对他们说参谋长今夜不走了。"听李说后，我心里很遗憾。

此后，我天天寻找跑出去的机会，找熟悉会兴镇附近道路的人。四十七军军部的军务课少校课员周必达（四川崇庆人）知道我正在找人同路跑出去，就对我说："现在编在第二大队当中队长的尹建业，从前当连长，在会兴镇驻过一年多，熟悉这一带的地形和道路。”我说：“你去向他打听一下往东走的路，怎样才能绕过敌人的警戒线。最好把尹建业约上一起走。”过了几天，周对我说尹建业现在不愿意走，我说：“他不愿走，我们也不勉强。你把道路问清楚后，我们再商量。要保密。”

6月22日午后，周必达对我说：“路已经打听清楚了，今天下雨，机会很好，我们今夜走。还约了王以德、朱治平（军部勤务下士）。夜里我们先到东侧院里面的墙根去挖洞，洞挖好后，就从那里跑出去。”入夜，李俊明到我的床前低声叫我，我跟着李出了大殿，在牌坊下面会着了周必达他们，转到东侧门里第二大队煮饭的屋子里，王以德已在那里。王对我说：“朱治平已经把墙根挖开了一个洞，但洞的外边放有一扇大门，推不动，正在想办法。”等了很久，没有消息。敌人的巡查兵在屋门口走来走去。我觉得今夜机会不好，怕不能成功，反被敌人察觉，遂改变主意，回到大殿中睡了。第二天早晨，我看见周等三人都在，知道他们昨夜没跑成。

后来，唐振尧、谭青云、王以德、周必达、朱治平和孙伯涵等，在我脱归到四十七军后，也先后从收容所中跑了出来。

跑出了收容所

虽然我两次都没有跑成，但一直在寻找机会。机会终于来了。7月1日下午，尹建业忽然来到大殿内，问我：“参谋长，有事没有？如没有事，请到我那里去，我跟你说句话。”我跟着尹到了他那里，尹低声说：“参谋长，咱们一起走吧？你不带人走可以不可以？”我说：“只要跑得脱，不带人走又有何不可！”尹又解释说：“人多了，跑起来就困难些，我们保着参谋长跑。这里有一个排长张雪晴、两个军士都熟悉会兴镇附近的道路，把他们约在一起，再约上仲曦（李宗昉的字）军长的内侄、军需主任罗开基，一共六个人。约好后，明晚就动手。”他又说：“日本人已经答应我，明天把中队部搬到东侧门里小院内。搬好后，傍晚就在屋内墙壁上挖个洞，我们就从那里出去。”听完他这些话，我有说不出的高兴，说：“好嘛，我等你的动作！”尹最后说：“参谋长，衣服要换一下。”

7月2日早饭后，我把李俊明叫到没人的地方，将昨天尹建业说的告诉了他，叫李同罗开基联系。下午，尹建业又来对我说：“我已经搬好了房子，你去看一下。”一会儿，我到了尹建业新搬的屋子里。屋的东墙一人多高处有开过窗子用泥土封填着的痕迹。看后，我仍回大殿里休息，以待晚上行动。

黄昏时，我叫李俊明做准备，让他把“盐梅丸”（这是出去做工的人带回来的）带上。这黑色小丸能生津止渴。9时许，我在床上躺着，李俊明把我叫起来，我俩一前一后来到尹建业的房中。屋里漆黑，李俊明挨近我说：“他们去探路了，探好回来就走。”我看见墙上的洞已经挖开，用军毯钉在那里。尹建业问我：“衣服换了没有？”我说：“没有。”转念一想，夹军服的里子是蓝布，反着穿也可以掩饰一下，我就把军服反着穿上。尹建业出去望风，巡查的日本兵不停地走动，只听尹建业说:“你们不要乱撒尿！”其意是让敌人听着他在管理本中队的弟兄。日本兵过去了，尹急忙转回。这时，去探路的人也回来了，我们就依次从洞口往外翻。出屋后，面对东方，明亮的月色下，能看得见人的行动。北边不远是一与会馆东侧院成直角的高墙，大家挨着屋子后边的墙往北边的高墙跑去。探路的胡军士已经骑在墙上，用绑腿在拉尹建业上墙。李俊明、张雪晴等找来一根大树枝，往墙上一搭，李、张又将身子蹲下，叫我踏在他们的肩头上，把我往上送。我两手抓住树枝，足登树干，爬上了墙，然后抱着一根放在墙那边的木杆滑下去，翻过墙后，大家往西急走，到了一个砖砌的圆门洞下面，胡军士说：“大家沉着点，今晚的行动已经成功了！”

这时，尹建业清点了一下人数，共有16个人。他说，我们现在编成四个组，胡军士、某军士和我与参谋长为第一组，张雪晴、李俊明、罗开基和某为第二组，其他的人编成两个组。编完后，胡军士就起身先走了，我们依次跟上。先向西北方找路，走到半坡尽是悬崖，又回头上坡，转往南走，沿着山西会馆西面的土墙疾行。正走着，有人说：“要到敌人高射炮阵地啦，这里还有敌人的仓库。”说话间，听到日本兵在“啊，啊”乱叫，好像发现了我们，我们就拼命地跑，跳下崖去。我们沿着深沟的路走，敌人也没有追来。然后，又沿着一条仅能容足的小径上坡，胡军士、尹建业仍然走在前边开路。坡很陡，路又窄，我爬了一截就上气不接下气，赶忙让李俊明取几粒盐梅丸给我。我含在口里，才慢慢把气缓过来，爬上了这个陡坡。上坡后，走上了一条大路，往西走不远就看见了陇海路的铁道堤。大家十分高兴，这么简单，这么容易，就逃过了敌人的警戒线。

我们沿着铁道堤走，尹建业和三个士兵在前面领路，忽然不见他们了，找了一阵也不见人影，大家只好沿着铁路慢慢走。一个士兵说：“我知道到交口的路，前几天还去做过工。”我叫他领路。我们爬坡上坎，跳崖过沟，越过铁路，走了约两个钟头，找到了涧河。涧河是一条山间溪水汇合成的小河，由东而西，在陕县附近流入黄河。我们沿着河滩东行，过河涉水都是李俊明背我。后来，我和李俊明、罗开基与他们走散了。在我们到了卢氏沙河街四十七军军部后好几天，张雪晴才到了那里，尹建业他们就到的更晚了。

我和李俊明、罗开基沿着河滩走了一阵，就傍着山边走，后又改道往南上坡。这个坡很长，爬了一段，就在半山坡上休息。坐下后，我心里很愉快，终于跑出了敌人的牢笼！休息后，我们继续往前走，遇到了一个小庙，就在庙里躺到天亮。

张仲雷

寻找部队

7月3日，天刚发白，我们三人就出了小庙，仍由原路上坡。我把军装脱下，抛在了崖下面。上坡后，才看出这上面是一个很大的塬。路上遇着两个老百姓，我对他们说：“老乡，我们从洛阳来，在路上遇到打仗，绕到这里，衣服也被人脱了，想往陕西去，不知道能不能绕过去？”其中一个老者说：“我们这里是小李村，没有日本人。可日本人距这里不远，天天都要来清查。这里住不得。”我又问他过了小李村往南走绕得过吗？他说：“走快点，绕得过，慢了日本人就出来了。”听后，我们就直往南走。走了一段，又碰见了老百姓，一打听，说这附近都有日本人，我们就又折了回去，仍回到昨晚那个小庙。从庙旁下沟，走了一阵，李俊明发现了一个窑洞，我们决定先在洞里躲着，等到黄昏再走。这洞一丈多深，四五尺宽，洞下边是十几丈深的沟。我们在洞里一直躲到黄昏，才走上去，从大路下坡。下坡后，业已入夜，我们就向河流声响的方向走，到了涧河边，见有个村庄，像是侯桥，我们就入村问路，问了三个人，都说从这里到菜园去燕翎关没有日本人。听说这里能到燕翎关，我心中就有数了，因为上次退却时从那里走过。我们走上大路，向菜园前进。途中碰见一卖杏人，买了他10元法币的红杏，还用我的绒衣换了他一件汗衫。

菜园属陕县，是一个大镇子，有一二里长的市街，街面整齐，房屋很多，当天夜里，我们过了菜园，循着汽车道行走。走了一阵，月亮已经偏西，快要天明了，我们困乏得很，就走到一个破庙院中，躺在草地上休息。

7月4日黎明，我们继续沿着汽车道走，在一个小坟园中休息时，遇到一犁地的老者，我对他说：“我们是落难的人，衣服已被人脱了，两天没有吃上饭，想找你买点馍吃。”说着，我拿出100元法币交给他，他不接，只说：“要馍，还有，拿钱我不卖。”说着让一个十二三岁的孩子拿来三个大馍，交给我们说：“这是我犁地带的饭，给你们吃，不要钱的。”吃完馍，我们谢了老者，继续沿着汽车道向燕翎关走去。这时，天已大亮，已能远远望见燕翎关了。5月20日我和李总司令率部经过这里，现在这山势还完全认得清，可那时是浩浩荡荡的队伍，现在却是三个落难之人，触景生情，心中不免有些悲伤。

往前走，我们在张凹村下面遇到颜总司令的便衣队的四个人，他们把我们送到了队长那里，那队长询问了一些情况，我都一一作答。他说：“李总司令阵亡那天，我们都知道。”我问他的姓名，他说叫曹守如。曹队长留我们休息。我问他四十七军的消息，他说：“听说上戈街有中央军，南山里也有中央军，你们四十七军在哪里就不知道了。”曹招待我们吃了晚饭，我们在这里，住了一夜。从收容所跑出来两天两夜了，没有吃过像样的饭，也没有睡过安稳觉，今天在这里吃得好，睡得舒服，精神好多了。通过交谈，知道这里是西黎园村。

7月5日，天刚亮曹队长就来了，我向他打听要走的路线，他在纸上写了“沟南—桐树岭—姚店—双庙—三角山”这样一条路，然后说：“现在这一路没敌人，只是三角山有。你们不到三角山就往南拐，过了那里就是南山，中央军就多了，找你们的队伍也容易些。”我接过了路线图，换上了在这里找的便衣，和李俊明、罗开基一起向沟南走去。

沟南在陕县东南六七十里，我们5月20日曾从此地经过，这村的房子全是倚靠山崖挖的窑洞。我们三人在沟南村外遇到一人，盘问后把我们引进村。进村后，见到两个青年，我就向他们打听四十七军的消息，其中一人说：“听说上戈街那边有中央军，不知道有没有四十七军。”我把曹守如开的路线图给他们看，他俩说：“你们不要走那条路，那条路中间有日本人，可以直接到上戈街，陕州专员欧阳珍就住在那里。从这里到上戈街有 120 里地，尽是川路，很好走。陕州专署的人出来也走这条路，没危险。”我听他们说得这么清楚，就决定到上戈街去。顺着他们指的路，走到傍晚，在一个村子里借了一孔破窑洞，住了一夜。

7 月 6 日，天亮后继续就道，走不到一里地，到了庙上村。过了庙上，我们就在山梁上向西走，继而又顺着山腹道南行，路上还碰见了陕州专署催粮的人。我们边走边打听四十七军的消息。又翻过了两个小坡，来到胡树坪，这里有很多不小的核桃树。听老乡说再走一程就是窑子坪，到那里就可以住宿了。我们继续往前走，一段山路后便是布满鹅卵石的川路，走起来很吃力，脚上又起了泡，疼得很。走到一溪沟里树木丛深处，遇到两个哨兵，交谈后知道他们是河北民军的。哨兵引我们去见营长，营长姓黄。谈起 5 月 21 日退却的情况，黄营长说：“我们那天在姚店听着枪声很密，但当时不知道出了什么事，夜间才听说总司令（河北民军曾归李家钰指挥过）阵亡了，参谋长也被俘啦。”从收容所跑出来几天了，我们想在此住一夜，明天再到上戈街。黄营长叫他的部下让出一孔窑给我们住，说：“这里是窑子坪，老百姓不多，只有这几孔窑。”在这里，还遇见了那天一起从收容所跑出来的、后在涧河边走散的游海青，以及两位朋友谢丙午和张天邦。谢、张听说我们要到卢氏去找队伍，主动说要给我们写封信。

7 月 7 日，天刚微白，营部就送来了羊肉面条。谢丙午、张天邦为我们写了信，要我们到上戈街后去找谢的弟弟怀卿。之后，我们四人（新加了游海青）谢别了黄营长，向上戈街走去。途中，遇着了去看我的河北民军总指挥部参谋长李大同（河北人，保定军校毕业）和情报课王课长及一位姓郭的团长。他们昨夜得到黄营长的报告，知我脱归，今早去看我。李大同倾囊送我法币 700 元作为路费，郭团长又请李大同给上戈街的乔某写了封信，郭说：“乔某是上戈街的大户，你说同我们总指挥（即乔明礼）是朋友，他就会帮助你。”告别了李大同等，我们就沿着一条溪边的小路走。窑子坪距上戈街30里，这段路又平坦，没多久，我们就到了上戈街。

上戈街是山丛中的镇子，有几百户人家，属洛宁县管；北边是陕县，西边为灵宝，西南为卢氏，是个四通的集市。此时，驻在上戈街的是新八军的部队。我们去找谢怀卿，把谢丙午、张天邦和李大同的信都交与他，他看信后对我说："参谋长在这里吃了饭，我们一起去找乔某。我们这里有个招待所，见过乔后，就住到那里，休息几天，等我兄和天邦回来后，再送参谋长到卢氏。”饭后，我和谢怀卿去见乔某。见到乔，把李大同写的信交给他。寒暄后，我即向他打听三十六集团军的消息，乔说："三十六集团军总司令像是发表为刘戡了，听说司令部现在卢氏。”告别乔某，我即到招待所休息。

回到四十七军

我们在上戈街休息了两天。7月9日，谢丙午、张天邦回到上戈街，我们相约，如果明天不下雨，就出发到卢氏。7月10日早饭后，我和罗开基、李俊明、谢丙午、张天邦一起，离开上戈街，向卢氏进发。游海青因伤重不能与我们同行，我给了他200元法币，让他医好伤再走。后来听说游死在了上戈街。我们走了20多里，到了黄城村，就在这里休息。午饭后，继续前进，晚上住在桃树坪。

7月11日，晨起后向磨上前进。在途中得知，距磨上五里一小村内驻有新八军的新六师师部。这个师的参谋长李天汉（河北人，保定军校毕业）是10年前我在二十四军时的同事，就决定去找他，问询四十七军的消息。见到李天汉，没有打听出四十七军的确切消息。李招待我们吃了一顿丰盛的饭后，我们就离开新六师师部，来到磨上新八军军部，见到了军参谋长王有度（辽宁人，陆军大学第十四期毕业）。王叫人找来三套军装，让我们换上，我也把胡子刮了，这才恢复了军人的面目。我问王："四十七军驻在哪里？"他说："四十七军序列现在第十二集团军，改属第五战区指挥了。命令已来了很久，四十七军可能已开走了。"我即给一战区长官部参谋长董英斌打电话，才知道四十七军还在卢氏沙河街。董在电话中还表示了对我的问候。沙河街距杜关五六十里，距卢氏县城30里，是个很热闹的集市。我打电话到四十七军军部，找到了李宗昉军长，他又惊又喜。我请他派两乘滑竿明天到杜关接我们回去。四十七军找到了，明天就可以回到军部，虽然军部不是三十六集团军总部，但军部、总部以前完全是一家。古村旧人明天就能见面了，我心中无限欢乐。

王有度在新八军军部为我们设宴接风，约来的陪客有：新六师程副师长、李天汉及军部各处长。宴后，我和罗开基、李俊明、谢丙午、张天邦及新八军的一个饲养兵一起上路，急忙向杜关走去。过官道口，天就渐渐入暮，又走了十几里的夜路，到了杜关。

杜关是灵宝到卢氏的公路上的一个关隘。进了"关门"，南行五里才是杜关街。到了杜关街，新八军的饲养兵把我们引到三十九集团军总部，见到了总司令高树勋。谈起5月21日的情况，高树勋说："5月20号晚8点钟我们离开石原，走了一夜，敌人跟着追，还同新六师第三团打了一仗。那时，我正带着一团人在山顶占领阵地，还想等敌人上来，好揍他一顿。我正在山顶上指挥，听见下面有浓密的枪声，也不知是怎么回事。下午行军时，遇到李军长（李宗昉），见士兵抬着其相（李家钰的别号）的遗体，才知道其相阵亡了，真可惜！"听了高树勋的叙述，心中不免有些悲痛。这晚我们就住在杜关。

7月12日上午，四十七军来接我们的滑竿到了，共来了17个人。吃了饭，我们一行20多人就上路了，三十九集团军的参谋长廖安邦（河南罗山人，陆军大学第八期毕业）把我们送到杜关西门外。劫后重逢，大家一路说笑，又谈起了5月21日的情形。

沙河街属卢氏县，距杜关50多里。由杜关到沙河街，要翻两个山坡，尽是山间小路。下午，我们到了沙河街，来到四十七军军部，军长李宗昉、参谋长张持华（四川巴县人）、一〇四师师长杨显名（四川邛崃人）以及军部各处、课长等已在等待我们。相见之下，不胜感慨。李宗昉设宴为我们洗尘，席间，李又说起5月21日的情况："那天总部在山上南进后，我也上了山，忽然听到前面有浓密的枪声，又看见总部一些人往回跑，不知发生了什么事。问跑回来的人，才知道遇上敌人了。当时打得很凶，我们就退到张家河谷，占着山梁抵挡住日军。跑下来的人逐渐增多，但没有看见老总和参谋长。我就连着派了两三起人，到敌我中间地带的山沟、山坳里找，牺牲了几个人也没找着。后来，随军部一道的一七八师荀营长的妻子带伤下来，说总司令已经负伤了，倒在一个山坡下。我们根据她指的方向，冒死才从敌人的枪弹下把总司令找着，但总司令已经死了。接着，又派人找参谋长和总部的其他几位长官，没有找到。我们连夜护着总司令的遗体西行，走了三天，才在灵宝大南村把总司令的遗体装殓，过后送回成都了。"一会儿，李家钰的弟弟、一七八师师长李家英也来了。宴后，我与李家英、杨显名叙谈至深夜。

过了几天，我从沙河街去到卢氏东湾子，会过继任的第三十六集团军总司令刘戡，报告了我被俘与脱归的经过，辞去了总部参谋长之职，又回到四十七军。我随四十七军南移时，途经卢氏红洞，见到了第一战区副司令长官汤恩伯和参谋长董英斌，感谢他们对我的关心。到了内乡县的西坪，我即离开了四十七军，搭车到西安，遂回成都家居了。

骆周能

激战一昼夜，敌人伤亡惨重，势渐不支，战到26日黄昏，敌人全面崩溃，遗尸遍野，狼狈逃窜，最后退到东流、香山两处固守。

● 1907年生，号浚明，字怀哲，四川大邑人。

● 1937年，全面抗战爆发后任第二十一军一四六师四三八旅中校参谋，随部出川抗战。

● 1939年，任第二十一军作战科科长。

● 1940年初任第二十一军一四七师四三九团团长，率部在马当至湖口一带承担布雷腰击任务。

● 1991年，逝世。

第二十三集团军出川抗战片段回忆

骆周能

刘湘请缨抗日　唐式遵蓉城誓师

1937年7月7日，震惊中外的卢沟桥事变爆发。事变后第五天，川康绥靖主任兼四川省主席刘湘即通电"请缨抗日"。1937年7月14日，中央军委在卢沟桥事变第四次会议报告中说："四川刘湘有通电，'请缨抗日'并遵令整军待命等语，我委已嘱中央新闻检查处缓一二日再决定发表与否。"又7月16日顾祝同给蒋介石渝电说："顷接到刘甫澄(刘湘)电称，在此国难当前，正我辈捍卫国家，报效领袖之时。弟昨已径电委座陈明下悃。并通电各省主张于委座整个计划之下，同德一心，共同御侮，自当漏夜整军，赶速改编，以期适于抗日之用。川省应负责任，不惟不敢迟误，且思竭尽心力，多所贡献，耿耿此心，尚乞代陈。"又8月18日，何应钦报告说："川军刘湘有电'请缨抗日'，并拟暂出兵十师(四十团)，须调精锐部队，或令准备五十团，先出兵三十团或三师至四师，其余第二期再调。"旋即成立第七战区，位置于武汉，战区司令长官刘湘，副长官陈诚，直辖三个集团军，第二十三集团军总司令唐式遵，第二十九集团军总司令王缵绪，第三十集团军总司令王陵基。总兵力20多万人。

后又成立第二十二、二十六、二十七三个集团军，先后出川，在晋东、鲁南、豫南、皖南及苏、浙、赣、湘、鄂等地区对日作战。

刘湘于出川前夕，曾提出如下要求：一、把战区划定一个明确地区，承担这个方面的对日作战任务；二、战区所直辖的三个集团军由战区统一指挥，集中使用，不能分割建制；三、财粮械弹的供应与补充应一视同仁，按照国军待遇。其他如人事任免和调动须事先商同战区决定等等。以上要求得到了何应钦、顾祝同、张群等人的保证，最后得到了蒋介石的承诺。

1937 年 9 月中旬，第二十三集团军总司令唐式遵，在四川成都少城公园开誓师大会，庄严宣告："失地不复，誓不返川。"副总司令兼第二十三军军长潘文华在出川时的各界欢送会上预立遗嘱："胜则归，败则死。"随即率师 6000 余人，经武汉、郑州，转华南、太湖，辗转南北战场，时为 11 月中旬。

广德泗安战役

淞沪沦陷后，苏、常相继失守，政府除临时调集 10 万余人保卫首都南京外，对于广德、泗安一线的防御，实无兵可调。经蒋介石商同刘湘调该战区所辖的第二十三集团军所属各部分防广德、泗安，以确保京（南京）芜（芜湖）侧背之安全，并掩护淞沪杭友军之撤退。当时川军部队转运不及，大部都在行军途中，只能以先头部队的一四四师和一四五师各一部和陆续到达的十四、十五两个混成旅赶赴前线，分任广德、泗安防务，第一四六、一四七、一四八等师的全部及一四四师的大部，均在转运途中，各相差为二至五日行程，各部奉命后赶赴指定地区部署防务，赶筑工事。此时由淞沪杭撤退之友军，内中夹杂由前线逃往后方的数十万难民，不分昼夜向后方撤退，势如潮涌，加以敌机轰炸扫射，敌骑兵扰胁，沿途军民均有伤亡，秩序很乱。我军出击敌骑，救护伤亡，动员组织民众，掩护了10余万友军和广大民众安全转移。

1937年11月23日，敌第十八师团由太湖乘汽轮及橡皮艇百余艘，窜抵宜兴、长兴一带，分兵进犯泗安、广德，首先与我守备泗安的第一四四师发生激战，我第五十军军长郭勋祺亲临指挥，士气振奋。我军官兵目睹国土沦陷，广大人民被敌蹂躏，千家万户，走死逃生，敌机狂轰滥炸，血肉横飞，更激发了川军健儿对敌人的万分仇恨和高度的爱国精神。他们不惜牺牲，英勇奋战，多次击退敌人的进攻。同时进攻广德之敌约一个旅团，步骑兵5000余人，在坦克装甲车30余辆、飞机20余架的掩护下，向我守备广德的第一四五师猛攻。在敌机和大炮的不断轰击下，工事尽毁，城舍为墟，该师激战一昼夜，伤亡过半，此时我后续部队陆续到达增援，又固守一日。因部队初到前线，情况不明，仓促应战，未能组织力量予敌以有力的反击，始终未改变被动不利的局面。

我守备泗安的一四四师，孤军奋战三昼夜，伤亡惨重，第五十军军长郭勋祺腿部负伤，奉命向宁国转移。敌人占领泗安后，除留小部扼守泗安要点外，其主力续向广德进犯，加强对广德的攻势。

我第一四五师师师长饶国华坚守广德奋战五昼夜，直到11月28日凌晨，敌在20余架飞机的掩护下，集中兵力，向广德城西一角连续猛攻，该师刘团防御阵地被敌突破，当时师长饶国华亲临督战，并严令该团乘敌未稳之际，立即组织反攻，恢复原来阵地，否则以军法从事。殊该团长不听指挥，迟迟不决，甚至率部后撤，致影响全局溃败。同时，我第一四六师已于芜湖登陆，遄赴前线，该师奉命调所属四三六旅直接增援广德，与守军第一四五师夹击进攻广德之敌，师长刘兆黎率四三八旅直趋泗安，并攻占泗安，截断敌人后方一切交通联络，阻击由长兴、吴兴西进之敌，策应广德方面我军之作战。

我四三八旅以急行军靠近泗安时，正是11月27日子夜，了解到敌人有两个步兵中队和一个骑兵队以及运输部队，仅600余人占领泗安各要点。该旅不顾长途跋涉疲惫，立即向泗安之敌进行夜袭。官兵奋勇，在枪林弹雨中冲锋陷阵，激战到黎明，我军卒攻占泗安，立即破坏泗安公路桥梁及敌在泗安的一切军事设施，残敌向东溃退。此时师长刘兆藜令该旅以一部扼守泗安要点，截断敌后交通，其主力由旅长梁泽民率领向广德挺进，期速解广德之危。该旅行抵界牌附近时，与从广德增援泗安的由装甲车五辆、卡车10余部满载的敌军800余人遭遇，双方当即发生激烈战斗，历时约半小时，我军击毁敌人装甲车五辆，烧毁敌汽车10余部，并将敌团团围困。正欲全歼时，忽接副长官陈诚电令："广德失守，已令后撤，该旅立向宁国转移，另有部署，切勿迟误。"旅遵令向指定地区转移，同时得知我守广德各部已纷向旌德、太平等地撤退。日军占领广德后大肆烧杀，其主力直趋芜湖，以断我军后路，加剧对南京之威胁。我第一四五师师长饶国华于广德失守后，感到无以对国家对人民，无以对长官刘湘，临死前写就绝命书，略云："团长刘儒斋不听指挥，以致军败，职不惜一死，以报甫公。"等语，遂引疚自戕。此时刘湘病于汉口万国医院。

广德、泗安之役，共毙伤敌4000余人，击毁敌装甲车五辆，焚毁敌人大小汽车20余部，夺获山炮一门。我四三八旅夜袭泗安，消灭敌人一个骑兵连40余人，夺获三八式步枪40余支，焚烧汽油百余箱，缴获敌人军用物资和文件等千余件。我共伤亡军长以下官兵6000人左右，集团军副总司令潘文华被免职。其实，广德、泗安之战，刘湘、唐式遵、潘文华均未使用其指挥实权，陈诚以副长官名义直接指挥一切，命令一日数改，一时手令，一时电令，并且不通过军长、师长，而是直接下达到旅长、团长的手里。由于部队转运不及，到一旅用一旅，到一团用一团，军长和师长常常不知道自己的部队派到何处去了，传统的指挥系统完全被打乱。

广德、泗安防御战的本旨是为保卫南京外廓而防而战，期有利于南京的固守，并掩护淞沪杭友军的转移，而实际上在南京的防卫方面，大本营或唐生智均无固守的信心与决心，只是鉴于南京是国民政府首都所在地，如果不战而退，有失国际观瞻，并且不利于国际调停。对于如何固守广德、泗安，确实掩护南京侧背之安全的兵力部署，在防御配备和设施方面，既无计划又无准备，且川军劣势装备，粮弹不继，许多官兵冬着夏服，穿短裤、草鞋，在冰天雪地中御敌，大批负伤的官兵缺医少药，啼饥号寒，在腥风血雨、硝烟弥漫中坚持战斗，辗转南北战场，疲于奔命，致川军元气大伤。

卫戍江防战

1938年2月，第二十三集团军调戍皖南、赣东，负责东自南陵、繁昌，西至彭泽、湖口的700余华里的沿江防务。我集团军从此划归第三战区司令长官顾祝同之指挥，在不断阻击日军沿江强行登陆的大小百余次战斗中，赖我官兵忠勇和军民合作，保卫了江南大片河山免遭敌骑践踏。

自从1937年12月13日日军攻陷我首都南京后，国军主力损失甚重，敌势猖獗，企图以战胜余威，凭借陆海空军优势，迅速打通津浦路，攻略武汉。为实现此目的，必先解除津浦路南段侧背之威胁，因此着意进攻淮南，打通长江，前者利于掩护津浦路进出之安全，后者便于海军舰队直捣武汉。日军于1938年3月先后攻占巢县、合肥，进犯无为，直趋安庆。此时我集团军在防广、任重、兵单的情况下，派兵两旅（一四五师四三三旅，一四六师四三八旅）共一万余人开赴江北，受第二十七集团军总司令杨森指挥，参加无为、舒城、桐城、潜山诸战役，直到同年8月，经九江、南昌、浮梁归还建制。是役敌军伤亡2000余人，我军伤亡1300余人。转战数月，长途跋涉，尤其是盛暑行军，官兵多感时疫，疲惫不堪，亟待整休。

江南沿线作战及马当要塞陷落

日军自占领徐州后，以主力沿陇海路直趋郑州，以一部由合肥、六安向舒城挺进，企图略取信阳，会师武汉。敌自8月上旬以来，长江舰只大量增加，溯江上驶，向我两岸袭击，敌机亦在沿海一带不断侦炸，其陆上之敌与我军相峙于南、繁前方。第二十三集团军辖第二十一军、第二十三军、第五十军等三个军，计六个师，二十四个团。自江北舒城、六安吃紧后，我第一四六师于5月下旬奉命北调增援。我沿江正面700余华里，以现有兵力在配备上颇形单薄。

6月上旬，敌波田、高桥、田中各部5000余人，山炮4门，小钢炮10余门，兵舰约40艘，在飞机10余架的掩护下，于我乌沙夹、李阳河、前江口、大渡河等处强行登陆。据被俘敌舰长松奇胜及司机田正朱夫供称，彼等为敌军海上运输队，隶属于侵华派遣军田尻部队一〇七队。此次由芜湖上驶巨型军舰三艘，各载敌兵约3000人，小型舰28艘，各载敌兵数百人到1000人不等，汽艇及木船不下百余只，其舰队司令长谷川乘快艇到芜湖。据我第五十军一四四师师长范子英报告，日军自5月下旬以来，军舰由数艘到数十艘不等，逐日驶至大通附近江面，向我铜陵、大通沿江阵地猛烈轰击，并用小汽艇驶至我大通附近水雷封锁线，施行破坏。因我水雷封锁区无炮兵掩护，不数日破坏完毕，敌舰畅行无阻。

6月1日以来，敌舰上的机关炮向我沿江阵地逐段轮流轰击，同时敌机数架不断侦炸，连续三日，每日敌机投弹百余枚，致我沿江工事和阵地附近村落炸毁甚多。当时我军亦预知敌企图将在我大通附近强行登陆。但我无大炮，对于敌舰行动无法制止。敌舰冲破我大通水雷封锁线后，肆无忌惮，往来大通、贵池游弋，并不断向我炮击。我新配属来的炮兵三团第一连在大通附近的军山矶阵地，开始向敌射击，阻扰敌舰行动，弹多命中，唯非破甲弹，故敌舰未受损伤。自敌发现我炮兵阵地后，每日敌机、兵舰不断进行轰击，但我炮兵阵地坚固，隐蔽良好，未蒙损害。

6月10日，先后有敌机30余架，兵舰8艘，掩护敌军5000余人，在乌沙夹、李阳河、前江口强迫登陆，同时敌机在贵池、梅埂、池口、上下江口大肆轰炸，我军奋战终日，击沉敌汽艇一艘、胶皮艇及木船10余只，敌伤亡惨重，终止登陆，但仍对我军不断炮击。敌急求占领安庆，攻我马当，故打算在贵池附近登陆，占领江岸要点，以掩护其长江航运之安全。

6月12日、13日两日，日军在飞机8架、兵舰30余艘掩护下，大举进犯，次第攻占我前江口、牛头山、大渡口沿江据点，上述地区兵单力弱，且无险可据，受敌舰轰击伤亡较大。6月13日，我援军二十一军一四六、一四七两师各一部，与初登陆未稳固之敌激战一昼夜，卒将登陆之敌全部赶下江去，恢复原来阵地，是役击沉敌舰1艘，俘获敌汽艇1艘，俘敌兵3名，夺获重机枪1挺，汽油100余箱及其他战利品。敌我伤亡均800余人。

6月15日，敌一一六师团一一三联队步炮联合5000余人，在敌舰40余艘、飞机20余架掩护下，在我繁昌以西荻港强行登陆，我军激战数昼夜，伤亡重大，奉命转移，敌累役累犯，一心想攻占沿江据点，以为借坚固之工事和海空军火力掩护，就能保证长江航运之安全，这恰使我军于此机会从被动转为主动，随时可以集中兵力，机动打击敌人。

1938年6月24日，日军进攻马当要塞，目的是排除长江最大的封锁线及其要隘，便于从水陆两路攻略武汉。马当守备是战区直接指挥的，马当守备指挥官李韫珩辖五十二师和一六七师的四九九旅，指挥马当要塞司令王锡涛所属的要塞炮兵与守备营，另有海军陆战队一个团，炮兵第八团一个连，江西保安第十二团，新第二十六师四个步兵连，工兵两个连以及无线台通信部队等两万余人。

6月18日，江防总司令刘兴下达关于马当部署要旨：李韫珩为马当守备区指挥官，指挥第五十二师及第一六七师之四九九旅和马当要塞司令，其任务为固守香山、黄栗树阵地，并派兵一团于华阳望江，以攻击敌登陆部队，掩护马当要塞核心，并防止敌舰突入。

6月23日起，敌炮击并轰炸马当。24日拂晓，敌攻香山。上午8时，敌占领香山，9时改由香山向要塞核心攻击。25日拂晓，敌用小艇由石牛矶迂回登陆。26日拂晓，敌使用催泪瓦斯，由石牛矶、娘娘庙登陆，迂回其阵地后方。我预备队全部增援第一线，后方空虚，援兵迟迟不到，26日上午11时，马当沦陷。

马当失守后，守备马当军官除死伤外，大多畏罪潜逃，士兵溃散，震怒朝野。当时蒋介石曾密令我集团军沿江前线指挥官，凡马当退下来的官兵，不论职别等级格杀勿论（即抓获就地处死刑）。并同时电饬战区长官顾祝同，“调集力量，恢复马当”。当时顾复蒋电称：“马当地势，利守不利攻，我军现在装备，施行攻击，恐难奏效，且照目前部署，转移兵力，尤恐失却时机。”等语。

马当要塞失陷之原因，据当时五十四军军长霍揆彰报告说：一、马当守备指挥官李韫珩到防后，即办抗日学校，抽调部队军官1/3以上办学，对实际战备过于疏忽；二、香山乃马当外廓之主要点，已令其固守，但守军一触即放弃；三、马当已经失守，而指挥官尚不承认，且高谈恢复容易，但言而无行；四、命令部队增援，多未行动，不听指挥，如第一六七师驻湖口之旅，限两日赶到马当，但该旅四天未到。

马当失守后，敌借陆海空军威力，节节西进，有溯江而上直取武汉之势。

长江下游沿岸要击[①]布雷战

1938年6月，日军派遣大批兵舰，突破马当要塞，直趋湖口、九江、瑞昌、武穴等地，从水路直逼武汉；又一路以步骑兵攻占横川、罗山，进逼信阳，从平汉路进窥武汉。

8月，我集团军配属各种轻重炮兵共14个炮连，担任掩护和指挥炮兵要击敌舰，断敌长江航运任务，以策应保卫武汉之作战。主要炮兵阵地选置于贵池煤炭山（即馒头山），并分置于我左右两兵团，分区分段游动要击敌舰。其军队区分为：一、右翼兵团：第五十军，军长郭勋祺；新七师，师长田钟毅；新四军第一支队；炮兵三团第一营，营长张津；第五十一师战炮连，连长王建基。二、左翼兵团：第二十一军，军长陈万仞；第一四六师，师长周绍轩；第一四七师，师长章安平；第六十七师，师长莫与硕；炮兵十三团，团长黄正城；炮兵十三团第一连，连长张庆农；第二连，连长刘屏玉；炮兵十四团第三营八连，连长卢韵平；炮兵十九团第二连，连长刘魁武；中央军校高射炮连，连长董信武；工兵第一团第四连，连长王孚；炮兵三团第二营，营长闻敏；第五十八师战炮连，连长赵子仲；小炮第五十一团十六连，连长刘士义；总预备队第一四八师，师长潘左；第一四五师四三三旅，旅长戴传薪；工兵练习队第五连，连长杨永久。

日军自攻略九江、侵入南岸以来，我各区炮兵对敌上下驶舰艇，不分昼夜，努力施行要击，以打击敌人、阻碍敌长江运输为目的。同时采取游击战术，随时以奇袭手段，突进江岸，充分发挥炮火最大威力，致

① 要击，即截击。

敌蒙受巨大之损害。本集团军江防绵亘700余里，在军事上已成为要击敌舰之主要区域，自施行要击以来的三个月中，计击沉敌大型运输舰6艘，汽艇4艘，俘敌汽艇1艘，重伤敌舰106艘，轻伤337艘。

自1938年10月武汉转移后，配属集团军指挥的炮兵先后奉命撤走，留置在前方的仅有炮兵第三团第一连、第三连、麦德森小炮连及军校高射炮连。然因任务关系，仍饬其尽量继行要击，其成效当逊于前矣。在1938年11月至1941年底的两年又三个月的要击中，击沉敌人各种舰艇51艘，除轻伤未计外，重伤各种舰艇53艘。

1939年底，海军部拨来海军布雷队两个大队，在我集团军步、工兵的配合和掩护下，挺进江岸，突击布放漂雷。据统计，1940年布放漂雷400余具，每具重量为200公斤，炸沉敌人各种舰艇51艘，炸伤运输舰2艘，在1938年8月至1941年12月的三年又五个月的时间内，我炮兵及水雷击、炸沉各种舰艇110艘，重伤161艘（轻伤未计）。敌人损失惨重，我军战果辉煌。

1940年12月18日莫斯科电讯：苏联劳动报评论：“长江沿线在战略上占主要地位，沿江要击炮兵，获得光荣战果，予日军行动及运输舰只以极大的威胁，日军在该处的进攻企图已告失败。”

何应钦在对三年抗战经过的一段记述中称：“唐式遵部在江西铁路沿线及沿江江岸之游击战斗，至为活跃。随时对敌后方联络补给线予以重大破坏与威胁，我江防炮兵要击敌舰，尤奏伟功。”

由于我江防炮兵要击敌人舰艇取得了重大战果，打击了敌人进攻武汉及其腹地的作战进程，因此敌视我要击炮兵为最大的威胁和障碍，除不断以飞机侦炸外，又凑集大部敌军，先后在我大通、梅埂、前江口、李阳河、马踏寺、馒头山等地，凭借海空军的强大火力，强行登陆，企图消灭我沿江要击炮兵，以保障其长江运输之安全。在敌人登陆之际，遭我守军一四四师的迎头痛击，该师同敌人争夺贵池附近主要据点725

高地，失而复得者凡七次，战斗异常激烈，有八个连整连壮烈牺牲。我官兵前仆后继，反复冲杀，敌受重创溃退，我军乘胜追击，敌施放催泪瓦斯阻我前进。我清扫战场时，敌遗尸于我阵地前 400 余具。

我一四六师四三八旅与敌搏斗于煤炭山附近，几经昼夜，击退敌人无数次进攻，我炮兵阵地仍岿然不动，但敌我均伤亡惨重。1941 年元月，川康绥署主任邓锡侯发表有关二十三集团军战况时写道：“唐式遵部在皖南担任江防，为占领江岸要点之馒头山，曾与敌军争夺 725 高地，失而复得者六七次，是役我军阵亡连长 4 员，伤 6 员，阵亡排长 35 员，伤 23 员，阵亡士兵 900 余人，伤 700 余人。据敌后情报，敌人在此次战斗中，运到大通上船伤兵 2000 余人，焚尸 1000 余具。”由于煤炭山炮兵阵地目标暴露，敌我争夺剧烈，敌机终日轮番轰炸，为了避免无谓牺牲，奉命将炮兵分割为游动要击炮兵，从东流、至德到彭泽、湖口江岸，选择阵地，除沿江守军掩护外，另派专门部队随炮运动，保证安全，发现目标就打，打了就走，敌人防不胜防，难于捉摸，其要击战果亦为显著。在 39 个月的要击战斗中，我军击沉巨型兵舰 2 艘，中型兵舰 1 艘，巨型运输舰 13 艘，中型运输舰 15 艘，小型运输舰 1 艘，扫雷艇 2 艘，汽艇 15 艘，大商船 1 艘。以上击沉敌舰的种类与数字，以中央社、川康社于浮梁、徽州、屯溪、太平、青阳等地的战报报道为根据。

中央社浮梁 1939 年 10 月 23 日电：10 月 14 日，敌中型运输舰“凤凰丸”满载军需品下驶，经马当附近江面，被我炮兵猛击。中弹甚多，当即沉没。中央社屯溪 1940 年 2 月 13 日电：敌巨型运输舰一艘，满载敌兵及弹药，经彭泽上游江面，被我炮兵袭击，中弹爆炸，立即毁灭，仅余尾部残舷随波漂走。舰上官兵 2000 余人全被淹死，损失弹药、军用器材 260 余吨。中央社浮梁 1940 年 3 月 3 日电：2 月 15 日，敌巨型运输舰“洪田丸”载敌官兵 200 余人，武器弹药 800 余吨，驶至湖口钟山附近江面，被我炮兵击沉，敌官兵 200 余人全数溺毙。敌派艇打捞尸体 30 余具，损失重大，迁怒民众，连日来敌在沿江一带大肆烧杀，其状甚惨。

日军在湘北赣西的战斗中，长江运输线是其作战的生命线，我炮兵要击，断其江运，敌受损害至巨，并感到是他们最严重的心腹之患。敌遂于 1938 年 11 月 25 日，调集杉岛、石谷、志摩三个联队，共有步骑兵两万余人，在 10 余架飞机的掩护下，向我贵池、青阳大举进犯，与我守军第五十军及第二十一军，在木镇、丁家桥一线，形成激烈拉锯战。12 日傍晚，敌对我军施放毒气，我官兵 32 人中毒死亡。但我仍坚持战斗到 12 月 19 日，历时 25 昼夜，敌人毫无进展！师久无功，被迫后撤，战斗暂告一段落，青阳仍掌握在我手中。青阳是皖南战略重镇，是徽屯公路与芜屯公路的交叉点，如果敌人占领青阳，则易深入我军腹地，必然截断我沿江要击炮兵的后方联络与补给，因此青阳保卫战的告捷，是我沿江炮兵继续要击的重要保证。

1940 年 1 月至 12 月，我海军布雷队在东流至湖口江面布放漂雷，先后炸沉敌中小型舰艇 50 艘，其中兵舰 7 艘，运输舰 13 艘，扫雷艇 2 艘，汽艇 23 艘，水船 3 只，炸伤运输舰 2 艘，以上数字系根据 1941 年 1 月 10 日《华西日报》刊载的记者洪兆钺对长江布放漂雷的综合报道，标题是“皖赣沿江的英勇将士”。文中表列水雷炸沉敌舰如上统计数外，并分析说，一具水雷的代价，最高不过 500 元，可是炸沉一艘兵舰就是数十万元到数百万元，何况船上还有敌官兵和军用物资，这些是不能用数字来表示的。

1941 年元月，第二十一军军长陈万仞在报告水雷炸沉敌舰时说：“抗日战争打的是消耗战，看谁的损失大。我们用一颗炮弹，或一具水雷，只花几十元到几百元的代价，却消灭敌人价值几十万元的兵舰，这是一本万利的买卖，倒被许多军事指挥官忽视了。”本来陈万仞这段话有所指，我军在皖赣沿江要击布雷，击沉击伤敌人舰艇共达 500 余艘，是日酋最敏感最痛苦、损失最大的战斗，也是我军最光荣的战果。但是我军前线官兵并不满意，因为配属炮兵太少，自武汉转移后，敌人长江航运更加频繁，反而将所配重炮全部调走了，经几次要求，仅配卜福斯山炮两个连，作为游动要击炮兵使用；炮弹、水雷不继，迟迟不予补充，经多次请求批准补充后，运输力又不足，夫卒骡马均缺，要从前线派步兵到后方用人力搬运，往返数百里，劳师费时，不能充分发挥应有的效果和收获。

1940 年 11 月中旬，敌在东流一带集结一一六师团，高桥旅团所属一〇二、一三八、一三九三个联队及志摩支队，共有步骑兵 6000 余人，大炮 20 余门，飞机 8 架，于 11 月 21 日分两路向我东流、至德一带第一四六师阵地进犯，企图以优势兵力扫荡我沿江炮兵及布雷队。敌来势甚猛，我军节节抵抗，反复周旋，利用夜袭和侧击消灭敌人。11 月 23 日，敌一路攻破马田，旋入洋湖陂、雷公岭，主力攻陷我至德尧渡街，向我石门街窜犯。我第一四八师由赣东奉命昼夜兼程，于 25 日拂晓到达指定地区，会同第一四六师予敌以两面夹击。激战一昼夜，敌人伤亡惨重，势渐不支，战到 26 日黄昏，敌人全面崩溃，遗尸遍野，狼狈逃窜，最后退到东流、香山两处固守。是役敌伤亡官兵 1700 余人，我俘敌太田荒山等 3 名，夺获山炮 2 门，重机枪 4 挺，步枪 200 余支，我伤亡官兵 800 余人。

攻克马当要塞

马当要塞位于长江中游的咽喉，是镇锁大江的主要要隘。我军攻克马当要塞，重创日军，震惊中外，全国祝捷，增强了我军民抗战必胜的信念。

（一）进攻马当之意图及其作战指导思想

1940 年 9 月底，第二十一军参谋长余贤立应召到上饶第三战区长官部开会三天，返部后传达了战区长官顾祝同的指示：为对敌沿江据点发动攻势，要不惜牺牲，攻克要点，挺进江岸，截断长江，这是我军的主要任务。并说明此次行动是大本营的要求，也是战区的头等任务，无论如何要拿出战果来。

日军自从攻略武汉得手后，控制了平汉路和长江航运这两条水陆大动脉，企图据此占稳京沪杭半壁河山，夺取大量经济物资，以战养战，进而进攻我腹地，在经济上、政治上疲困制服中国。他们疯狂叫嚣“保证长江安全”，还邀请各国商船进出长江与日酋协商办理长江航运和商务事宜。当时就有一些要钱不要命的外国商人，乘艇游览长江，直至武汉，以探虚实。这不仅有损我军抗战的士气，在国际视听上我也蒙受莫大的耻辱。所以截断长江航运迫在眉睫。

（二）进攻目标的选择与决定

日军掩护长江航运的沿江据点，设施工事坚固，层层障碍，大都是半永久堡垒式的防御阵地，并有海空军的火力支援，无论攻击点选定何处，都是攻坚战斗。以我劣势之装备，有限之兵力，要一举截断长江航运，谈何容易。如果集结我军主力，人多势众，以血肉之躯硬碰敌人的钢铁堡垒，那等于驱群羊于虎口，未必奏效。如果用少数兵力沿江敲打，那又无济于事，徒劳无功。军长陈万仞组织以军参谋长余贤立为组长的“参谋旅行”（包括军参谋处主要成员和军部高参二人），花了整整两天时间进行图上和实地的研究，得出结论是“避实就虚，出其不意”八字，决定选用少数精干部队，潜入进行突袭，一举攻克长江最狭窄江面的主要据点马当要塞。这样，步兵炮就可以完全控制江面，进入马当的一切舰艇都在我步炮的射程之内，我马上可以布放水雷封锁长江。军的一切战斗部署，都以服从这一主要任务为前提。

（三）选定攻击马当的根据

攻击马当的大胆决定是军长陈万仞的主见，当时我掌握以下一些情况：1. 马当东南是敌人堡垒和野战工事相结合的内外三层防御阵地，火力配置强，但兵力少，距马当20华里左右，与我阵地前沿形成对阵态势；2. 敌据点外围距我阵地一段丘陵地带，湖汊纵横，杂木丛生，地形复杂，湖水到秋冬季节多处可以徒涉，我军早在湖汊中间设有几条秘密通道，我侦察人员常利用这条通道，潜入敌后侦察，始终未被发现；3. 避开了敌人据点和监视，进入敌后就如入无人之境（马当附近有一段无人地带）；4. 驻守马当的敌人，无正规作战部队，大部是守仓库粮弹军用物资的后勤部队；5. 居住马当内外的人民群众，深受敌人的摧残与迫害，对敌人万分仇恨，愿意不顾一切帮助我军，并与我早有联系。基于以上情况判断，做出了攻占马当的实施方案，报请集团军总部批准执行。

（四）攻击部署（包括作战准备与措施）

1. 多次召开军事会议提供意见，发动政工人员做好振奋士气工作，派遣得力人员潜入敌后，侦察敌情，实施模拟实地演习，这一切都在黑夜行动。2. 授命第一四七师师长章安平担任攻击马当任务。该师部署，指定第四三九团团长刘星耀，选该团精干官兵混编成六个突击中队，由该团第一营营长谢腾章指挥，指派该团胆识俱备的连长王家钟、张锦文、陈恕等人率领主要人员完成出入路线的侦察及潜伏掩护等任务，并担任突击中队长。师直属各部队，选编为一个突击加强营，由师部上校附员苏子明指挥，配合主攻部队猛袭彭泽、湖口地区据点之敌，破坏通湖口公路桥梁，牵制敌人。该师第四四〇团团长李昭，指挥该团向东流至德沿江据点之敌，发起正面攻势，担任阻击由东流至德西进之敌，截断至马当的堤岸公路。第四四一团团长文学槐，除以一部接替第四三九团防务外，其余为地区预备队策应各团战斗。

（五）马当攻坚战

攻击准备就绪后，于10月11日黄昏开始行动，严格遵照规定路线和战斗区分，利用暗夜，在我两翼部队猛袭敌阵的掩护下，就在敌人据点的鼻子底下，绕过敌人据点和监视，遇水蹚水，遇湖涉湖，利用杂树芦苇，以冒险犯难之精神，诡秘敏捷之行动，乘隙潜行；并下令不论敌发现与否，绝对不许放一枪一炮。凡是要隘与岔路，我方都在事前设好暗哨与向导，因此行动敏捷迅速，于12日拂晓进入靠近马当的西南地区。各突击中队稍事整顿，即向马当突然发起攻击。当时马当据点的敌人正在梦中，毫无作战准备，遭此突然袭击，昏头转向，不知所措，来不及弄清底细即被击杀，当场被击杀百余人，其余四处逃窜，又被我追杀三四十人。战斗中焚毁弹药库汽油库各一所，马厩一所（内有马50余匹），粮仓一座，夺获战利品无数。天明时，我国旗已飘扬在马当炮台山上的最高峰，我随伴炮兵立即开始射击，正式宣告我军克复马当，完全截断长江航运，日军保证“长江安全”的狂言彻底破产了。

从我军完全攻克马当，到我炮台开始射击，我未伤亡官兵一人。这是抗战史上的一大奇迹。后来各据点敌人集结主力，向马当疯狂反扑，企图立即夺回马当，与我军展开激战。我军健儿居高临下，浴血奋战，敌处于不利态势。敌急于夺回马当，以密集队形强行仰攻。我军不仅有险可据，更能发挥近战的特点，敌人死伤累累，一再被我军击退。敌机从最初的8架增到30余架，在马当及其周围低空扫射轰炸。

我军在马当浴血苦战数昼夜，完全截断长江三日夜，我要击布雷任务已达。为避免无谓牺牲，奉命化整为零，完全撤出马当。敌于10月6日调集大军在多架飞机掩护下进入马当，我军已杳如黄鹤不知去向。是役敌军伤亡500余人，我伤亡200余人，敌人在物资上的损失和精神上的打击，是不可数计的。

1940年10月18日，四川省各界代表2000余人，在成都少城公园召开庆功大会和克复马当的祝捷大会，川康绥署主任邓锡侯代表大会向第二十三集团军献旗40余面，由第二十三集团军驻蓉办事处处长张纯祖代表受旗。

浙赣会战

日军自发动南侵幸得一逞，但对此辽阔深远之战线，其陆海空军力量不足，处处感到空虚之苦，而犹以空中威胁为甚。自1942年4月18日，盟国空军轰炸东京、横滨、神户等地，日本国人心惶惶，社会骚动，朝野责难，一时风传将以阿拉斯加与中国东部为空军基地，持续穿梭轰炸日本国土。日酋环顾盟国空军，以为用以威胁其本土之基地，除阿拉斯加以及东北太平洋海上和苏联海参崴外，厥为中国浙闽赣各地，而且浙闽沿岸处于日军南进之侧背，如为盟国利用，不仅足供攻击其本土之空军基地，击毁其军事工业，困扰其神经中枢，又可击其海上航运。故日军于印缅战事甫告段落后，就尽力消灭盟国可利用之海空军基地。这实为浙赣会战之主要肇因，唯敌之兵员缺乏，系东抽西凑而来。

5月15日（日军开始进犯当天），日酋广播说：此次发动军事行动目的，在消灭作为美空军轰炸东京基地的中国东部机场（指我衢州、玉山、丽水等空军基地）。日军自5月中旬开始进犯，8月下旬开始撤退，迄逾三阅月，其作战时间100余天，窜犯面积为浙江全省东西南各县以及江西东部，浙赣路全线，其战役经过概况如下。

4月下旬以来，敌即调集兵力积极开始作进犯金华、兰溪、衢州之作战准备。敌之第七十师团大部集中奉化、溪口一带，敌二十二师团主力及伪第十三师，集中余杭、绍兴地区，由华北调来的第三十二师团、第十七师团主力陆续经津浦路南运，集中于杭州西南地区，原驻南京的十五师团及长江第一一六师团大部，分别集中于萧山、富阳等地，其海军陆战队，亦从厦门调运，总兵力10万余人，由敌酋泽田茂编为第十三军，直辖五个师团，两个混成旅团，迄5月14日前均分别集中完成一切作战准备。

我战区长官顾祝同于4月下旬，由湘西方面调王耀武军、丁治磐军及第五预备师，5月中旬均到达指定地点；同时令上官云相驻淳安，指挥钱江北岸部队之作战；王敬久指挥钱南及金兰守军之作战；李觉进驻缙云，指挥浙南部队积极调集兵力完成准备；唐式遵派兵两师于5月初旬到达指定地区。

我集团军第一四六师及第一四七师，于5月初分别开赴浙江寿昌、赣东鹰潭，一四六师受第二十八军军长陶广之指挥，一四七师受一〇〇军军长刘广济之指挥，分别担任寿昌及鹰潭守备。5月15日拂晓，日军全面分路进犯，敌内田孝行中将辖第十七师团独立第十七旅团，沿奉新公路犯新昌、永康、武义，复以一部进犯金华西南。敌大城户三治中将辖第二十二师团、第三师团的三十四联队，从绍兴沿曹娥江两岸进犯嵊县，陷东阳，攻金华，陷汤溪、龙游。敌酒井直次郎中将辖第十五师团第一独立旅团进犯诸暨、兰溪、金华。敌武内井二郎中将辖第一一六师团、第六十师团一部自余杭进犯，陷新登、桐庐。敌井出铁藏中将辖三十二师团及一一六师团之一四〇联队，第二十七师团山炮二十七联队，第四十一师团山炮四十一联队，沿新登、桐庐进犯，建德、寿昌先后陷落。

我集团军第一四六师守寿昌，在兰江东岸敌人进攻要点敷设地雷，5月28日与敌十五师团主力激战于兰溪西北地区。当时连日大雨，平地水深数尺，敌军扫雷工作无法开展，敌酒井师团长即在此时此地触雷炸毙。据《战史资料丛稿》记载：6月28日上午10时45分，酒井师团长到达兰溪北方1500米三岔路口时，突然轰的一声巨响，砂石俱下，地雷爆炸了，师团长从马上坠落，马被血染红倒在地上，师团长左腿被炸掉，足心粉碎。

我第一四七师固守鹰潭与敌激战数昼夜，伤亡重大，奉命撤出鹰潭后复转战于弋阳横峰地区，几经被围突围的战斗，我第一四六、一四七两师伤亡官兵 1/3 以上，日军在整个浙赣战役中伤亡两万余人。

浙赣战役就战区来说，日军窜犯的时间最长，窜犯的地域最广，沦陷的县也最多，浙赣两省共沦陷 44 个县城，东西长 1300 余华里，南北 500 余华里，东起萧山，西迄临川，如此狭长的战线，倒成为我战区分散敌兵力，运用我军伏击、侧击、尾击战术的大好空间，终于使敌自感态势严重，不得不缩短战线，调整态势，到最后鼠窜而逃。

日军自 8 月上旬进犯企图失败后，一蹶不振，我利用第一线局部胜利发起全面反攻。浙南方面，我暂三十二师首先于 8 月 15 日克复温州，浙赣两侧我军 19 日克上饶，20 日克广丰，21 日克玉山，23 日克江山、常山，敌三十二师团十五师团及河野旅团各部先后经衢州向金华方向溃退。赣东方面，我军十九师、七十五师、一四七师，于 19 日克贵溪，20 日克余江，21 日克鹰潭，22 日克临川，敌三十四师团及第三师团残部，沿浙赣线向南昌方向溃退。赣北方面，23 日克鄱阳，24 日克都昌，26 日克进贤。浙西我军于 28 日克衢州，29 日克龙游，30 日克汤溪。浙南我军 28 日克丽水，29 日克松阳，30 日克缙云。浙赣战役从开始到结束共毙伤敌师团长以下 24000 余人，俘敌 53 名，击伤敌机 2 架，夺获大量军械文件，我伤亡官兵亦在三万人左右。我沦陷区人民生命财产损失难以数计。

日军此次战役，其进锐其退速，不外兵源枯竭，物资短缺，伤亡重大，不得不将疲病之众撤退。而浙赣两省，乃我东南富饶之区，坚壁清野并未彻底执行，物资之损失不可数计。战区为了避免主力决战，因此战事初期，致敌深入流窜，敌踪所至抢劫财物，奸淫烧杀，任所欲为，大小城镇多被焚毁，千家万户走死逃生，至今回忆起来，仍令人痛感不已。

熊顺义

我军本着去年在山西洪洞县朱德总司令所率战地服务团教育的方法，用日语在战场喊话，不论白天黑夜都不断地向敌军展开强大的宣传攻势，收到一定的效果。

- 1910年生，字正仁，四川威远人。
- 1937年8月，任第一二四师三七二旅七四三团二营营长。
- 1938年，任第一二四师第三七二旅第七四四团上校团长，参加徐州会战。
- 1938年10月，参加武汉会战。
- 1939年5月，参加随枣会战。
- 1943年10月，考入陆军大学特别班第七期深造。
- 2004年8月，病逝于济南。

微山湖畔抗敌记

熊顺义

1938年3月中旬，第二十二集团军自山东邹县、滕县保卫战后，收容余部，重新整编，据守微山湖畔之南韩庄，保卫徐州第五战区长官司令部，策应台儿庄会战的进行。

这次战役，从3月19日起至5月19日整整两个月，虽然双方兵力都不很大，战斗正面也不广，但战略意义却比较大。微山湖的战斗，给徐州长官司令部策划台儿庄会战以安定和从容指挥的条件，对赢得会战的胜利、暂保陇海东线的安全以回旋余地上，作用匪浅。这段战斗除中间有几天为我军作反攻战外，大部时间是在激烈的对阵战中度过的。

当时，我以第二十二集团军第四十一军第一二四师第七四四团团长名义调任第四十一军前敌指挥部代理参谋长职务，自始至终，参与了战斗的组织、计划、指挥等参谋工作。对这一重大活动了解得较多、较具体。

熊顺义

战前形势

1938年3月中旬，第二十二集团军在山东邹县、滕县战役中失利。日军第十师团长矶谷廉介指挥其主力部队由津浦线转台枣支线，尾追汤恩伯军团。而汤部在枣庄附近散入山区后，该敌即会同日军第五师团长板垣征四郎所指挥的部队，窜犯台儿庄，企图切断我陇海线东段，迅速侵占我连云港海口，以便进一步入侵内地。同时令其一部七八百人，山、野炮各四门，由临城乘势南窜，直抵苏、鲁两省边境微山湖东岸的韩庄附近。因遇我军强有力的抵抗，即以韩庄车站、韩庄街道、微山湖大闸北头、运河铁桥北端等处为基础，构成前进据点工事，控制我鲁南要地，掩护其主力投入台儿庄会战。

在韩庄附近的侵略军抓捕我临城、沙沟、韩庄一带的劳动人民滥伐树木，修筑据点工事，数日之间，建成纵横交错的战斗堡垒群，形成一个完整的阵地体系。各种战斗堡垒的火口高高低低，大大小小，从前后左右向四面八方张着吃人的血口，构成严密的交叉火网。各个据点的外围，安设铁丝网和鹿砦。韩庄铁桥北岸桥头堡、微山湖大闸北端桥头堡、韩庄车站以及韩庄中间地带之各据点增设三四层铁丝网，上面挂满了罐头盒、纸烟筒和其他发声器。在这些铁丝网外埋设地雷，在运河北岸水段偷布水雷，在微山湖岸边除布水雷之外，还安设电网。经常杀死我田间干活的和平居民和牲畜。

3月16日，第二十二集团军总司令部由临城转移到微山湖南岸江苏省境内之利国驿后，即收容沿津浦线撤退下来的残余部队，组织新的战斗队伍，据守微山湖东岸之南韩庄迄陈庄一带之运河大坝，阻止敌兵继续南侵；还收容由夏镇渡微山湖去西岸之残余部队，在徐州九里山前的拾屯，整编为战斗部队与接收新兵的干部队，调到利国驿前方参加战斗。以上总编五个步兵团，配属炮兵一营，约四五千人，担任运河南岸至微山湖南岸的守备任务。迄至3月25日，我军的部署大要是：

（一）第四十一军前敌指挥官第一二四师代理师长曾苏元，指挥第四十一军之第一二二师第三六四旅第七二七团（两个营），第一二四师第三七二旅第七四三团（两个营），第三七〇旅第七三九团（两个营），及配属炮兵一个营，守备微山湖东岸之运河南岸大堤及从陈庄经运河铁桥南头、南韩庄街道、微山湖大闸南头至微山湖南岸之铁山寺、利国驿、柳泉车站之间地区。

（二）第四十五军前敌指挥官第一二五师师长王学姜，指挥第四十五军之第一二五师第三七三旅第七四五团（两个营）；第一二七师第三七六旅第七五二团（三个营）守备微山湖南岸之铁山寺、南石楼、上马庄至拾屯以北之小王庄等地区。

（三）第四十一军、第四十五军之接收新兵干部队，暂在徐州至丰县道上之郑集、敬安集整训，听令参加战斗。

邹、滕战役失利我军伤亡较大，官兵恨日本侵略军的思想也更加深刻，但收容并编起来的部队，打破了原来的建制，在组织上、思想上有些混乱。由于广大官兵在抗日民族统一战线的号召下，经过短时间的工作之后，很快安定下来，决心坚守岗位，听从指挥，积极参加各项战斗活动。

当时，第四十一军各部队，在前敌指挥官第一二四师代理师长曾苏元的指挥下，大致部署是：

（一）右地区队：队长是第一二二师第三六四旅七二七团团长司吉甫，指挥该团第一、二两营，守备运河南大堤陈庄至韩庄铁桥（含）之线，团部在小陈庄。

（二）左地区队：队长是第一二四师第三七〇旅第七三九团团长蔡

钲，指挥该团第一、二两营，守备运河南岸大堤从韩庄铁桥（不含）经南韩庄街道，微山湖大闸，折向西南沿微山湖南岸至铁山寺与小白庄之间地区。团部在小白庄。

（三）炮兵队：队长是炮兵第五旅十团一营营长（姓名不记得）。指挥该营三个炮兵连，在蔡庄以南至张小屯附近，占领阵地，以对韩庄车站、韩庄铁桥北桥头堡、北韩庄、微山湖大闸北头、韩庄车站西南敌炮兵阵地各点为主，并以一部对韩庄车站以北、津浦铁路附近之多义沟、周家庄等要点，准备适时射击。

（四）预备队：队长为第一二四师第三七二旅第七四三团团长余坚，指挥该团第一、二两营，在利国驿、蔡庄地区，构筑预备阵地。

（五）第四十一军前敌指挥部住蔡庄。

根据前敌指挥部的作战命令，3 月 25 日晚上各部队即到新地区，执行战斗任务。第一线之两个地区队首先在运河南岸大堤上休整，增加地面防御工事，逐步由点及面，由地上转地下，与敌竞相争筑各种高堡、低堡、地面堡、地下堡，人人都想利用各种智慧，各种物质条件，多消灭几个敌人，减少自己的伤亡。在当地人民的帮助下，数日之内挖起了各种机枪掩体、交通壕和人员、弹药掩蔽部，编成极为严密的地上、地下各堡垒间的火力网与日军对峙。我军还在微山湖上，运河南边，设置了一些水上障碍，防止敌人偷渡。

在微山湖南岸，利用湖岸大堤与小山向北构成据点工事，大多数逐步转入地下，构成层层的火力网，以控制湖面及运河南大堤，防止敌人水陆两方面的进攻。

预备队则以利国驿附近高地与蔡庄中间各村庄构成互为犄角之纵深据点，作为万一敌人突破第一线阵地带，便于逆袭、反攻，或作持久的第二抗敌地带。

我苏、鲁边区英雄的人民纷纷与我军配合，做了许多侦察、防奸、反谍、带路、修筑工事、挖交通壕的工作，支援了我军的防守，打击了敌人。记得利国驿以东张山子有一农民领袖杨大爷，经常带领着三四十名人民武装，渡过运河，深入到沙沟附近，破坏敌交通联络线，袭击敌人后方辎重等。在南韩庄、利国驿一带的人民群众给予我军很大的物质帮助。有的农民大爷把自己的寿材、房料都献出来作军用物资，毫无吝惜之心。还有许多少年儿童、青年学生，经常担任对空监视哨、放警报、防敌机轰炸等活动。

对阵战斗

自3月20日，日本侵略军窜到北韩庄附近，与我军隔运河对峙之后，我军即陆续与之展开了激烈的阵地宣传战、炮战、堑壕战、阻击战等各种形式的政治、军事斗争活动。

关于宣传战。我军本着去年在山西洪洞县朱德总司令所率战地服务团教育的方法，用日语在战场喊话，不论白天黑夜都不断地向敌军展开强大的宣传攻势，收到一定的效果。听韩庄逃出来的渔民杨万方说："由于我军展开了强大的宣传攻势，敌军经常有想家和厌战等事情发生。偶尔他们也喊'我们都是穷朋友，穷人不打穷人'的口号。"曾经有一段时间，敌人前线士兵不向我方放炮，多半朝着天放。后来，我们在反攻战斗中俘虏的日军供称，他们的军官很怕我们的战场喊话和各种宣传活动。

关于每天的隔河炮战。我军以压倒优势的炮火，经常在激烈的炮战中，打得敌炮兵销声匿迹而后已。敌人据点一有炊烟，也立即予以炮击，打得敌人吃不上热饭、热菜，喝不上热开水。敌人后方的火车也被打得不敢靠近韩庄车站，不得已被迫停于沙沟车站或沙沟、韩庄之间，增加了敌人运输上的困难。逐渐逼得敌人白天不敢出来行动，晚上出来又易遭受潜入敌后军民的袭击。敌人炮兵很狡猾，往往乘我不打炮的瞬间，偷击我阵地内各个村庄，一个月内，即将我大小陈庄、小白庄、蔡庄、南韩庄等村民房轰毁，弄得几百户和平居民无家可归，更激起了我军的仇恨。我军迅速将难民安置在柳泉车站以南及微山湖南岸各村，还经常带武装掩护渔民出湖打鱼。敌人的飞机，不断轰炸我利国驿、蔡庄、柳泉、贾汪、清山泉等地，造成很大损害。

关于对阵中的堑壕战。敌步兵经常在运河北岸大堤各据点，用轻机枪、步枪，阻击我军前后方往来人员，经常打死打伤我军班、排、连、营长。敌人还利用短距离的有效曲射兵器，经常向我后方死角射击，曾打击过一班、一排集合在堤后休息、吃饭、开会的队伍，伤亡损失也不小。敌军还有时以轻机枪对准我堡垒的火口、展望孔、瞭望哨所等处射击，常常造成意外的伤亡。在这种情况下，我军前线部队，也越打越灵活，逐渐由地面战斗转入地下战斗。经常以机枪、步枪的特等选手阻击运河北岸敌人各据点暴露目标的官兵，或修补工事的人员，在大堤后方晒太阳的人员，以及白天通信联络、送饭、换防的人员等。据了解，在对阵战中被我零碎打死打伤的连排长和军曹、兵卒相当多。据俘虏反映，吓得日本侵略军靠念咒吃符水，或者带着“天皇护佑”袋等迷信东西，祈祷菩萨保佑不死。敌人最卑劣的做法是，常把我爱国人民逮捕起来送到前线，故意一隐一现，让我军狙击手射杀他们。

四月反攻

我军一面据守微山与运河天然地障打击敌人，一面抓紧时间，进行战地训练，士气逐步提高。到4月中旬，即拟乘敌人台儿庄会战大败撤退之际，歼灭当面敌人，一举到达临城附近，切断敌人主力军之后方联络线，把战线推到远离徐州的地带，以便更有利于今后之作战。于是，侦骑四出，详细探明运河北岸敌人各据点的阵地编成、火网配置、障碍设施等。我也率领参谋组化装进入敌人后方，潜行侦察，先后曾接近韩庄车站、小王庄和柳桥等处，将敌人阵地里里外外摸得清清楚楚。确知敌大队长带领一个步兵中队、机枪中队在韩庄车站附近。炮兵阵地在车站南基地附近。另两个中队分别占据微山湖大闸北头，北韩庄街道、运河大铁桥北头以及车站与北韩庄中间的小村庄。绘成敌人阵地判断要图，带回前敌指挥部，作策定反攻计划之依据。然后制定四月反攻计划，经报请集团军总部转第五战区长官司令部批准后，于 4 月 17 日实施。

4 月 16 日，第四十一军前敌指挥官曾苏元在蔡庄召开团、营长会议后，即下达攻击命令。大意如下：

（一）敌第十师团第十二旅团第二十四联队第二大队附炮兵两连，七八百人，重机枪四挺，轻机枪二三十挺，迫击炮二门，山、野炮八门。现据北韩庄、大铁桥北头、微山湖大闸北头以及火车站各据点。其核心阵地在火车站附近。

敌第十、第五两师团在台儿庄与我军会战，失败后，退据台、枣支线附近地区，动向不明。

（二）17 日拂晓，开始向韩庄之敌进攻，重点指火车站方向，一举歼灭敌人，迅速向临城方向进击，切断敌主力军之后方联络线，威胁侧背，以利我今后之作战。

（三）工兵队：工兵第三团第一营第一连连长 ××× 指挥该连，于 16 日黄昏时，在陈庄以东运河上架设纵列桥一座，尔后除以一部组成几个地雷排除队，归右翼队队长第一二二师第三六四旅第七二七团团长司吉甫指挥，协助主攻部队向韩庄车站之敌攻击，一部协助左翼队强渡微山湖大闸，主力随阻击队挺进至韩庄车站以北柳桥、朱姬庄附近，破坏铁路线，斩断敌人后方交通联络，困杀敌人。

（四）阻击队：第一二四师第三七二旅第七四三团第一营营长胡少

瑗，指挥该营为阻击队，并配属工兵二排。16 日夜间由陈庄以东新架设之纵列桥，渡过运河，挺进韩庄车站以北之多义沟、周官庄等地，利用有利地形，构筑阻击阵地，阻击敌增援部队并破坏铁道交通。

（五）右翼队：第一二二师第三六四旅第七二七团团长司吉甫指挥该团于 16 日午夜，由陈庄渡过运河，拂晓开始向韩庄车站之敌进攻，一举歼灭该据点敌人后，即速向临城方向进击，切断敌人主力军的后方联络线，策应台儿庄方面我军之作战。

（六）左翼队：第一二四师第三七〇旅第七三九团团长蔡钲，指挥该团第一营由微山湖大闸上强渡运河，袭占北韩庄、大闸桥头堡、大铁桥桥头堡后，协助右翼队攻击。攻击奏功后，随第七二七团之后向临城附近挺进。

（七）炮兵队：炮兵第五团第一营营长指挥该营之主火力支援右翼队对韩庄车站敌人据点之攻击。一部火力支援右翼队对北韩庄东西各据点之敌攻击。

（八）预备队：第一二四师第三七二旅第七四三团团长余坚指挥该团，除以一营为阻击队外，其余控制于陈庄附近地区待命。

（九）前敌指挥部 16 日晚挺进至陈庄。

攻击命令下达后，各部队依次行动。前敌指挥官曾苏元和我率领部分参谋人员，随右翼队之后，16 日夜挺进至韩庄车站以东之小王庄，亲临前线指挥，督导右翼队之攻击准备。17 日拂晓前回到运河南岸陈庄指挥部。接到各部队已就攻击准备位置，作好攻击准备报告后，立即命令炮兵队开始射击。一时炮火连天，敌兵头都抬不起来。跟着命令各翼部队开始攻击，于是机枪、迫击炮、步枪万弹齐发，以急风暴雨之势袭击，使敌军仓皇应战，措手不及。我右翼队第七二七团很快打进韩庄车站敌人阵地核心、敌炮兵惊慌失措，不敢发炮。敌兵慌用步、骑枪起而应战，立即形成犬牙交错的混战局面。正当情况万分紧张眼看车站敌核心阵地全部瓦解的时候，北韩庄各据点之敌全部转过来，拥到火车站附近，与我军拼命决斗。战斗逐渐达到高潮，你争我夺，忽进忽退，喊杀之声，震天动地，我主攻部队始终占优势地位。

这时，我左翼第七三九团第一营营长曹先哲，窥破战机，指挥该营立即强渡微山湖口大闸，挥大刀、举白刃，斩杀留守闸头堡、北韩庄、桥头堡的敌兵30余名，俘虏10余名，胜利占领了各个敌人据点工事，立即转向韩庄火车站方面，施行围攻。忽然敌机12架飞来向我军猛烈轰炸、扫射。敌人在喘息已定之后，很快调整部署，逐步分区逆袭，我军预备队一时也增援不上，右翼攻击部队在立足未稳之时，即被敌人逐出韩庄车站。敌机枪猛烈射击，我攻击部队即停止于车站外边弧形铁路线的反斜面上，陷于进退维谷境地。左翼队也被阻于车站以南敌人三层铁丝网外，相持入夜。我军预备队投入战斗，发起新的攻势，又迅速打入敌人阵地内部。但敌人阵地工事经过整修、补充，特别是车站站房等坚固建筑物内，都加强了措施，我军反复冲击，逐屋争夺，也未能全部得手。加之日军又利用楼上窗口射发机枪和投弹，伏在车站站房外边无掩蔽物之我军，遭受了很大的杀伤，由北韩庄向北合围之我军左翼队，也始终未能突破敌人层层的铁丝网，停滞于敌人火网之内，伤亡虽不甚大，但进展十分困难。激战彻夜，未达歼敌目的。

18日拂晓以后，敌机轮番飞临上空轰炸、扫射，我军也用机关枪对空射击，敌机虽不敢低飞或俯冲投弹，但精神威力相当大，我军再次发起的新攻势受到了挫折。10时以后，日军由临城用火车运来千余人，战车12辆，炮12门，在沙沟以南下车驰援韩庄，企图解韩庄之围。下午3时到达多义沟附近为我军阻击部队阻止，战斗甚烈。我炮兵队全部火力支援阻击队，形成浓密的弹幕，于多义沟前方击毁敌战车五辆，其步兵被阻，不能前进，敌炮只得狂轰乱射。

在这种情况下，我们主张与敌人增援部队以重大打击后再回到运河南岸，而集团军总部则为保存实力，避免过重伤亡，严令撤退，以保运河防务。18日入夜开始按阻击队、右翼队、左翼队次序撤回原阵地，继续与敌隔运河对峙。

19日中午以后，敌增援部队到达韩庄车站附近，会合原守备韩庄附近之残破部队重新返回北韩庄，运河铁桥桥头堡、微山湖大闸等据点与我对阵。下午2时许，敌人20门火炮一齐向我军炮兵阵地轰击，我军炮兵立即予以还击。在激烈的炮战中，敌机也不断以六架、九架的不同编队飞到我军上空轰炸、扫射。新换防之敌步兵，也在运河北岸展开了佯攻活动。我军利用有利地形和坚固堡垒，沉着还击，给敌兵以重大打击，制压着敌人的各种疯狂活动。同时，我苏、鲁边区的人民武装又深入敌后破坏交通，到处袭击，使敌人又发生了后顾之忧。于是，当夜即匆忙率领残兵败将，离开韩庄附近，沿着沙沟、临城大道向北逃遁。换防之日本侵略军继续与我军隔运河对战，我军仍然学习八路军在战场常用的宣传战，对新接防的日军展开宣传攻势，瓦解敌人军心，动摇其战斗意志。战场喊话，顿时又积极活跃起来，韩庄附近运河两岸，都显得特别紧张、热闹，既鼓舞了我军士气，又打击了敌人猖狂的气焰，使敌人的战斗活动，日渐消沉。炮战与阻击战也不似从前那么紧张了。有时敌兵也与我军官兵隔运河而对话。

这种对阵战，是冷战与热战交互使用，或同时使用，继续到5月19日，计两个月。直至我军全面突围时，我们才离开微山湖畔，转移到徐州以南之杨庄、褚兰、后程一带与南京方面北上的日本侵略军作战。当地人民武装仍留下与敌斗争。是役打死、打伤敌四五百人，俘敌50余人，轻机关枪10余挺，步枪50余支，掷弹筒10余具，军马12匹，各种弹药、粮秣不少。我军伤亡500余人，苏鲁边区参加我军作战活动的人民群众伤亡百余人，当地居民被日本侵略军打死打伤数十人，房屋、财产的损失很大。

徐州会战战场见闻

熊顺义

1938年夏初，抗日战争进入徐州会战时，我以四十一军一二四师七四四团团长名义，暂时调任第四十一军前敌指挥部代理参谋长职务，参加了这个会战。

5月上旬，津浦北线之日军，在兖州、济宁附近地区，集中诸兵种联合之部队，有由台儿庄会战失败，秘密转移过来的矶谷廉介师团、板垣征四郎师团，第一〇六师团，第一一〇师团以及新由华北抽调而来之土肥原师团。配属一两个装甲兵联队、化学兵联队等地面部队，以及华北派遣军之航空兵联队等空军部队协力，作为钳形的右翼。从5月中旬开始，向我鲁西孙桐萱所属之第三集团军，发动攻势。

津浦南线日军，以几个师团配属一部分战车联队、化学兵联队的地面部队，于5月上旬秘密集中在凤阳、蚌埠地区，在华中派遣军空军部队配合下，为钳形的左翼，从5月11日起，向我军淮河守备部队发动攻势。当日攻破我临淮关、小蚌埠等地于学忠第五十一军阵地。12日，我第五十九军张自忠部队，由徐州前往增援，13日又把敌人占据小蚌埠的部队，打过淮河南岸的蚌埠附近。因为徐州方面情况紧急，张自忠之第五十九军马上调回徐州作战区总预备队。14日，日军又乘虚再兴攻势，强渡淮河，15日以后逐步占领我任桥、固镇、宿县、蒙城等地，主力直奔永城。17日窜抵萧县，联系北线窜抵黄口之日军，切断我徐、亳公路另一重要之后方联络线。一部控制于宿县附近，堵击我军由徐州以南向后方撤退。同时切击我军由徐州向淮阴方向撤退。

日军违犯国际公法使用毒瓦斯

5月17日，日侵略军所发动的钳形攻势的两个钳头，卡住我军徐州以西之黄口、萧县两个战略要点的时候，我第三十二军商震部队，立即予以反击。于是，徐州外围的争夺战展开了，两支日军的来势都很猖狂，我军的反击亦很猛烈。当时我们第二十二集团军在津浦北线的利国驿、韩庄等地，也听见终日炮声隆隆，很少间断。华北敌机，不断飞往助战。

根据当时的战报，想起了第三十二军某部在萧县附近与日军打得如火如荼之际，第五战区司令长官部，又命总预备队第五十九军张自忠军长，率领该军，在战区强大的炮兵群火力掩护下，驰往萧县方面增援，以期击退敌人收复萧县，为今后战区扭转局势，打下了有利基础。

当我第五十九军之第一八〇师打到萧县附近之张二庄、严寨附近时，日军被我军反复冲杀，势渐不支。又见我军攻势越来越猛，害怕招架不住，影响他们的所谓胜利的局势，便穷凶极恶地向我张二庄、严寨旁边的一个小庄的重点攻击部队，大量施放毒瓦斯。由于敌人使用毒气战，更加激怒了我军官兵的民族仇恨，除一面积极向敌攻击，猛打猛冲，一面采取各种防毒措施坚持战斗外，战区的炮兵群也发挥了高度的炮火威力，以压制敌人的反扑。结果越战越猛，敌人施放的毒瓦斯也越来越多。我第三十九旅的官兵中毒的人员也不断增加，战斗力就逐渐减弱。眼看张二庄、严寨附近的和平居民中受到敌人毒瓦斯毒害的人也不断增多。不得已才撤出张二庄、严寨附近，稍向后退，继续抵抗。当第三十九旅官兵退出张二庄附近以后，日军在萧县升起了观测气球，观测徐州城郊我军情况，指导其炮兵向着徐州西郊及徐州城射击，我第五十九军各部队，鉴于掩护徐州城及其以东等地区各军撤退任务的重要，仍继续与敌人鏖战于徐州城西郊一带。以后，因伤亡逐渐增多，18日，战斗逐步移至徐州西北的九里山以西之霸王山与城南云龙山以西的小太山一带。

日军集体屠杀我军徒手新兵

第二十二集团军各部队1938年春季在山东邹县、滕县一带与日军多次作战，特别是3月中旬滕县血战之后，官兵伤亡较多，为了继续抗战，除将各部队残余人员合并整编为几个战斗团，立即开赴徐州以北的南韩庄、利国驿以及微山湖南岸等地与敌作战外，其余各部组成班长以上的干部队，留在徐州西北之拾屯、敬安集等地训练，等待徐州新兵到来，即行接收、整训。

4月底、5月初，四川新兵陆续来到徐州一部分，两军的四个师的干部队，各分一个多营的新兵，集中在以上所说的拾屯、敬安集一带整训。迄至5月17日，日军北线兵团伸到我徐州后方之黄口附近时，其另一部日军由丰县南犯，将接近拾屯、敬安集之际，我第二十二集团军总司令孙震下命令各新兵部队，以营为单位，迅速向后方撤退。各新兵部队即纷纷率领各自的部队，钻隙迂回，脱困而出，有的在途中平安无事，有的中途碰见少数敌骑兵，单凭干部所持少数武器一打，敌兵即行他去；有的遇着敌人大部队，不仅没有走掉，而且还遭受了残酷的集体屠杀。根据我的同学，第七三一团第三营营长罗浚对我诉说，该营新兵惨遭敌人屠杀的情况，大致如下：

5月17日，第七三一团新兵营400多人，正由敬安县沿梁寨、唐寨、砀山以东夏邑路线向亳州方向转移之际，部队刚刚走到梁寨与唐寨中间，突然遭遇日骑兵部队猛烈袭击。罗浚急忙命副营长唐少斌率领徒手新兵，跑步到黄河故道里面暂时掩蔽，自己集合拿枪的班、排、连长等五六十人，出来应战，打算掩护新兵移到黄河故道以后，慢慢再想法脱离敌人，偷越砀山、黄口之间的陇海铁路，逐步向夏邑、亳州方向转进。哪知日骑兵越来越多，除被我军打死打伤的敌兵以外，其余300多敌骑兵，即在梁寨以东广阔的麦田中，从四面八方包围而来。该营干部且战且走，逐步掩护新兵部队退到唐寨以东地区，就渐渐陷入敌人重围。我持枪奋起抵抗的干部，经过一两小时的激烈战斗，伤亡20人左右，营长罗浚又命唐少斌副营长挑选新兵中比较优秀的分子，继续起而抗战，一直打到下午3点多钟，所带弹药将要打完之际，又与敌兵肉搏冲锋。在这以前，敌骑兵多已下马徒步战斗，看见我军与它进行肉搏战时，很快又把后方马匹招来，骑上马背挥舞长长的战刀向我军冲杀。最后，敌我众寡悬殊，无法继续战斗。这时敌骑纵横驰骋，乱砍乱杀，越围越紧，到不得已的时候，为使一枪一弹都不落入敌手，营长罗浚便下命令，把仅余的几支步枪的枪把打断，枪杆扔入麦丛中，枪机埋在地里，带着徒手新兵部队，向西南方面冲去，还想脱围而出，再想办法。结果被敌人骑兵团团围住，含愤做了俘虏。

当日军得到这几百名俘虏之后，更加嚣张不可一世。罗浚营长在俘虏群中，一面鼓舞士气，一面观察敌人行动，亲眼看见一名日骑兵中队长，下命令搜俘虏的腰包，几十名敌兵跃身下马，跑向俘虏队前，每个搜10人，开始搜起俘虏的腰包来。不管士兵身上的3元、1元，军官身上的10元、8元，都一点不留地全部抢劫一空。把这些官兵的腰包搜光摸尽之后又翻身上马，二三十名骑兵押着我军新兵部队，向唐寨以东走去。当全部队伍进入黄河故道以后，突然命令停止休息，用三列横队，整齐地坐在北岸大堤下面，四面八方都安设哨兵，不许我军官兵乱动。然后，敌人军官召集干部开会，布置如何进行大屠杀的罪恶活动。罗浚看见形势不对头，即出面与敌人交涉，希望敌方军官尊重国际公法，保护俘虏生命。一名骑兵中校骄横傲慢，根本不理不睬。在他们大屠杀的罪恶部署完成之后，一声令下，四面机关枪口都对准俘虏队休息地点，猛烈射击。罗浚营长看见敌人比野兽还残暴，急得蹦起来，高呼“冲出去！”“与敌人拼啰！”几百名我军官兵，一哄而起，翻过大堤，夺取敌人的武器一面冲杀，一面挥舞拳头与敌军拼命，打得北岸敌人一时混乱，不知所措。但未被冲击部分的敌人，仍然不断猛射，一部分日兵翻身上马包围拢来，我军官兵仍然奋不顾身与敌死拼，打到黄昏前后，罗浚营长才率领虎口余生的10多名战士，钻在茂密的小麦田中，一面痛恨万恶的日军疯狂屠杀我几百名手无寸铁的新兵！一面又沉痛悼念无故被敌屠杀的战友！他们十几人英勇奋斗，眼看敌骑在麦田四处搜索，整队向黄口方向窜走，然后，他们慢慢绕到梁寒以西第三个村庄，把这些日兵屠杀我军俘虏的惨案告诉村中的同胞。我父老民众一致愤恨日本侵略军的滔天罪行，并且表示要跟敌人战斗到底，决不向敌人屈服。该村民众迅速募集一部分便衣，叫罗浚等人化装成老百姓，并招待他们吃了一顿好饭好菜，休息一夜，次日设法送他们偷越砀山、黄口之间的铁道向夏邑方向前去。罗浚等10多人，脱险以后，分为三人一组的几个组，约好每天住宿地点，分散在田野上的小道行进，以防再遇敌人突然袭击，被敌人一网打尽。他们徒步走了三四日，通过徐州、永城、商丘公路之后，脱离了危险区域，再大胆地集合起来在路上行走。沿途唯一依靠爱国的人民群众，给吃给住。他们这10多人中，又有好几个人受了不同的轻伤，营长罗浚左手指被敌人砍断两个，边走边休息，走得很慢，到了5月底，才慢慢地到河南潢川，获得医疗和招待。以后逐步转到信阳、襄阳整训补充，全军官兵对罗浚营长等10多人以及同他们在唐寨附近同日军浴血奋战的几百名手无寸铁的战士，都表示无限钦佩！

熊顺义

第四十一军突围中的对空战斗

5月19日，各部队奉命做好一切退却准备工作。第四十一军前敌指挥部指导炮兵部队集中射击敌人炮兵阵地和交通要点，并摧毁韩庄铁桥附近敌之核心阵地；指导工兵部队做好主要道路、桥梁的破坏准备工作；指导前线步兵部队一面作出佯攻样子，眩惑敌人，一面积极做好撤退准备；指导派往运河北岸敌人后方的侦察部队和侦察人员，既要准备撤退，跟上主力部队，又要不过早暴露我军企图。特别是兵站用火车送到利国驿以南的弹药，补充各部队以后，还剩下20万发子弹，除分别发给防区附近各地方抗日武装一部分外，不得已只好命令林肇戊团长派兵埋藏在附近山区耕作地的水沟、洼坑中。

在这一天的繁忙活动中，敌人炮兵也不断向我炮兵阵地射击，引起了激烈的炮战。同时对我交通要点的封锁射击，也不放松。我军人员、马匹的伤亡、损失，也比平常较重。因此还要处理伤员、埋葬烈士，调整军用马匹等工作，就格外显得忙碌一些。

不知不觉，很快到了夜幕初垂，开始全面撤退的时间——20点来到了。第四十一军各部队除派第一二四师第七三〇团，在南韩庄津浦路正面，掩护全军撤离第一线，尔后改为军的后卫外，其余各部队，陆续撤下火线，按顺序在总部直属部队后面，迅速沿着柳泉、贾汪、黄集、杨庄的道路前进。第四十五军各部队也迅速从微山湖南岸撤下，沿着张家庄、贾汪以西之孙村，越过陇海路东段之大庙集、张旗杆、杨庄的道路前进。并派第七四六团为右侧卫，掩护集团军之右侧背。

第四十一军各部队，在敌前安全撤退之后走了一个整夜，5月20日拂晓，到达陇海路上的黄集车站附近，早餐后稍事休息，又继续南进，为了防御空中敌人的袭击，又命令各部队把现有的轻、重机关枪，组织成防空部队，在队列中行进，随时准备打击敢来空袭的日本侵略军。

军行不远，开始发现徐州城市上空，徐徐升起了几个观测气球，始知徐州市已为敌人所控制，这些气球，专供敌人监视我军各方的行动，以便指导其空中和地面部队，对我采取种种阻碍活动。同时还远远听见徐州市附近炮声隆隆，烟火四起，判断为敌人炮轰所引起的火灾。想我商震、张自忠两军官兵，正在浴血苦战，徐州广大人民已陷入或将陷入敌人铁蹄践踏之下，心中非常难过。

转进部队，不久翻过兔山，穿过林头村之后，即进入黄河故道。沙滩难走，行军速度突然减低，各部队除在黄河故道两岸及兔山、林头等地，布置防空监视哨和对空射击部队，掩护我军通过障碍外，还组织一些步兵部队协助炮兵部队，推炮车、弹药、辎重等车辆，加快行军速度。8时左右，忽然发现敌机九架，飞临我军上空，黄河故道两岸部队，完全进入掩蔽，未被敌人发现。只有正在黄河故道中涉沙而行的炮兵部队，在大片沙漠中没有什么掩蔽，敌机即对准这些目标，滥肆轰炸并低空扫射。我军对空射击部队，万弹齐发，当即打落敌机一架，吓得其他敌机也不敢放肆俯冲轰炸和低空扫射了。不过，敌机发现我军这些目标之后，不断地分批飞来袭击，三架、六架、九架，一队又一队地轮番飞来，我军怀着对敌人的无比愤怒，各种火炮与轻、重机关枪，都一起对准这些空中强盗发射，即连陷在黄河故道沙漠中的各炮兵，也抱着与其白白遭受敌机轰炸，不如与敌机搏斗，拼个你死我活的决心。这样一来，我军的防空威力大大增强了，迫使敌机更不得不在很远、很高的高空即开始投弹。于是，炸弹多半落到我军行进路外较远的沙滩上和麦田中爆炸。我军各部队冒着敌人空袭危险，迅速通过了这段黄河故道。然后进入南岸村庄中，休息、整顿、救护伤员，调整炮兵马匹，扔去一部分没有挽曳力量的空弹药车，继续向杨庄前进。

正在这时，我后续部队第七三九团第二营又进入黄河故道。敌机 18 架又分两个编队，飞掠而来。我两个步兵团之对空射击部队，轻、重机关枪同时指向敌机猛射，又击落敌机两架，击伤多架，我军步兵部队也略有伤亡，敌机慌慌忙忙把炸弹扔下，即向南飞去。然后，远远望见徐州上空之敌气球，逐次降落，估计敌机空袭，可能有一个短暂的间隙，于是，我军各部队乘机迅速向杨庄急进。12 时左右，全部到达杨庄附近各村庄，准备下一步越过津浦南线的种种工作。

第一二四师在武汉会战中

熊顺义

参加武汉会战

日本侵略军自从徐州会战得手，打通津浦铁路以后，就积极准备进攻武汉。1938 年 9 月，日军纠集了华北、华中两方面的主力部队，沿着长江、淮河流域的广大地区西侵。蒋介石除命令原驻江淮地区的作战部队抵抗外，又令在襄樊整补的二十二集团军参加。二十二集团军经向蒋介石请准，由两个军的战斗团组成两个师，由一个军长领导参加。当时即以第四十一军一二二师的七三一团、一二四师的七三九团、七四三团编成第一二四师，由曾苏元师长率领。第四十五军的一二五师的七五七团、七五九团及一二七师的七六一团编成第一二五师，由王学姜师长率领。两个新编的作战师统归第四十五军军长陈书农统率，加入河南信阳方面胡宗南军团的战斗序列。9 月下旬，这个新编的第四十五军分别由襄阳、新野两地出发，驰赴信阳集中。

月底，部队到达信阳附近，休息了两天。淮河以南的日军正越过潢川，继续沿信阳、潢川公路西窜。胡宗南命令第四十五军部队驰赴罗山、息县，抗击敌人。10 月 2 日，第四十五军军长陈书农派第一二五师到息县占领阵地，防止日军由息县向信阳及其以北平汉线上重要地点窜犯，同时亲率第一二四师向罗山方面前进。

当天早晨我们部队由信阳出发，沿信潢公路东进，经过五里店大桥、栏杆铺高地，沿途都有胡宗南部队的重炮兵、高射炮兵占领阵地，好像要打一次大仗似的。军部到达栏杆铺，发现罗山以东的竹竿铺已发生战斗，即在该镇南凹一个有炮楼的人家停下，开设指挥所，令第一二四师继续前进，限定当日挺进到罗山县城及其以东地区占领阵地。我们即速离开栏杆铺向罗山县城方向前进。

前进途中，第一二四师师长曾苏元召集团长们边走边研究，然后下达口头命令。大意如此：

日军一〇五师团部队正与我二十八师在竹竿铺战斗，估计将向罗山前进。为保卫罗山县城，决定在罗山城东的任岗、城南小罗山、罗山城地区占领阵地，阻止敌寇西进。令第七三九团、第七四三团为左、右两地区队。第七三九团在右，占领任岗以东各高地，并派一个加强连进出于竹竿铺至小罗山的小道上，掩护右侧安全。第七三四团在左，占领任岗高地并跨信潢公路构筑陷阱，以防敌寇坦克部队的进袭。第七三一团为预备队，以一个营占领罗山南关车站及小罗山，团部率两个营守备罗山县城。

各团长接到命令后，即分赴各团指定地区，进行战斗准备。

罗山城及任岗之战

10月初，第一二四师所属的三个团，在各自作战地区连夜赶筑野战工事，并利用任岗以东有利地形，埋设了若干地雷，以阻绝交通要道，并设置了必要的侧防机构。

次日拂晓，敌寇即沿公路向我进攻，逐步迫近我任岗及其以南第七三九团主阵地带。8时左右，主阵地战斗开始。敌寇炮兵向我左右两地区的主阵地猛烈轰击。我前线部队要求后方的炮兵开炮还击，哪知胡宗南早把栏杆铺附近的炮兵撤到信阳城附近去了。对此大家都很气愤。

9点以后，敌人步兵在其炮火掩护之下，逐渐接近我军主阵前方有效火网之内。我两地区队的守兵立即进入阵地，开始战斗。一时机关枪、迫击炮、步枪齐发，日军被我军打退。

日军第一回合失败了，马上重整旗鼓，12点后发起第二次攻势。在猛烈的炮火掩护下，一部分携带毒瓦斯的日本兵偷偷接近我左右地区队前方掩避体下，放起了毒气。我守兵立即发出毒气警报，大家捂上防毒的湿毛巾，站到较高地点，等待毒气散开。这时也正是日军发起冲锋的时候。我军官兵马上进入阵地，万弹齐发，打得敌人一阵乱叫，败退下去。

敌人的冲锋部队刚一垮下去，敌炮兵马上又跟上来，弹如雨下。我军依据有利地形，沉着应战。敌炮击时间延长到下午2时许，步兵第三次攻势接着上来，毒气施放越来越多。我军体力差的和受伤的官兵退下火线，大多数人仍然坚持抵抗。敌人突击部队接近我主阵地带火网前沿时，我方予以猛烈反击，日军被打得落花流水，滚了回去。这天敌人再没组织进攻，我们也就抓紧时间休整队伍。

10月4日1时许，我军第一线部队派出一些小部队潜入信潢公路附近的日军营地周围偷袭。一时枪声四起，火光冲天，敌人顿时乱成一团。同时，前线侦察部队乘夜侦察我阵地前方两侧地形，发现前方公路旁有一个长湖，水深不能徒涉，恰好能掩护罗山城不受敌人威胁。但是，右前方队的右侧，则道路很多，都可以插到罗山城南至宣化店的公路上，再由南向北迂回到我第一线部队后方，直接威胁罗山城南面。因此，我军非常重视右方阵地以南的情况变化，准备明天大战。

第二天拂晓，正面的敌人仍然按照它们的战法向我军阵地发起一次又一次的攻击，攻势更加猛烈了。我军的反击也随之增强。可是，狡猾的敌人却钻到我军右后去了。到下午三四点，罗山城南 1000 米左右的小罗山高地发生了战斗。我军预备队配备在该处的一个排，猝不及防地被日军赶下山来。南关汽车站也受到小罗山敌人机关枪火力的瞰制，设在那里的师部指挥所待不住了。师长曾苏元和预备队的代理团长林肇戊被封锁在南关汽车站屋里。他们在急忙中打破北墙，越出这个危险地带，派预备队的一个营，在战车防御炮团的大力支援下，收复了小罗山战略制高点，形势暂时转危为安。据当时指挥这场小罗山争夺战的七三一团代理团长林肇戊说：攻势发起时，首先由战防团 12 门战车防御炮，猛烈向该山顶上的大庙轰击，数百发连珠炮弹，打塌小罗山上的大庙，一片火海。日本鬼子慌忙逃出庙外，又被七三一团的第一营官兵的轻、重机关枪打死打伤很多。该营官兵乘势冲上山去，夺回原来的阵地。这仗打得十分利落、精彩。

当夜，师长曾苏元考虑到日军一个先遣队已秘密窜到小罗山，它的主力部队也可能采用迂回我军右侧后背的战法，绕到小罗山附近，或者是侵入小罗山以东与任岗之间连绵山地，那时我占领任岗主阵地带的两个团就有被包围的危险。为了争取主动，即与军长陈书农商量，决定放弃任岗及罗山县城，将部队转移到罗山县城西南二三里的子路河以西，与栏杆铺连接的山地上布防。接着命令前线两个团在半夜零点开始撤退，经过罗山县城向北转移，到十几里以外再向西折到栏杆铺军部所在地以南，跨子路河两岸进行防御。一二四师撤退之前，一二五师已由息县调回，担任罗山汽车站以西二三里子路河桥以西的防御。因此，我们撤下去之后，又连续到该师的右翼布防。

我们放弃罗山城后，日军也不敢进罗山城，其主力仍然停滞于任岗、小罗山一带乡村。

罗山县城以南槐店之战

我军转移到了路河一二五师右翼布防不久，胡宗南鉴于日军停滞在罗山城东南不动，深恐敌人沿罗山、宣化店公路，越过大别山脉，窜入武汉北侧之孝感、花园，切断平汉线，策应其主力沿长江两岸西犯，于是又命一二四师全部转入大别山区，封锁罗、宣公路各山口，阻止敌人南犯湖北省境。

师部命令七四三团占领罗、宣公路、龙升镇山口以北的槐店；七三一团占领龙升镇及其以南山区；师部率七三九团到周党畈附近各山地布防。七四三团即在槐店以北地区，跨着公路布置防御阵地，与子路河、栏杆铺的主阵地形成对罗山附近日军的半包围。

10 月 8 日，夜雾蒙蒙。我军袭击队悄悄爬上小罗山敌人阵地，将敌寇哨兵杀死，然后钻进敌人阵地。一阵冲杀，打死、打伤鬼子兵数十人，生擒鬼子 3 人，虏获轻机枪 1 挺，步枪 15 支，掷弹筒 2 枚和其他一些军用品，胜利返回槐店我军阵地。这次俘虏的日本兵大多是入伍不久的新兵，不少是学生。他们也不完全赞成他们政府的侵华行为。记得有个俘虏对我们说，他是日本帝国大学的学生，参军不久就到中国来了，他很想回家，并把怀中存着的家信拿出来，连同一家大小的相片给我们看。他对我们团部政工处的胡干事说，唯一的要求就是不要杀他。从俘虏口中得知，日军到罗山附近，几天没有向信阳进攻，主要是认为信阳有中国的重要国防设施，有机械化部队，有强大的炮兵，不容易攻下。现正在找寻新的进攻方向。由此，我们判断敌人有可能向槐店进攻，因为大别山区防御比较薄弱，又是接近武汉外围较近的地方。于是，我们一方面向军、师反映上述情况；一方面加强防御工程。

10月12日拂晓，敌寇果然向槐店发起攻击。先来一两小时的炮击，然后步兵在炮火掩护之下接近我军阵地，到了近战距离，再一举向我冲锋。我守备部队仍然按照我们的战术，先以少数守兵监视敌人，主力部队完全进入掩蔽，等敌人炮兵延伸射程，步兵逐渐接近我防御火网时，才突然进入阵地，万弹齐发，加之这次我主阵地前方多是刚翻耕犁耙不久的水稻田，一片汪洋，敌人主力部队不得不沿罗山、宣化店公路前进。这又为我军集中轻重机枪火力于公路线上聚歼敌人，创造了有利条件。于是，一个不完整的团凭借有利的地形，跟敌人周旋了一天。

10月13日拂晓，敌寇沿罗、宣公路由北向南，继续展开攻势。战至8点左右，遥望竹竿铺方面有一股骑兵及一部分炮兵，沿竹竿河左岸至龙升镇大道迅速西进，颇有迂回我槐店后方的企图。我团昨夜派出的右侧警戒部队坚决予以抗击，同时通告龙升镇七三一团第一营协力我团，打击敌人。鏖战至午后3时，阵地被敌人击破，我军沿龙升镇山口外的西侧山麓向隆兴寺撤退。

隆兴寺之战

13日，我军退到隆兴寺时，天已入暮。战斗部署刚完，在隆兴寺集镇以东高地之一、二两营开始构筑工事时，敌人骑、炮兵即追到阵前，乘我立足未稳，一阵炮轰。我第一线部队溃退下来，团部马上令第三营掩护一、二营向青山店西撤。

部队沿着隆兴寺至青山店的一条蜿蜒的乡村公路，翻过连绵不断的山岗，穿过无数大小林区，夜半以后到达了大别山中的青山店，这里是万山丛中一个比较大的镇市。我们一到那里，不少青年主动出来与我们联系，要求帮助军队侦察敌情，做向导、烧茶、送饭、抬担架，甚至参加战斗也行。当时我们并不知道这里的人为什么这样热情对待我们，后来才知大别山是共产党的革命老根据地，人民群众受革命教育深，抗日热情高。

我们见这里地形复杂、地区重要，就决定在青山店的东北地区构成一个防御阵地。这样北侧可与栏杆铺第四十五军司令部及一二五师、二十八师等部队在子路河一带的阵地遥相呼应，东边可与我一二四师师部及其他两团友军和宣化店之第十三师联系，扼守着槐店、隆兴寺、青山店至九里山、柳林铺平汉线上这些战略要点的孔道，防止日军钻穴迂回，切断我信阳、武汉间之重要交通线，威胁武汉。这个建议上报军、师以后，得到了批准，接着便加紧构筑工事。

15 日，各部队的野战防御工事初步完成，正拟继续加强各种战备措施，忽然接到第四十五军军长陈书农转来胡宗南军团长电报，大意说，罗山附近敌人主力部队似有沿罗、宣公路南窜，企图越过大别山，切断平汉线之势。为了加强罗宣公路、大别山区防务，令青山店附近之第七四三团，立刻开赴周党畈归还第一二四师建制。

17 日，我们在没有友军接防的情况下，撇开青山店这个战略要地，就沿着涩港、周党畈的山村公路归还了自己原属部队。

光山城之战

9 月间，潢川战役后，我五十九军张自忠部即先后退守经扶、光山等县，威胁敌人的主要后方联络线。10 月初，日军为了配合长江流域的主力军大举进攻武汉，先侵占了我经扶、光山，以解除后顾之忧，便于继续西犯。

光山友军阻挡日军进攻的力量不足，求援于一二四师。曾苏元师长得到上级指示，派七三一团第一营前往支援。10 月 9 日，配合光山城防部队五十九军之一个营及地方团队与敌寇接战，由于寡不敌众，当夜即退出光山，次日回到周党畈、龙升镇中间地区。

龙升镇之战

10 月 15 日，日军在占领我经扶、光山之后，即以一部兵力沿罗山至宣化的公路向我龙升镇之第七三一团阵地进攻。该团代理团长林肇戊指挥各部队，在丛林中，在大而深的竹竿河谷两旁山地与日军展开激战。前后左右都遭到我军打击的日军，第二天不得不从龙镇缩回大别山口以外。

可是，战斗以后，大别山区病疫流行，不少连队患大吐大泻的官兵逐日增多；有的连队一天就躺下一二十人。后来连担架队也受到传染。竹竿河谷的群众，有的一家大小卧床不起。部队的军医、地方的中药大夫也病倒了不少，军民都受到很大的威胁。大家认为，极有可能是日军又秘密使用了细菌或有毒物品。

子路河之战

10 月 17 日，日军开始以主力部队向罗山城西子路河西岸之第四十五军第一二五师及连接该师右翼之第二十八师进攻，以配合其长江两岸西犯之主力军向我武汉发起总攻。终日炮声不停，敌机也轮番向我军后方要地进行战略轰炸。我军逐步向栏杆铺、五里店、信阳方面引退。

柳林车站的陷落

信罗公路附近日军主力部队 10 月 20 日左右进犯到五里店附近，其左侧支队以该师团骑兵团为基干，附属一部分炮兵，即从隆兴寺出发，经过青山店，直趋平汉线上之柳林车站，首先切断了信阳、武汉间的联系，加速了信阳、武汉的沦陷。由于胡宗南忽视隆兴寺、青山店至柳林车站山间小道的防御措施，敌寇这支部队占领柳林车站之后，继续钻隙平靖关、郝家店至浉河，又切断了花园至襄阳、樊城的公路；侵占武汉后继续西侵之敌寇又占领了我应城、云梦、安陆等地，在平汉线以西形成了又一个包围圈，给我方大军之后撤，带来了很大困难。

大别山区的撤退

10 月 25 日武汉沦陷，原住宣化店之十三师万耀煌部，开到周党畈附近接防，我师移交完毕，奉命突围，返回襄阳、樊城等地整补。28 日路过花园，发现车站附近兵站仓库存放很多武器、弹药、器材、被服、粮食。过往军队，都叫尽量携带，我们一些壮健的官兵，一人背了两三挺轻机关枪，30 日左右，经过义堂镇，恰逢敌寇一个骑兵排在该处休息，当即给予袭击，打得敌人落花流水，然后部队迅速向三阳店方向进发。

西安军事会议

武汉会战后的第二年夏天，蒋介石召集长江以北各战区的师长以上将领到西安开会，检查武汉会战的问题。

会议开了七天。当检查到信阳、罗山战役的时候，蒋介石怒气冲冲追查放弃罗山城的责任。曾苏元师长再三申诉放弃罗山，实在是迫不得已，如不及时转移到子路河以西，即有全师被敌歼灭的危险。后来孙震总司令又再三提出，请求给曾苏元师长以戴罪立功的机会，这样，蒋介石才勉强答应给曾苏元记大过两次。

这事发生之后，二十二集团军许多将领都愤愤不平。他们认为信罗战役之失败，主要责任应该由胡宗南承担：第一，胡宗南没有利用罗山、潢川间北依淮河，南靠大别山之有利地形；第二，胡宗南只想保全自己的部队，把友军作为牺牲品，既不配属野战炮兵，又不给予协力；第三，各军各师都实行专守防御，非常被动。

傅英道

第二天拂晓后，只见敌机不断在信罗公路上往返投弹并低空扫射，同时在小罗山上面升起气球指挥敌炮射击我军阵地，炮声清晰可闻。

- 1911 年生，四川简阳人。
- 早年入川军陈鼎勋部，参加多次川军内战，任排长、连长。
- 1937 年，全面抗战爆发后，编入第二十二集团军，随孙震部出川抗战。
- 1937—1945 年，曾任川军四十五军、四十七军上校参谋、副师长等职。先后参加太原会战、徐州会战、武汉会战、襄樊战役、随枣会战等战役。
- 1992 年，逝世。

信罗抗战见闻

傅英道

四十五军所属一二五师及一二七师由徐州会战突围后，经过长途跋涉，转战数千里，到达鄂北襄樊整补。当时两师四旅中每旅只剩一个实兵团，其余空团军官皆先后回四川接收新兵。一二五师三七五旅编成七四九团和七五〇团两实兵团，一二七师三七九旅编成七五七团和七五八团两实兵团留在前方训练。在连续作战中，各级主官人事变动较大：新任四十五军军长陈鼎勋，新任一二五师师长王仕俊，三七五旅旅长瞿联丞，七四九团团长李传林，七五〇团团长陈玲（仕俊）；一二七师三七九旅旅长陈泽，三八一旅旅长陈资民，七五八团团长李岳嵩等均为各级新任主官，而其指挥机构，亦尚待建立或调整补充人员，才能适应指挥作战的需要。军长陈鼎勋从徐州突围经上海绕道香港回到武汉后，即开始成立新的军部，报任编制人员，尚未完全就职时，又奉二十二集团军总部转五战区司令长官李宗仁命令：日军之一路正由信（阳）潢（川）公路西进，企图占领信阳切断平汉线交通，向南会合其他方面敌军，围攻武汉。本集团军奉令就现有兵力抽调一个军开赴罗山阻击西进之敌，掩护十七军团胡宗南部队集中信阳。总部现决定，由四十五军军长陈鼎勋指挥四十一军抽编的一二四师师长曾苏元及四十五军抽编的一二五师师长王仕俊，即经信阳开到罗山布防，尔后受十七军团长胡宗南指挥。

军长陈鼎勋奉命后，即由汉口率领军指挥所人员参谋长孙贤颂以下参副机要等幕僚一行乘火车至信阳住宿一夜，遂转赴罗山前线部署防御；以一二五师师长王仕俊指挥的三七五旅及三七九旅在罗山以东30里之竹竿铺至长台关占领阵地，含竹竿河大桥以北沿竹竿河西岸扼要防守，右与友军胡宗南部之警戒部队切取联系；以一二四师师长曾苏元指挥之部队固守罗山，阻敌西进；军部位置于罗山城西之五里店东端村庄。

记得一天上午，十七军团副军团长（姓彭或刘，已记不清）乘坐小汽车到军部同军长和曾、王两师长在院坝里以训话口吻讲话，大意是说，第一师部队快将开到罗山，希望协同对敌等，随即匆匆离去。当时天雨，曾、王两师长均赤足穿草鞋，裤脚卷至膝盖上，站立听其训话，大家对这位盛气凌人的副军团长颇为不满。

在前线战况激烈时，两师长不断电话向军长告急，请示行动，有一次我接到王仕俊师长电话，他以急促声音说敌用战车掩护其步兵已冲过竹竿河大桥，突破我第一线阵地，快请军长同他讲话；接着又听说敌军一股武装便衣已窜入占领小罗山高地，对罗山城内守军威胁很大。此后即看见前方一些士兵，三五成群地沿信罗公路向信阳撤退，战况顿形紧张。军长乃令两师长督饬所部尽力坚守阵地以待胡军团部队增援，并派军部少校副官陶碧池、上尉参谋傅英道立即到信罗公路上制止后退士兵速返前方，违者军法从事。至晚敌人攻势暂停，战局稍稳。第二天拂晓后，只见敌机不断在信罗公路上往返投弹并低空扫射，同时在小罗山上面升起气球指挥敌炮射击我军阵地，炮声清晰可闻。此时，军部人员和马骡已疏散至五里店东南端松林坡内隐蔽，观察敌情变化。至半下午，一二五师部参谋何少桓等陆续由前方撤至军部，报告战况，知敌人机炮火力太猛，我军伤亡过大，已无法支撑。军长陈鼎勋遂向军团部请示，决定待当天晚间第一师部队到达罗山后，一二五师在左，沿信罗公路北侧，一二四师在右，沿信罗公路南侧逐次向罗山以西之栏杆铺撤退，并在两侧掩护正面友军第一师第一旅陈鞠礼部作战。军部于入夜时，向信阳方向后撤。

四十五军军部在信阳西面吴家店停留期间，信罗公路主要是第一师第一旅部队担任正面作战，左右两翼是一二五师和一二四师协同掩护作战。第一旅在小罗山张湾对敌作战中击毙敌军官绵舍郎一名，在他身上搜到进犯罗山之敌军番号为第十师团三十九联队。在敌增兵向我两翼进攻中，一部指向我左翼明港，主力向我右翼青山店、涩港店直趋武胜关的柳林车站，在切断平汉铁路交通的情况下，遂迫使十七军团指挥的部队向西撤退。四十五军亦奉命撤回襄樊归还建制，整补部队。

信、罗失守，十七军团长胡宗南诿过于四十五军军长陈鼎勋作战不力，给陈以撤职留任处分；将失守罗山之责归罪一二四师师长曾苏元，给予撤职查办处分。当时对这一处分，不仅陈、曾两人感到受了委屈，就是参战官兵亦觉愤愤不平。大家认为我军仅有最劣势的川造武器装备和少数俄式轻机枪及马克沁重机枪，又系临时组成之师，在罗山前线与步炮空联合之敌奋战三昼夜，因伤亡过重，不得已请示军团部决定退守栏杆铺第二线，事实上已完成掩护十七军团主力集中信阳任务，尔后又在两翼掩护正面友军作战，共同进退，怎能说是作战不力？如罗山之失应由四十五军负责，则信阳失陷之责又该谁负其责？何以未见有人受处分？由于这次处分关系到我们部队的荣辱，所以全军上下出自爱国良心驱使，对上面均有反感。其实，究其根本原因，应是方面军负责人指挥不当。各级指挥官均习惯专守防御观念，凡命令固守，就意味着与阵地共存亡，才算完成任务，尽到军人天职，这在指挥使用部队中已形成一股保全自己、牺牲别人的常见做法了！尽管我军内部有这些矛盾，但我们枪口始终一致对外，官兵们对于关系国家民族存亡神圣战争的奋勇牺牲精神，并未因此而减退。

刘识非

第七十二军转战于萍乡、攸县、醴陵等县境，为时两月。时当盛暑，部队基本无休息时间，伤亡病患颇大，官兵都愤慨损失大而未获得有形战果，恨不能与敌决一死战！

- 1905 年生，别名新甫，四川眉山人。
- 1938 年，随王陵基出川抗战，曾任第三十集团军总部少将高参、第七十二军三十四师参谋长。
- 1938 年 8 月，参加武汉会战南浔路战役。
- 1939 年 9 月至 1941 年 12 月，参加三次长沙会战。
- 1944 年 5 月，参加长衡会战。
- 1945 年 1 月，参加湘粤赣边区防御作战。
- 1986 年，逝世。

第三十集团军参加南浔路战役片段

刘识非

1938年6月中旬，川军王陵基之第三十集团军（欠新编第十六师之第一旅，由师长率领从西昌出发，尚在途中）新编第十三师在万县集中后，即首先由长江水运到沙市新堤，其余各部陆续由水运到岳阳地区集中待命。迄6月20日，已全部到达指定地区，总部驻岳阳，积极请领各项装备，进行补充。在此期间，日机曾数次轰炸，部队稍有损失。7月下旬，为便于领取武器被服装具及通信器材药品等，总部移驻长沙附近，部队则在岳阳地区集结。请领各物比较缓慢，各部均未达到规定的补充份额，即准备参加武汉会战。

会战概要经过

8月15日接蒋介石电令：第三十集团军全部参加南浔（南昌至九江）铁路战役（武汉会战的重要组成部分）。任务是防守赣西北瑞（昌）武（宁）公路一线，受第九战区司令长官兼武汉警备总司令陈诚指挥。继奉陈诚电令，推进到永修、德安地区防守。8月下旬，日军陆海空联合作战，步兵以陆空火力作掩护，猛扑瑞昌县城。防守该处我军战斗不利，遂向武宁方面退却。防守岷山（瑞昌南约 30 公里）地区之新编第十四师郑清泉旅、新编第十五师韩任民旅，在敌军乘优势炮火掩护向我猛扑时，坚强抵抗，唯以武器较差，伤亡巨大，不支退下。新编第十三师和新编第十六师之吴旅，在麒麟峰附近地区同敌进行激烈战斗，新十三师数度夺占战术要点麒麟峰。敌在其飞机、火炮向我猛力轰炸之下，纠集大部兵力乘势反扑，并从侧面包围，该两师部队伤亡颇大，亦向武宁方面撤退。王陵基大吵大骂，参谋人员建议：各部队应即占领武宁东端约 35 公里之棺材山一线高地固守，不得后退，同时积极整理部队，准备反攻。王陵基同意照办。

南浔线战斗尚在相持中。蒋介石认为长江南岸地区，地势较为平坦，交通亦较便利，便于诸兵种联合作战，日军主力将沿长江南岸地区向武汉进攻。殊敌军仅以有力之一部（约两个师团）牵制南浔线地区的守军大部分军队，另以主力稻叶、岗村、樱井等师团，由长江北岸之黄梅、广济、浠水方面（系湖沼和丘陵地区）向武汉长驱前进。武汉警总陈诚口说武汉固若金汤，但在敌军猛攻之下，防守部队伤亡巨大，纷纷撤退，武汉重镇，旋即弃守。

增援万家岭友军

当武汉危急之际，蒋介石企图挽回颓势，避免全国人民责难，电令守备在赣北方面之李汉魂、吴奇伟、卢汉、王陵基等部约 20 万人，发动攻势。以李汉魂为前敌总指挥，吴奇伟副之，并指挥卢、王集团，向南浔、瑞（昌）武（宁）两路挺进，以控制长江北岸之敌，阻止其向武汉进逼。

王陵基集团，并指挥第八军李玉堂部、第七十三军彭位仁部向瑞武路挺进。王陵基除电令各部遵令行动外，并未采纳参谋人员的建议：将总部推向武宁以东箬溪附近，以利指挥监督。但王只将总部位置移至武宁西端约10公里之甫田桥（沿公路）。

9月25日，吴奇伟部和王陵基集团之新编第十三师均以攻击前进态势，到达万家岭（德安西北）附近，日军以陆空火力猛扑我军控制地区。由于主要道路和桥梁早已彻底破坏，虽然可以阻滞敌军行动，但我支援部队行动亦极为不便，兼之敌以飞机、火炮轰炸阻击，我各部仍冒险增援正在万家岭地区与敌激战的友军。王陵基所部和配属指挥之两个军也均投入了战斗，苦战旬日，进展十分困难。各部虽伤亡巨大，但士气仍极旺盛，誓死粉碎敌进攻企图。

陈诚命令各部，退守修江南岸，依江布防，同时整顿部队。我各部有计划地撤退。敌酉本间师团长轻视我军，率部冒进，行至德安河岸，被我军猛烈射击，中弹毙命。其部队被我机械化装备之杜聿明军猛烈炮击，前进未逞，遂向长江北岸退去。同时新编第十三师乘势反击，将当面敌军击退，并有较大虏获。陈诚大力夸奖各部战绩，指出万家岭大捷，给敌以严重打击，关系极为重大。蒋介石命令嘉奖。

武汉弃守和南岳会议

武汉弃守，最初并未公布。10月23日，武汉警备副总司令万耀煌和第二十七集团军总司令杨森，忽然轻装乘车来到甫田桥总部，同王陵基密谈了约两个小时后，即飘然而去。

万、杨二人离去后，王陵基绕室彷徨。午饭时，他说要到南江桥（属平江县）去晤陈诚长官。即令当时驻守武宁东面柘林、箬溪地区之新编第十三师全部、新编第十六师之吴守权旅，统归第七十八军代军长夏首勋指挥。新编第十四、新编第十五师较完整的营连，补充到新编第十三师及新十六师之吴旅。夏首勋即暂受在南昌附近之第九战区前敌总指挥兼第十九集团军总司令罗卓英指挥。曾拨受指挥之第八军、第七十三军，仍归长官部直辖。总部和第七十二军军部及新十四、新十五两师残余部队，由第七十二军副军长率领到长沙附近待命。上述命令要旨下达后，王陵基即同参谋长张致和匆忙乘车而去。

此时武汉弃守的消息，已成为公开的秘密，官兵们对陈诚都有责难。

王陵基走后，夏首勋即率领新编第十三师及新编第十六师之吴旅，向罗卓英部队靠拢，确实受其指挥。

第七十二军副军长韩全朴，率领总部及新编第十四、新编第十五两师残余部队向长沙转移，到达铜鼓时，又改向湘潭转湘乡待命。

武汉弃守后，蒋介石在南岳召集军事会议。会上，他首先说明放弃武汉是正确的战略行动，抗战不在一城一地之得失，是以空间换取时间。其次检讨长江两岸地区战役的得失功过。军法执行总监陈调元首先提出弹劾：北岸黄梅、广济、浠水等处失败，系川军许绍宗部（第六十七军）保存实力，不积极参战；廖震部（第四十四军）作战不力（许廖两部属王缵绪集团），以致影响第五战区全局。南岸王陵基部，首先败退，影响全线；后拨中央部队第八军、第七十三军给他指挥，反攻瑞昌，又不亲临前线指挥，以致贻误战机。陈调元这一弹劾案提出后，王陵基极为惊惶，会场亦阴沉。

入暮后，忽见许多厕所和一些过道，贴出“川军回川保卫大四川”小标语。次日会场气氛大变，首由陈诚将长江两岸失败，系他自己指挥无方，请中央从重惩处，以谢国人。这样，原来是阴森的会场，顿时现出缓和空气。由于陈诚之被迫作出检讨，无形中就把王陵基、许绍宗、廖震等罪过减轻。蒋介石并首先奖励汤恩伯集团师长李宗鉴，次对唐式遵部予以表扬，对王陵基不仅未提出惩办，而且还列举战绩加以表扬鼓励。

是夜由陈调元大请其客，总司令以上都参加了，席间由陈诚发表谈话，大要是：抗战是长期的，预料国际形势转变，将会对我有利。政府迁渝，已经决定，不能改变。川军仍须继续保持令誉，抗战到底，以争取最后胜利。对于各军，中央当一视同仁，公平待遇，兵员粮饷、武器装备，当予尽量补充。各部如有困难，可向各战区长官陈述，必能得到比较圆满的解决。并希望各部，在此间隙时间，加紧整顿补充，于明年（1939年）3月份以前开赴各指定防地，作好战斗准备。一场风波，就此平息。

第三十集团军在三次长沙会战中

刘识非

参加第一次长沙会战

会战前敌军动态

1939年8月初旬以来，华中日军将南昌方面陆海军主力，逐渐转移到粤汉路北段，军事重心已由赣北转移到湘北。原在武汉和湘北、鄂南之敌，亦调动频繁，在湘北、鄂南地区集结10余万人。据报，敌酋冈村宁次有由武汉到湘北指挥之说。

长官部的作战部署

根据日军动态，第九战区长官部（司令长官陈诚，由副长官薛岳代行职权），立即调动部队，准备应战。其部署如下：

（1）以关麟征集团控置于平江、岳阳间山地，向敌进行阻击。

（2）以卢汉集团之第五十八军（军长孙渡）固守汨罗江防线，必要时含尾侧击敌军，策应关麟征部作战。以杨森集团之第二十军（军长杨汉域）置于幕阜山脉和九岭山脉间，侧击平江、浏阳方面敌军。

（3）以直属之第四军（军长欧震）、第三十七军（军长陈沛）、第七十军（军长李觉）等部，固守长沙外围浏阳河、捞刀河阵地。

（4）以王陵基之第三十集团军（并指挥第八军）固守修水、武宁间阵地，并抽出有力部队，策应各方面作战。

（5）以罗卓英集团、卢汉集团大部，严密监视南昌方面之敌，多方予以牵制性打击，不使其转用于湘北方面，并相机收复南昌城。

第三十集团军作战经过

战斗前态势　武宁战役结束后，即一面加紧整补，一面调整部署：

以第七十八军担任烟港附近修江南北两岸既设阵地的守备，同时对侵占武宁城之敌采取攻势行动。

以第八军占领石艮山—九宫山之线，准备同阳（新）通（山）公路各据点之敌作战。

总部同第七十二军在修水城附近，加紧整训，准备作战。

战斗经过概述　9月初，华中日军以主力沿粤汉线以一部沿长（沙）武（昌）公路分向长沙进犯。同时南昌方面之敌以主力向上高方面进犯。罗卓英告急。

长官部以上高方面兵力空虚危急，电令第七十二军驰援上高。该军遵令行动。

进犯长沙方面之日军约10万人，由于所有道路桥梁早已被破坏，敌军重炮、辎重等运动困难，诸兵种协同作战极为不便。敌军在进犯中，经该方面我军予以堵击、夹击、尾击后，攻势遭受挫折，伤亡损耗颇大，遂将其主力转由长武公路东西地区回窜，以一个旅团向修水方面突进，在渣津（修水城西约40公里）附近同杨森集团之第二十军激战。总部为支援杨军并确实掩护修水城，急令第七十八军之新十六师驰援渣津。该师在渣津以东即同敌接触，敌以主力从该师右侧包围攻击，该师不支后退，修水城陷入敌手。

第七十二军驰援上高，尚在途中。总部得悉上高方面已不紧急，遂急电第七十二军迅速折返，向修水以东之三都前进，协同第八军克复修水城。

此时武宁日军，亦向第七十八军阵地进攻，经该军之新十三师奋勇应战，将敌击溃，敌窜回武宁，龟缩不出。

日军侵占修水之际，其主力已沿长武公路地区向武汉撤退。当第七十二军反攻修水时，盘踞该城敌军，顽固抵抗。经该军同第八军之第三师一昼夜的猛攻，敌伤亡颇大，被迫向北撤去，修水城遂告克复。

参加第二次长沙会战

会战前敌我动态

敌军动态　侵占箬溪附近修江南北两岸之日军，约一个大队；阳新方面有日军第十七混成旅团所属一个大队（编制较大，一般为四五个步兵中队，重机枪、炮兵各一中队）；通山方面有日军第四十师团之一个联队。

各方面的日军，都配属一部分伪军，分别驻守要点，经常派出小部队向我游击，有时同我方游击队遭遇，发生短时间战斗。

我军态势　湘鄂赣边区挺进军总指挥部（总指挥李默庵）所属部队，在长江南岸湘鄂赣边区活动，主要是对付新四军。

第七十八军之新十三师在武宁城东端固守修水南北两岸阵地，经常派出小部队向日军后方游击。该师并奉命派出一个团，配属军部工兵营，编为第七十八军攻击队，进入敌后，进行袭击和破坏敌交通通信。军部和新十六师，在浬溪附近整训。

第七十二军之第三十四师，占领石良山—九宫山阵地，与阳通公路各据点之日军对峙；该师并派出一个团配属军部工兵营编为第七十二军攻击队，进入敌后，任务同第七十八军攻击队。军部和新十五师在九宫山南整训。

第三十集团军总部和直属之两个野补团在修水附近。

会战经过概述

1941年9月初，第九战区长官部（时薛岳任司令长官）通知：侵华日军正在武昌附近集结四五万人，有再度发动以长沙为中心攻势的征候。旋奉长官部指示：李默庵所部仍积极执行原任务，务将长江以南新四军部队彻底消灭；第七十二军即向阳通公路各据点及通山城附近之日军佯攻，牵制该敌转用于长沙方面。

总部奉到长官部这个电令后，立即转令各部队，并作扼要指示，饬其立刻积极行动。第七十二军奉到佯攻命令后，以第三十四师之一部向阳通公路各据点之敌攻击，以新十五师向通山城附近之敌攻击。为了确实达到牵制目的，在战斗中，我官兵勇敢冲杀，敌虽凭坚险工事顽固固守，但我攻击仍有进展，克复一些小据点，并有一部进到通山城郊。总部负责作战的参谋建议：新十五师可乘有利形势，克复通山城，截断鄂南敌东西方面交通，进一步向崇阳方面进攻，更有利于长沙方面作战。但王陵基认为照长官部指示办就是，战斗遂形成胶着。

侵占武昌附近之日军，沿粤汉路向长沙进犯，据长官部通报有六七万人。但就笔者当时看来，进犯敌军可能要少得多。首先敌军只在一条路线进犯，在敌可利用的大小道路均被破坏的情况下，不可能使用这样大的兵力，也未见敌机的活动，且我友邻部队战斗情况并不激烈。估计可能是窜扰“扫荡”性质。

第七十二军同通山地区之日军相持间，忽接长官部电令，要该军停止向通山之敌攻击，立即转用于平江附近，并指示愈快愈好。之前，王陵基奉蒋介石电令到重庆述职去了，由参谋长宋相成代行其职务。

总部根据长官部电令，分析了集团军当面的敌情，决定先把第七十二军抽走，尔后再派部队向通山方面严密戒备。当即令第七十二军以有力之一部，掩护该军右侧背；主力直趋渣津，沿朱溪厂、长寿街兼程向平江前进；该军辎重部队则沿修水、平江大道前进。宋相成认为对第七十二军来说这个电令太限制了，遂将原指定第七十二军各纵队所经道路改为该军可取适宜路线赶到平江。但参谋人员认为根据该军长韩全朴的个性，以具体指示为宜，否则恐将贻误战机。结果，正如所料，该军先把部队撤下集结休整。宋乃批示照原指定该军行动路线立即行动。这个电令下达后，韩全朴极为不满，大骂总部负责作战的参谋人员，拿小鞋给他穿。虽经具体解释，仍余怒未息。但限于命令，该军勉强行动，但已迟误了将近两天。

旋奉长官部严令斥责该军行动迟缓，并指出：如能按时赶到平江，保持战略要地，则是此次会战功臣；如迟误致使平江失守，则是罪魁！韩全朴在途中接到这个电令后，大为震恐，立即挑选精壮官兵1000余人，亲自率领，星夜赶向平江。事后听说敌1000余人，距平江只有约10公里，闻第七十二军全军到达，乃改向西南窜走。第七十二军到达平江后，并未参加战斗。不久，这次会战即告结束。

第二次南岳会议

第二次长沙会战结束后，蒋介石在南岳召集第九战区及其他相关战区的高级军官会议。在会议中，枪毙了部队纪律较差而自己又离开部队跑回衡阳度蜜月的师长廖龄奇。事后听说廖之死与薛岳对他的不满有关。

第七十二军军长韩全朴，爱浮夸，信口说话，动辄伤人，如称蒋介石是蒋二娃，说陈诚是蒋同母不同父的弟弟，指挥部队根本不行等。在当时特务遍布的情况下，可能早已传入蒋、陈耳里。蒋介石在会上对第七十二军的行动，追问特别严峻，韩窘急万状，不知所对。王陵基向薛岳示意，请其缓颊。薛乃起立说：第七十二军在此次会战中，是完成任务的。蒋始未再加追诘。

白崇禧以军委会参谋次长身份讲话说：“敌军此次窜犯，是自来自去。”这就否定了薛岳自称是打了大胜仗的宣传。薛对白的讲评感到很恼火，曾向蒋介石连续递辞职报告，并愤恨地说："再干，我就不是人！"经过劝说，蒋介石批了"慰留"两个字。

参加第三次长沙会战

战前敌我态势

敌军动态。武宁方面修江北岸之箬溪附近有日军约一个中队，南岸有伪军一个中队。该日伪军不时派出小部队向我方游击抢劫；阳新、通山方面，各个据点都有日伪军一部驻守；敌后方广大地区在要点上都部署有部队，主要是对付新四军第五师之张体学旅。

我军态势。第三十集团军总部根据当面敌情，将部队部署作如下调整：

（1）第七十二军之第三十四师，以一个团驻守武宁城修水南北两岸，并经常派出小部队前进 10—15 公里埋伏，袭击日伪游击部队；以一个团驻守石艮山、九宫山北麓，对付阳通公路各据点之敌；师部率一个团位于浬溪附近。

（2）第七十二军军部同该军之新十五师，集结于修水城附近整训。

（3）湘鄂赣边区挺进军总指挥部所属部队（第九十九军已调走）积极执行原任务。

（4）第七十八军驻渣津附近整训。

（5）总部和直属部队在修水附近整训。

参加会战经过

1941 年 12 月初，根据军令部和长官部通报，武昌地区集结日军共 10 余万人，有向第九战区窜犯之模样。

旋奉长官部电令：侵华日军 10 余万人，正沿粤汉路向长沙地区进犯。其海军部队，已进入洞庭湖活动。

第三十集团军李默庵所部，仍积极执行原任务。该集团军除以有力部队留置于武宁、修水地区担任守备外，总部率主力参加长沙方面会战，总部指挥所进驻平江附近。

总部接上级命令后，即令第七十二军军长韩全朴指挥第三十四师，担任武宁、修水地区守备；新十五师和第七十八军随总部参加长沙方面会战。

长沙方面战斗。总部指挥所到达平江附近后，长官部令直属之第三十七军受其指挥，当时该军正在福临铺地区同敌一部战斗。

旋奉长官部指示，日军主力已逼近长沙附近，各部队应立即击破当面之敌，向逼近长沙之敌军进行球心作战，聚歼其主力。

薛岳还发出遗嘱电报，大意是他一定与长沙共存亡，如司令长官战死，即以副司令长官罗卓英代行。除上报委座（指蒋介石）外，并转告所部知照。事后得知敌军窜过汨罗江时，长官部已迁至某地隐蔽，长沙早已成为空城一座。

总部当时对于窜犯的日军，实际有多少？如何进犯？主力在哪方面？在什么地区同我军哪些部队作战？情况不明。原在平江以北新墙河南岸之第二十七集团军（总司令杨森）所部之第二十军、第五十八军等，据悉尚在汨罗江南北两岸同敌一部战斗，战况并不激烈。但基于长官部指示向长沙围攻，即令第三十七军、第七十八军分成两翼队：第三十七军在右，第七十八军在左，沿平江长沙公路向长沙进行球心攻击，聚歼敌军主力。

两翼队向长沙进攻，除右翼队当面有较大之战斗外，左翼队则只同少数敌军接触，敌军并未作激烈之抵抗，即向西北方向撤退。两翼队先头部队进至距长沙 15—20 公里时，得知友军（番号不明）在长沙附近同1000 余敌军战斗。敌军主力何时由何地撤至何处，不得而知，总部参谋处即提出如下意见具申：

窜犯长沙之敌，鉴于我军以雷霆万钧之力，向长沙进行球心攻击，敌军不敢再事突击和顽抗，刻下似只残置少数部队于长沙附近，引诱我军，而迅速秘密将其主力转移于长沙东北山区，隐蔽集结，退出内线作战苦境。俟我军进至长沙附近，再从我右侧背压下，企图予我以歼灭性打击。如果敌军因战斗不利，已真正撤退，我军主力进至长沙，既无战果，反而迟滞尔后追击之任务。因此，可将右翼队即作梯次配置，重点保持于右翼，逐渐转向北侧；左翼队应即转为战备行军态势，准备向北退之敌追击。

王陵基采纳了这个意见，即令各部队照办。当时敌我实际情况，俱不明确，所提意见，只不过是作战术上适当处置而已。

旋得悉长沙附近之少数日军亦已沿粤汉路向北撤退，集团军当面已无明显敌情，总部即决心以第七十八军向平江以北行超越追击；第三十七军速将福临铺地区之散敌肃清后，即集结于福临铺附近待命。以上处置，并报长官部核备。

第七十八军向平江以北行超越追击，通过平江后，尚未发现敌踪。而原在平江西北至粤汉路间截击敌军之第二十七集团军部队，闻已集结待命，总部即令第七十八军在平江东北端集结待命。

在此期间，杨森几个亲信幕僚，轻装来到总部同王陵基会晤，双方幕僚亦欢聚洽谈尔后如何紧密联系。

两日后，奉长官部电令：此次会战，各军机动勇敢，予敌以巨大打击，敌已向武汉溃退，会战胜利结束，各部队即回原防整训。第三十七军仍归长官部直辖。此时已是1942年1月初了。

修水、武宁方面战斗。当我集团军主力正向长沙附近行球心攻击时，留置于武宁、修水地区担任守备之第七十二军军部和该军之第三十四师，受到箬溪附近日伪军的窜扰。武宁方面守军节节后退，军、师部均报称有日、伪军各1000余人，向守备武宁部队进攻，第三十四师不能支持等语。

总部参谋处基于全局情况判断箬溪附近日伪军，不可能有较多增强，可能仅以原有兵力，向武宁窜扰，系牵制性质。由于第三十四师之撤退，该部日伪军遂乘机突进。于是，建议严令该师立即集结主力，首先将沿修水北岸进犯之敌歼灭，然后再歼灭南岸之敌伪军（南岸固守较易），恢复原守备地区。

王陵基除严令第七十二军军部和第三十四师遵照上级意见办理外，还恐该师继续后退，修水有失，不仅面子攸关，而且全集团军官佐家属及库存粮弹被服，均不能保。因此，又令第七十八军之新十三师第三十八团并指挥总部直辖之野补第二团，星夜兼程赶赴修水增援。但第三十四师并未照总部指示进行战斗，仍不断后退，致少数日伪军轻易窜入修水地境。

由平江前线抽调回修水之增援部队，赶到修水后，得悉沿修水两岸向西窜扰之敌，距修水城尚有 10—15 公里，即折返箬溪，但沿途居民，损失颇大，责难频繁。

战后检讨会议

会战结束后，奉军委会和长官部电令，均指出此次日军以 10 万之众，向长沙进犯，我各部队官兵用命，行动敏捷，战斗勇敢，不仅击破敌之狂妄企图，更予敌以严重打击，国家幸甚，人民幸甚，盟国亦大为振奋。应即论功行赏，希即将有功人员，报请奖叙。并定名这次会战为“第三次长沙会战”。

王陵基一面核报有功人员，一面又感到武宁、修水地区的失败可耻，特别是长官部在该方面活动之特工人员，证实窜犯日伪军总数不过四五百人，这使王陵基更感难堪，遂下令总部在渣津召集第七十二、七十八两军暨总部直属部队营长以上军官，进行检讨。第七十二军军长韩全朴、第三十四师师长陈良基在汇报战斗经过时支吾其词，矛盾丛生，不能自圆其说。王陵基大为震怒地说：“这次失败，以一师之众，被四五百日伪军打得望风而逃，还不执行总部命令，致使人民遭受重大损失，几乎影响整个战局，使我这个副司令长官兼总司令下不了台！”最后，给第七十二军军长韩全朴以免职处分，将第三十四师师长陈良基撤职查办，担任武宁方面守备的那个团的团长撤职严办。

第三十集团军策应浙赣会战

刘识非

一场虚惊

1942年5月中旬以来，得悉友邻第三战区浙赣路东段，日军已发动攻势。此时，忽接军令部和长官部通报：第九战区当面敌军，调动频繁，有大举进犯长沙之势。饬各部队立即加紧准备，随时参加会战。

当时第三十集团军除各挺进纵队仍积极执行肃清长江南岸新四军的任务外，第七十二军之第三十四师，以一个团驻守武宁方面；以一个团驻守石艮山、九宫山地带，担任警戒，以营为单位，加紧整训；另一个团在烟港附近整训，并加强阵地构筑；师部及直属部队驻浬溪整训。总部、军部和新十五师在修水附近，新十三、新十六师，在渣津附近加紧整训。

旋又奉军令部和长官部通报：南昌、九江、武汉、宜昌等各处之日军，正分别集中，有向我进犯之模样。华北方面之敌，亦正向武汉、南昌移动中。总部、军部暨各师派出之情报人员，亦纷纷报称当面日军已有增加。但何时增加，及增加人数未查明。据伪组织及沦陷区人民传出消息，敌军即将大举向我进攻。担任第一线守备之第三十四师，师长因公到重庆，职务由参谋长代。我接到上述敌情后，认为当面敌军大举进犯消息不确，除加强戒备外，未予正式转报，并召集了一次幕僚会议，就此敌情，提出讨论：

（一）比邻第三战区浙赣路东段之敌，已开始窜扰，南昌、武汉之敌，调动频繁，很可能系增援浙赣路战斗。因各据点之敌，力量并不强大，处处捉襟见肘，不可能凑集较大力量，同时向第九战区发动攻势。

（二）湘鄂赣边区，此时正是梅雨季节，道路早已破坏，泥泞深陷，部队行动已极困难，负重马骡更无法通行。大小河流，洪水暴涨，平时可以徒涉的，现在不可能，平时用木船四五分钟即可渡河的，此时需两三个钟头才能横渡一次。所有河流，船只很少，且大多数为我所控制。

（三）当面之敌，事前未闻增加，亦未征集渡河材料，箬溪之敌，只有折叠舟四只，此时不可能作渡河使用。

（四）各级情报人员，所报敌情，基本一致，显然系敌伪组织传出的假情报，必须细致分析，否则影响判断。

在幕僚会议上，经过热烈讨论，大家意见趋于一致。师部正拟将敌情判断电陈总部，但王陵基（第三十集团军总司令）不知是有意追问，还是沉不住气了，在电话上责问笔者："知不知道要打仗了？"并说总部奉长官部命令，已派人到平江附近设指挥所去了，该师当面敌情已有很大变化，为什么一点不报？我当即答复，敌不会打仗，所传当面敌情极不正确，显系敌人所放烟幕，可能是为了从当面调走部队，并说明各方面警戒已加强了。王陵基当时很气愤地说："出了事你要负责！"两三天后，所传敌情，已烟消云散。

策应作战

当第九战区紧张传说日军将再度进犯（长官部称其为第四次长沙会战）之际，据军令部通报：浙赣路东段地区日军，已向上饶（第三战区长官部所在地）方面西犯，南昌之敌，有明显迹象向上饶方面东攻之模样。

第九战区情况已经缓和。总部奉到长官部电令：由第一集团军（总司令卢汉，部队驻奉新、高安、靖安地区）、第三十集团军各派出一个团为基干，配属工兵一营和其他必要的特种部队，组成攻击队，以集团军番号命名（如第三十攻击队），在各集团军作战地境内，深入敌后，对敌进行袭击，破坏、截断南浔路，以策应第三战区之作战。总部即指定由第三十四师派出一个团，照规定配属部队，执行长官部所示任务。

师部接到命令后，认为由各集团军派出攻击队，必然各自为战，不易协调，不可能截断南浔路。为了完成任务，最好由一个师负责，建议由第三十四师负责。但总部和长官部均不同意，饬遵照前令办理。第三十四师即派出所属之第一〇〇团，配属工兵营、情报队、电台等编为第三十攻击队，进入瑞昌、德安、九江地区，积极执行策应作战任务。该攻击队尔后即受总部直接指挥。鉴于南昌之敌，正向东窜犯，第三十四师参谋长以个人名义，向长官部建议：为能确实策应第三战区之作战，我战区最好派出有力部队，向南昌方面进行攻击，使敌首尾不能兼顾，我可乘机克复南昌。如敌转而应战，我即得到策应作战目的。如我攻击不利，或敌更以较大兵力反攻，我可退守既设阵地，再相机反击。但接到长官部参谋处电话说：长官认为你的意见是危险行动，不符合战区作战精神，未便采用。

第三战区浙赣路战斗，从日军行动上判断，似系较大规模的扫荡性质，不久即趋沉寂。第三十攻击队，直接由总部指挥，战果不大，总部也未严格要求，不久即归还建制。南昌方面敌军，完成其任务后，又折返向第九战区进犯，闻该方面国民党军颇有损失。

第三十集团军在长衡会战中

刘识非

1944年春，日军发动打通大陆交通线之战，占领河南的同时，又乘胜集中20余万兵力发起湖南作战，向长沙、衡阳地区进攻。第九战区集中约40万人迎击敌人。第三十集团军继上年参加常德会战后，今年又奉命参加长衡会战。其主要任务是阻击沿平汉路从醴陵以东地区向萍乡、醴陵地区南犯之日军。

敌军动态

武宁方面，只有日、伪军各一个中队，在箬溪附近防守，据传敌伪军将有所增加。

鄂南方面，有日军一个混成旅团，部队分驻各要点，该敌素质较差，初级军官一般系大学生受干部候补教育后凑合编成，主要担任守备。

武汉方面，根据第三十四师第一〇一团团长骆湘浦派到武汉的情报员，带回伪武昌市长刘立藩（系日本士官学校毕业，与骆先后同学，王陵基编组第三十集团军时，任总部少校参谋，后请假回武汉探亲，武汉沦陷后任武昌市伪市长）供给之情报称：日军在武汉地区，大量征集民夫，运囤粮弹，有大举进攻之模样；日军鉴于第一、二、三次长沙战役，只从正面进攻，收效不大，今后将以有力纵队从湘赣边境插入，指向株洲以南地区，围歼长沙地区我军。刘并附武汉地图，图上标明日军兵营及仓库的位置。

骆将上述情报，由集团军总部转报长官部，但长官部未予以重视。

我军情况

第七十二军之第三十四师（欠第一〇〇团，受总部直辖）率两个团，担任武宁、阳新、通山方面守备。

新十三师之一个团，担任平江以东上塔寺地区守备，师部率主力驻渣津附近。

总部、第七十二军军部和新十五师驻修水附近。

总部直辖之新十六师驻渣津附近，该师兵员已大部拨补第七十二军各师，欠缺兵员等待补充。

挺进第一纵队（司令孔荷宠）已改为师，调驻湘北，担负“剿共”任务。第二、三、四挺进纵队仍在赣鄂边区“剿共”。

战斗经过

（一）萍乡战役

1944 年 5 月中旬，根据长官部电令：武汉方面日军五六万人，由临湘、岳阳分从平江、湘阴向长沙进犯；另敌一万余经上塔寺（属通城）直趋长寿街（属平江）。

第三十集团军倾全力出长寿街侧击南下敌军，阻止其继续深入，令新十五师会同新十三师主力，向窜扰长寿街之敌阻击；第三十四师之第一〇一团以一个营守备九宫山、石艮山要点，师部率主力到修水集结；第三挺进纵队接替武宁方面守备；第三十四师副师长王刚毅留守修水，统一指挥修水地区部队，保护各部留存物资。

第三十四师部队（只有 5 个步兵营）集结后，向长寿街附近前进，会同军主力侧击南窜敌军。

窜长寿街之敌，一面同新十三、新十五两师战斗，另以有力部队向张家坊（浏阳东北约 40 公里）窜扰。同第七十二军战斗之敌，旋亦向张家坊南窜，该军主力追至张家坊附近时，敌已窜至大瑶铺（浏阳东南约 25 公里）。第七十二军主力继续向大瑶铺追击，不断同敌后卫部队发生战斗。大瑶之敌，继向醴陵、萍乡地区进犯，总部令第七十二军向萍乡附近之敌攻击。

第七十二军主力向长寿街之敌阻击时，总部由修水进驻渣津，随着战况发展，由渣津、铜鼓、万载到宜寿。总部在转移途中，长官部将第五十八军拨归第三十集团军指挥。该军已由湘北逐步转战到湘东镇（萍乡西约 15 公里）。南窜之敌，直趋湘东镇向第五十八军攻击。

第七十二军到萍乡后，总部令其协力第五十八军阻击南窜之敌。军部令第三十四师向湘东镇前进，联系第五十八军作战。孰料第五十八军因战斗不利，已向东撤退。南窜之敌继续向萍乡进犯，同第三十四师发生遭遇战，战斗激烈，敌我伤亡均大。该师第一〇一团（欠一个营）被敌隔断，四日后，始绕到师部附近。

同时上栗市（萍乡北约 25 公里）方面，有日军五六千人，沿第七十二军后尾向萍乡窜犯。第七十二军前后受敌攻击，不支，向上南坑（萍乡东面山区）方向撤退。在撤退时，有些部队比较零乱，军长傅冀对部队未能确实掌握。军部到达上南坑后，始派人到宜春、萍乡间收容散失排、班小部队共四五百人。此时，敌我态势，犬牙交错。总部转奉长官部电令：各部应索敌攻击。第七十二军转战于萍乡、攸县、醴陵等县境，为时两月。

时当盛暑，部队基本无休息时间，伤亡病患颇大，官兵都愤慨损失大而未获得有形战果，恨不能与敌决一死战！

旋敌亦因伤亡损耗巨大，撤离萍乡和攸县地境，集结在醴陵城附近固守，战斗暂告结束。

（二）醴陵战役

萍乡战役基本结束后，第七十二军和第五十八军分别移于萍乡西南地区，与敌对峙，同时加紧整补，亦常发生零星战斗。

1944 年 8 月上旬，总部奉长官部电令：第七十二军和第五十八军协力攻击窜踞醴陵城及郊区附近之敌。第七十二军以第三十四师为左纵队，沿渌水南岸；新十三师为右纵队，沿渌水北岸，一起向醴陵攻击前进。第五十八军由醴陵南面攻击，右翼同第七十二军联系。

左纵队第三十四师进至醴陵城东南四公里处，同日军发生剧烈战斗。先头之第一〇一团，机动勇敢，不断冲杀，师后续部队，侧翼包围，同敌发生肉搏战，将该处敌军 1000 余人击溃。我毙敌 40 余，生俘 8 人，内有小队长 2 人，夺获枪弹装具颇多。敌军退守醴陵城郊高地，龟缩不出。右纵队新十三师，攻击当面之日军，敌凭坚固工事，顽固抵抗，攻击无显著效果。

第七十二军及时调整攻势，以新十三、新十五两师，攻击渌水南岸仙岳山高地；以第三十四师攻击城东北渌水北岸之 280.3 高地。

第三十四师同敌激战两日，守敌多次增加，不断进行出击，双方伤亡巨大。特别是我第一〇一团步兵连军官伤亡在 2 / 3 以上，有些连队军官全部伤亡，甚至补充后又继续伤亡，该师伤亡人数共 1000 余人。最令人感动的是当地人民即使在战斗剧烈炮弹如雨的情况下，亦冒险送水送饭，抬运伤亡官兵，使我伤亡官兵，得以全部运到后方医疗、安葬。攻击仙岳山的新十三、新十五两师，与敌战斗亦甚激烈，双方冲杀多次，敌凭坚险工事固守，我进展困难。

第五十八军方面的攻击，经过激烈战斗后，呈胶着状态。

第七十二军向醴陵城郊攻击，两日两夜，均未奏功。军长傅翼认为连日攻击，各师伤亡巨大，特别是第三十四师，拟将部队暂时撤下，稍事整补，再继续攻击。取得总部同意后，即将部队撤下，令第三十四师、新十三师各以一部沿渌水支流防守，军部率新十五师，集结于湘东镇附近，各部加紧整补。

湘粤赣边区战斗片段

刘识非

战斗前敌我情况

1944年夏天，日军侵占长沙、衡阳。入秋以后，又沿湘桂铁路窜抵桂林、柳州。入冬并以一部沿黔桂铁路进入贵州境内，听说重庆已大为震惊。之后，敌则沿粤汉铁路分头窜犯。第九战区司令长官部，由长沙退到耒阳，再节节退避，最后退到湘赣交界之桂东附近。长衡会战结束后，敌我形成犬牙交错的对峙局面，并没有严格的阵线，战斗一经停止，双方也就互不侵犯，整个战区都进入沉寂状态。据侦察所得，长沙、衡阳之敌，数目不详（敌随时流动），醴陵有敌约一个联队，其附近要点，常有敌小股出没。

第三十集团军总司令王陵基，指挥第七十二军，军长傅翼。该军辖第三十四师、新编第十三师、新编第十五师三个师，总部还有正待补充之直属新编第十六师，另有三个挺进纵队（每个挺进纵队等于一个师）。原先有四个挺进纵队其中第一纵队孔荷宠，已编为暂编第五十四师，调往他处，已不受集团军指挥。集团军部署，概要如下：

第七十二军之第三十四师（其中一个团，由总部直接指挥）、新编第十三师隔渌水和渌水支流与窜驻醴陵之敌，遥相对峙。军部率新编十五师驻湘东（萍乡西北约 30 华里）附近。

总部率第三十四师之一个团驻宜春附近。

新编第十六师，则留置于赣北之修水地区，补充整训。

其三个挺进纵队，始终都在长江南岸赣鄂边区，虽受总部指挥，但实际上是第九战区司令长官部直接指挥，各挺进纵队武器粮秣（多在当地自筹）被服等项补充，直接向司令长官部请领。

战斗经过概要

1945 年一二月间（春节前），第三十四师（欠一团）奉令增援莲花（属江西省，该方面敌我情况不详），受总部直接指挥。距永新约二三十华里，侦知原驻永新友军（番号不详）已于两日前经敌一度进攻，即行撤走，去向不明。该城被敌窜踞，在城西北四五华里处，设有警戒阵地。敌军兵力，约为一个大队，另有一部蒙伪军。师根据当时情况，决心向该敌攻击，克复永新城。正行动间，又奉电令，驰援遂川，如遂川已为敌占，即向该敌攻击，努力克复遂川城。这个电令系由第三十集团军总部转达第三战区司令长官部的命令。师侦知永新到遂川大道，不时有敌军部队通过，马骡苦力（敌军征用民夫）颇多。师即以战斗姿态，由小路（距大道十几、二十华里的一条路）向遂川前进。并令右侧卫相机袭击敌辎重部队，以迷惑敌人，迟滞其行动。在袭击战中，曾夺获山炮二门，炮弹数十发，马、骡三四十匹，还俘虏了敌兵两名。我先头部队距遂川约二三十华里，即与敌接触，一鼓作气，向敌攻击，敌向遂川城退走，我乘胜攻击前进。在攻击前进中，忽从永（新）、遂（川）大道方面窜来敌骑百余，将师通信连、输送连、野战医院，师部炊事班等冲垮，散藏于附近山林。师同总部遂失去联系，孤军作战。当时天气寒冷，连降大雪，我官兵尚未领到棉衣。师部也没有一份赣南详细地图，向导也不易找到，但我军克服重重困难，继续向遂川之敌发动攻击。遂川之敌，沿赣江支流，凭借原构筑之坚固工事（距县城四五华里）顽抗。

此时我已侦知江西省政府所在地泰和，已陷入敌手，该敌正沿泰（和）、遂（川）公路南下，永（新）遂（川）大道，有大部敌军向我侧背进逼。赣江东岸，情况不明，且河宽水深，流速大，又无船只可渡。师鉴于在此狭小的三角地带（纵深约20华里，横广约10华里），回旋不便，决定乘夜将部队向北撤退。第一步撤至后方20华里之珊田附近，以便看情况再决定行动。次晨，到达珊田，尚未发现新的敌情，即以遭遇战之态势，继续向北急进。11时左右，师到达潞田（遂川北约五六十华里）。此时在两日前被敌冲散藏在山林间之师直属部队归还建制。同时侦知敌2000余，沿泰（和），遂（川）公路南下，其先头便衣队数十人，已到达高陂（潞田北约二三十华里），将我伤员二三十人全部砍杀。师立即同集团军总部联系，将两日来情况概要报告，准备由高陂左侧山区小道绕向敌侧背攻击，获得批准，立即行动。午后，我先头部队将敌便衣队击退，在高陂北端丘陵地区，与敌前卫部队遭遇，展开激烈战斗。在驱逐敌便衣队时，曾夺获敌通报："前面敌三十四师，各个队要谨慎。"该敌系侵华军第二十七师团，参加过"长衡会战"。在醴陵地区，同我激战数日，双方伤亡均大，我生俘敌小队长以下10余人，缴获雨衣、背包、弹药盒等各千余件，是该敌参加侵华战争以来较大的一次损伤，其戒惧之心颇大，故行动迟缓（据我昨天午后估计，该敌应在本日8时左右，到达珊田以北，乃至11时许，其主力部队尚未到达高陂，实给我以最好转移机会）。师将当面敌之番号及缴获敌人的通报，立即通知各部，我军士气，更加振奋，一致认为该敌系糍粑糖（软弱意）好吃。因之，尽管敌以浓密炮火，企图阻止我军攻击前进，但我接连夺获几个有利山头，掩护师主力由左侧山区小道安全转移至敌侧背，形成外线作战的有利形势。至次日午前，我军已绕至马家洲（高陂北约30华里，在赣江支流北岸，水陆交通都便利）。而马家洲西北侧，尚有敌之少数警戒部队，我即将其驱逐。据侦察，泰和县城仍为敌占领，我即以有力之一部，向泰和急袭，该敌败退，向赣江方向逃窜，我遂克复泰和城。而高陂附近之敌，乃向遂川之敌靠拢。

泰和克复之次日，原撤退在附近之江西保安团此时归来，在沿江渡口设立关卡，对来往商贩征收过道捐税，无论蔬菜、柴火都要抽税。问之，则说是奉命征收。我们当即饬令其立即将关卡撤销，如违则从严惩办。并令部队，进城维持治安。

我第三十四师克复泰和后，将主力部队，集结于马家洲附近待命。此时总部已由宜春移至安福附近，军部移驻永阳（永新至吉安公路线上）附近。

张光汉

后北门一隅，因被敌连续集中轰击，炸开了缺口，敌人乘势蜂拥入城。我军奋勇抵抗，旅长李克源身先士卒展开巷战，杀敌极多。

- 1990年生，别号纯臣，四川蒲江人。
- 1937年全面抗战爆发后，任第四十七军一〇四师六二三团团长，出川抗战。
- 1938年春，率部参加长治保卫战。
- 1940年，任第四十七军一〇四师三一一团团长，负责黄河河防。
- 1944年，率部参加豫中会战。
- 1983年，逝世。

三十六集团军出川抗战概述

张光汉

一

三十六集团军是以四十七军李家钰部为基础扩编而成的。

四十七军原列入二十二集团军战斗序列。1937 年 9 月从西昌出发，沿成宝公路北上经宝鸡、西安等地，12 月到达山西长治，归卫立煌指挥，在晋东南对日作战。1939 年冬奉调防守太行山南麓之嘉禾、焦作、博爱以北地区。不久四十七军同十四军、十七军组成三十六集团军，其主要负责人员如下：

总司令　李家钰（字其相，四川蒲江县人）

副总司令　陈　铁（贵州人）、高桂滋（陕西人）

参谋长　魏粤奎（先）、赵培臻（继）、张仲雷（后）

第十四军

　　军　长　张际鹏（湖南人）

　　参谋长　谭本良（贵州人）

八十三师

　　师　长　沈向奎

张光汉

八十五师

师　长　王连庆

九十四师

师　长　张世光

第十七军

军　长　高桂滋（兼）

参谋长　梁文铁（河南人）

八十四师

师　长　高建白

第二师

师　长　高增级

第四十七军

军　长　前李家钰、后李宗昉

参谋长　张持华

一〇四师

师　长　李青廷（先）、李　伦（继）、杨显名（后）

一七八师

师　长　李宗昉（先）、李家英（后）

二

四十七军及三十六集团军对日作战经过大略如下：

首战东阳关，再战长治城

四十七军到达长治后，第二战区副司令长官兼前敌总指挥卫立煌，令该军守备长治、长子、潞城、平顺、黎城等县，重点是长治和东阳关。李家钰奉命后，即令一七八师守备黎城、东阳关，令一〇四师（缺一旅）

守备新店镇，军部和一〇四师的一个旅驻长治城。四十七军的右翼为十八集团军一二九师刘伯承部。

1938 年春节前夕，从晋东南下的敌人分两路迂回，向我军扑来。其第一路，从河南安阳，经林县直犯平顺，向长治进攻；其二路从河北邯郸，经武安、涉县向东阳关进攻。春节后三天，敌人先以飞机对东阳关狂轰滥炸，继用大炮火力集中猛轰，敌步兵在其强大火力掩护下，攻击前进。我守关官兵，激于民族大义，士气高昂，以步枪、手榴弹，打退敌人几度冲锋，予敌以重创。终因敌强我弱，众寡悬殊，未能固守。

东阳关于 2 月 17 日沦陷后，敌人由黎城、平顺向长治作钳形进攻，并以一部兵力指向晋城地区，企图切断我后方。2 月 22 日敌人以飞机大炮，轮番对长治城进行轰炸。守城司令李克源旅长。命令所属，堵塞四门，昼夜坚守。后北门一隅，因被敌连续集中轰击，炸开了缺口，敌人乘势蜂拥入城。我军奋勇抵抗，旅长李克源身先士卒展开巷战，杀敌极多。是役旅长李克源负伤，营长杨岳泯、连长夏抚涛、杨显谟，临死不屈，战斗到底，有的壮烈牺牲，有的负伤后自戕。敌我双方损失俱重，横尸街巷，途为之塞。

收复平陆、芮城、安邑，两过同蒲路

长治、长子失陷后，李部退到城外山区壶关、潞城一带，原想组织力量收复失地，苦战 10 余日，终以实力不足而未果。此时敌人业已席卷晋西南，占据主要城市和战略要地。四十七军全部陷入敌人包围，与上级和友军都失去了联系。3 月 18 日抵达荣河，与临汾的卫立煌总部取得了联系。不久，接军事委员会来电，命令四十七军转到同蒲路以东，沿太行山西部中条山东部地区，分布兵力打击敌人。四十七军又再度突破敌人的封锁线，越过同蒲路，沿太行山脉分布于翼城、沁水一带，以破坏敌军交通，截获敌军辎重，与敌周旋。

1938 年 4 月上旬，军部对敌情作了分析研究，认为，敌川岸司令官与西田、方谷、东村等部主力3000多人，附山野炮40余门，分驻运城、安邑、夏县、永济、虞乡等处，把守同蒲路沿线，似此兵力分散、实力单薄，正是我军开展活动的好机会。据此作出了以下部署：

命一〇四师，派出游击队与友军配合，对敌占之铁路桥梁进行破坏；

令李青廷师长亲率主力部队，相机向闻喜、夏县、运城之敌发动进攻；

命一七八师，对绛县、垣曲、万全之敌，进行压迫，伺机夺取城池。

在十八集团军及其他友军共同配合下，对深入之敌实行各个包围歼灭。此后又令一七八师进袭安邑、平陆、芮城；令一〇四师重点攻击运城，一部佯攻夏县、闻喜。

李家钰本人，由绛县太阴山指挥所前进到闻喜东河底镇附近指挥。到4月中旬，收复平陆、芮城。5月上旬，又派孙介卿团和张光汉团夹攻安邑，由孙介卿团担负守城任务。不久，运城和夏县之敌又卷土重来，争夺安邑。敌人运兵千余，轻重武器齐全，四面包围安邑，猛力强攻，孙团奋力还击，因敌我力量悬殊，孙团伤亡惨重，致使安邑得而复失。

中条山与太行山之反扫荡战

1938年秋，敌人对中条山区连续发动猛攻，妄图使我军无法立足。8月，敌人向平陆、安邑、夏县、闻喜、运城一带的我军展开“扫荡”。敌以运城为中心，兵力3000多，配有飞机，分布于解县、绛县、闻喜、夏县、安邑等地区。我军一〇四师设防于运城、夏县、闻喜一带山区；一七八师，设防于安邑、张店镇、平陆一带山区，主要任务是阻击敌人，保卫茅津渡、太阳渡的安全。进而使风陵渡之敌，不敢轻举妄动，轻易渡河。

9月，驻张店镇、运城、安邑之敌，大肆增加兵力，目的是向南进犯，我军获悉这一情况后，即令一七八师，依靠有利地形，据险阻敌前进，令一〇四师主力，袭击运城南下之敌。一部向夏县猛攻。战斗开始后，我军照计划进行，迫使敌首尾受击。是役，敌方损失甚重，不得不龟缩回城，放弃其攻占茅津渡之企图。我军粉碎了敌人的第一次扫荡。

1939年2月、3月与敌交战数次，互有损失。6月初，敌牛岛师团，派兵2000余，外加伪军两个支队，向我军进攻。重点指向一〇四师和一七八师接合部。李家钰亲临前线指挥，将敌人阻击在郑家圪塔、下洞之线。翌日敌猛攻一〇四师西沟村阵地，李家钰令一七八师向敌之侧背袭击，同时李青廷派两个营向敌后迂回，使敌惶恐不安，纷纷撤退，打破了敌之第二次扫荡。是役毙伤伪军1000余人、日军六七百人，我军恢复了阵地。

1939年冬，三十六集团军成立后，十七军高桂滋部名义上隶属三十六集团军，实际仍驻陕西，担任地方防务。

1940年4月，敌3000余人向我晋城、博爱攻击，我军在晋城郊区对敌实行反包围，予敌以迎头痛击，敌溃逃山中。敌一部向陵川西南逃窜，被友军围歼。我一〇四师乘机协同友军攻入陵川城。由于敌人向晋城以南增兵，拟打通晋白公路。一〇四师即南移，对进犯天井关之敌予以重创。一七八师和游击队则袭敌侧翼及后方，敌被迫撤走。此役共毙伤敌1000余人。

固守黄河与敌对峙

1940年夏，李家钰率总部及四十七军从白狼渡过河，担任渑池、陕县、灵宝、阌乡一线河防。

1941年冬，三十六集团军防务转移，担任孟津、新安、渑池线河防。总部驻新安古村，总部移驻新安后，军委会任命陈铁为三十六集团军副总司令，兼十四军军长。部队驻洛阳，由战区长官部直接指挥。在担任河防期间，除采取了一些加强防御的措施外，还积极进行部队的训练，并不时派出队伍，对敌人进行游击，先后炸毁过敌人的一些碉堡，打死打伤过小股敌人，夺获过一些武器辎重。

张光汉

洛阳撤退，李家钰在秦家坡阵亡

1944年4月18日夜，敌在中牟渡河成功后，即以大量兵力一举攻占了郑州。敌人占领郑州后，以大部兵力攻击我登封和虎牢关。又以一部迂回到龙门南之水砦。水砦与洛阳相距仅百余华里。第一战区司令长官蒋鼎文即将谢辅三的暂四军、张际鹏的十四军（缺九十四师），新八军的新六师合编为一个兵团，命刘戡指挥，利用伊水、龙门之险，阻止敌人。5月10日敌人又分数路向龙门以北地区渗透，直接威胁洛阳及其西南退路。犯虎牢关、密县之敌，俟其迂回部队进到龙门后，即向西陆续挺进。为保洛阳，蒋鼎文即命第四集团军孙蔚如部放弃巩县，退守洛阳东面之偃师、马屯，阻敌西进。此时晋南垣曲之敌一个师团，分两路于白浪渡强渡黄河，我空军和重炮轰击竟日，未能阻止。蒋鼎文乃由新安向卢氏撤退。当时在优势敌人面前，真正受李家钰指挥的只有四十七军的四个步兵团（有两个团回四川接收新兵）。虽敌众我寡，李家钰仍沉着应战，令一〇四师吴长林团，尽先集结，开赴石寺镇、云梦山之线占领阵地，阻止敌人东进，总部由新安越过陇海路，南迁到东华沟。12日情况紧急，远闻延秋、磁涧间的炮声。渑池方面敌人，已东进到云梦山、金斗岩，而陇海线上的英豪镇，亦发现敌迹。东西对进之敌，相距不过70华里。李集团军虽已越过情势岌岌可危的新安，而孙集团军主力，则正由马屯向新安行进，四十七军大部，亦以任务关系，还留在陇海以北地区。李家钰当时以英豪镇新发现的情况较为严重，遂即抽调一七八师彭仕复团开赴铁门西南王马廉沟及牛心砦附近地区占领阵地，掩护孙部安全通过新安。

13日，李家钰总部与四十七军的电话突然中断，情况不明，于是开始向西南方向转进。在赵峪，李家钰与孙蔚如、裴昌会相会，研究了敌情和对策。当晚敌已占领新安车站。彭仕复团于完成掩护任务后，转到河上沟占领阵地，一〇四师亦于是日晚寂静无声地越过敌占领下的新安车站，向军部靠拢。15日李家钰与刘戡、张际鹏于尹村会晤，曾打算在此暂驻，三军联合，占领五树、耿沟、会挂、张村、杨村一线构筑阵地以阻止由洛阳、渑池追来之敌。因刘戡兵团奉蒋鼎文之命，阻止宜阳向卢氏西进之敌，原计划联合作战之策即作罢。李家钰即命一七八师掩护刘兵团转进。

十七军总部及四十七军继续西进，原预定经史村、河底村以达岳庄。行到距河底村约三里，忽闻西北方有浓密的枪声，据报，我新八军正在河底村与敌人战斗中。河底村在渑池与韩城之间，很显然敌人是为了切断我退路尾追新六军而到此。李部即改道程村，向岳庄前进。过程村时，李家钰与新八军胡伯翰相遇，胡请求派兵掩护其退却。李当即派一〇四师占领阵地，掩护胡军退却。是夜宿营于渑池南边一个小集——翟涯。先后到此的有李家钰、刘戡、谢辅三、张际鹏、胡伯翰、李宗昉等将领，在暂四军军部开了一个临时会，商议如何统一行动，统一指挥，避免拥挤、混乱的问题。李承担了最后掩护各部向西转移的任务。

21日，获悉追高树勋之敌距东姚院只10华里，李家钰决定提前出发。当时决定行军序列是：一七八师（前卫）总部、四十七军军部、一〇四师。行来不到半里，即遇敌人由张村射来炮弹，阻我进路。李家钰即将前进方向由南转西。这一方向改变，由总部开始，未通知前卫。行到秦家坡，正上坡时，中敌埋伏，一时枪林弹雨猝不及防，又无掩蔽，李因身着黄呢军服目标显著，为敌击中，当场阵亡，为国捐躯。同时牺牲的还有总部少将副官处长周鼎铭、少将步兵指挥官陈绍堂。总部随行官兵200余人亦全部阵亡。